GREECE

A FEAST OF HUMANITY

어제의 문명으로 살아있는 미래를 만나다

그리스, 인문의 향연

박경귀 지음

베가북스
VegaBooks

여는 글

무슨 까닭일까, 언제부터인가 불어 닥친 인문학 열풍이 자못 거세다. 주변엔 대중의 호기심을 자아내는 인문학 강좌와 도서가 넘친다. 하지만 정작 인문학의 최고 원천인 그리스 로마 문명의 성취에 대한 깊이 있는 탐색과 성찰로 인도하는 길잡이는 드물다. 제대로 된 인문학을 접하려면 서양문명의 원천인 그리스 문명에서 시작하여야 한다.

고대 그리스인들은 서양문명의 스승이다. 그들은 자유와 민주와 평등의 개념을 창안했고, 국가와 사회 제도 속에 그 개념들을 구현하고 체화하려고 애썼다. 그 가운데 생성된 문명의 산물들은 근대 시민혁명을 거쳐 현대 사회에서 부활하고 계승되었다. 고대 그리스인들이 생산하고 전파한 독창적인 사유와 문화는 서양문명 전반에 지대한 영향을 주었고, 나아가 모든 현대 국가의 보편적 가치 관념과 문화·예술의 토대가 되었다.

물론 찬란한 문명을 일구었던 고대 그리스와 국가 부도 위기에 몰린 지금의 그리스를 견주어보면 안타깝기 그지없다. 오늘날에 이르러 그리스는 그들의 조상이 일구고 가꾼 문명의 자양분을 섭취해 성장한 서양 문화권에서 오히려 뒤떨어진 나라가 되었다. 그리스인들은 이제 조상들의 빛나는 성취와 덕목들을 되살려내야 할 숙명적인 과제를 걸머지게 된 것이다.

노예적 삶을 극도로 혐오한 자유인의 정신 '아레테'를 추구하며 감히(!) 신과 경쟁했던 기개와 모험정신, 삶의 심연을 풍부하게 드러내 준 탁월한 문학작품들, 신이 빚어낸 것 같은 아름다운 예술품들, 이 모든 것들은 인류 역사상 어느 민족도 해내지 못했던 고대 그리스인들만의 위대한 업적이자 고유한 성취다.

오늘날의 그리스가 아무리 남루해 보여도, 어느 나라 어떤 민족도 고대 그리스 문명을 과소평가할 수는 없다. 더구나 우리는 해방과 더불어 비로소 고대 그리스인들이 성찰하고 만들어낸 가치 관념과 제도의 영향을 받은 현대 민주주의 제도를 접할 수 있었다. 그래서 늦둥이 근대국가인 우리는 고대 그리스 문명의 유산에 숨은 지혜와 통찰을 누구보다도 진지하게 배워야 한다. 특히 인문주의를 최고로 꽃피운 그들의 삶에서 현대 사회의 복잡한 위기와 난제를 헤쳐 나갈 위안과 지혜를 얻어야 한다. 이러한 '그리스인 이야기'는 곧 사람의, 사람에 의한, 사람을 위한 이야기다. 사람이 모든 것의 중심에 서 있던 유일한 시대의 이야기다. 내가 고대 그리스 공부에 푹 빠진 이유다.

고대 그리스가 들려주는 신과 영웅들의 이야기는 우리의 상상력 그 이상이다. 인문학적 영감을 풍부하고 끊임없이 풍성하게 안겨주고, 지식과 감성을 일깨우는 마르지 않는 샘이자 각성제다. 특히 모든 분야에서 탁월한 전범典範을 만들어낸 고대 그리스 문명의 유혹은 가히 치명적이라 할 수 있다. 그들에게서 철학이 탄생했고, 문학과 예술이 꽃피었으며, 건축이 시작되었다. 거의 모든 학문 분야의 기초가 고대 그리스에서 구축되었다.

인간과 자연의 본질에 대한 과학적 탐구에서도 고대 그리스인들은 동방의 성취를 바탕으로 한 차원 높은 수준을 개척해냈다. 고대 그리스 시대는 지나갔지만, 그 문명은 흘러간 과거의 이야기가 아니다. 그리스 문명은 우리의 현재를 규정하고, 미래의 삶을 설계하는 데 긴요한 살아있는 소재다.

그래서 고대 그리스는 오래된 미래다.

나는 세 가지 측면에서 그리스 문명의 탐색을 시도해왔다.

첫 번째로, 그리스 문명의 성취가 오롯이 담긴 고전과 이를 다각적으로 재조명한 현대의 저작들, 특히 그리스 문명의 평가와 후대의 영향을 다룬 다양한 명저들을 섭렵하고자 했다. 이를 통해 시공을 초월한 그리스 문명의 윤곽을 다면적으로 파악할 수 있었다. 이 과정을 통해 고전에서 얻은 영감과 지식에 현대의 저작들이 주는 시사점을 보태어 그리스 문명과 그 주체인 그리스인들의 성취, 그리고 특질을 여러 측면에서 재조명하고 해석한 것이 이 책이다.

아울러 독자들의 이해를 돕기 위해 3년 동안 그리스 전역을 몸소 답사하면서 직접 촬영한 유적지와 문화유산들의 사진을 가능한 한 많이 실었다. 또 그리스인들에 대해 흥미롭고 유익한 이야기들을 다양한 영역에서 다루고, 자연스럽게 발로 뛰며 얻은 생생한 체험과 통찰을 보탰다.

두 번째로, 나는 국내에 출간된 모든 그리스·로마 고전들을 독자에게 소개하겠다는 욕심을 냈다. 수천 년 동안 전 세계인의 사랑을 받아온 고전을 가벼이 여기거나 외면한다는 것은 참으로 외람된 일이 아니겠는가? 그래서 지난 5년간 그리스·로마 고전 작품들을 집중적으로 찾아 읽으며, 거기서 깨닫고 느낀 점을 여러 매체의 고전 평론과 칼럼을 통해 전하며 연재해왔다. 그 결과물을 보완하여 엮은 《인문학의 원천, 그리스 로마 고전》(가제)이 이어서 출간될 예정이다.

세 번째로, 신과 영웅들의 신화와 설화가 서린 곳, 그리고 고대 그리스의 역사와 고전 작품들의 배경이 된 현장을 직접 두 발로 탐사하는 일이

었다. 이 세 번째 도전이 사실 가장 힘들었다. 그리스·로마 고전과 현대 저서의 탐독으로 기초 지식을 충분히 쌓은 다음, 2013년에야 비로소 그리스 문명권을 찾는 대장정의 첫발을 내디뎠다. 고대 그리스 문명의 꽃을 피우던 그리스 본토와 소아시아 지역인 터키, 마그나 그라에키아(Magna Graecia)를 형성했던 시칠리아와 이탈리아 남부 지방의 고대 그리스 식민도시 유적들을 샅샅이 찾아다녔다.

3년 동안 모두 8차례에 걸친 그리스 문명 답사 여행! 마음 같아서는 한 번 여행을 가면 한두 달이라도 머물고 싶었지만, 국내의 산적한 일들로 인해 매번 8일에서 11일 정도의 짧은 일정으로 다녀오느라 더욱 힘이 들었다. 이 여행기는 2014년 3월부터 2015년 8월까지 1년 6개월 동안 〈데일리안〉에 '박경귀의 ad Greece!'라는 제목으로 매주 일요일 연재되었다. 이 글들은 《그리스 문화유산 답사기》(가제)로 내년 중에 출간될 예정이다. 연재 분량이 많아 내용을 축약·정리한다고 해도 4~5권 정도로 나누어 출간되어야 할 것으로 보인다. 책이 출간되기 전이라도 이미 연재된 고전평론이나 답사기는 포털에서 필자의 이름이나 '그리스 역사문화 탐방' 키워드로 검색하여 열독할 수 있을 것이다.

이번 《그리스, 인문의 향연》은 필자가 세 영역으로 동시에 전개한 그리스 문명 탐색을 종합적으로 녹여낸 첫 번째 성과물이자, 6년 여 동안 그리스 공부에 탐닉해온 작은 결실이다. 이 책은 학술서가 아니라, 대중을 위한 그리스 문명 입문서다.

제1부에서는 그리스 신화와 문명에 영향을 준 아득히 먼 뿌리를 추적하며 동방 문명의 흔적을 탐색했다. 제2부에서는 그리스 문명의 핵심 요소인 자유와 민주 관념의 탄생, 독창적이고 탁월한 경지를 개척한 그리스의 문학과 예술, 건축, 그리스 전

인교육의 특징을 다루었다. 제3부에서는 페르시아 전쟁, 펠로폰네소스 전쟁, 알렉산드로스의 동방원정 등 세계의 역사를 바꾼 전쟁의 전개와 그 영향을 소개했고, 제4부에서는 그리스의 대표적인 현인 소크라테스, 플라톤, 아리스토텔레스, 에피쿠로스, 히파티아의 주요 사상과 고대 그리스 자연과학의 성취를 다루었다. 제5부에서는 사람들이 잘못 알고 있거나, 흔히 오해하고 있는 그리스인의 성풍속도와 신탁, 노예제와 올륌피아 제전, 그리고 독특한 병영국가를 유지했던 스파르테와 비잔틴 제국에 대한 실체적 진실을 소개했다. 마지막 제6부에서는 그리스 문명에 심취해 그 성취를 드러내고 스스로 계승 발전시켜, 인류에게 풍요로운 유산으로 전수해 준 7인의 특출했던 후세 예술인들의 삶과 업적을 통해 그리스 문명의 참모습을 다시 확인하고 음미해봤다.

고대 그리스 세계로 여러분을 초대한다.

3천여 년의 세월을 거슬러 올라 그리스 문명의 탁월한 성취와 매혹적인 요소들, 그리스인들이 창안한 개념과 세계관, 근대 및 현대 문명에 끼친 위대한 유산의 세계로 푹 빠져보시기 바란다. 이 책이 인문학의 원천인 그리스 문명에 대한 대중의 소양을 넓히고, 나아가 그리스 고전 독서나 답사 여행으로까지 관심이 확대되는 데 자극이 된다면, 더 바랄 나위 없는 기쁨이겠다. 이 기회에 여러 고전 평론과 답사기를 열독해 주시는 독자 여러분께 심심한 감사를 드린다.

아울러 그리스-로마의 고전들을 고대 헬라어 또는 라틴어 원전에서 우리말로 유려하게 번역하여 서양고전 원전 번역의 획기적인 전기를 만들어가고 있는 연구자들께 경의를 표한다. 특히 1997년부터 플라톤의 『국가·정체』, 『법률』을 비롯해 다수의 헬라어 원전을 번역해 내신 박종현 교수님, 그리고 호메로스의 『일리아스』와 『오뒷세이아』, 헤로도토스의 『역사』, 아리스토텔레스의 『정치학』 등 50여 권에 이르는 그리스·로마 고전을 원전 번역한 천병희 교수님은 서양고전 문헌을 인문학의 중추로 올려놓으신 국보와 같은 분들로 존경받아 마땅하다. 선생님들께서 노구에도 불구하고 넘치는 열정으로 고대기 고전 번역에 헌신하시는 덕택에 대중은 서양 고전을 보다 쉽게 접할 수 있게 되었다.

우리는 그 뒤를 받치는 든든한 중진학자들의 노력에도 주목해야 한다. 라틴어 원전 번역에서 선구자 역할을 하시는 허승일 교수님과 플라톤의 대화편 완간을 목표로 협업을 통해 헬라어 원전 번역에 몰두하고 있는 정암학당 연구원들, 이정호, 강대진, 김인곤, 이기백, 김재홍, 손윤락, 김진성 등등의 선생님들께도 감사드린다.

고전 읽는 문화를 만들기 위해서는 좋은 고전 번역서의 출간 못지않게 동서양의 고전 작품들과 깊이 있는 인문학 저술들을 탐독해주는 좋은 독자들도 많아야 한다. 이런 차원에서 좋은 고전을 염가로 번역하여 보급하고 있는 '사단법인 올재', 인문학의 지평을 넓혀가는 '재단법인 플라톤 아카데미', 'Happy Classic 고전 아카데미' 공개강좌를 꾸준히 이어가고 있는 '사단법인 행복한 고전읽기'의 노력이 앞으로 사회에서 더 큰 성원을 받기를 기대한다.

특별한 감사를 드릴 분들이 더 있다. 이 책을 쓰며 그리스·로마 고전이나 그리스 문명 관련 저술들로부터 내용 전개에 필요한 대목을 부분 발췌·인용하고 해당 인용 구절의 말미에 그 출처를 부기하였다. 번역문을 활용하도록 너그럽게 허락해 주신 해당 출판사와 저자들께 심심한 감사를 드린다. 또 이 책을 쓰는 데에는 다양한 저작에서 얻은 정보와 해석, 통찰과 착안도 배어들어갔다. 5년 동안 'Happy Classic 고전 아카데미'에서 이루어진 강의, 토론 과정에서 얻은 지식과 관점도 많은 도움이 되었다. 그럼에도 불구하고 이 책에 기술된 내용의 전거와 해석의 오류나 미진한 부분이 있다면 이는 전적으로 필자의 책임이다. 앞으로 그리스 문명 입문을 위한 이 책이 대중의 고전읽기와 인문학에 대한 관심을 제고해 우리의 문화융성을 촉진하는 작은 계기가 되기를 소망해본다.

끝으로 출판계의 어려운 환경에도 불구하고 이 책의 출판을 흔쾌히 허락하신 도서출판 베가북스의 권기대 대표님과 배혜진 이사님, 그리고 원고의 구성과 보완에서 귀중한 조언을 주고, 독자들이 흥미를 갖고 쉽게 읽을 수 있도록 도판을 효과적으로 구성·활용하는 등 혁신적인 편집으로 좋은 책을 만들어 주신 최윤도 편집팀장의 헌신적인 노고에 대해 깊이 감사드린다.

2016년 7월
사단법인 행복한 고전읽기 연구실에서
박 경 귀

일러두기

1. 외래어는 브리태니커 사전의 용례를 기본으로 참조했으나, 한 가지 원칙을 적용하기에는 지나치게 복잡한 면이 있어, 필요한 경우 병기하는 등 융통성을 부여했다.

2. 고대 그리스어의 지명이 라틴어 표기 및 영어식 표기에 따라 바뀐 경우에는 호메로스의 원전에 나온 원래의 형태를 따라 표기하였다. 다만 이 경우에도 문맥에서 동일 지역의 현대 도시를 가리킬 때에는 영어식 표기법에 따라 '아테네', '스파르타' 식으로 표기하였다.
   예 아테네 → 아테나이Athenai, 스파르타 → 스파르테Sparte, 트로이 → 트로이아Troia, 테베 → 테바이Thebai

3. 윕실론(v, 로마자 y에 해당)의 고대 그리스어 발음은 우리말 '이'가 아닌 '위'에 해당하므로 보다 원음에 가깝게 표기한다는 차원에서 '위'로 표기하였다.
   예 디오니소스Dionysos → 디오뉘소스, 리케이온Lykeion → 뤼케이온, 투키디데스Thucydides → 투퀴디데스

4. 같은 자음이 잇달아 나오는 경우, 애초의 철자대로 2개의 자음을 모두 살려 표기하였다.
   예 오디세이아Odysseia → 오뒷세이아, 테살리아Thessalia → 텟살리아, 히포크라테스 Hippokrates → 힙포크라테스

5. 이 책에는 다양한 종족과 언어가 등장한다. 표준국어대사전의 편찬 지침과 외래어 표기법에 따르면, 외래어 다음의 '인, 족族, 어語'는 띄어 쓰는 것을 원칙으로 하나, 이 책에서는 글의 가독성을 고려, 붙여 쓰는 것으로 표기를 통일하였다.

6. 재위 기간이나 생몰연도는 연도가 불명확한 경우 물음표로 표시하였으며, 두 가지 설이 있는 경우 숫자/숫자로 표기하였다. 출생과 사망 시기를 전혀 알 수 없는 경우에는 당해 인물의 추정된 활동시기를 표기하였다. 인물은 본문에 처음 등장할 때에 한글 이름의 괄호 안에 영문 이름과 재위 기간 또는 생몰연도를 병기하고 그 후에 등장할 때에는 한글 이름만 표기하였다.
   예 데모크리토스(Democritos, 기원전 460?~370?), 레우키포스(Leukippos, 기원전 5세기경)

7. '그리스Greece'라는 명칭은 라틴어 '그라에키아Graecia'의 영어식 이름이다. 그라에키아는 고대 그리스인들이 여러 식민 도시를 세웠던 이탈리아 남부 지방 전체를 가리키는 말이었다. 그리스인들은 자신들이 신화에 나오는 인물 헬렌Hellen의 자손이라는 뜻에서 '헬레네스Hellenes'라 불렀다. 또 나라 이름도 '헬라스Hellas'라고 일렀다. 따라서 고대 그리스인들이 스스로를 일컬은 나라와 민족의 명칭에 따라 헬라스, 헬레네스라 부르는 것이 원칙이다. 이런 차원에서 이의 유사한 발음을 따서 한자 가차假借 표기로 명명된 '희랍希臘'으로 쓰는 것이 바람직하다. '잉글랜드'를 '영국'으로, '도이칠란드'를 '독일'로 부르듯이 말이다. 그럼에도 불구하고 이 책에서는 나라와 민족의 명칭만큼은 일반의 관행으로 굳어진 것을 따라 '그리스', '그리스인'으로 표기하였다.

contents

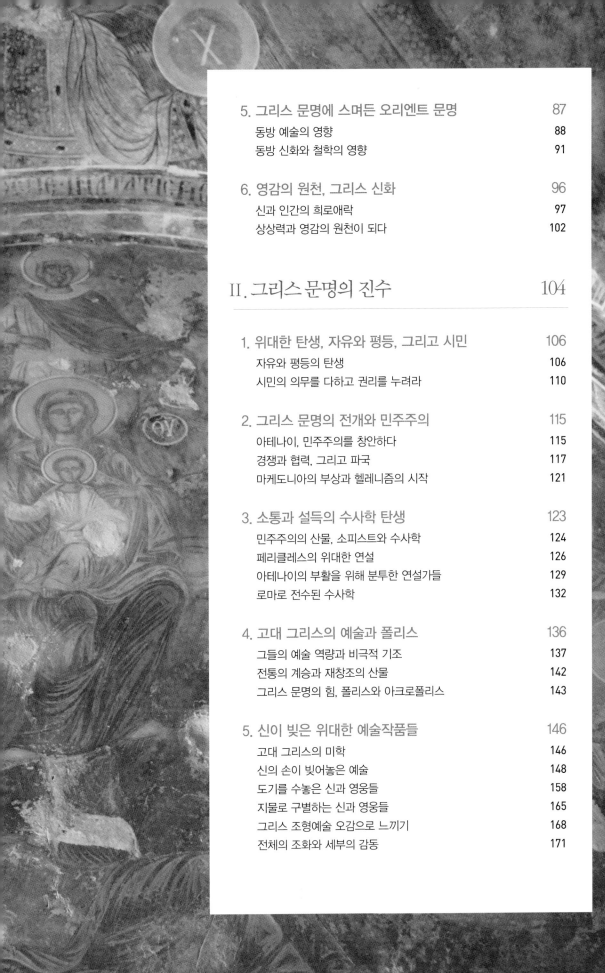

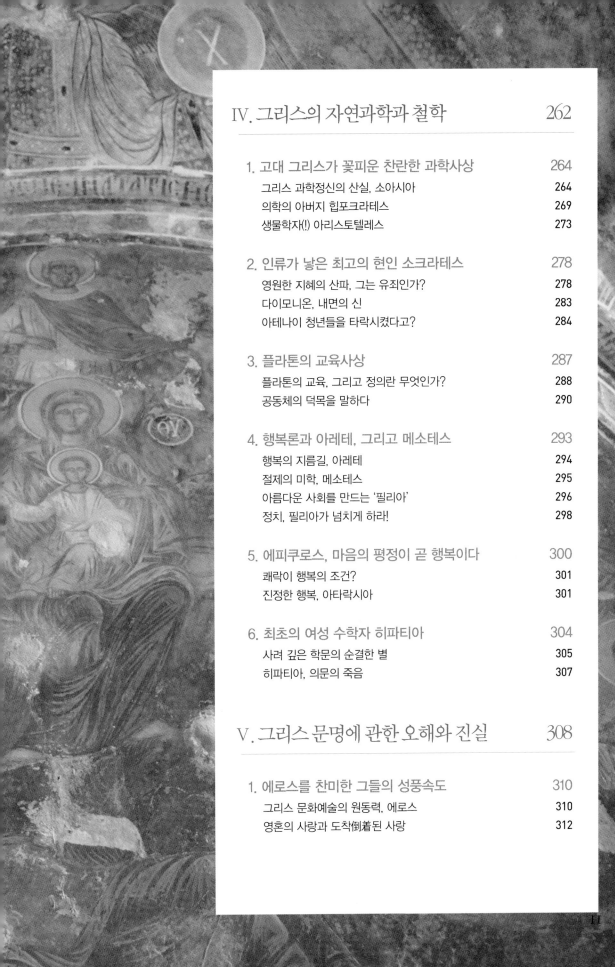

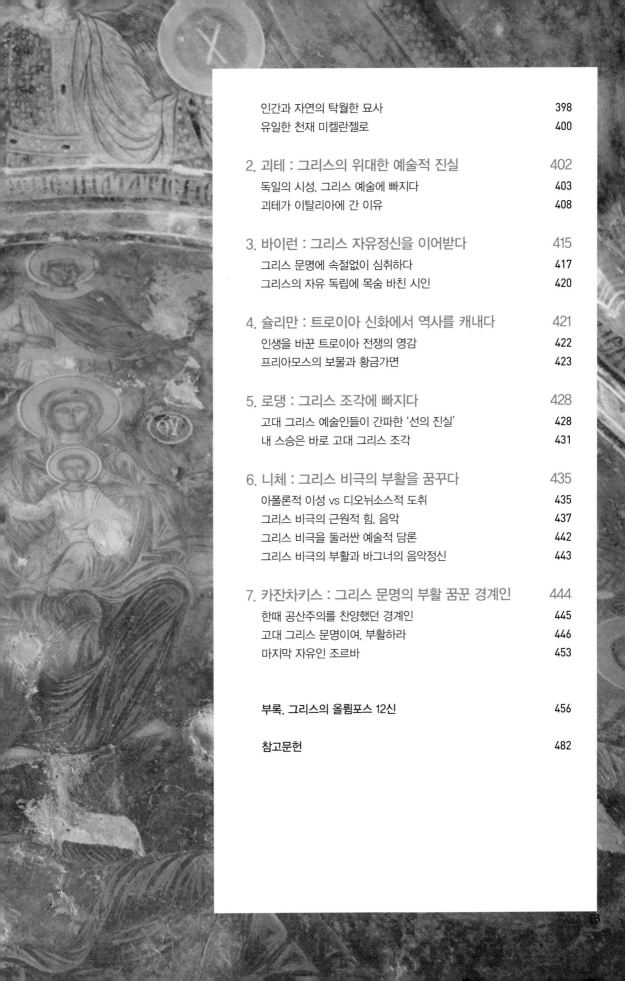

이스트루스

토미
칼라티스

오데수스

다뉴브 강

메셈브리아

트라케

아폴로니아

그라비스카

셀림브리아

이탈리아

마케도니아

쿠마에

아칸서스

아브데라

페린투스

에누스

갈

네아폴리스

에피담누스

타소스

키지쿠스

피테쿠사이

아폴로니아

포티다이아

세스투스

포세이도니아

메타폰티움

마그나 그라아키아

타렌툼

에피루스

트로이아

엘레아

에게 해

시바리스

코르키라

그리스

크로톤

에보니아

레스보스 섬

히포니움

이오니아 해

키오스 섬

에피제피리

델피

셀리누스

찬클

레기움

히메라

낙소스

엘리스

코린토스

아테나이

젤라

레온티니

올륌피아

밀레투스

메갈라히브레이아

카마리나

시라쿠사

스파르타

퀴클라데스 섬

펠로폰네소스

퀴클라데스 제도

로도스 섬

하드루멘툼

지 중 해

크노소스

크레테 섬

타우키라

키레네

바르카

아폴로니아

에우헤스페리데스

◆지중해 세계의 고대 그리스 식민지

미케네 체제가 무너지고, 그리스의 대변혁을 가져온 기원전 8세기. 섬과 산으로 나뉜 평원이 중심인 그리스에서 탄생한 폴리스 체제는 지중해 세계에서 가장 지배적인 체제로 발전했다. 그리스인들은 이탈리아와 시칠리아를 시작으로 8세기 중엽부터 해외 식민지를 찾아 나섰다. 지중해를 중심으로 한 해외 식민지는 7세기를 거쳐 6세기에 이르자 그 범위가 더욱 넓어져 그리스 북부와 아프리카, 흑해 동쪽 연안까지 수많은 식민지가 건설되었다.

증가한 해외 교류는 본국의 정치 발전에도 영향을 주었고, 도시국가별로 강력한 지도자 참주가 등장했다. 이 시기가 문화적으로 융성한 '도시 발달의 시대'였다. 법치法治가 체제의 중심이 되었고, 제우스의 올륌포스 신전이나 헤라의 신전 등 새로운 건축물이 다수 지어졌으며, 호메로스와 대서사시인들의 작품이 꽃피었다. 바야흐로 범그리스 세계의 시작이었다.

흑 해

판티카페아
피나고리아
테오도시아

디오스쿠리아스

파시스

세사무스   시노페
키토루스
아미수스   트라페주스
헤라클레아

타쿠스

소 아 시 아

페 르 시 아 제 국

아 시 리 아

니네베

시데   솔리
나기도스   챌렌데리스
포시데이움

키프로스 섬

유프라테스 강
티그리스 강

아라두스
비블로스
티레
욥바   페키니아
아스칼론
가자

스

넴피스

이집트

나일 강

홍 해

● 기원전 6세기 식민지
● 기원전 7세기 식민지
● 기원전 8세기 식민지

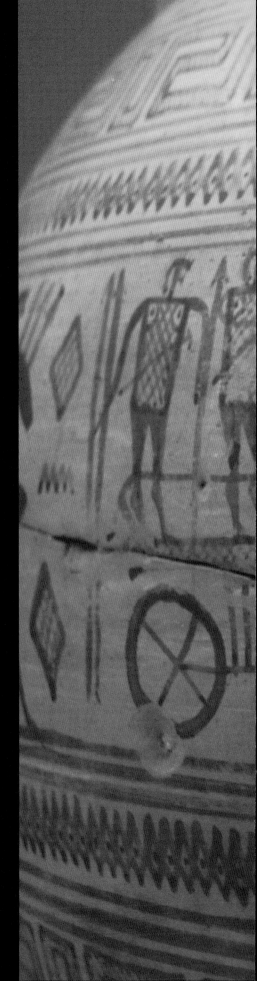

I
동방에서 싹튼
문명의 씨앗

인류 문명의 진보에 가장 오랫동안, 그리고 위대한 영향을 끼친 종족을 든다면, 그리스인과 로마인을 들지 않을 수 없다. 이들이 만들어낸 정치, 경제, 사회, 문화적인 족적은 오늘날 대부분의 다양한 종족과 나라의 역사와 문화에 스며들었다고 해도 과언이 아니니까 말이다. 따라서 이들이 당대에 만들어낸 다양한 분야의 고전을 읽는다면 현재 문명에까지 맥락이 이어진 그리스 문명의 원천을 파악해서 미래를 열어가는 지혜를 얻을 수 있을 듯싶다.

고대 그리스인들이 남긴 위대한 문명의 유산들을 제대로 이해하기 위해서는 당대의 사회 환경적 맥락을 살펴야 하지 않을까? 특히 그리스의 선사시대부터 알렉산드로스 대왕의 사후 헬레니즘 시기까지 그리스 사회를 연대기적으로 종단하면서, 동시에 중요한 시점마다 있었던 역사적 사건과 인물, 문학과 철학, 그리고 문화적 유산을 횡적으로 조명해볼 필요가 있다.

기하학적으로 표현된 두 전사가 전차를 모는 모습을 표현한 암포라 그림이다.
기원전 735~720년경 아테네 디필론. 런던 대영박물관

01
그리스 문명의 탄생

| 고대 그리스의 형성과 발전 |

고대 그리스의 역사적 변천 시기는 크게 여섯 단계로 구분해볼 수 있다. 그 첫 번째는 크레테 문명의 영향을 받은 청동기 뮈케나이 문명 시기다. 두 번째 시기는 기원전 13세기부터 11세기까지로, 지중해 전역에서 외지 침략자에 의해 자행된 약탈과 파괴가 암흑시대를 가져왔다. 이 문명적 단절은 기원전 8세기 중엽까지 지속된다. 이 시기에 뮈케나이 왕국이 주도한 그리스의 재분배 경제체제가 무너지고, 문자 체계마저 상실될 정도로 문명이 쇠락한다.

세 번째는 대략 기원전 750년에서 500년까지 지속된 시기로 아르카익 시대Archaic Age, 즉 고풍古風 시대로 불린다. 그리스 도시국가가 공간적, 사회적으로 형성되기 시작하고, 지중해의 해상무역이

고르튄 법전
서양 문명권의 성문법 가운데 최고最古의 법전으로, 크레테의 도시국가 고르튄의 시민법을 새겨 넣었다.

크노소스 궁전의 흔적

크노소스 궁전 유적지
궁전 내부에 있는 '옥좌의 방'. 돌로 만든 왼편의 옥좌를 둘러싸고 좌석이 마련되어 있다.

역동성을 띠면서 지중해 전역으로 그리스인들의 진출이 활발해진다. 여기저기에 그리스의 식민지가 건설되어 해외무역기지 역할을 하게 되는 시기다.

네 번째는 '아테나이의 황금시대'로 대변되는 고전 시대Classic Age다. 기원전 5세기부터 4세기까지의 시기로 그리스의 정치, 경제, 문화적 역량이 활짝 꽃피던 시기다. 다섯 번째는 펠로폰네소스 전쟁(기원전 430~404)이후 혼란기다. 기원전 404년에 아테나이가 스파르테에 항복하고 난 후 급격하게 퇴조하게 되고, 승자였던 스파르테 마저 사치와 향락에 물들기 시작하면서 그리스 본토의 왕자 자리에서 내려오게 되는 시기다.

여섯 번째는 기원전 323년 알렉산드로스 대왕의 사후부터 기원전 30년에 이르는 헬레니즘 시기다. 알렉산드로스가 개척한 대제국은 그리스 본토와 이집트, 소아시아 및 페르시아 지역을 중심으로 한 세 개의 왕조로 분열되며, 마케도니아인과 그리스인이 지배계급이 되어 제국을 분할 통치하던 시대다.

그리스 역사의 뿌리를 캐다보면 그리스 문명이 오롯이 고대 그리스인들의 창안에 의한 것이라기보다, 미노아나 페니키아 등 지중해 지역의 문명과 소아시아를 중심으로 한 근동 문명의 영향을 흡수하여 재창조해낸 결과임을 알 수 있다. 예를 들어 자음만 있던 페니키아 알파벳을 도입한 후 모음을 도입하는 혁신으로 그리스 문자가 만들어졌고, 오늘날 영어 알파벳의 모태가 되었다. 문자의 혁신은 문학혁명을 가져왔다. 기원전 8세기 중엽에 오랫동안 구전되어 온 무수한 이야기들이 천재작가 호메로스(Homeros, 기원전 800?~750)에 의해 인류의 고전인《일리아스》,《오딧세이》로 탄생된 것이다. 이는 청중들이 한정된 공간에서 음유시인에게 듣던 방식을 벗어나 시간과 공간을 뛰어넘어 개별화된 독자가 필요한 시간에 텍스트를 찾아 읽는 방식으로 혁신한 것이다. 음송을 완전히 대체한 것은 아니었지만, 이는 텍스트의 보존과 전파라는 획기적인 발전을 의미했다.

| 그리스 문명의 자궁, 크레테 |

미노아 문명(Minoan civilization, 기원전 3650년~기원전 1170년)이 탄생한 크레테(오늘날의 크레타) 섬은 제우스가 태어난 곳이기도 하다. 또 아테나이의 영웅 테세우스Theseus가 반인반수半人半獸인 미노타우로스와 대결을 벌였고, 아리아드네와의 비운의 사랑 이야기가 전해지는 곳이다. 그래서 그리스 문명의 뿌리를 찾기 위해선 이곳을 빼놓을 수 없다.

크레타 섬은 그리스의 섬들 가운데 가장 큰 섬으로 제주도의 4.5 배에 달한다. 크레타 섬의 미노아 문명 발굴은 1900년부터 1935년까지 여러 나라의 발굴단에 의해 여러 차례 이루어졌다. 이 발굴은 서양 문명의 기원을 기원전 3,500년 이전으로 끌어올린 20세기 초 고고학계 대사건이었다. 1874년 하인리히 슐리만이 펠로폰네소스 반도에서 발굴한 뮈케나이 문명(Mycenaean civilization, 기원전 2000~1200)이 그리스 문명의 기원으로 알려져 있었던 것을 더 거슬러 올라가 확장했기 때문이다.

크레테 문명의 유적 발굴 중 기념비적 탐사와 경이로운 발굴 성과를 보여준 이는 영국의 아서 존 에번스(Arthur John Evans, 1851~1941)였다. 그는 호메로스의《일리아스》에 90여 개의 도시가 융성하고 있었다는 기록에 착안하여 발굴을 시작했다.

그가 크레타에서 이룬 고고학적 성과의 백미는 단연 크노소스

'라 파리지엔'이라는 별명의 프레스코화.
이라클리온 고고학 박물관

백합꽃 왕자
이라클리온 고고학 박물관

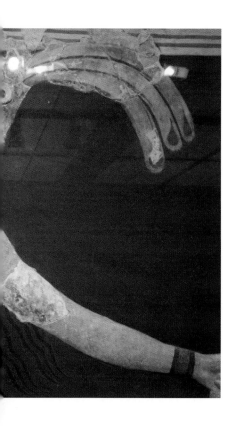

궁의 발굴이다. 그는 운 좋게도 슐리만의 뮈케나이 발굴을 현장에서 지켜볼 수 있었고, 뮈케나이 문명이 전설이 아니었던 것처럼 크레테 문명 역시 실존했다는 믿음을 가졌다. 특히 크레테의 현장에서 뮈케나이 시대를 거슬러 올라가는 선사시대의 유물이 풍부하게 발견되자, 자신감과 함께 집중적으로 크노소스 궁 발굴에 착수했다.

에번스는 영국 정부의 지원 없이 막대한 발굴 비용을 자비로 충당했지만, 발굴 성과는 경이로웠다. 이곳에서 나온 숱한 유물은 페니키아 문명이나 뮈케나이 문명과는 완전히 다른 문명의 특성을 보여주었다. 에번스는 신망 받던 크레테의 왕 미노스의 이름을 따 '미노아 문명'이라 불렀다.

기원전 20세기경부터 크노소스 왕국의 화려한 궁전이 건축되었다. 크노소스 궁전에서는 복층의 건축물, 대형 벽화, 비문, 토기, 테라코타, 공예품 등 다양한 유물이 발굴되었다. 크노소스 궁전의 발굴 유물들은 유럽의 고고학계는 물론 유럽인들에게 상당한 충격을 안겨주었다. 3,500여 년 전의 것이라고 믿기지 않을 만큼 화려한 건물과 채색된 유물, 벽화 인물들의 현대적 모습과 화려한 보석들, 그리고 현대적인 디자인의 옥좌는 유럽인들을 매료시켰다.

전제군주적 성격을 띤 크레테의 미노아 문명은 동시대의 인류 역사에서 가장 아름다운 궁전 건축과 화려한 색채의 다양한 프레스코화를 만들어냈다. "깊은 감수성을 머금은 듯 표정을 짓고 있는 소녀" 모습의 벽화 〈라 파리지엔 La Parisienne〉은 보는 이를 매료시키는 예술의 진수다. 청동기 시대의 작품이라고 믿기지 않을 정도다. 고딕 양식의 기도대를 연상시키는 나무 옥좌와 '백합꽃 왕자'의 프레스코화 역시 걸작이다.

크노소스 궁전을 세운 크레테인의 건축술은 그리스 문명권에서 가장 오래되었다고 믿을 수 없을 만큼 독창적이고 탁월했다. 방

뮈케나이 왕성의 사자문
인간이 다룰 수 없는 거대한 돌이라 해서 외눈박이 거인 퀴클롭스가 쌓았다고 전해진다. 가로대 위의 거대한 삼각형 안에는 왕권을 상징하는 두 마리의 사자가 있다.

뮈케나이 왕성 밖에 위치한 궁륭식 무덤
전설적인 왕 아트레우스Atreus의 이름을 딴 '아트레우스의 보고寶庫'라 불린다. 아가멤논의 무덤으로 추정하기도 하지만 정확하지 않다.

의 환기 시설과 밝기를 조절하는 채광시설, 물길을 끌어온 인공 수도관 시설과 빗물을 빼내는 배수시설 등, 현대적 양식은 유럽인들을 경탄케 했다. 알렉상드르 파르누의 말의 들어보자.

"가변식 벽이 있는 거실, 욕실, 방을 서늘하게 하는 물 저장 탱크, 전망이 좋은 베란다, 현대의 그것과 유사한 이층집", "미노아 문명인의 소박한 주거지에도 현대 부르주아 계층의 편리함과 호화로움의 흔적이 많이 남아 있었다.", "안락함과 세련됨은 19세기 유럽의 중산계층조차 누리기 시작한 지 얼마 되지 않은 것이므로 매우 놀랍다고 하지 않을 수 없었다."

에번스의 크노소스 발굴은 유럽의 역사적 기원을 확장했을 뿐 아니라, 신화 속에 머문 그리스 문명의 실체적 뿌리를 찾도록 해주었다. 이로써 에번스는 크레테의 전설을 역사로 바꾼 '마법사'가 되었다. 그의 집념과 열정이 일구어낸 개가다. 에번스의 미노아 문명 발굴 과정과 경이로운 유물 및 자취는 많은 칼라 및 흑백 도판으로 남겨졌다. 에번스는 미노아 문명의 신비의 베일을 벗겨내고 미노아 문명의 탁월성을 여러 각도에서 조명했다. 미노아 문명은 그리스 문명을 잉태한 자궁이었다.

| 뮈케나이 문명과 도시국가의 탄생 |

고대 그리스가 세계 4대 문명의 발상지는 아니었지만, 인류 역사에 가장 큰 영향을 끼친 문명을 만들어냈다. 뒤늦게 출발한 고대 그리스 세계가 세련된 문화를 만들어낸 과정을 더듬는 일은 그래서 유익하고 즐겁다.

고대 그리스를 생각하면 우리는 아테나이와 스파르테를 먼저 떠올린다. 아테나이는 아티케Attike의 중심도시였다. 또 스파르테의 정식 국가 명칭은 라케다이몬Lakedaimon이었다. 아테나이는 민주주의를 꽃피운 나라로, 스파르테는 최고의 군사강국 이미지를 굳히게 된다. 하지만 고대 그리스에는 두 도시국가 이외에도 많은 도시국가가 존속했고 이들이 만들어낸 문화 역시 다양한 모습으로 발전했다.

고대 그리스인들의 활동 무대도 현대의 그리스 땅보다 훨씬 넓었다. 고대 그리스 문명의 영역은 현대 그리스 지역을 넘어 지중해 전역과 현재의 터키 서부 지역에 속한 소아시아, 흑해 연안 지역, 그리고 이탈리아 반도의 남부와 시칠리아 지역을 포괄하는 광대한 권역을 포함하고 있었다. 남프랑스 지역의 마르세이유(맛살리아)까지 교역 활동의 무대가 될 정도였다.

크레테 문명의 영향을 받아 그리스 본토에서 뮈케나이 문명이 형성되었다. 지금의 펠로폰네

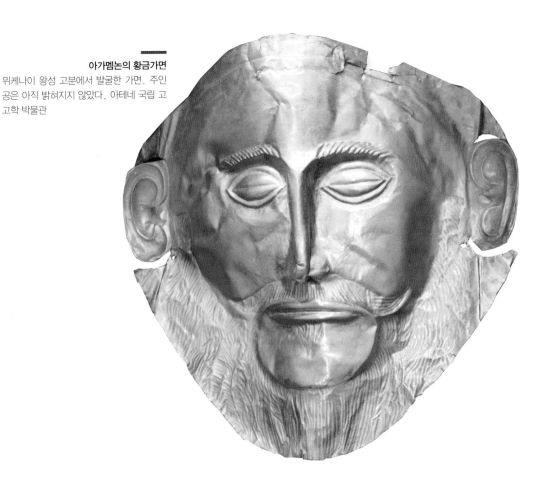

아가멤논의 황금가면
뮈케나이 왕성 고분에서 발굴한 가면. 주인
공은 아직 밝혀지지 않았다. 아테네 국립 고
고학 박물관

소스 반도의 아르골리스 지역이다. 뮈케나이 지역에서는 기원전 17세기경부터 견고한 대궁전을 짓고 강력한 왕이 통치하는 왕정 국가가 성립된다. 아카이아인으로 불린 왕국의 백성들은 흑해에서 이탈리아에 이르는 교역로를 개척하고 활발한 무역활동을 전개했다. 그리스 신화에 나오는 이아손의 모험이나 오뒷세우스의 항해는 바닷길을 개척하며 겪어야 했던 그리스인들의 도전과 고통을 대변한 것인지도 모른다.

기원전 13세기 중반에 트로이아 전쟁이 발발한 것도, 흑해로 들어가는 입구를 장악한 트로이아와 이 항로를 이용해 흑해 연안까지 진출하려던 아카이아인들의 대결이었다고 볼 수 있다. 헬레네의 납치와 구원을 위한 전쟁이라는 낭만적 명분보다 경제적, 군사적 배경이 더 큰 요인으로 작용했다고 볼 수 있는 여지가 충분하다.

고대 그리스 문명의 공유와 교류는 에게 해를 둘러싼 연안 국가들 사이의 활발한 교역활동을 통해 이루어졌다. 그리스인들은 밀농사가 힘든 척박한 그리스 땅을 떠나 보다 기름진 땅을 찾아 나설 수밖에 없었다. 이들의 식민지 개척과 식민 상업은 그리스 본토 번영의 토대가 되었다. 특히 흑해 연안은 밀과 광물을 공급하는 보고였다. 또 지중해의 숱한 섬들은 오늘날의 이집트, 리비아, 메소포타미아로 진출하는 징검다리가 되었다.

뮈케나이 전사의 행렬
뮈케나이의 도기는 대부분 양식화한 문양으로 만들어졌으나, 이 도기의 표현은 전사의 모습을 매우 사실적으로 묘사했다. 기원전 12세기 경. 아테네 국립 고고학 박물관

고대 그리스 문명의 자취는 여러 영역에서 확인할 수 있다. 뮈케나이 문명이 만들어낸 거대한 돌로 이루어진 성곽과 황금가면과 같은 귀금속 공예는 강력한 왕권을 상징하고, 아름다운 회화를 담은 흑색상 도기와 적색상 도기는 그리스 신화와 영웅들의 활약상을 그대로 채록하고 있다. 고대 그리스에 도시국가가 탄생한 시기는 철기가 일상생활에 보급된 기원전 9세기 이후로 볼 수 있다. 왕정에서 귀족세력이 강성하던 시기를 지나 이때에 이르면 시민들의 권리 인식과 함께 도시국가 체제가 자리를 잡는다. 그리스 전역에는 참주정僭主政*과 민주정이 혼재했다. 많은 도시국가에서 귀족과 시민들의 갈등과 대립이 격화되어 정치체제의 잦은 변동을 가져오기도 했다.

*참주정
기원전 7세기에서 기원전 3세기 사이 귀족정이 쇠퇴하며 등장한 정치체제로, 주로 비합법적 지배체제를 말한다. 기원전 466년부터 약 60여 년간 참주정이 없었는데, 이 시기를 기준으로 전기 참주정과 후기 참주정을 구분한다. 전기 참주정은 대부분 귀족이 전면에 등장했는데, 이들은 귀족정이 쇠퇴하고 평민이 귀족과 대립하자, 이를 이용해 독재체제를 확립했다.

그리스인들은 기원전 8세기에서 4세기까지 인류 역사상 가장 독창적이고 찬란한 문명을 꽃피웠다. 서사시가 탄생되었고, 비극과 희극이 공연되었으며, 서정시가 창작되었다. 호메로스와 소포클레스(Sophocles, 기원전 496~406), 사포(Sappho, 기원전 612?~?) 등이 시민들의 환호를 받은 것도 이 때였다. 도시국가마다 수많은 축제가 있었고, 수학, 철학, 자연학, 형이상학, 천문학, 수사학이 태동했다. 인류의 스승 소크라테스(Socrates, 기원전 469?~399), 학문의 아버지 플라톤(Platon, 기원전 427~347)과 아리스토텔레스(Aristoteles, 기원전 384~322)도 이 시기에 크게 활약했다.

4대 올림픽 제전의 하나로 델포이에서 열린 퓌티아 제전의 스타디온stadion. 가파른 파르나소스 산정에 둘러싸여 있다.

모든 그리스 도시국가들이 참여하는 스포츠와 문화제전은 근대 올림픽의 기원이 된 올림피아 제전 이외에도 3개나 더 있었다. 퓌티아 제전, 네메아 제전, 이스트미아 제전 등 4대 제전에는 그리스의 거의 전 도시국가가 참여하여 그리스 민족의 정체성을 공유했다.

그리스 문화의 꽃으로 볼 수 있는 아테나이의 아크로폴리스에는 웅장하고 화려한 신전과 건축물이 끊임없이 세워졌다. 그리스인들이 만들어낸 도리아식, 이오니아식, 코린트식의 건축양식은 오늘날까지도 서양 건축 양식의 고전으로 애용되고 있다. 단청으로 채색된 아크로폴리스의 신전들과 거대한 신상들은 정제된 균형미와 단아한 아름다움을 보여주는 인류가 만들어낸 최고의 걸작들이다. 파르테논 신전은 당대의 예술 역량과 건축 기술을 모두 쏟아부은 거대한 예술작품이다.

그리스의 번영과 활력은 아테나이가 민주주의를 창안하면서 더욱 가속화되었다. 하지만 페르시아와 세 차례의 전쟁을 치르면서 자유와 평등, 정의의 가치가 균형을 잃기 시작했다. 전쟁에 승리한 후 교만해진 아테나이는 제국주의로 흘렀다. 페르시아에 대해 굴종이 아닌 자유를 쟁취하기 위해 싸웠던 아테나이가 그리스의 도시국가들의 자유를 속박하는 모순된 행태를 보였

다. 이로 인해 자유를 희구한 도시국가들과 불화를 빚게 되고, 그리스 도시국가 간의 평등과 정의에 균열이 가기 시작했다. 결국 그리스 도시국가 간의 내전으로 확대되고 만다. 아테나이를 중심으로 한 델로스 동맹국과 스파르테를 중심으로 한 펠로폰네소스 동맹국 간에 벌어진 소모적인 펠로폰네소스 전쟁은 그리스 문명의 몰락을 재촉했다.

이후 그리스 도시국가의 쇠락과 함께 변방이었던 마케도니아가 그리스 세계의 새로운 왕자로 등장한다. 알렉산드로스가 만들어낸 헬레니즘 문화는 그리스 문명의 마지막 화룡점정이 된다. 그리스 문명은 헬레니즘을 통해 유럽 전역으로 퍼졌고, 현대 문화와도 쉼 없이 대화를 나누고 있는 '현재진행형'이다. 그리스 문명이 창출한 문학과 예술, 학문과 독창적 정치체제는 서구 문명의 모태이자 현대 인류 문명의 뿌리가 되었다. 또 그리스 신화와 문학은 지금도 현대 문화 예술에 무한한 영감을 주며 여러 분야에서 끊임없이 창작의 소재가 되고 있다.

◀ 아크로폴리스에 있는 에렉테이온 신전 내 포세이돈 성소聖所의 천정 부분. 기둥머리가 이오니아 양식이다. 기원전 5세기 초에 건축되었다.

▶ 아테네학술원 건물의 기둥장식

고대 그리스 신전의 기둥과 프리즈는 단청되어 있었다. 19세기 신고전주의 양식으로 지어진 아테네학술원의 아름다운 단청은 이 시기 신전의 단청된 모습을 짐작케 해주며, 이오니아식 기둥 양식의 우아미를 보여준다.

▶▶ 네로 황제 시대의 황궁을 장식했던 코린트 양식의 화려한 기둥머리 조각

아칸서스 잎과 꽃을 묘사했다. 그리스의 건축 양식이 로마 시대로 계승되어 더욱 화려한 치장으로 진화된 모습을 보여주고 있다. 1세기 중엽. 로마 팔라틴 미술관

▲ **아테네 아크로폴리스의 에렉테이온 신전**
아테나 성소 정면이다. 이오니아식 기둥 양식을 보여준다.

◀ 올림피아 제전이 열리던 알티스 성역에 있는 선수들의
연습 운동장인 팔라에스트라palaestra 유적

코린토스의 아폴론 신전
도리아식 기둥의 간결하고 남성적인 웅장미를 보여준다.

31

뮈케나이 전사들이 사용한 것으로 보이는 투구
무거운 청동 투구를 대신해 멧돼지의 어금니로 만들었을 것으로 보인다. 아테네 국립 고고학 박물관

02

그리스 문명의 씨앗이 된 메소포타미아 문명

　그리스의 찬란한 문명도 하늘에서 뚝 떨어진 것은 아니다. 이전에 활짝 꽃피었던 메소포타미아 문명과 이집트 문명의 영향에서 벗어나지 못한다. 하지만 그리스인들은 이들 동방의 문명을 수용하여 더욱 세련된 문명으로 재탄생시켰다. 이런 맥락에서 볼 때 그리스 신화와 설화는 이들 두 동방 문명은 물론, 페르시아라든지 더 멀리는 인더스 문명의 영향도 적지 않게 받았다고 봐야 한다. 반대로 메소포타미아 신화 역시 인접 문명과 서로 영향을 주고받은 흔적을 보여 준다. 창조 신화에서도 비슷한 점이 있다. 대홍수 설화는 구약성경의 '노아의 방주' 이야기와 흡사하여 고대사 연구자들의 논쟁을 불러일으킨다.

　오늘날 이집트, 팔레스타인, 시리아, 이라크를 아우르는 '비옥한 초승달 지역' 중 티그리스 강과 유프라테스 강 사이의 지역을 중심으로 인류의 가장 오래된 문명이 시작되었다. 이곳에서 기원전 5000년경부터 농경민이 정착해 공동체 생활을 했다. 이어 기원전 3000년경에는 어엿한 도시국가들이 형성되며 오리엔트 문명을 꽃피웠다.

잊힌 동방의 문명이 서양에 알려지게 된 건 메소포타미아 문명을 일군 수메르인의 설형문자가 해독된 덕분이다. 3,000여 년간 영화를 누리던 메소포타미아 문명은 역사 속에서 사라졌다가 열정적인 탐험가, 발굴가와 고고학자들의 헌신적인 노력으로 2,000여 년 만에 재발견되었다.

메소포타미아 문명의 실체는 발굴된 유물과 유적에 새겨진 설형문자의 해석을 중심으로 규명되어왔다. 못이나 쐐기 모양의 기호로 이루어진 설형문자는 기원전 3200년경 수메르인들에 의해 발명된 것으로 추정된다. 그 이전일 수도 있다. 중국에서 갑골문자가 나왔던 때와 비슷한 시기다.

그런데 정작 메소포타미아 문명의 실체를 벗긴 것은 이 지역의 후세대인 중동인들이 아니다. 프랑스, 덴마크, 독일 학자들에 의해 중동의 고대 문명의 신비가 벗겨지기 시작했다. 프랑스의 유대교 목사 방자맹 드 튀델Benjamin de Tudèle이 1160년경 이라크의 북부 모술Mosul 주변을 방문하여 형태를 가늠하기 어려운 아시리아의 수도 니네베의 폐허를 발견한다. 그러나 이후 여행기 수준의 글이 간간이 발표되면서 호기심만 자극

했을 뿐, 별다른 수확은 없었다.

메소포타미아 신화가 서구의 주목을 받기 시작한 것은 1620년경 이탈리아의 귀족 델라 발레(Pietro Della Valle, 1586~1652)의 동방여행이 가져온 결과다. 그는 팔레스타인, 바그다드, 페르세폴리스에 이르기까지 중동 지역의 여러 고대 문명 유적지를 답사했다. 발레는 페르세폴리스에서 왕궁 출입구에 쐐기형태 문자로 새겨진 수많은 비문을 복사해 오는 성과를 거둔다. 하지만 동방의 수수께끼 같은 신기한 문자를 해독할 수 있는 학자가 없었다. 1700년이 되어서야 옥스퍼드 대학의 토머스 하이드(Thomas Hyde, 1636~1703) 교수에 의해 설형문자(楔形文字, cuneiform)라는 것이 세상에 알려지게 되었다. 체계적인 연구는 1803년 독일의 라틴어 교사이던 게오크 그로테펜트 Georg Friedrich Grotefend가 처음으로 페르세폴리스 유물의 상형문자를 가설적으로나마 해석한 데서 비롯되었다. 메소포타미아 문명의 비밀이 페르시아 유물의 해석에서부터 실마리가 풀린 셈이다. 이후 왕립아시아학회를 중심으로 비문 연구가 계속 진행되어 1838년 헨리 롤린슨(Henry C. Rawlinson, 1810~1895) 등이 본격적인 해석을 시작했다. 고어 해독의 결정적인 계기가 된 건 베

▶이슈타르 Ishtar
메소포타미아 신화에 나오는 아시리아와 바빌로니아의 여신. 아름다움과 사랑, 풍요로움과 전쟁 등을 상징하는 여신

히스툰Behistun 비문이다. 롤린슨은 1835년 하마단 남서쪽 100km 지점에서 거대한 바위에 새겨진 고대 페르시아어의 비문을 발견하고 이를 해독해냈다. 페르시아 제국의 다레이오스 1세 대왕의 전공戰功을 3개 국어로 기록한 것이었다. 여기서 시작된 기호와 단어를 해독함으로써, 메소포타미아 지역에서 광범위하게 수집된 벽돌, 점토판, 조각상 등에서 발견된 문자를 해독할 수 있게 되었다.

이후 영국의 고고학자 오스틴 레이야드 경(Sir Austen Henry Layard, 1817~1894)에 의해 아시리아의 수도였던 이라크의 니네베Nineveh 발굴이 시작되면서, 메소포타미아 문명의 베일이 벗겨지기 시작했다. 당시 갖가지 글이 쓰인 토판土版과 유물이 발굴될 때마다 그 소식을 담은 〈더 일러스트레이티드 런던 뉴스 The Illustrated London News〉는 시중의 화젯거리가 됐다. '니네베에서 온 날개 달린 황소'가 유행가 속에 등장하는가 하면, 레이야드가 이 유물들을 해설하여 출판한 《니네베와 그 유물들 Nineveh & Its Remains》은 베스트셀러가 되었다. 아울러 〈창세기〉의 인간 창조에 관한 신화와 대홍수 관련 토판이 해석되자, 성서 이전의 기록들이라는 점에서 시선을 끌었다. 특히 《구약성서》의 근본적인 권위에 도전한 연구가 나오면서 유럽인들에게 대단한 충격을 주었다.

길가메시 서사시가 기록된 토판
기원전 650년 경 만들어진 것으로 보이며, 대홍수 신화에 관한 내용이 있다. 런던 대영 박물관

| 《길가메쉬 서사시》와 대홍수 신화 |

메소포타미아의 신화들은 도대체 어떤 내용을 담고 있었을까? 대표적인 것은 《길가메쉬 서사시》다. 여러 토판으로 나누어 기록된 이 신화는 기원전 2600년 경 수메르 왕국의 우루크 제1왕조의 왕, 반인반신半人半神 길가메쉬의 영웅담이다.

▶ 인간의 머리를 하고 날개를 단 황소 라마수Lamassu 석상이다. 아시리아의 림루드의 북서쪽 왕궁의 문에 설치된 수호신 역할을 한 것으로 보인다. 기원전 865~860년 경 아시리아인들이 제작. 이러한 형상의 석상은 아주 오래 전부터 메소포타미아 지역에 널리 분포되었다. 런던 대영 박물관

길가메쉬는 왕국에 부족한 목재를 구하기 위해 야만인 친구 엔키두와 함께 멀리 삼나무 숲을 향해 떠난다. 온갖 고난과 우여곡절 끝에 삼나무 숲에 다다른 길가메쉬와 엔키두는 태양의 신 샤마시의 비호 아래 숲의 수호자인 괴물 훔바바를 죽이고 삼나무 벌목에 성공한다. 하지만 길가메쉬를 유혹하다 모욕을 당한 전쟁의 신 이슈타르의 저주를 받아 엔키두가 죽게 된다. 친구의 죽음으로 슬픔에 빠진 길가메쉬는 삶에 반드시 죽음이 뒤따른다는 사실에 좌절하고, 영생을 얻기 위해 광야를 방랑하다가 실패한 채로 귀환하게 된다. 이 이야기는 오랫동안 암송으로 전해진 수메르 문명의 원초적인 문학작품이다.

길가메쉬 서사시는 기록으로 확인되는 인류 최초의 서사시로, 죽음에 대해 초탈하는 인간의 철학이 인상적이다. 영생의 방법을 묻는 길가메쉬에게 대홍수 뒤에 살아남아 신에게서 영생을 허락받은 유일한 인간인 우트나피시팀은 이렇게 말한다.

> 영구불변인 것은 없다. 영원히 남아있는 집을 지을 수 있을까? 약속을 언제까지고 지킬 수 있을까? 형제들이 유산을 나누고, 영원히 자기 것에 만족할 수 있겠는가? 강이 홍수를 견뎌낼 수 있겠는가? 껍질을 벗고 눈 부신 태양을 볼 수 있는 것은 잠자리의 요정뿐이다. 먼 옛날부터 영구불변인 것은 아

> 무것도 없었다. 잠든 자와 죽은 자, 그것이 얼마나 비슷한가! 그것은 색칠한 죽음과 같다.
> 《길가메쉬 서사시》 p. 73

길가메쉬는 인간의 필멸 운명에 대한 심오한 깨달음을 담고 있다. 길가메쉬는 최고의 영웅이었지만, 그는 엔키두와 마찬가지로 언젠가는 죽을 운명을 피할 수 없는 존재였다. 유한한 삶을 사는 인간과 영생의 신들이 만들어내는 희로애락의 이야기는 후에 등장하는 그리스의 대서사시 《일리아스Ilias》에도 영향을 준 것으로 보인다. 절친한 엔키두의 죽음이 길가메쉬를 절망과 분노에 빠지게 했다면, 아킬레우스Achilleus는 파트로클로스Patroklos의 죽음에 분기했다는 점에서 닮은 꼴이다. 다만 길가메쉬가 엔키두의 죽음을 보고 허무함과 두려움을 느껴 영생을 찾는 방랑에 나서지만, 아킬레우스는 트로이아의 왕자 헥토르를 죽여 죽은 친구의 복수를 한다는 점에서 다르다.

| 메소포타미아의 창세기 신화 |

〈길가메쉬 서사시〉에는 대홍수 설화도 포함되어 있다. 대홍수에서 살아남은 우트나피시팀은 대홍수가 끝났는지 시험하기 위해 비둘기와 제비 한 마리씩을 날려 보내고, 마지막으로 까마

귀를 날려 보낸다. 〈창세기〉에서는 노아가 첫 번째로 까마귀를 날려 보내고, 그다음으로 두 마리의 비둘기를 날려 보낸 것으로 나온다. 약간의 차이는 있지만, 설화의 플롯 자체가 유사한 것으로 보아 메소포타미아에서 팔레스타인 지역으로 전승된 것으로도 볼 수 있는 대목이다.

메소포타미아 신화에 따르면, 바다를 대표하는 압수Apsu와 바다의 화신인 티아마트Tiamat로부터 세상이 창조되었다. 이들에게서 네 세대의

신들이 생겨났다. 마르둑Marduk이 최고의 신의 자리에 오르는 투쟁의 과정은 그리스 신화에서 제우스가 세상의 지배권을 차지하기 위해 티탄족Titanes과 전쟁을 치르는 내용과 흡사하다.

마르둑은 일곱 개의 폭풍과 그물로 거대한 용으로 변신한 티아마트를 죽이고 '운명의 서판Tablet of Destinies'을 빼앗아 신들의 왕이 된다. 그는 티아마트의 침으로는 구름과 바람, 그리고 비를 만들었고, 티아마트의 독으로는 안개를 만들

메소포타미아의 최고 신 마르둑을 상징하는 괴룡 무쉬후쉬. 이스탄불 국립 고고학 박물관

티아맛과 싸우는 태양신 마르둑

어 그녀의 눈에서 유프라테스 강과 티그리스 강을 열었다. 또 티아마트의 '유일한 연인'인 괴물의 수괴 킨구Qingu의 피로 최초의 인간을 만든다. 메소포타미아 신화에서 인간은, '신들이 쉴 수 있도록, 신들의 노역을 감당하는 운명을 안고' 만들어졌다. 그리스 신화에서 프로메테우스Prometheus의 아들 데우칼리온Deukalion이 제우스가 일으킨 대홍수에서 방주를 타고 아흐레 밤과 아흐레 낮 동안 바다 위를 떠다니다가 뭍에 올라 제우스에게 청하여 돌멩이를 어깨 너머로 던져 사람을 만든 것과는 그 과정이 다르다.

이렇게 세상의 창조가 마무리되자 신들은 자신들이 쉴 수 있고, 인간들의 경배를 받을 수 있는 성소인 바빌론의 에사길라Esagila 사원에 거대한 지구라트(ziggurat, 성탑聖塔 또는 단탑段塔)를 세웠다. 메소포타미아 각지에서 발견되는 지구라트는 신과 인간이 소통하는 일종의 신전이었다. 지구라트는 바벨탑의 기원이 되기도 했다.

그리스 신화가 신전의 벽면과 박공에 표현되었듯, 토판으로 전해진 메소포타미아 신화 역시 다양한 부조, 원통형 인장, 테라코타terra cotta 등 다양한 그림으로 재현되었다. 이런 소재가 주는 상징과 영감은 수천 년 동안 중동인의 삶과 함께 했고, 이들의 의식과 문화에 자연스럽게 스며들었다.

메소포타미아 신화에는 기원전 4000년에서 3000년 사이의 기간 동안 최초로 도시들이 건립되었을 당시의 설화와 역사가 혼재되어 있다고 볼 수 있다. 길가메쉬 서사시, 창조 서사시 이외에도 에라Erra 서사시라든지, 인간 영웅인 에티나Etana와 아다파Adapa 설화도 있다. 물론 약 2천 년 이후에 전개되는 그리스 고전기 신화에 비해 풍성하지는 못하다. 그러나 주변의 문명에 흘러들어 스며들 만큼 소박하지만 호소력과 매력을 갖고 있다. 특히 메소포타미아 신화의 기원은 기원전 4000년에서 3000년까지 도시들이 최초로 건립되었을 때로 거슬러 올라갈 수 있고, 그 옛날의 어느 날부터 명확하게 기록되고 전해진 것임을 알 수 있다. 따라서 메소포타미아 신화와 길가메쉬 서사시는 구약성서는 물론 그리스 신화와 영웅 서사시에도 일정 부분 그 영향을 주었다는 점을 잊지 말아야 할 것이다.

| 바벨탑을 쌓다 :
아시리아의 화려했던 도시 문명 |

메소포타미아에서 발굴된 문자는 음운문자와 표의문자의 요소가 혼합된 상당히 복잡한 체계를 가진 문자로, 학자들을 곤혹스럽게 만들었다. 이 문자들은 다시 엘람어, 수메르어, 아카드어로 나뉘지만, '아시리아어'로 통칭되었다.

바빌론 성곽의 이슈타르 정문
성벽의 겉면 전체가 채색벽돌로 장식되었고, 괴룡, 사자, 사슴의 형상이 양각으로 조형되었다. 성벽 전체를 그대로 뜯어다 거대한 공간의 박물관 내부로 옮겨 복원한 독일인들의 문화재 반출 및 복원 기술도 놀랄 만하다. 베를린 페르가몬 박물관

바빌론 성곽의 이슈타르 정문으로 들어가는 모자이크로 장식된 성벽. 베를린 페르가몬 박물관

▶바빌론 성벽을 장식했던 채색 벽돌 모자이크로 만든 사자상. 베를린 페르가몬 박물관

43

왕과 수행 기마병의 행진 장면을 정교하게 묘사한 부조
기원전 738~737년에 시리아와 이란 정벌에 나선 티글라트 필레세르 3세(Tiglath Pileser Ⅲ, 재위 기원전 746~기원전 727)의 모습이다. 오른쪽의 왕은 오른손에 권표, 왼손에 활을 들고 있고, 왼쪽에 병사와 화려하게 치장한 말이 뒤따르고 있다. 아시리아의 수도 님루드의 중앙 궁전에서 발굴되었다. 기원전 728년. 런던 대영 박물관

이 문자를 창조한 민족에 대해서도 아직 정확하게 규명되지 않은 상태다. 셈 족이거나 이들의 조상일 수도 있다는 추론만 제기될 뿐이다.

메소포타미아 유적의 발굴과 함께 드러난 아시리아의 궁전, 망루, 신전, 주거지 등은 견고하고 정교하며 아름다운 축성과 건축술을 보여준다. 특히 니네베와 님루드Nimrud에서 발굴된 사람의 얼굴에 황소의 몸체를 가진 수호 거인은 간결하면서도 장중한 느낌을 준다.

니네베에 있던 센나케리브(Sennacherib, 기원전 704~681) 궁전에서는 71개의 방과 2천여 개의 조각이 발굴되었다. 2만 5천여 개의 문자판 및 문자판 조각 등 1천5백여 종이나 되는 원고와 판본이 보관된 아슈르바니팔(Ashurbanipal, 기원전 668~627) 대왕의 도서관이 발견된 것도 엄청난 수확이었다.

메소포타미아 남부지방에서 발굴된 4만여 개의 문자판은 기원전 3000년대 말에서 기원전 2000년대 초의 문학, 종교, 경제, 법제 연구에 필요한 자료를 풍성하게 제공했다. 수메르 문화와 아시리아 문화의 확인에 이어 바빌론의 발굴은 고대 문명의 화려한 정점을 보여준다. 독일의 고고학자 자하우(Kal Eduard Sachau, 1845~1930)와 콜데바이(Robert Johann Koldeway, 1855~1925)는 1889년부터 1917년까지 28년에 걸쳐 흙 속에 묻혔던 바빌론 성곽을 발굴해냈다.

1,800m와 1,300m에 이르는 장방형 성곽 안쪽에 50여 개의 성탑과 성안의 궁전과 100여 개의 사원, 성지, 지구라트 등이 있었으니, 그 규모의 방대함에 놀라지 않을 수 없다. 높이 90m에 이르던 7층의 지구라트가 바로 우주를 지배하는 마르두크 신에게 바친 바벨탑이 아니던가.

세계 최초로 법전을 만든 함무라비(Hammurabi, 기원전 1792?~1750?) 대왕 시기의 영화를 짐작하고도 남는다. 바빌론은 당시 세계에서

바벨탑의 추정 복원 모형
베를린 페르가몬 박물관

세계 최초의 성문법인 〈함무라비 법전〉을 새긴 돌기둥의 상단
함무라비의 만년인 기원전 1750년경의 성문법 282조의 규정이 쐐기문자로 2.25m의 돌기둥에 새겨져 있다. '눈에는 눈, 이에는 이'라는 동해보복형同害復刑 탈리오 법칙lex talionis이 적용된 고대법 및 농업, 상업에 관한 법규가 규정되어 있다. 파리 루브르 박물관

가장 크고 화려했던 제국의 수도였다. 이후 네부카드네자르 2세(Nebuchadnezzar, 기원전 ?~기원전 562?) 등 후대 왕들이 궁전과 도시의 성곽을 건축하고 보수하여 사용하면서 문명의 중심지 역할을 유지했다.

| 그리스 문명의 씨앗이 되다 |

그리스와 로마 문명만을 서양 문명의 주류라고 인식하던 서구인들에게, 그 뿌리가 2,000여 년 앞선 동방에 닿아 있다는 것을 보여주는 유물의 발견은 신선한 충격이자 자극이다. 일찍이 문명을 일구었던 메소포타미아 유역의 다양한 문화는 오랜 시간에 걸쳐 그리스 지역으로 흘러들었다. 청동기 시대 이전의 상고기는 제쳐놓더라도, 메소포타미아에서 아시리아가 발흥한 기원전 9~7세기경부터 교류가 이루어진 역사적 증거들이 많다. "서방에서 근동에 가장 가까운 지역은 그리스였으므로, 그리스인들이 즉각 그 혜택을 입고 기회를 얻어 '기적'을 일구었다." 그리스 본토나 이오니아의 그리스인들은 국력이 강성했던 아시리아나 이와 대적했던 이집트에 용병으로 참여하기도 했을 것으로 추정된다.

또 아시리아와 협력관계를 맺고 활발하게 육상 무역을 전개하던 뤼디아는 거의 한 세기 동안 아시리아와 그리스를 잇는 연결고리 역할을 했다. 특히 지리적으로 가까이 위치한 이오니아는 뤼디아 왕국의 교역에 적극적으로 참여하여 동방 문명이 성취한 바를 직접 접할 수 있었다. 이를 통해 아시리아에서 뤼디아를 거쳐 이오니아와 그리스에까지 사치품이 널리 퍼질 수 있었다. 그리스인들이 향연에서 즐겨 사용하는 침상 클리나이klinai는 아시리아의 수도 니네베에서 널리 쓰이던 것을 그대로 모방한 것이었다.

아시리아가 바빌로니아와 메디아의 연합 공격 때문에 약해지고, 니네베가 기원전 612년에 완전히 정복되고 파괴되는 과정도 그리스인들은 변방의 구경꾼으로서 지켜보았을 것이다. 그리스인들은 아시리아의 난민 기술자들로부터 청동 야금술, 대규모 건축술, 상아 조각술, 형틀로 빚는 테라코타 제작술 등 세련된 동방 문명의 기술을 이전받을 수 있었다. 그리고 새롭게 부흥하는 바빌로니아에서 용병으로 복무하는 사람들도 나왔으며, 이들을 통한 동방 문화의 접촉으로 인한 영향도 적지 않게 받았을 것이다.

그리스 상인들은 기원전 9세기경부터 시리아로 이주했다. 이 가운데 일부는 아시리아의 용병으로 들어갔을 것으로 추정되고, 일부는 해상 활동에 종사했을 것으로 보인다. 특히 해상 활동에 주력했던 그리스는 해상의 패권을 누리던 페니키아인들과 경쟁하고 협력하면서 동방 문명을

아시리아군의 기마 전투 장면이 새겨진 부조
아시리아의 수도 님루드의 남서쪽 왕궁에서 발굴되었다. 말을 탄 병사는 머리 스타일과 수염의 모양으로 보아 아시리아인이 아닌 용병으로 추정된다고 한다. 아시리아 군대에 합류한 다양한 민족의 용병 가운데 그리스인과 페니키아인들이 있었을 것으로 추정된다. 기원전 720경. 런던 대영 박물관

아시리아군의 해상전투 장면을 묘사한 부조
아시리아의 수도 님루드의 남서쪽 왕궁에서 발굴되었다. 닭 벼슬 모양의 투구를 쓰고 창과 방패를 든 병사는 페니키아 또는 그리스 계통의 용병으로 추정된다. 기원전 640~620경. 런던 대영 박물관

접촉했다. 그리스인들은 페니키아 본국이 아시리아의 침략에 시달려 상당수의 세력이 카르타고로 이동하는 틈새를 활용해 세력을 키웠다. 또 기원전 7세기부터 이오니아인들은 자체 식민지를 통해 흑해 연안과도 교역했다.

그리스는 메소포타미아 문명뿐만 아니라 이집트 문명의 혜택도 입었다. 예컨대 그리스 문명의 필수품이 된 파피루스는 이집트로부터 수입하는 가장 중요한 품목이었다. 이 덕분에 문자가 탄생한 이후 무겁고 값비싼 두루마리는 기원전 7세기경부터 파피루스로 완전히 대체될 수 있었다. 또 고대 그리스 유적지 어디에서나 자주 볼 수 있는 동물의 몸통에 인간의 머리를 한 스핑크스 또한 메소포타미아 문명과 이집트 문명의 영향을 받은 것으로 볼 수 있다. 그리스인에게 스핑크스는 두려움의 대상이기보다 오히려 친근

아테네 케라미코스에서 발굴된 스핑크스 대리석상
기원전 560~550년경. 케라미코스 고고학 박물관

낙소스인이 아폴론에게 봉헌한 스핑크스 대리석상
기원전 560년경. 델피 고고학 박물관

아테네에서 발굴된 스핑크스 대리석상
기원전 570년경. 무덤의 장식품으로 쓰였다. 아테네 국립 고고학 박물관

하고 상서로운 상징물로 더 많이 쓰인 것으로 보인다. 스핑크스의 모습은 시기나 지역마다 조금씩 다르게 나타난다. 대개 여성의 얼굴에 날개 달린 사자 몸통을 하고 있지만 몸통이나 날개 양식은 조금씩 다르다. 아무튼, 스핑크스상은 여러 신에게 봉헌하는 단골 품목이었다.

| 위기에 처한 메소포타미아 유적 |

메소포타미아 문명의 자취는 니네베, 이슈르 등 북부의 아시리아인 유적지, 바그다드, 에쉬눈나 등 아카드인 유적지, 우르크, 우르, 라르사 등 수메르인 유적지에 광범위하게 산재해 있다. 정치적 격변과 전쟁으로 인해 발굴은 제대로 진행되지 못하고 있긴 하지만, 그래도 여전히 현재진행형이다. 게다가 이라크 전쟁으로 그나마 남아 있거나 발굴중인 유적지가 얼마나 파괴되었는지도 알 수 없는 일이다.

1978년 이후 이라크 정부는 네부카드네자르 2세와 **나보니도스**(Nabonidos, 재위 기원전 555~539) 왕 시대의 바빌론을 재현하기 위해 궁전과 성곽을 재건하기도 했다. 네부카드네자르 왕과 자신을 동일시하려던 사담 후세인의 욕망이 여기에 투영되었음은 물론이다.

최근 수니파 급진 무장단체인 이슬람국가IS 가 모술 등 이라크 북부 지방에서 메소포타미아의 고대 문명 유적들을 무차별 파괴하고 있어 전세계인의 분노와 안타까움을 사고 있다. 찬란했던 고대 유물들을 우상 숭배라며 파괴하는 이들의 야만적인 행태는 이슬람 문명권은 물론 세계의 탁월한 문화유산을 말살하는 용서받을 수 없는 잘못이다. 고대 유물을 자신들의 세력 확장과 전쟁의 수단으로 삼는 이들의 파괴 행위가 더는 퍼지지 않기를 기원한다.

기원전 4000년 이전의 선사시대 메소포타미아 유적은 지금까지의 발굴만으로도 인류 최초로 활짝 꽃피었던 도시 문명을 잘 보여준다. 이제 메소포타미아 유적의 발굴은 이라크만의 일이 아니다. 국제적 관심과 지원이 필요한 시기가 되었다. 메소포타미아의 역사와 문명의 재구성을 통해 인류의 다른 문화에 끼친 영향을 추적할 수 있게 해주기 때문이다.

현재의 이라크는 피폐해 있고 국민들도 고질적인 종교 분쟁에 의한 테러에 시달리며 고달픈 삶을 이어가고 있다. 또 민주주의를 배우는 걸음마 단계이니 정치 리더십도 제대로 발휘되지 못하고 있다. 하지만 나는 이라크에 희망을 걸고 싶다. 과거 자신들이 일군 찬란한 문명의 후예라는 자각과 잠재력은 언젠가 현대 문명을 바탕으로 신흥 개발 국가로 부흥시키는 밑거름이 되지 않을까.

GREECE

03

이집트 문명과의 만남

| 지중해를 통해 크레테를 만나다 |

그리스 문명의 첫발은 크레테에서 시작되었다. 크레테에서 그리스 최초의 문명인 미노아 문명이 발원했기 때문이다. 왜 그리스의 첫 문명이 그리스 본토가 아닌 지중해 한가운데 섬나라에서 시작된 것일까. 내륙에서 멀리 떨어진 채 거친 바다로 둘러싸인 크레테는 인간들의 왕래가 어려워 고립되기 쉬운 환경에 처해 있다. 이런 조건은 고대 문명의 발상에 장애요인이 되었음이 틀림없다. 세계의 고대 문명이 발전한 곳은 모두 사방으로 뻗어 나가기 쉬운 대륙에 있었고, 특히 큰 강의 인근에 자리했다는 점은 문명의 개화에 유리한 환경 조건이 어떤 것인지 가늠하게 해준다. 그런데 크레테는 이런 여건과는 거리가 멀었다.

그렇지만 이미 정착한 집단의 처지에서 본다면, 험한 파도를 뚫고 다가오기 쉽지 않은 곳이 외부인들의 침략을 막는 데에는 오히려 유리한 환경이라고 볼 수 있을 것이다. 거친 바다가 더없이 좋은 방패 역할을 해주기 때문이다. 미노아 문명의 총화를 보여주는 크노소스 왕궁은 성곽을 전혀 두르지 않았다. 이는 당시 크레테가 지중해에서 가장 강력한 해군을 보유한 나라였기 때문만 아니라 그들이 바다라는 천혜의 방벽을 믿었기에 가능했을 것이다.

이런 맥락에서 볼 때 지중해는 미노아 문명의 개화와 만개에 결정적인 영향을 준 요소다. 더구나 크레테는 세계에서 제일 먼저 문

아시리아 왕 센나케리브 군대의 공격에 티루스와 시돈의 왕이던 룰리가 탈출하는 모습을 묘사한 부조. 아래층에 노잡이를 두 줄로 배치하고 위층에 갑판을 두고 전투병을 배치한 2층 구조의 전함이다. 페니키아의 발전된 조선술을 엿볼 수 있는 희귀한 유물이다. 니네베 센나케리브 왕의 남서쪽 왕궁의 부조. 기원전 700~692년경. 런던 대영 박물관

명의 이룬 메소포타미아 지역과 이집트 지역에 가까이 있었기에 선진 문명을 일찍 접촉할 수 있는 유리한 조건을 누렸다.

지중해를 둘러싼 세계에서 바다를 안전하게 항행할 수 있느냐는 문명의 수용과 발전의 속도에 영향을 미쳤을 것 같다. 크레테에서 그리스의 고대 문명을 제일 먼저 탄생시킬 수 있었던 것도 크레테로 진출한 이주민들이 바다 항해에 적절한 선박과 항해를 위한 특별한 기술을 갖추고 있었기에 가능했었다고 추정해 볼 수 있다. 그렇다면 미노아 문명의 발원을 추적하기 위해서는 크레테인들이 조선 기술과 항해술을 누구에게서 어떻게 익힐 수 있었을까를 살펴야 한다.

원시인들은 바다를 두려워했다. 누가 감히 지중해의 바다에 도전할 엄두를 낼 수 있었겠는가. 메소포타미아인들과 이집트인들은 초기에는 뗏목이나 짐승 가죽에 바람을 넣은 도구, 갈대로 엮은 배, 그리고 파피루스를 엮은 길고 납작한 너벅선을 이용해 사람과 물자를 싣고 강을 오갔다. 물살이 잔잔한 강 운항의 경험을 바탕으로 점차 해안 도시에서 가까운 연안 바다로 진출했다. 페르낭 브로델(Fernad Braudel, 1902~1985)은 기원전 6000년에서 5000년에 이르러서야 비로소 바다를 향한 인류의 도전이 시작되었다고 보았다. 이 시기는 신석기 문화기다. 브로델은 인류에게 바다가 실질적으로 중요하게 다가온 시기를 기원전 3000년대로 추정했다. 게다가 문명화된 안전한 해로를 찾아낸 것은 훨씬 뒤의 일이었을 것이다. 그만큼 광활한 바다를 항해하는 일은 인류에게 쉽지 않은 도전이었다.

이집트 문명이 메소포타미아 문명으로부터의 다양한 문물을 보다 빨리 받을 수 있었던 것도 연안 항해가 가능해진 덕택이었을 것이다. 첫 번째 접촉은 이집트가 바다를 통해 레바논(페니키아) 지역으로부터 삼나무 등 목재들을 수입하면서 시작되었다. 레바논의 울창한 삼나무 숲은 메소포타미아 전설에서 '신들의 집'이라 일컬을 정도로 유명했고, 메소포타미아 문명과 이집트 문명의 많은 나라의 부러움을 샀다. 전설적인 영웅 길가메시도 우르크의 궁성과 신전을 짓기 위해 이곳에서 삼나무를 베어갔다. 레바논과 시리아 지역에서 벌채된 삼나무는 육로를 통해 메소포타미아의 각 도시로 전해졌고, 해로를 통해 나일강의 델타 지역으로 이송되었다.

건축자재와 생활도구에 쓰이는 양질의 목재가 절대적으로 부족했던 이집트에 메소포타미아 문명의 영향 아래 있었던 페니키아의 고대 항구 도시 비블로스Byblos와의 교역으로 목재를 확보하는 것은 매우 중요한 일이었다. 특히 나무는 물론 공예품, 야금술의 장인들도 유입됨으로써 문명의 고도화를 진전시킬 수 있었다. 메소포타미아 문명 권역인 이란의 고원 지방에서 발상한 세계 최초의 청동 합금술이 이집트에 전해진 것도 야금 장인들의 육로와 해로를 통한 유입에 의해서였을 것이다.

크레테는 그리스의 섬들 가운데 메소포타미아 문명의 지중해 창구였던 페니키아뿐만 아니라, 고도의 문명을 이룬 이집트와 해로로 가까운 위치에 있었기 때문에 조선술과 항해술 등 지중해에서 생존하기 위한 선진 기술을 가장 먼저 받아들일 수 있었을 것이다. 게다가 이집트가 지중해의 너른 바다를 통해 동지중해 연안 지역과 크레테나 에게 해 방면으로 진출할 열망을 보이지 않은 덕분에 크레테는 스스로 해양 능력을 키워 지중해 권역에서의 해상 무역을 주도하는 세력으로 성장할 수 있었다.

항해술의 발달은 동지중해 쪽에서 먼저 시작되었다. 지중해의 해상 무역은 제일 먼저 가나안인이 주도권을 잡았고, 곧이어 크레테인, 페니키아인, 끝으로 그리스 본토인들이 차례대로 지중해의

고대 수메르 도시의 도시 라가시 Lagash**에서 발굴된 라가시의 통치자 구데아 상**
구데아는 도시의 신전을 짓기 위해 레바논에서 삼나무를 베어갔다고 한다. 기원전 2500년에서 기원전 2300년경. 파리 루브르 박물관

왕자 자리를 이어받았다. 이렇듯 지중해는 그리스가 선진 문명을 받아들이는 통로이자, 그리스 문명을 세계로 전파하는 문명의 십자로 역할을 했다. 크레테는 그 지중해에서 첫 번째로 핀 꽃이었다. 그들은 미노아 문명을 일구고 그 문물을 그리스 본토의 뮈케나이와 에게 해의 군도群島 퀴클라데스의 섬들에 전해 문명을 이어가게 했다. 이렇게 미노아 문명, 뮈케나이 문명, 퀴클라데스 문명이 연이어지면서 그리스 문명의 중요한 씨앗과 토대가 되었다.

| 이집트 문명의 시작 |

'이집트 문명은 나일 강의 선물이다'라는 말이 있듯이, 나일은 이집트이고, 이집트는 곧 나일이다. 이집트가 사막 한가운데서 5천 년의 찬란한 문명을 이룩한 것은 나일 강의 주기적인 범람이 가져다주는 비옥한 토지가 있었기에 가능했다. 나일은 이집트 문명의 생명줄이었다. 나일은 물이 마르고 대지가 타는 듯한 뜨거운 태양열과 모래바람 속에서도 오시리스가 죽은 뒤에 부활한 것처럼 비옥한 토양을 날라다 주어 대지와 만물을 소생시켰다. 이집트인들이 태양을 숭배하고 동물과 식물의 형상을 한 신을 숭배했던 것도 대지의 풍요에 대한 감사와 환희의 산물이었는지도 모른다. 고대 이집트에서 수확의 계절인 가을에 민중들이 나일 강을 찬양하며 부르던 노랫말에 나일에 대한 이집트인들의 인식이 배어있다.

제12왕조 세소스트리스 3세(재위 기원전 1872~1853) 시대에 활약한 고위 관료 넴티호텝의 좌상. 베를린 이집트 박물관

람세스 2세의 흉상
런던 대영 박물관

56

상이집트의 제9~10왕조 시대의 왕도였던 헤라클레오폴리스Herakleopolis의 신전에 람세스 2세가 봉헌한 건축물의 기둥. 기둥 둘레는 상형문자로 아로새겼고 주두의 문양은 야자나무 잎을 형상화 했다. 런던 대영박물관

매년 일 년,

너는 하얀 물결을 일으키며 오는구나.

......

떡과 술

풍요로움과 즐거움

성대한 축복이 너에게서 오는구나.

아! 나일 강, 너를 찬양하노니,

대지로부터 용솟음쳐 이집트에 생명을 불어넣네……

너의 생명수가 줄어들면,

우리의 숨도 잦아든다.

《풍요의 강 나일》p. 9

이집트의 문명의 모태는 나일 강이다. 고대에서 현대까지 이집트의 거의 모든 도시가 남쪽에서 북쪽으로 흐르는 나일 강변에 위치했다. 나일 강의 상류에 상 이집트 왕조가, 하류인 하 이집트 왕조가 들어섰다. 이 왕조들은 초기 왕조 시대와 고대 파라오 시대로 불리며 30개의 왕조가 이어졌다. 초기 왕조 시대는 기원전 3100년에서 기원전 2686년까지 제1왕조와 제2왕조시대로 나뉜다. 파라오 시대는 고왕국 시대(기원전 2686~2040), 중왕국 시대(기원전 2040~1567), 신왕국 시대(기원전 1567~1085)로 분류된다. 이후 이어진 왕조는 후기 왕조(기원전 1085~332)로 불린다.

고왕국은 나일강 중류에 위치한 멤피스를 중심으로 발달했고, 이집트 문명을 화려하게 꽃피운 황금시대로 불리는 신왕국은 테베가 중심지 역할을 했다. 제18왕조가 이집트를 통일한 뒤 신왕국 시대를 열었고, 이집트 역사상 가장 유명한 파라오인 람세스 2세(재위 기원전 1279~1212)는 북시리아까지 쳐들어가 히타이트와 오랫동안 전쟁을 치르다 평화조약을 맺는 등 국력을 크게 떨쳤다.

이집트의 역대 파라오들은 거대한 궁전과 신전 등 웅장한 건축물을 다투어 신축했고, 거대한 조각상과 왕릉을 조성하며 왕국의 위대한 업적을 기렸다. 그들이 열정적으로 조성했던 아부심벨 신전, 필라이 신전, 카르나크 신전, 테베의 아몬 신전, 룩소르 신전, 하토르 신전, 그리고 투탕카멘 왕릉과 람세스 2세의 조각상, 투탕카멘의 황금 마스크, 기자의 피라미드 등 숱한 유적과 유물들 일부가 아직도 남아 전해진다.

이집트의 왕조는 현세에 내려온 신과 같은 존재인 파라오 왕족과 직업 승려 집단인 사제들, 글과 수학에 밝았던 관료 집단에 의해 일사불란하게 통치되는 억압적 체제였다. 그럼에도 백성들은 이러한 체제에 순응하며 살았고, 왕조의 거대한 건축 사업이 있을 때마다 엄청난 인원이 동원되어 노동력을 제공했다. 그들이 건축한 거대한 피라미드들은 아직도 그 기술이 완전히 밝혀지지 않은 신비로운 수수께끼이다.

신비로운 이집트 문명을 관통하는 특징은 무엇일까? 반 룬(Hendrik Wilem van Loon, 1882~1944)은 자신의 역작 《예술사 이야기》에서 이집트 사람들이 5천여 년 동안 뛰어난 문화를 유지할 수 있었던 비결이 '전통 존중'에 있다고 진단한다. 또 어느 문명이나 특유의 리듬이 있다면, 이집트 문명은 "영원한 리듬이며, 불멸의 우주 리듬"이라고 말한다. 이는 이집트인들이 만들어낸 조각 작품이나 그림들이 일상의 잡다한 감성과 표정을 벗어나 조상들과 동일시될 수 있도록 숭고한 모습으로 표현하는 것과 연관된다. 이집트인들은 '현실의 풍경'보다는 영원이라는 궁극적 이상을 추구했기 때문이라는 것이다. 그들 앞에 언제나 변함없이 흐르는 강물, 되풀이되는 계절, 쉼 없이 도는 태양과 달, 별들, 끝없는 지평선 등은 이미 영원성의 표현이자 상징이다. 이런 불변의 자연환경의 영향은 이집트인들의 삶과 관념 속에 깊숙이 영향을 미치며 영원한 리듬을 함축한 문명을 만들어내는 원동력으로 작용했다.

| 이집트의 낯선 관습 |

이제 그리스인들의 시선을 끌었고, 그리스 문명에 영향을 끼친 이집트 문명의 속살 몇 부분을 살짝 들여다보자. 헤로도토스(Herodotos, 기원전 484?~425?)는 인류 최초의 역사서 《역사》의 제2장을 이집트 문명 답사 이야기로 채우고 있다. 고대 그리스인들은 이집트를 아이컵토스Aigyptos로, 나일을 네일로스Neilos로 불렀다. 헤로도토스는 이집트를 여행하며 보고 들은 풍물을 문헌으로 남겨 그리스인들에게 소개한 최초의 여행 작가이기도 했다. 그는 이집트의 풍토와 지리, 낯선 관습과 종교, 그리고 역사를 그리스에 소개했다.

다양한 이집트 미라의 관들.
파리 루브르 박물관

아이귑토스에서는 여자들이 시장에 나가 장사를 하고, 남자들은 집 안에서 베를 짠다. 베를 짤 때 다른 민족들은 씨실을 위로 쳐올리는 데 아이귑토스인들은 아래로 쳐 내린다. 짐을 남자들은 머리에 이는데, 여자들은 어깨에 멘다. 오줌은 여자들이 서서 누고, 남자들이 앉아서 눈다. 배변은 집 안에서 하고, 식사는 노상에서 한다. 그들의 설명인즉 혐오스럽지만 피할 수 없는 일은 몰래 해야 하고, 혐오스럽지 않은 일은 공개적으로 해야 한다는 것이다.

《역사》, II 35

　　헤로도토스에 의하면, 이집트에서 전래한 그리스의 관습도 여럿이 있다. 예를 들어 짐승의 내장을 보고 예언하는 관습과 디오뉘소스 축제에서 남근상 행렬의 의식이 그렇다. 이집트인들이 섬기는 신과 그리스인들이 숭배하는 신 가운데 비슷한 역할을 하는 신들을 소개한 내용도 흥미롭다. 헤로도토스는 아이귑토스 말로 아폴론은 호로스고, 데메테르는 이시스이며, 그리고 아르테미스는 부바스티스고, 디오뉘소스는 오시리스라는 것이다. 물론 헤로도토스가 소개한 이집트와 그리스 신들의 기능이 완전히 같은 것도 아니다. 더구나 그 기원이 어느 한쪽으로부터 유래되었다고 단정하기도 어렵다. 하지만 관습의 비교를 통해 유사한 기능을 하는 신들을 섬기는 두 문명의 차이점과 유사점에 대해 호기심을 불러일으키기에 충분했을 듯싶다.

| 이집트인의 영혼의 관념과 플라톤의 이데아 |

이집트인들은 영혼이 불멸한다고 믿었고, 육신의 부활을 위해 죽은 시신의 원형이 오래도록 보존되도록 미라로 만들었다. 파라오의 미라를 영구적으로 보호하기 위해 거대한 피라미드도 조성되었다. 이집트인들은 모든 인간에게 육신은 물론 영靈과 혼魂이 함께한다고 믿었다. 그들은 영을 카Ka, 혼을 바Ba라고 불렀다. 카는 눈에 보이지 않지만 육체가 거기에 붙어 있다고 여겼다. 바는 새의 몸체에 인간의 머리를 하고 있다.

이집트인들이 생각한 영과 혼 그리고 육체의 관계를 현대인들이 이해하기는 매우 어렵다. 이집트 고고학 연구가인 요시무라 사쿠지는 《고고학자와 함께하는 이집트 역사기행》*에서 이를 이해하기 쉽게 해설한다. 현대인들의 생각처럼 육체에 혼과 성령이 붙어 있다는 식으로 상상하면 큰 오해라는 것이다. 이집트인들은 인간, 동물, 물건마다 각각의 본질이 있다고 여겼는데, 그것이 바로 카이다. 카는 눈으로 볼 수 없지만 "눈에 보이지 않는 카에 인간의 몸

매의 형상으로 이집트의 호루스 신을 상징한 것으로 보인다. 이집트와 가장 가까이 위치한 그리스 국가였던 지중해의 섬 크레테는 이집트 종교의 영향을 제일 먼저 받은 곳이었다. 크레타 이라클리온 고고학 박물관

＊원제 《古代エジプトの謎ピラミッド/太陽の船篇》(吉村作治, 中経出版, 2010)

과 각각의 물질이 붙어서 눈으로 볼 수 있게" 된다는 것이다. 인간이 살아있을 때에는 바도 카에 붙어 있지만 인간이 죽으면 바는 카에서 떨어져 저세상으로 가 버린다고 한다. 요시무라 사쿠지는 인간의 육체가 소멸해도 홀로 이 세상에 남아 있게 되는 존재의 본질, 즉 카의 개념을 창출해 낸 것이야말로 '이집트인의 위대한 발견'이라고 말한다.

존재의 본질에 대한 개념은 그리스 철학에도 지대한 영향을 미쳤다. 플라톤은 스승인 소크라테스가 민회의 사형판결로 죽자, 실의에 빠져 여러 곳으로 여행을 떠났다. 그리고 이집트에서 플라톤이 만난 것이 바로 카 사상이었다. 그는 이 관념을 이데아idea로 번역하고 체계화하여 자신의 철학 세계를 새롭게 구축할 수 있었다. 플라톤은 이데아를 존재와 인식의 본질이자 초월적 실재로 상정했다. 그는 우리가 보고 느낄 수 있는 감각세계 너머에 있는 실재이자 모든 사물의 원형으로 이데아 관념을 발전시켰다.

| 알렉산드로스가 이집트 신의 아들? |

그리스 신화는 인류 최고의 서사敍事 유산이다. 올륌포스Olympos 신들의 희로애락은 인간 삶의 또 다른 투영이다. 오랜 세월 동안 세계인의 사랑을 받은 이유다. 하지만 그리스 이전에 번성했던 이집트와 메소포타미아 지역에 전해지던 신화 역시 다양한 신화적 모티브를 보여준다. 그리스 신화는 이집트나 메소포타미아의 신화와 상이한 배경과 사유 방식을 보여주지만, 이들 신화에서 영향을 받은 요소도 적지 않다. 이집트 문명은 크레테 섬을 거쳐 뮈케나이와 그리스 본토로 퍼져 나갔다. 이런 이유로 그리스의 종교와 신화에서 이들의 영향을 찾는 것은 어렵지 않다.

이집트 신화를 개관해 보면 그리스 신화의 특징을 구분 짓는 요소들을 더욱 명확히 파악할 수 있게 된다. '이집트 신화'하면 스핑크스라든지 매의 머리, 사자 머리, 숫양 머리 등 다양한 동물의 두상을 가진 동상과 부조가 연상된다. 인간의 형상을 한 그리스 신들과는 확연하게 다른 점이다. 이집트인들은 유달리 태양과 같은 자연신, 그리고 특별한 힘을 가진 동물을 숭배하는 경향이 강했다. 또 많은 신이 현세와 결부되어 통치자 파라오Pharaoh의 권력을 강화하는 상징이자 종교적 수단으로 활용되었다.

이집트의 이러한 토착 신앙의 특징을 자신의 정복 활동과 신격화에 영악하게 활용한 사람이 알렉산드로스 대왕(Alexandros the Great, 기원전 356~323)이다. 그는 페르시아의 다레이오스 3세(DareiosⅢ, 재위 기원전 336/335~330)가 이끄는 대군을 이수스Issus 전투에서 격파하고 본격적으로 페

기원전 4세기 그리스 회화를 바탕으로 로마시대에 만든 모자이크 작품. 알렉산드로스 부분. 나폴리 국립 고고학 박물관

이수스 전투에서 달아나는 다레이오스 3세. 알렉산드로스의 거침없는 공격에 당황한 빛이 역력하다. 마부는 급하게 달아나려 채찍을 휘두르고 있다. 다레이오스 부분. 나폴리 국립 고고학 박물관

이수스 전투의 알렉산드로스의 전투 장면
얼굴 표정을 명확히 드러내기 위해 청동투구를 씌우지 않았다. 로마에서 만든
작품의 소실된 부분을 가상으로 복원한 그림. 나폴리 국립 고고학 박물관

르시아 내륙을 정벌하기에 앞서, 후방을 든든히 다지기 위해 이집트 원정에 나선다. 이집트 정복은 소아시아 정벌보다 훨씬 수월했다. 알렉산드로스는 군사력이 아닌 이집트의 토착 신앙과 신의 권위를 빌어 무혈점령할 수 있었다.

알렉산드로스는 이집트의 최고신 아몬-라 Ammon-Ra의 신전에서 그의 아들로 인정받는다. 아몬-라는 그리스의 제우스에 해당했다. 알렉산드로스는 이집트 토착신앙의 최고신의 아들이라는 상징을 획득한 것이다. 이로써 그는 자연스럽게 이집트의 최고 통치자 파라오의 정통성을 계승하게 된다. 알렉산드로스의 이집트 정복이 수월했던 이유다.

물론 페르시아의 지배에 대한 이집트인의 반발 의식과 파죽지세破竹之勢로 몰려오는 알렉산드로스의 군사력에 대한 두려움이 알렉산드로스를 자신들의 새로운 통치자로 수용할 수밖에 없는 상황을 만들었을 것이다. 결국 알렉산드로스와 이집트 토착세력, 그리고 사제들 간에 이해관계가 맞아떨어져 알렉산드로스가 아몬-라의 아들이라는 상징 기제를 인정하고 수용했던 것으로 볼 수 있다. 알렉산드로스가 자신이 세계를 지배할 운명을 가졌는지 사제에게 물어보았을 때, 사제는 그가 전 세계를 통치하게 될 것이라고 답해줌으로써 철저히 아부했다는 점이 이를 증명해준다.

하지만 알렉산드로스가 자신이 제우스의 아들이며, 전 세계를 통치할 운명을 지녔다는 것을 공인받은 것은 이집트 정복에 큰 힘이 되었다. 알렉산드로스가 제우스의 아들이라는 인식은 그의 사후에도 오랫동안 사라지지 않았다. 헬레니즘 시대에 주조된 그리스 화폐에 숫양의 뿔을 달고 있는 모습으로 그려진 점이 이를 반증한다.

알렉산드로스가 제우스의 아들로 공인받고자 한 것은 그의 치밀한 전략적 계산에 의한 것인지도 모른다. 시종이었던 헤르몰라오스 Hermolaos가 자신을 살해하려다 실패한 후 그를 심문했는데, 이 과정에서 알렉산드로스가 제우스의 아들을 자처한 것을 비방한 데 대하여 아래와 같이 응답했다는 사실이 이를 추측하게 한다.

> 제우스께서는 내게 신의 아들이라는 호칭을 내려주셨다. 그리고 이를 받아들이는 것은 우리가 진행하고 있는 원정에 도움이 된다. 나는 오로지 인디아인들도 나를 신으로 믿기를 바랄 뿐이다! 명성은 군사적인 성공을 결정짓기 때문이다. 때로는 잘못된 믿음이 진실만큼이나 많은 일을 성취하게 해주기도 한다.
> 《알렉산드로스 대왕 전기》 p. 361

알렉산드로스의 이러한 해명에도 불구하고 그가 제우스의 아들을 자처한 데 대해 일부 부하들은 여전히 심정적인 거부감을 느끼고 있었다. 그가 신하와 부하들에게 자신을 제우스의 아들로 부르도록 명령했을 때, 자유정신이 강했던 마케도니아인들과 그리스인들이 자연히 반감을 품기도 했다. 이는 결국 알렉산드로스의 명성에 흠이 되는 일이었다. 또 당시 알렉산드로스가 신의 반열에 오르게 되면서부터 그의 자만심을 부추겨 그의 앞날에 부정적으로 작용한 측면도 있었다. 신으로 불리고 싶었던 알렉산드로스의 과욕은 그가 젊은 나이로 요절하게 한 또 하나의 요인이 되었는지도 모른다.

그렇다 하더라도 민중이 숭배하는 신앙과 결부된 권력 기반은 든든할 수밖에 없다. 알렉산드로스 사후 그를 계승하여 이집트를 통치하게 되는 마케도니아인과 그리스인들이 주축이 된 프톨레마이오스Ptolemaios 왕조 역시 이집트의 토착 종교를 수용하는 정책을 썼다. 이 역시 프톨레마이오스 왕조가 헬레니즘 국가 중 가장 오래 존속하게 된 비결 가운데 하나였을 것으로 보인다.

| 그리스 신이 된 이집트 신 |

고대 이집트의 신앙은 다양한 신을 숭배하는 데서 기원했다. 그들은 태양신 라Ra, 땅의 신 게브Geb와 하늘의 신 누트Nut, 이들의 아들 오시리스Osiris, 오시리스의 아내 이시스Isis와 아들 호루스Horus 등, 여러 창조신을 섬겼다. 오시리스, 이시스, 호루스 세 신은 가족 삼신일좌三神一座 형태로 이집트 전 지역에서 숭배된 대표적인 신이다. 오시리스는 누트의 아들이지만, 이집트의 현세로 내려와 통치한 마지막 왕으로도 숭배된다. 또 신이면서 세트Seth에 의해 죽임을 당해 부활하지 못하고, 지하 세계의 왕이 되어 사후 세계의 심판관 역할을 하게 된다. 또한 다산과 번영의 제공자로도 이집트인의 사랑을 받았다.

알렉산드로스 휘하의 장군이었던 프톨레마이오스 1세가 이집트에서 새 왕조를 창건하고, 이집트와 마케도니아 간의 경제적—문화적 교류가 활발해지면서 이집트의 전통 신들이 마케도니아에 유입된 것으로 보인다. 마케도니아 왕국이 있던 테살리아 지방의 곳곳에서 이시스와 오시리스의 신전과 신상들이 발굴된 것이 이를 입증한다. 그러나 이집트 신이 그리스에서 숭배되면서 신의 형상은 조금씩 변형되었다. 예를 들어 테살리아의 디온Dion에서 발굴된 한 부조를 보면, 이시스 여신이 오른손에 풍요를 상징하는 곡식 다발을 들고 있고, 머리에는 큰 갓이 달린 모자에 둥근 원반이 얹혀 있는 기묘한 모습을 하고 있다. 이는 그리스 토착 신에게서 볼 수 없던 형태다. 이집트에서 원반 형태의 왕관을 쓴 형상으로 묘사되던 양식이 그리스에 유입되면서 변형된 것으로 볼 수 있다.

오시리스는 이집트에서는 2개의 깃털이 달린 머리 장식을 쓰고, 양손에는 갈고리와 도리깨를 들고 있는 형상으로 묘사되었다. 오시리스 역시 그리스로 유입되면서 상징 지물인 갈고리와 도리깨는 사라지고 곱슬머리를 한 그리스적 얼굴 형상으로 바뀌어 묘사된다. 오시리스 숭배는 그리스로 혼입되면서 세라피스Serapis로 알려졌고, 헬레니즘 시대를 넘어 로마 시대에 이르기까지 널리 숭배되었다. 이는 그리스와 로마가 이민족의 종교를 배척하지 않았던 문화적 유연성에 힘입은 것이다.

이시스와 오시리스가 그리스에서 숭배되면서 이 두 신의 아들인 호루스Horus 또한 함께 숭배되었다. 이집트의 호루스는 그리스로 넘어와 하포크라테스Harpokrates로 불렸다. 호루스는 이시스와 오시리스와 함께 가장 숭배된 세 신인데, 태양신이라는 상징성을 지녔다. 또 매의 모습으로 묘사되기도 했다. 그리스 신 가운데 아폴론과 같은 격이다. 그리스에서 하포크라테스는 아침 해를 의미하며 어둠을 쫓아 버리는 태양의 신 또는 승리의 신으로 여겨졌다. 또 하포크라테스는 아이들과 그 모친의 특별한 수호신이기도 했다.

이집트인에게 최고의 숭배를 받은 대상은 태양이다. 낮과 밤의 원인이 되는 태양은 인간의 삶 자체를 좌우했다. 날마다 떠오르는 태양은 만물을 존재하게 하고 풍요로운 삶을 보장하는 대자연의 원동력이었다. 낮과 밤의 교대는 태양이 사멸하고 부활하는 표징이었다. 태양은 영원 그 자체다. 따라서 통치자 파라오가 태양 숭배를 권위의 상징으로 차용했던 것은 자연스러운 현상이다.

파라오의 머리에 태양 원반과 성스러운 코브라 모습을 한 우라에우스Uraeus가 얹혀 있는 형상은 전형적인 이집트 조각상이다. 이

알렉산드로스 두상이 새겨진 은화
제우스의 아들을 상징하는 숫양의 뿔을 달고 있다. 아테네 슐레이만 화폐 박물관

프톨레마이오스 왕조를 창건한 프톨레미 1세 소테르(Ptolemy I Soter, 기원전 367~283)의 두상이 새겨진 헬레니즘 시대의 은화. 아테네 슐레이만 화폐 박물관

제우스 아몬(Zeus Ammon) 대리석 두상
이집트의 최고 신 아몬을 그리스 최고 신 제우스와 동일하게 여겨 숫양의 뿔을 단 제우스의 형상으로 묘사했다. 현존하는 몇 개의 제우스 아몬 상 가운데 가장 탁월한 작품이다. 빈 예술사 박물관

집트 신전을 장식한 수많은 신의 머리 위에 부조된 동그란 원반은 바로 태양을 의미한다. 태양은 왕권의 원천이었다. 태양신 라를 '현세의 생활에서 도덕적 질서 및 정치적 질서를 지탱해주는 왕가와 아주 동일한 존재로' 생각했기 때문이다. 파라오는 태양신과 연관됨으로써 자신이 태양신의 부활 능력을 공유하고 있다고 주장할 수 있었다. 피라미드와 미라는 태양신 파라오의 부활을 위한 영혼의 휴식처이자 보존물이기도 했던 것이다.

| 동물 형상의 이집트 신,
   사람 형상의 그리스 신 |

이집트에서는 수많은 동물 신이 현세의 파라오 왕국을 수호해주는 신으로 숭배되었다. 아몬과 호루스, 독수리 모양의 여신 네케베트Nekhebet, 숫양 머리를 한 남신 하르사페스Harsaphes, 라의 살아 있는 영혼으로 불린 황소 모습이나 매의 머리를 한 남신 몬투Montou, 악어 신 세베크Sebek가 파라오의 권력과 정통성을 수호하기 위해 숭배되었다. 이 외에도 고양이 머리를 한 바스트Bast, 사자 머리를 한 세크메트Sekhmet, 나일 강 범람의 신 하피Hapi, 성우聖牛 아피스Apis 등 동물신은 이집트인들의

이집트의 어머니 신으로 숭배된 이시스
소뿔로 만든 원반 형태의 왕관을 쓰고 있다. 이시스는 그리스와 로마에 전파되어 널리 사랑을 받았다. 마라톤 고고학 박물관

그리스적 얼굴 형상을 한 이시스 여신
이집트 신앙이 그리스에 이식되어 융합된 모습을 보여준다. 디온 고고학 박물관

◀아폴론 대리석 두상
그리스 최고의 조각가였던 페이디아스 Pheidias가 기원전 460~450년경 제작한 원작을 2세기 후반 로마시대에 복제한 작품. 나폴리 국립 고고학 박물관

현세 생활과 밀접한 관계를 맺고 있었다. 이들은 신전의 부조로만 존재했던 것이 아니라, 대중의 일상생활 도구 속의 장식으로, 또는 부적으로, 생생하게 살아 있었다.

그리스 신은 동물 형상을 한 이집트 신과 달리 인간의 모습으로 의인화되었다. 올림포스 12신을 중심으로 한 그리스 신의 계보 그 자체는 복잡하지만, 각각의 상징은 명확하다. 그래서 이집트 신보다 계보를 추적하기가 쉽다. 여러 신의 복잡한 결혼 관계를 통해 새로운 신 또는 영웅들이 탄생하는 것을 확인할 수 있기 때문이다.

하지만 이집트 신은 이런 방식의 추적이 어렵다. 인간화된 신이 아니라 자연신과 섞인 이집트 신의 계보는 매우 불분명하기 때문이다. 각 지역의 세력과 역학관계에 따라 신화의 내용과 형태도 변형이 심해 통일된 신화 체계를 이루지 못하고 있다. 특히 동물 신의 상징이 서로 중첩되는 경우가 많아 신들의 관계를 파악하기가 힘들다. 예를 들어 하늘의 여신 누트는 사실상 태양신 라의 '어머니이면서 동시에 딸'로 상징된다. 바스트는 라의 부인이면서 딸이라고도 한다. 그런데 또 호루스와 같은 존재로 생각되기도 했다. 사자의 머리를 한 세크메트는 전쟁의 여신이다. 라의 눈eye으로 여겨졌으며 태양의 강력하고 파괴적인 힘을 상징했다. 세크메트 역시 바스트와 같은 존재로 생각되었다.

이렇듯 이집트 신에는 서로 '동일한 존재'로 여겨지는 신들이 많아, 신들의 역할과 관계가 지역이나 숭배되는 상황에 따라 그 의미와 상징이 달리 해석될 여지가 많다. 헬리오폴리스, 멤피스, 테바이 등 지역마다 숭배되는 주신主神이 다르고, 상징도 조금씩 다른 경우가 많기 때문이다. 이런 까닭에 이집트 신화를 읽을 때는 동일시되거나 연관되는 신들의 관계를 나타내는 대목을 몇 번이고 반복해서 다시 살펴봐야 한다.

또 이집트 신들이 단일의 동물 형상으로 표현되는 것도 아니다. 하나의 신이 여러 동물 형상으로 표현되기도 해서 신전의 부조나 조각에 나타난 형상만으로는 어떤 신인지 파악하기 어렵다. 조각상이나 부조 전체의 국면을 이해하고 나서야 비로소 각각의 동물 형상을 한 신들이 어떤 신을 대변하고 있는지 추정할 수 있다. 예를 들어 세크메트는 보통 '태양 원반과 우라에우스를 쓰고 있는 사자의 머리를 한 여인'의 모습으로 나타나지만, 악어나 라의 눈인 우자트Udjat 모양의 머리를 한 모습으로 묘사되기도 한다.

이집트 신화에는 신은 많지만 스토리가 부족하다. 즉 자연과 동물의 표징表徵 그 자체를 숭배하는 데 치중하다보니 신과 인간 사이의 희로애

세크메트 석상
우라에우스를 쓰고 있는 형상이다.
파리 루브르 박물관

락을 담은 서사를 풍부하게 만들어내지는 못했다. 흥미진진한 이야기를 숱하게 만들어낸 그리스 신화가 풍부한 문화 ― 예술적 영감을 준 것과 달리, 이집트 신화는 종교적 기능 이외에 다른 문명적 모티브를 다양하게 형성해내지 못한 점이 특징이자 한계다. 물론 이집트 신화는 이집트의 고대 역사와 왕권의 형성과정, 그리고 정치 제도와 사회상을 파악하는 데 풍부한 소재를 제공하고 있다. 또 이시스나 세라피스의 숭배가 다산 숭배와 결합해 그리스는 물론 로마 제국의 전역으로 퍼진 예처럼, 다른 문명에 영향을 주는 나름의 보편성을 지니고 있었음이 틀림없다.

애증의 문명, 페르시아

| 페르시아 문명의 시작 |

페르시아는 고대 그리스, 로마와 세계의 패권을 다투던 강력한 제국이었다. 그런데 페르시아의 역대 왕조들이 이룩한 이 다채로운 문명에 대해 많은 이들이 잘 알지 못하거나, 전제 군주국가 체제의 부정적 이미지만 떠올리는 경우가 많다. 더 심각한 경우도 있다. 몇 년 전에 개봉되었던 영화 〈300〉을 보자. 페르시아 대군과 그리스 연합군 간에 혈투를 벌인 테르모필라이 전투를 다룬 이 영화에서 스파르테의 왕 레오니다스는 붉은 망토에 청동 무구를 갖춘 용맹한 전사로 등장한다. 반면 페르시아의 대왕 크세르크세스는 거의 벌거벗은 몸에 각종 장신구를 치렁치렁 단 마치 개화 전의 흑인 추장처럼 묘사되었다. 이는 완전한 왜곡이다. 페르시아인들은 인

테라코타 꽃병
말이 물을 마시고 있는 듯한 형상을 하고 있으며, 머리 위쪽에 양쪽 손잡이를 달았다. 이란 고원에 살던 아리안들의 무덤 부장품으로 쓰인 것이다. 기원전 10~6세기경. 파리 루브르 박물관

도-유럽인종의 아리안이었다. 또한 화려하고 고급스러운 복식과 음식, 문화생활을 누린 문화인이었다. 이들은 전쟁 중에도 지나치게 화려한 복식을 갖추고 나와 그리스인들의 빈축을 살 정도였다. 대중에게 많은 영향을 끼치는 영화 작품이 정확한 고증 없이 흥미 위주로 페르시아 문명을 묘사함으로써 잘못된 인식을 고착시키는 것은 바람직하지 않다. 이렇듯 페르시아에 대한 올바른 이해를 저해하는 사례는 적지 않다.

페르시아는 세계가 지중해를 둘러싼 대륙으로 이루어졌다고 믿었던 고대기에 그리스와 함께 세계를 양분한 동방의 대표였다. 페르시아 문명의 기원은 그리스보다 훨씬 더 오래되었다. '페르시아'는 그리스 사람들이 이란 남서부 해안에 사는 사람들을 '파르스Fars'라고 불렀던 것에서 유래되었다. 이란 고원을 포함한 이 지역은 7천 년이 넘는 인간들의 삶의 궤적을 갖고 있다.

인류 최초의 문명을 연 메소포타미아의 수메

아시리아의 왕 아슈르바니팔은 엘람을 정복한 후에 이집트 정벌에 나섰다가 국력을 많이 피폐시켰다. 그의 지휘 아래 아시리아 병사들이 이집트 군의 성곽을 공격하는 장면을 묘사한 부조. 아시리아의 수도 님루드에 있는 왕궁에 새겨졌다. 한편 그는 거대한 도서관을 짓고 문화예술을 애호하는 많은 업적을 남기기도 했다. 기원전 7세기 말. 런던 대영 박물관

르 문명권은 원래 이란 고원에 사는 원주민들의 문명에서 비롯되었다. 이란 고원에 살던 이들이 거주 여건이 보다 나은 티그리스 강과 유프라테스 강 사이의 지역 일대로 옮겨 가서 메소포타미아 문명을 꽃피운 것이다. 사실 메소포타미아 문명은 이 두 강 사이의 비옥한 지역을 중심에 두고 있는 오늘날의 이라크 이외에도 북시리아, 이란의 남서부 지역을 포괄했다. 이는 남부 메소포타미아 문명이 페르시아 문명권의 일부이기도 하다는 것을 의미한다.

농사와 목축으로 생활하던 이들이 일군 최초의 문명은 엘람Elam 문명(기원전 3000~639)이다. 엘람인들은 이란 고원에 정착하여 메소포타미아의 여러 나라와 끊임없이 세력을 다투며 성장한 페르시아 지역의 선조들이었다. 엘람 왕조는 인근의 메소포타미아에 강력한 왕조가 나타날 때는 침략을 받거나 위축되었고, 약한 왕조가 나타나면 독립과 번영을 누릴 수 있었다. 메소포타미아 문명의 강력한 영향권 내에 있었기 때문이다.

엘람의 첫 왕조는 기원전 2700년경 등장했지만, 강력한 세력을 떨치던 바빌로니아의 함무라비 왕이 등장한 기원전 1900년경에 이들의 속박을 받았다. 반면에 중기 엘람 왕조(기원전 1350~1100)는 강력한 군사력으로 주변국을 제압할 수 있었다. 이때 등장한 안자니트Anzanite 왕조는 초가잔빌Tchogha Zanbil에 거대한 지구라트를 만들었다. 엘람 역사상 최강의 군사력을 갖춘 왕으로 평가 받는 슈트룩 나흐훈테Shtruk-Nahhunte는 한 때 바빌로니아를 점령하고 함무라비 법전이 적힌 석비를 탈취해 오기도 했다. 신엘람기(기원전 900~639)에는 당시 메소포타미아에서 강력한 군사력으로 맹위를 떨치던 아시리아와 경쟁하기도 했다.

엘람인들은 수메르로부터 쐐기문자를 받아들여 사용했고, 도자기와 철기, 동상 제조와 도장 파기, 그리고 그림과 공예, 건축에서 예술성이 뛰어난 작품들을 만들어 냈다. 엘람인들은 또 세계 최초의 채색토기를 사용한 것으로 추정되고 있다.

엘람 왕국의 수도는 수사였다. 훗날 페르시아 제국의 다리우스 1세가 이곳을 다시 수도로 재건하기도 했다. 엘람 사람들은 부족별로 독립적으로 살았으나 주변국이 침략해 오면 연합하여 대항했다. 그러나 기원전 7세기 중반에 아시리아의 왕 아슈르바니팔(Assurbanipal, 재위 기원전 669~626)이 수사를 파괴하고 엘람의 주요 부족을 토벌함으로써 엘람 왕국은 사실상 멸망하게 된다.

이러한 격변기에 엘람 문명에 큰 변화가 일어난다. 중앙아시아 스텝 지역의 기온 변화로 인해 아리안들이 대거 남쪽으로 이주한 것이다. 원주민을 정복하며 이란 각 지역에서 세력을 뻗어 나가던 아리안들은 사막 지역에서 가나트Qanat라

이란 서남부 자그로 산맥 중 루리스탄Luristan 지방에서 발견된 청동 재갈. 높이 19센티미터. 루리스탄 지방은 예로부터 유목기마민족의 근거지였으며 분묘에서 청동기와 채문토기가 많이 발굴되고 있다. 기원전 8~7세기경 부장품으로 제작. 파리 루브르 박물관

이란 서남부 루리스탄 양식으로 제작된 청동 재갈이다. 높이 18센티미터. 인간의 머리를 가진 황소가 사슴을 밟고 있다. 황소의 몸통에 달린 날개 끝에 달린 괴수의 머리가 입을 벌려 황소를 위협하고 있는데 황소는 전혀 동요하지 않는 담담한 표정을 짓고 있다. 기원전 8~7세기경. 파리 루브르 박물관

는 지하 수로를 발명하고, 말안장을 사용하는 방법을 처음으로 고안하여 강력한 기병을 만들어 냈다. 이들은 여러 부족연합체로 생활했는데 점차 그 세력을 넓혀 나갔다. 그 와중에 엘람 왕국이 멸망하자 이란 고원에 정착한 마기족, 메데족을 중심으로 하여 새로운 왕국 메디아(기원전 9~6세기)를 세운다.

메디아 왕조는 당시 메소포타미아에 건재하던 아시리아와의 전쟁에서 승리하지만, 북쪽의 스퀴타이족과의 전쟁에서 패해 한동안 그들의 지배를 받기도 했다. 메디아 왕조는 귀족 연합체적 성격으로 인해 강력한 국가체제를 유지하지 못했다. 파르스 지역의 지방 속국이던 안산의 왕자 퀴루스 2세(재위 기원전 559~529)는 궁중 향락에 빠져 민생을 돌보지 않는 메디아의 왕들과 지방 영주들을 제압하고 페르시아 왕국을 창건한다. 이 제국을 아케메네스 왕조(기원전 559~330)라 부른다.

페르시아의 창업주 퀴루스 2세는 메디아는 물론 크로이소스(Kroisos, 재위 기원전 560?~546)가 왕으로 있던 소아시아 지역의 강대국 뤼디아, 그리고 메소포타미아의 심장 신바빌로니아 왕국(기원전 625~539)까지 모두 정복하고 동방에서 최초의 대제국 페르시아를 건설했다. 그는 '왕중의 왕'으로 불렸지만, 다른 나라의 문화와 종교를 존중하는 관용 정책을 펼쳤다. 특히 퀴루스 2세는 신바빌로니아의 수도 바빌론에 입성했을 때, 당시 그곳에 끌려와 있던 유대인들을 풀어주고 예루살렘 성의 재건까지 도왔다. 이 일은 성경에도 기록되었고, 유대인들은 퀴루스 2세를 '하나님의 기름 부음을 받은 자'로 칭송했다. 퀴루스 2세는 종교의 자유를 인정하

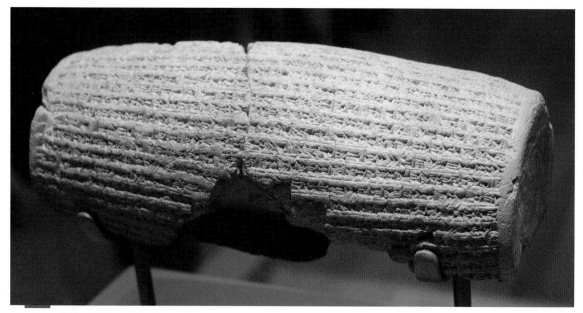

종교의 자유를 인정한다는 것을 성문화한 퀴루스 실린더이다. 길이 23cm, 지름 10cm의 원기둥 형태의 돌에 쐐기 문자로 주요 선언을 기록했다. 이 선언은 기원전 539년 퀴루스 2세가 신바빌로니아의 마지막 왕 나보니두스를 사로잡은 후 공표되었다. 기원전 6세기 후반. 런던 대영 박물관

페르시아 제국의 수도 페르세폴리스 왕궁의 기둥을 황소 두 마리가 받치고 있는 기둥 머리 장식. 기원전 6세기말. 런던 대영 박물관

고 바빌로니아에 잡혀 온 민족을 돌려보내며 바빌로니아 주민들의 생활 개선을 약속하는 내용을 돌에 새겨 여러 나라에 알리게 했다. 그때 만들어진 것이 세계 최초의 인권선언이라고 불리는 〈퀴루스 실린더The Cyrus Cylinder〉이다.

아케메네스 왕조는 지방분권과 중앙집권을 효과적으로 활용하여 드넓은 제국을 효율적으로 통제하는 시스템을 갖췄다. 각 지역에 행정을 총괄하는 총독, 군대를 지휘하는 사령관, 왕의 귀와 눈으로 불리는 첩보원들을 보내 서로 견제하게 했다. 제국의 수도는 수사에서 타크테잠시드Takht-e Jamshid로 옮겨졌다. 이곳은 거대한 왕궁 복합단지로 건설되었다. 다리우스 1세가 기원전 518년에 공사를 착수하여 그의 아들 크세르크세스 1세와 손자 아르타크세르크세스까지 3대를 이어가며 웅장하고 호화로운 당시 세계 최대의 건축물을 완공했다. 그리스인들은 이 도시를 페르세폴리스라고 불렀다.

플루타르크의 기록에 의하면, 기원전 330년 알렉산드로스가 이곳을 점령했을 때 왕궁 도시에서 약탈한 보물들을 싣고 가기 위해 무려 2만 마리의 노새와 5천 마리의 낙타를 동원했다고 한다. 대제국의 수도였던 페르세폴리스가 얼마나 많은 진귀한 보물들을 산적한 곳이었는지 짐작할 수 있게 해주는 대목이다. 약탈이 끝난 후 알렉산드로스는 페르세폴리스 전역을 불태웠

다. 인류가 남긴 위대한 건축 유산 가운데 한 곳을 없앤 그의 야만적 행위는 후세의 원망을 두고 두고 사고 있다.

페르시아는 광대한 영토와 엄청난 부를 가진 대제국이었지만, 그리스와 세 차례의 페르시아 전쟁을 치르면서 치명적인 타격을 받았다. 이로 인해 지속적으로 국력을 소모한 아케메네스 왕조는 기원전 334년에 알렉산드로스 대왕이 대대적으로 침공하자 기원전 333년에 이수스 전투에서 맞서 싸웠으나 대패했다. 그 후 제국 내 변방 여기저기로 도망 다니던 다리우스 3세는 부하 총독의 배신으로 죽임을 당한다. 이후 페르세폴리스를 점령당하며 페르시아 제국은 멸망하고 말았다. 이렇게 해서 수백 년 동안 그리스 세계와 애증을 나누던 페르시아가 역사 속으로 사라졌다.

| 그리스 신화와 닮은 페르시아 문화 |

동양의 문명국 페르시아는 서양의 그리스와 함께 동서양을 대표하여 문명의 패권을 다퉜다. 이 두 나라는 이집트와 함께 당대 사람들이 인지하고 있었던 문명세계 전체를 의미했다고 해도 과언이 아니다. 따라서 세 차례에 걸친 페르시아의 그리스 침공은 당시로써는 세계대전과 다름없었다. 그리스와 페르시아의 불화와 전쟁은 필

연적으로 문화적 교류와 같은 상호작용을 만들어냈다. 신화와 설화, 습속, 언어, 제도가 서로 영향을 끼쳤다고 봐야 한다. 이를테면 메소포타미아 문명과 페르시아 문명은 지금의 터키 지방인 소아시아 지역과 흑해 연안에 진출한 그리스 세력과 만나지 않을 수 없었을 것이다.

사람이 맞닥뜨리는 곳에서는 언제나 이야기가 생기는 법. 페르시아의 신과 영웅들이 등장하는 이야기 속에서 그리스 신화와 연관된 점을 찾기는 어렵지 않다. 그리스 신화를 자세히 읽은 사람이라면 페르시아 신화 가운데 어딘가에서 읽어본 듯한 스토리를 만날 수 있으리라. 그 대표적인 예를 《샤나메(Shahnama, 王書)》에서 볼 수 있다. 이 책은 고대 페르시아 시대에 오랫동안 구전되어오던 신화와 전설을 묶어 1010년경에 피르다우시Firdawsi가 펴낸 신과 영웅들의 이야기다. 여기에 나오는 페르시아 최고의 영웅 가운데 한 사람이 루스탐Rustam이다. 그의 일곱 가지 모험이야기는 기원전 14세기에 활약한 고대 그리스의 최고 영웅 헤라클레스Hercules의 열두 가지 과업을 떠올리게 한다.

| 헤라클레스를 닮은 영웅 루스탐 |

루스탐은 헤라클레스 못지않게 뛰어난 용맹스런 힘과 기지로 사자나 용과 맞서 싸우고 마녀와 악마를 죽인다. 영웅 신화가 으레 그렇지만, 루스탐의 모험에서도 초자연적인 힘과 각별한 신의 가호를 받아 인간에겐 있기 힘든 용맹을 발휘하는 장면이 이어지면서 흥미를 더한다. 헤라클레스의 주 무기가 곤봉이었다면, 루스탐의 주 무기는 황소머리 모양의 철퇴다. 헤라클레스는 네메아의 사

여신 에스판드야와 루스탐

자를 죽이고 머리에 사자머리 가죽을 뒤집어쓰고 다녔는데, 루스탐도 이를 본떴는지 표범 머리의 투구를 썼다.

루스탐은 기원전 1세기 파르티아 시대의 실존인물이다. 출생 시기로 보면 헤라클레스보다 1,300여 년 뒤에 태어났다. 그러니 그는 이미 그리스와 페르시아에 널리 퍼져 있던 헤라클레스의 영웅담을 익히 알고 있었을 것이다. 그는 나라와 왕에 대한 헌신적 충성의 대명사로 기억된다. 그는 이란의 숙적이던 투란과의 수많은 전투에서 영웅적인 활약을 보여준다. 그의 애마愛馬 라크시Rakhsh 또한 비상한 지능과 초능력으로 영웅 루스탐 못지않은 공훈을 세운다. 루스탐보다 앞서서 사자와 싸우거나 용과 대적하기를 주저하지 않을 정도였다. 알렉산드로스의 명마 부케팔로스를 연상시킨다.

이런 루스탐과 라크시의 영웅담은 오랜 세월 동안 이란인의 각별한 사랑과 경탄을 받아 왔다. 또 루스탐이 계략에 빠져 아들 서랍과 맞싸우게 되고, 결국 그를 죽이고 나서 자신이 준 부적을 통해 아들임을 확인하고 절규하는 통절한 비극도 문학과 예술의 중요한 소재가 되었다.

페르시아에도 신들의 이야기와 세상 창조의 신화가 빠지지 않는다. 조로아스터교의 경전인《아베스타Avesta》는 현인 조로아스터Zoroaster의 가르침뿐만 아니라, 고대의 영웅적인 이란인

과 신과 세계 창조에 관한 많은 정보를 담고 있다. 조로아스터는 우리에게 다소 낯설지만 니체(Friedrich Wilhelm Nietzsche, 1844~1900)의 대표작인《차라투스트라는 이렇게 말했다》의 주인공 차라투스트라Zarathustra가 바로 동일인이다. 조로아스터는 그리스식 발음이고 차라투스트라는 독일어의 발음을 본뜬 이름이다.

페르시아의 최고신은 지혜의 신이자 태양의 창조자로서 인간과 동물의 모든 정신적-육체적 활동을 주관하는 아후라 마즈다Ahura Mazdah다. 아후라 마즈다는 조로아스터교의 주신으로서 진실의 세계를 파괴하려는 악령 안그라 마이뉴Angra Mainyu와 끊임없이 투쟁한다. 이 두 신이 선과 악의 대결의 중심축이다.

| 페르시아 신화, 선과 악의 대립구도 |

페르시아 신화에는 그리스 신화와 뚜렷하게 다른 점이 있다. 그리스 신들은 윤리적인 기준이 되지 않지만, 페르시아 신들은 선과 악의 표본으로 명확히 나뉘어 인간의 선택을 요구한다. 세상의 모든 인간은 늘 선과 악, 진실과 거짓 사이의 선택에 놓여 있다고 보는 것이다. 조로아스터의 교의는 바로 이런 선과 악의 대결에서 인간이 결연하게 나설 것을 주문한다. 조로아스터교가 불

을 숭배하였던 것도 불이 광명과 절대 선을 상징하는 것으로 여겼기 때문이다.

선과 악의 이분법적 대결의 장에서 궁극적으로는 선이 승리할 것이다. 당연히 인간은 선의 신 옆에 서서 악과 대적해야만 사후에 천국에 태어날 수 있다는 믿음은 페르시아인에게 굳건한 삶의 준칙이자 신앙이 되었다. 많은 페르시아 신화가 선과 악의 무수한 대결 사례와 선의 승리를 증거하고 있는 이유도 이 때문이다.

악령인 안그라 마이뉴에 맞서는 정의의 태양신 미트라Mithra를 숭상하는 이유도 같은 맥락이다. 오늘날까지 조로아스터교의 성직자들 사이에는 악과 싸우는 데 도움을 주는 미트라의 갈고리 달린 철퇴를 받는 의식이 행해지고 있다고 한다. 선과 악의 투쟁이 이들에게 얼마나 중요한 일인지를 알게 해주는 의식이다.

하늘, 바다, 땅이 먼저 창조되고, 이어서 식물들과 동물들이 창조되었다. 인간이 여섯 번째로, 불이 마지막으로 창조되었다. 고대 이란인들은 그렇게 믿었다. 인간 탄생 설화는 더욱 독특하다. 최초의 인간 가요마르탄Gayomartan이 악령 안그라 마이뉴에게 살해되면서, 태양이 그의 정액을 정화했고, 거기에서 대황초가 싹텄다. 이 식물에서 인간의 조상인 최초의 남자 마시아Mashya와 최초의 여자 마시야나그Mashyyanag가 자라났다는 것. 그리스 신화나 메소포타미아 신화에서

신이 직접 인간을 빚어내는 조화를 부린 것과는 사뭇 다른 스토리다.

페르시아 전설 중에는 그리스나 로마와 연관된 내용도 적지 않다. 미트라신은 당시 로마제국에도 널리 알려졌다. 미트라가 '협정, 계약'을 의미하고 미트라신이 인간과 인간의 행동, 협정과 계약을 감시하는 역할을 한다는 차원에서 볼 때, 법과 질서를 중시하던 로마인들이 호감을 가졌기 때문이 아니었을까.

| 알렉산드로스가
페르시아왕의 상속인? |

기원전 331년, 알렉산드로스 대왕은 페르시아 지역에서 융성하던 아케메네스Achaemenes 왕조의 마지막 왕 다레이오스 3세를 물리치고 페르시아 정복을 완성한다. 그런데 페르시아에서 자신들의 왕국을 멸망시킨 알렉산드로스를 페르시아의 합법적인 왕권 상속인으로 인정하는 서사시들이 등장했었다는 점은 기이하다.

페르시아에서 알렉산드로스를 보는 관점은 두 가지로 갈린다. 그를 페르시아 왕권의 약탈자나 사악한 파괴자로 보는 시각과 아케메네스 왕조 마지막 왕의 이복형제로 간주하며 그의 정통성을 인정하려는 관점이 공존했다. 후자

의 시각을 담은 대표적인 작품은 12세기에 니자미 간자비Nizami Ganjavi가 쓴 《이스칸다르나메Iskandarnameh》다. 오로지 정당한 권리를 가진 자만이 왕의 영광을 차지할 수 있다는 페르시아인들의 믿음에 따르면 알렉산드로스는 당연히 약탈자였다. 더구나 그는 페르시아 왕실의 일원도 아니었다. 그렇지만 이미 페르시아를 정복해버린 알렉산드로스를 합법적 왕권 계승자로 인정함으로써 자신을 합리화시키려 한 것은 아니었을까? 그러면 이런 자기 합리화의 근저에 깔린 페르시아인들의 인식은 어떤 것이었을까?

나는 알렉산드로스에 대한 몇 가지 사례가 그에 대한 우호적 인식을 조성하는 데 기여하지 않았을까 추측해본다. 먼저 알렉산드로스는 페르시아와의 전투에서 승리하고 페르시아 왕의 모후와 왕비, 그리고 가족들을 포로로 붙잡았다. 하지만 알렉산드로스는 이들을 가족처럼 극진하게 돌보았다. 특히 왕비가 진중에서 사망하자 알렉산드로스는 진정으로 슬퍼하며 정중하게 장례를 치러주었다. 다레이오스는 왕비를 모시던 내시로부터 왕비의 사망 소식을 전해 듣고 알렉산드로스의 음탕한 유혹을 거절해서 살해당했다고 확신하며 그를 저주했다. 하지만 후에 왕의 가족들이 알렉산드로스로부터 극진하게 존중받았다는 내시의 진실한 보고를 듣는다. 다레이오스는 처음에는 믿지 않았지만, 결국 내시의

말을 사실로 받아들인 후 한참을 울고 나서 이렇게 기원했다.

> 이 나라의 신들이시여, 다른 무엇보다 저의 통치를 굳건히 해주십시오. 하지만 다시금 기도하건대, 저의 통치가 끝나게 된다면 바로 저 정의로운 적, 자비로운 정복자를 아시아를 통치할 사람으로 세워주십시오.
>
> 《알렉산드로스 대왕 전기》 p. 126

또 다른 사례도 있다. 알렉산드로스는 다레이오스가 부하 총독에게 살해되었을 때, 살인범을 끝까지 추적해서 붙잡아 처형하고 다레이오스의 장례식을 극진하게 치렀다. 정복자였던 알렉산드로스가 페르시아 왕실에 대해 이렇게 관대하고 정의로운 행동을 한 것은, 페르시아의 귀족들과 토호들이 알렉산드로스에게 우호적인 감정을 갖게 하는 데 크게 기여했을 것 같다. 알렉산드로스를 페르시아의 정통 계승자로 수용하는 분위기가 조성된 데는 이런 배경이 작용했을 것 같다. 한편 페르시아인들이 세상의 모든 일을 선과 악의 대결의 결과로 보는 신화적 관점에 충실했다는 점에서 볼 때, 이들이 페르시아 제국을 멸망시킨 알렉산드로스를 무능했던 페르시아의 왕실이나 귀족에 대한 선의 승리로 여겼기 때문인지도 모르겠다.

05
그리스 문명에 스며든 오리엔트 문명

문명사회의 사람들은 퀴클롭스처럼 외딴 섬에 고립되어 살 수가 없다. 오랜 세월동안 인류는 공간을 넘나들며 서로 접촉하고 교류해왔다. 물론 자연의 제약을 많이 받았던 고대 사회의 경우, 그 교류와 영향이 국지적으로 한정된 때가 많았을 뿐이다. 서로 다른 생활환경에 놓여 있는 인간들이 만나고 소통하다 보면 서로의 생활습속이나 문화의 영향을 주고받게 된다. 그렇다면 하늘 아래 새로운 것은 아무것도 없다고 봐야 한다.

세계의 문명을 꽃피운 지구상의 여러 곳에서 인간의 접촉과 교류는 능력이 허락하는 한도 안에서 계속되었다. 이를 통해 문명의 상호 흡수와 변용變容이 발생했을 것이다. 현대 문명에 가장 큰 영향을 끼친 고대 그리스 문명 역시, 이집트나 메소포타미아, 페르시아 지역 등 그 이전에 개화한 문명의 영향을 직 · 간접적으로 받았다. 물론 반대로 그들 지역에 더 많은 영향을 끼친 것도 부인할 수 없을 것이다.

기원전 6세기경 그리스인들은 이미 독자적인 문명의 수준에 올랐다. 이후 지중해 세계의 많은 민족은 그리스의 산물과 양식, 문화를 받아들이고 모방하려 노력했다. 그리스의 문명은 에게 해를 넘어 페르시아와 인도까지, 그리고 갈리아와 게르마니아까지 영향을 미쳤다. 이렇게 고대 그리스가 자신들의 수준 높은 문명을 전 세계에 전파하는 역할을 해낼 수 있었던 것은, 그 이전부터 주변의 동방국가들로부터 다양한 방식으로 문화적 영향을 수용하고 재창조한 튼튼한 토대가 있었기 때문이다.

독일의 고전문헌학자인 발터 부르케르트 Walter Burkert는《그리스 문명의 오리엔트 전통》에서 기원전 5~6세기에 그리스와 동방 사이의 문화적 교류와 상호작용의 흔적을 추적한 바 있다. 여기서 '동방'은 중국을 포함한 지금의 동아시아를 의미하는 것이 아니라, 육지와 바다를 통해 그리스와 교류를 할 수 있었던 이집트와 지금의 중동지역을 포괄하는 제한된 영역을 가리킨다.

플라톤은《에피노미스Epinomis》에서 이렇게 말했다. "그리스인들은 야만인들에게서 받은 모든 것을 더 낫게 만든다." 그리스인들은 자신의 지역, 즉 헬라스Helas 이외의 땅에 거주하는 모든 이방인을 '바르바로이Barbaroi'라고 불렀다. 보통

야만인을 의미하는 것으로 통용되지만, 엄격하게 보면 꼭 부정적 의미가 있는 것만은 아니다. 단지 헬라스어를 쓰지 않는 사람들을 의미했다고 봐야 한다. 외국 사람들의 낯선 언어가 그리스인들에겐 '바로바로'와 같은 웅얼거림으로 들렸기 때문이다.

어떻든 고대 그리스인들은 동방인으로부터 크고 작은 문화적 습성과 소재, 아이디어를 받아들였다. 나아가 자신들의 창의적 사유와 기술을 보태어 이전의 문명보다 더 뛰어난 새로운 문명을 창출했다. 그리스인들의 외국 문화에 대한 개방적 태도와 응용력이 더욱 완전한 형태의 문명을 만들어내는 원천이 된 것이다.

| 동방 예술의 영향 |

기원전 5세기에서 4세기에 걸쳐 그리스의 황금기 문명이 만들어낸 도기 회화, 조각, 건축들은 그 작품성에서 불멸의 가치를 지닐 만큼 탁월했다. 하지만 처음부터 그들이 뛰어난 작품을 만들어냈던 것은 아니다. 사실 기원전 8세기 이전에는 이집트, 페니키아, 시리아, 아시리아 등 동방에서 만든 공예품이 작품성과 품질 면에서 더 우수하여 그리스 작품들을 압도했다. 이들 동방의 기하학 문양의 작품들은 그리스에 이식되

기원전 5세기 전성기에 아테나이에서 만들어진 도기 술잔이다. 킬릭스kylix로 불렸다. 도기 화가들은 신과 영웅들의 이야기를 즐겨 그렸고, 이런 명품 도기들은 당시 지중해 연안여러 도시에서 최고의 인기 수입품이었다. 술잔 뒷면 상단에 트로이 전쟁의 영웅 아킬레우스와 브리세이스가 그려졌다. 아킬레우스는 그리스군 총사령관인 아가멤논이 브리세이스를 빼앗아간 것에 분노하여 전투를 거부했었다. 기원전 480년. 런던 대영 박물관

었다. 이런 영향으로 인해 8세기 이전에 그리스에도 원原 기하학적 protogeometric 도기를 만들 수 있는 기술을 갖게 되었다. 그런데 기원전 8~7세기에 동방 양식이 본격적으로 도입되면서 기하학적 형태가 다채로워졌다. 특히 기원전 770년경부터 기하학 문양과 함께 인체를 표현하기 시작한다. 도기 전체를 기하학 문양만으로 표현하던 양식에서 사람이 처음으로 등장한 것이다. 그리스인들은 동방 양식과 달리 인간을 함께 묘사한 후기 기하학 문양 시대를 활짝 열었다.

이런 색다른 양식의 도기 생산의 중심지는 아테나이였다. 디필

론Dipyhlon이라는 공동묘지에 있는 공방이 그 출처였다. 당시에는 묘지 위에 묘비처럼 대형 항아리(암포라)를 올려놓는 풍습이 있었다. 이러한 수요에 맞춰 공동묘지 인근에서 인체가 표현된 대형 항아리가 제작되었다. 이러한 장례용 항아리에는 전투 행렬이나, 전차의 이미지, 전투의 장면이 담기기도 했다. 이는 무덤 주인의 죽음의 원인이 된 행위들과 관련된 것들을 묘사했을 가능성이 높다. 기원전 6세기경에는 동방의 기술을 능가하기 시작했고, 기원전 5세기에는 지중해를 둘러싼 연안 도시 가운데 그리스에서 최상의 걸작 공예품들이 쏟아졌다. 청출어람靑出於藍이 이루어진 것이다. 이 고전기에 인간은 사실적으로 묘사되기 시작했고 공예 회화에서 완전한

기하학 문양의 전사가 묘사된 후기 기하학기 암포라의 세부이다. 창을 든 두 명의 전사가 네 마리의 말이 이끄는 전차를 몰고 있는 장면이다. 그 뒤로 8자 모양의 방패와 창을 든 병사가 따르고 있다. 인물은 사실적으로 묘사한 것이 아니라 몸통을 네모로 묘사하는 등 기하학적 이미지를 가미하여 표현하고 있다. 전체적으로 전투 행렬을 묘사한 것이다. 기원전 735~720년경 아테네 디필론에서 제작. 런던 대영 박물관

주인공이 되었다.

조각 작품 역시 이집트의 영향을 많이 받았다. 특히 그리스의 서 있는 청년상인 〈쿠로스Kouros〉는 이집트의 신상神像 기법이 차용된 것이다. 쿠로스는 '청년'이라는 뜻이다. 반듯하게 선 청년의 모습을 한 쿠로스 상은 기원전 7세기경에 등장했다. 쿠로스는 신에 대한 봉헌이나 사자死者를 기리고 무덤을 장식하기 위해 만들어진 것으로 보인다. 쿠로스에 영향을 준 이집트의 신상 또는 파라오의 입상은 모두 옷을 입고 있는 것으로 묘사되었다.

이집트의 입상은 그리스로 건너와 표현 양식이 변용된다. 그리스 쿠로스의 가지런한 머리 형식, 양팔을 반듯하게 내리고 옆구리에 붙인 경직된 모습, 왼발을 내민 자세에서 이집트 석조상의 영향을 알 수 있다. 하지만 육체의 근육 표현이 더욱 자연스러워졌고, 과감하게 누드를 드러냈다는 점에서 이집트의 그것과 확연히 구분된다.

특히 기원전 6세기에 제작된 〈아나비소스의 쿠로스〉는 쿠로스 조각의 완숙미를 물씬 풍겨준다. 근본적으로 직립의 경직성이 완전히 해소되지는 못했지만, 해부학적 근육의 표현이 보다 유연해졌다. 인체 구조에 대한 이해와 대리석을 다루는 조각가의 역량이 한층 높아진 게 두드러진다. 석조 작품으론 더 이상의 역동적인 모습을 연출하기 어려운 한계에 도달했다는 점도 알 수 있다. 양팔을 몸체에서 자연스럽게 떨어뜨려 공간을

만들어냈지만, 석조의 취약성으로 인해 팔을 몸체에서 완전하게 떼 내거나 팔을 드는 등의 자세를 조각하는 건 거의 불가능했을 것이기 때문이다.

그리스 조각가들의 열정적인 표현 욕구는 결국 석조의 한계를 뛰어넘어 청동 조각으로 진화하는 소재의 혁신을 가져오게 하였다. 기원전 6세기 중반의 쿠로스 조각은 다음 세기 고전기의 탁월한 청동 조각 예술의 태동을 예비하고 있었던 셈이다.

| 동방 신화와 철학의 영향 |

동방에서 수입된 것 중 최고의 소재는 알파벳이다. 그리스인들은 기원전 800년 전후에 알파벳을 받아들였다. 그리스인들은 페니키아인들의 문자를 받아들인 것이지만, 거슬러 올라가면 페니키아 알파벳은 중동지방에 퍼져있던 셈족의 셈어에 그 기원을 둔 것으로 알려진다.

고대 그리스인들의 열광적 애호를 받았던 호메로스의 대서사시 《일리아스》, 《오뒷세이아》의 몇몇 대목들은 오리엔트적 특징을 보여준다. 《일리아스》에 나오는 일부 신들은 바빌로니아 천지창조 서사시인 《에누마 엘리시Enuma Elish》에 등장하는 신들과 대응된다.

또 오뒷세우스의 귀향의 모험은 《길가메쉬 서

◀이집트의 최고의 신으로 숭배된 태양의 신
호루스Horus
매의 머리를 가진 신으로 표현된다. 이집트의
왕 파라오는 호루스의 현신으로 여겨졌다. 제
18왕조 시대인 기원전 1360년경. 베를린 이
집트 박물관

아나비소스Anavysos의 쿠로스
현존하는 쿠로스 걸작 가운데 하나다. 균형잡
힌 몸매와 강인한 근육이 잘 표현되었다. 팔과
몸통 사이의 공간을 둔 것은 기술의 큰 진보였
다. 아티케 반도의 아나비소스에서 발굴되었
다. 프랑스에 약탈되었다가 1937년 그리스로
반환되었다. 기원전 530년경. 아테네 국립
고고학 박물관

사시》에서 길가메쉬가 우트나피시팀을 찾아가는 여정을 연상시킨
다. 물론 부분적인 모티브가 비슷할 뿐 작품 전체적인 플롯과 전개
는 크게 틀리지만, 어느 정도 영향을 받은 그림자를 읽을 수는 있
다.《에누마 엘리시》는 아직 우리나라엔 소개된 적이 없어 그 영향
의 구체적 내용을 확인할 수 없는 게 아쉽다.《길가메쉬 서사시》에
의하면, 길가메쉬는 기원전 3천 년대 초반에 존속했던 메소포타미
아 도시국가 우르크Uruk의 첫째 왕조 다섯 번째 통치자로서 3분의
2는 신이요, 3분의 1은 인간으로 태어났다고 한다. 시대적으로 그
리스 문명에 상당히 앞서 있던 곳에서 나온 길가메쉬 이야기가 그
리스의 구전 서사시에 영향을 주었다는 점을 배제하기 어렵다.

고대 그리스 철학 역시 부분적으로 동방의 영향을 받았다. 헤시
오도스의《신들의 계보》,《일과 날》등에서도 오리엔트의 창조 신
화와 지혜문학이 끼친 영향을 볼 수 있다. 다만 그리스 신화는 창세
기의 역사를 서로 다른 성을 가진 짝의 결합에 의한 출산의 관념으로
그리는 생명형태론을 취하고 있다. 반면에 동방의 창세 신화는 뛰어
난 기술을 가진 신이 만물을 창조했다는 기술형태론에 가깝다.

고대 그리스와 페르시아는 여러 번 군사적 충돌을 빚었지만, 이
미 전쟁 이전, 즉 아르카익기 기원전 600~480년에 이루어진 상호
문화접촉의 증거들도 꽤 많다. 에페소스의 아르테미스 신전의 제
사장을 '메가빅소스megabyxos' 또는 '마구스magus'라고 불렀는데,
이 이름의 유래는 페르시아의 신이 내린 이름이었다. 이는 그리스
나 페르시아 사이에서 지배권이 자주 바뀌던 소아시아 지방의 그
리스인들에게 미친 문화적 융합 현상으로도 볼 수 있다.

고대 그리스와 이후 기독교 사회에 퍼진 죽은 자가 승천한다
는 관념도 실은 이란 종교에서 처음으로 성행했다. 또 영혼 불멸과
윤회 사상의 발원지는 인도였지만, 고대 그리스 사회에 널리 퍼졌

고, 디오게네스(Diogenes, 기원전 400?~323)나 소크라테스(Socrates, 기원전 470~399), 플라톤(Platon, 기원전 427~347)도 이와 유사한 관념을 보여준다. 플라톤의 대화편《파이돈Phaidon》은 소크라테스가 아테나이 법정에서 사형 선고를 받고 감옥에 수감 중일 때 친구들에게 영혼 불멸의 사상을 논파한 내용을 담고 있다.

문명의 만남은 복잡한 과정이다. 결국 어떤 문명의 산물과 양식도 일방적으로 어느 한 편으로 주기만 하는 것이 아니라, 어느 정도 서로 주고받는 상호작용 때문에 문화의 침투와 이식이 발생한다고 보아야 한다. 이런 차원에서 세계 최고 수준의 문명을 만들어낸 그리스 역시 적지 않은 부분에서 동방 문명의 영향을 받았음을 부인할 수 없다. 그리스 문명과 동방 문명이 서로 유사성과 차별성을 동시에 가진 이유이기도 하다.

물론 부르케르트가 제기하는 오리엔트적 영향의 구체적 내용은 아주 작은 문화적 소재로 치부될 수도 있다. 또 그 영향의 인과관계가 사료를 통해 명확하게 증명되었다기보다, 여러 정황 증거를 토대로 추정된 가설이라는 한계도 갖는다. 하지만 그리스의 문화가 어느 날 갑자기 신기루처럼 등장한 것이 아니라, 외부와의 끊임없는 접촉과 교류, 상호작용의 축적을 통해 창출된 것이라는 점은 분명히 주목할 필요가 있다.

그런데도 "세계 문명의 형태를 결정한 것은 그리스였다." 부르케르트는 고대 그리스가 고유한 문명을 이룩할 수 있었던 원동력으로 '엘레프테리아Eleftheria', 즉 자유를 꼽고 있다. 동방의 나라들은 왕권의 강력한 국가 통제력을 통해 문명을 유지했다. 반면에 그리스인들은 "마음대로 일할 자유, 발언과 상상의 자유, 나아가 신앙의 자유"를 토대로, 국가보다 개인에게 무제한적인 기회를 개방했기에 고도의 다원적 문명을 만들 수 있었다.

결국 개인의 자유와 창의가 바탕이 된 '그리스적 자유'가 동방의 문화를 흡수해 그들만의 독자적인 문명을 만들어낼 수 있었다는 점은, 오늘날 새로운 문명을 창출해야 할 우리 한민족에게도 많은 시사점을 준다. 우리는 아직도 개인의 자유와 창의의 가치를 충분히 내면화하지 못했기 때문이다.

고대 그리스 문명에 영향을 미친 오리엔트의 산물과 양식을 자세히 살피면 문명이 서로 영향을 주고받으며 새로운 문명을 창출하는 동인이 무엇인가 재확인할 수 있다. 아울러 문명을 바라보는 상호 문화적 관점을 통해 다른 문화를 바라보는 열린 사고를 갖게 되지 않을까.

▶ **소크라테스 대리석 두상**
런던 대영 박물관

06
영감의 원천,
그리스 신화

청소년기에 그리스 로마 신화를 한번이라도 읽어보지 않은 사람이 있을까? 아마 단군신화 못지않게 헤라클레스나, 아킬레우스, 아프로디테, 헬레네가 등장하는 신화의 흥미로운 한 두 대목쯤은 누구나 알고 있을 듯싶다. 신화를 직접 읽지 않았더라도 미술작품이나 조각품, 영화나 뮤지컬, 문학작품 등을 통해 그리스 로마 신화의 단편들을 접하는 기회는 많다. 이렇게 그리스 로마 신화는 오랜 세월의 간극을 뛰어넘어 모든 시대 사람들의 인식과 생활 속에 생생하게 살아 움직이고 있다. 2천 년에서 3천 년 전의 오랜 옛이야기인 그리스 · 로마 신화가 서양 문화와 인류

문명에 끼친 영향이 이렇게 넓고 깊다면, 분명 그 근원에는 문명의 보편적 특질이 강렬하게 존재한다고 볼 수 있다.

인류 문명의 꽃을 찬란하게 피워냈던 그리스인들의 행동과 사유와 삶을 지배했던 그리스 신화는 그리스와 로마의 위대한 작가들에 의해 다양한 방식으로 다루어졌다. 그리스 신화는 위대한 서사시인 호메로스의 《일리아스》와 《오뒷세이아》에, 그리고 호메로스와 쌍벽을 이루던 헤시오도스(Hesiodos, 기원전 8세기)의 《신들의 계보》에 담겼다. 또 헤로도토스(Herodotos, 기원전 484~425)의 《역사》에, 로마 시대 아폴로도

로스(Apollodoros, 기원전 180?~?)의 《비블리오테케 Bibliotheke》와 베르길리우스(Publius Maro Vergilius, 기원전 70~19)의 《아이네이스Aeneis》, 그리고 오비디우스(Publius Naso Ovidius, 기원전 43~서기 17)의 《변신 Metamorphoses》속에 중첩되어 수록되었다.

| 신과 인간의 희로애락 |

그리스 신화는 그리스를 넘어 로마에 이식되어 로마신화로 확장되었고, 로마를 넘어 장구한 세월동안 중세 유럽인들의 사랑을 받았다. 유럽의 12~13세기는 '오비디우스의 시대'라고 불

디오뉘소스와 사튀로스

릴 만큼 그리스 신화의 열풍이 대단했다. '유럽 Europe'이라는 명칭 자체가 제우스의 사랑을 받은 페니키아의 왕녀 '에우로페Europe'의 이름에서 따온 것도 작은 인연이 아니다.

그리스 신화는 우주와 신들의 탄생에서부터 인간 영웅들의 희로애락까지를 다 포괄하고 있다. 따라서 그리스 신화를 빼놓고 그리스 문명과 인류 문명의 기원을 설명하거나 이해하기는 쉽지 않다. 그리스 신화의 이야기들은 고대에서 현대에 이르기까지 모든 영역의 문화와 역사, 그리고 우리 삶의 일부분으로 체화되어 있다. 음악, 미술, 건축, 조각, 체육, 정치, 철학, 종교 등 어느 분야도 그리스 신화의 모티브와 얽히지 않은 영역이 없다.

그리스 신화의 가장 오랜 전거典據는 아테나이 출신의 문법학자 아폴로도로스의 《비블리오테케(Bibliotheke, 도서관)》이다. '도서관'이라는 제목이 붙은 이유는 그리스 신화를 총체적으로 수집 정리한 하나의 도서관과 같다는 의미를 강조한 것으로, 그리스의 지역별 신화와 주요 영웅들의 가계도까지 상세하게 채록하고 있다.

그는 기원전 2세기 경 활동했으니, 그때쯤이면 그리스 신화를 정리할 수 있는 여건이 충분히 성숙되어 있었을 것이다. 기원전 4~5세기 그리스의 황금기에 신화를 소재로 한 수많은 문학작품이 탄생했으니 말이다. 그는 이러한 수많은 그리스 신화들을 빠짐없이 한 권의 책으로 정리해냈다. 그는 호메로스나 헤시오도스와 같은 서사 시인도 아니요, 산문작가도 아니다. 그는 문법학자였다. 문학 작가가 아닌 그였기에 오히려 여러 신화의 출전을 꼼꼼히 확인하고 신뢰할만한 출전을 선별하여 인용하며 신화를 종합적으로 잘 정리해냈다. 따라서 그리스 신화의 전체 목록을 파악하고 개관할 수 있도록 한 입문서로《비블리오테케》는 더없이 훌륭하다.

신화는 신들의 이야기이자, 신과 인간이 부딪히며 소통하는 이야기다. 따라서 그리스 신화는 신과 그리스인들의 도전과 갈등, 사랑과 질투, 애환의 스토리를 담고 있다. 이 이야기들은 호메로스와 같은 위대한 작가에 의해 긴 호흡의 서사 시로 전개되기도 하고, 헤시오도스와 같이 짧은 서사로 나타나기도 한다.《일리아스》나《오뒷세이아》가 전자의 예이고,《신들의 계보》,《일과 날 Erga kai Hemerai》이 후자의 예다. 또 다양한 비극 작가들에 의해 신화의 골격에 작가적 상상력이 가미되어 새로운 신화로 각색되기도 했다.

그리스 신화의 구체적인 이야기는 오랜 세월을 두고 여러 작가에 의해 다양한 작품으로 탄생되었다. 따라서 신화의 골격은 같지만 세밀한 부분에서 작가마다 달리 기술하는 경우도 많다. 그러므로 아폴로도로스가 채택한 원전이 해당 신화 가운데 가장 정통성을 지닌 기술이라고 단언할 수도 없다. 그리스 신화의 부분 부분이 여러

기원전 5세기~6세기 초에 만들어진 《일리아스》사본의 일부

전거에 흩어져 있기 때문이다. 예를 들어 호메로스의 《일리아스》는 트로이아 전쟁 당시 단 며칠의 상황을 통해 10여 년간 이어온 전쟁의 전개 과정을 압축적으로 보여주고 있다. 이 작품은 트로이아의 왕자 파리스가 스파르테의 왕비 헬레네를 유혹해서 트로이아로 데려가는 사건의 발단이나, 전쟁의 준비과정과 전쟁의 뒷이야기는 생략하고 있다. 반면에 아폴로도로스의 그리스 신화에는 이런 작품들의 전후 이야기를 다른 여러 작품의 출전을 인용하여 보충해주고 있다.

호메로스가 《오뒷세이아》에서 기술하지 않았던 오뒷세우스와 페넬로페의 상봉 이후의 이야기라든지 새로운 방랑과 죽음의 결말도 아폴로도로스의 작품에서는 확인할 수 있다. 이런 까닭에 아폴로도로스의 책을 그리스 신화의 백과사전으로 활용하며 서사시나 그리스 비극 작품의 연속적인 이야기로 대조하고 확인하면서 읽으면 더욱 흥미를 느낄 수 있을 것이다.

특히 그리스 신화에 나오는 수많은 이름과 지명은 길고 특이해서 짧은 음절의 이름을 쓰는 우리로서는 기억하기가 매우 어렵고 혼동하기 쉽다. 또 신과 영웅들의 계보는 더욱 복잡해서 신화를 읽는 와중에도 자주 이들의 친족 관계를 재확인하지 않으면 헷갈리기 일쑤다. 따라서 그리스 신화를 읽을 때는 미리 복잡한 신과 영웅들의 가계도를 일별해 보는 것도 좋은 방법이다.

그리스 신화의 백미는 헤라클레스의 12가지 고역에 대한 이야기다. 헤라클레스가 잠시 미쳐 아들들을 살해한 다음, 그 죄를 씻기 위해 뮈케나이Mycenae와 티륀스Tiryns의 왕 에우뤼스테우스Eurystheus의 종이 되어 그가 부여한 12가지 과업을 차례차례 수행해나가는 내용이다. 이 과정에서 보여주는 헤라클레스의 뛰어난 괴력과 영웅적 활약상은 전 세계인들을 매료시켰다.

헤라클레스는 신들의 왕인 제우스와 테바이에 사는 암피트리온Amphitryon의 아내 알크메네Alcmene 사이에서 태어났다. 헤라클레스는 반신 半神이었던 셈이다. 그는 12과업을 성공적으로 수행하고 나면 불사의 몸이 될 것이라는 델포이의 신탁을 믿고 영웅적 모험에 나선다. 헤라클레스의 담대한 도전과 성취는 그리스인들에게 무한한 도전정신과 개척정신을 통해 인간 역량이 최고의 탁월성에 이를 수 있다는 희망을 보여준다. 그가 그리스인에게 끊임없는 용기와 영감을 주며 사랑받는 영웅이 될 수 있었던 이유다.

그리스 신화의 가치를 근대인들에게 다시 각인시킨 사람은 미국 보스턴 출신의 토머스 불핀치(Thomas Bulfinch, 1796~1867)다. 그는 1855년에 《전설의 시대, 신과 영웅들의 이야기The Age of Fable, or Stories of Gods and Heroes》를 펴내, 같은 해 출간된 휘트먼(Walt Whitman, 1819~1892)의 시집 《풀잎Leaves of Grass》과 함께 베스트셀러로 각광을 받았다. 우리나라에서는 《그리스 로마 신화》로 번역되어 그리스 로마 신화의 대표 서적으로 스테디셀러가 되기도 했다. 불핀치는 산업혁명 이후 과학과 기술의 시대를 맞아 물질문명에 치우친 근대의 세계인에게 그리스 신화를 통해 신과 교감하던 고대인들의 정신세계와 인간성을 보여주고자 했다. 신화는 "선사시대부터 내려온 시적 환상의 산물"이다. 정신분석학적 관점에서 보면, "신화란 인간의 심성 깊은 곳에 내재한 원형적 충동의 징후인 집단의 꿈"이기도 하다. 토머스 불핀치는 그리스 로마 신화를 통해 오랜 세월 인간이 공유해온 그런 환상과 인간의 심성에 내재한 꿈을 되살리려고 한 것이다.

고대 그리스인들은 자연과 인간이 빚어내는 모든 현상에 두려움과 호기심, 동경과 소망을 투

영했다. 자연의 위대한 힘에 무력했던 인간의 삶 속에서 보다 초자
연적이고, 성스럽고, 초월적인 능력을 지닌 신과 영웅을 보고 싶어
했다. 신화는 바로 신과 영웅들의 놀라운 행적의 기록이자, 인간사
회의 삶의 또 다른 표현방식이었다. 신화는 인간의 상상력과 영감
을 불러일으켜 반드시 죽고야 마는 인간의 운명적 삶에서 한 가닥
꿈과 희망이 되기도 했다.

그리스 신화에는 태초 우주만물의 형성 과정과 인간의 탄생 비
사가 담겨 있다. 또 천상과 인간사회를 주재하는 제우스와 수많은
신의 사랑과 질투, 분쟁과 투쟁의 이야기로 점철된다. 제우스의 아
내 헤라, 바다의 신 포세이돈, 지하 명부의 제왕 하데스, 아폴론, 아
테나, 아프로디테, 프로메테우스 등등 수많은 신과 요정이 등장한

▼헤라클레스의 12과업을 묘사한 3세기 중엽의 작품. 가장 처음 수행한 '네메아의 사자 퇴치' 장면이 있는 왼쪽부터 차례대로 표현되어 있다.

다. 로마 신화는 이러한 그리스 신화의 주인공들을 라틴어 이름으로 바꾸어 수용했다. 제우스는 사실 유피테르Jupiter였고, 아프로디테는 실은 베누스venus였다는 식이다.

| 상상력과 영감의 원천이 되다 |

그리스 로마 신화는 인간의 현실 속에서의 관찰과 상상력의 결합으로 이루어졌다. 의식과 잠재의식의 혼합이기도 하다. 신화 속에서 신은 윤리적 규범과 무관하게 의인화되었다. 인간을 닮은 신이 그렇게 창조된 것이다. 인간의 감성과 본질을 신도 갖고 있다는 이런 관점을 신인동형설(神人同形說, anthropomorphism)이라 부른다. 그리스인들은 신이 인간과 동일한 성정을 갖고 있다고 보았기에 인간의 욕망과 갈등, 무절제와 도덕규범을 뛰어넘는 일탈을 신에게도 그대로 투영할 수 있었다. 이런 차원에서 그리스 신화는 고대 그리스인의 해방구이자 안식처의 기능도 감당했다.

그리스 신화는 과학적 관점에서 보면 허점투성이인 허무맹랑한 이야기일 수도 있다. 하지만 나약한 인간이 의지할 초월적 존재에 대한 간절한 바람이 만들어낸 있음직한 스토리이기도 하다. 그러기에 수많은 예술가와 학자와 민중들의

▲▼헤라클레스의 영웅적 이야기는 많은 사람에게 전해지며 큰 인기가 있어 다양한 형태의 작품으로 표현되었다. 네메아의 사자와 스팀팔로스의 괴조를 물리치는 암포라 그림. 기원전 520년 경 아테나이에서 만들어진 것으로 보인다. 런던 대영 박물관

영감을 자극하여 걸출한 예술작품이나 문학작품의 소재가 되고, 삶의 정신적 지주 역할을 할 수 있었던 것이다.

물론 신화 그 자체는 많은 부분 과장된 상상으로 점철되어 있다. 그렇지만 그 속에는 구체적인 역사적 인물과 사건이 실존한 경우도 적지 않았다. 현실의 묘사를 신과 영웅의 신비로운 행적으로 상징해내거나, 역사적 인물의 위상과 권위를 높이기 위해 신화로 윤색한 측면도 없지 않았다.

그런데도 신화 속 이야기를 역사적 사실의 묘사로 받아들이고, 이를 입증하려 했던 사람이 바로 하인리히 슐리만(Heinrich Schliemann, 1822~1890)이었다. 그는 《일리아스》와 《오뒷세이아》에서 아가멤논Agamemnon의 뮈케나이 왕성과 이타케Ithace의 오뒷세우스 왕성, 그리고 아킬레우스Achilleus와 헥토르Hektor가 운명적 대결을 벌인 트로이아 왕성의 일부를 발굴해내기도 했다.

그리스 신화에는 허구와 실재가 혼재되어 있다고 봐야 한다. 신화 속의 신과 영웅들의 삶은 고대 그리스 귀족들이 영위한 삶의 한 측면으로 볼 수도 있기 때문이다. 어느 시대, 어느 장소, 어떤 상황에서도 인간의 삶은 늘 놀라운 이야기와 불가사의한 신화와 함께했다. 자연히 신화 속에 신과 인간의 희로애락이 어우러졌다. 영웅들은 인간이 극복하기 어려운 한계와 운명에 도전했고 초월적인 능력으로 모험을 완성해냈다. 그리스 신화는 인간의 삶을 모방해 한 차원 높은 영적 행위를 보여주었다. 고대 그리스인들은 이런 신화에 찬탄하며 신과 영웅들의 신고辛苦와 간난艱難의 극복 과정을 보면서 현실의 고통을 이겨 낼 힘을 얻지 않았을까.

신과 인간이 소통하는 과정은 자연스럽게 그리스 고유의 독특한 사유 방식과 행동양식을 만들어냈을 것이다. 또 그리스 신화는 오랜 역사를 통해 유럽 문명의 형성에 많은 영향을 끼쳤다. 결국, 신화가 "인류의 에너지가 인류의 문화로 나타나는 은밀한 통로" 역할을 한 셈이다. 이런 교감의 축적은 시대를 초월한 문화가 되고 나아가 역사가 되었다. 2천여 년이 넘는 옛이야기가 우리를 감동하게 하고, 무한한 영감을 준다. 과학의 시대, 합리의 시대에도 신화가 여전히 필요한 이유다. 현실이 각박하고 영혼의 갈증이 느껴지는가? 바로 그럴 때 그리스 신화를 읽자.

II
그리스 문명의
진수

고대 그리스인들은 인류 역사상 가장 이성을 중시했던 사람들이다. 이들은 인류 문명의 시원始原이 될 사고방식, 철학과 학문, 그리고 독창적 정치체계를 만들어냈다. 나아가 이들은 최초로 인간 사고의 역사에 새로운 차원을 부과했다. 헬라스인들의 사고와 철학이 새로운 정치체계와 폴리스를 만들어낸 것이다.

폴리스의 아크로폴리스Acropolis와 아고라Agora는 이들의 사고방식이 시현되는 기하학적 공간이었다. 인간 이성과 자연의 궁극적 요소에 대한 끊임없는 탐구는 그리스인들의 지적 성장을 촉진했다.

파르테논 신전은 아테나이를 수호한 여신 아테네에게 바친 가장 아름다운 건축물로 꼽힌다. 신전의 동쪽 지붕에는 아테나 여신의 탄생을 조각으로 섬세하게 표현했다. 세월을 뛰어넘은 디오뉘소스의 모습이 건재하다.

01

위대한 탄생, 자유와 평등, 그리고 시민

| 자유와 평등의 탄생 |

고대 그리스인들이 이룩한 문명은 그들의 '사고방식'과 '살아가는 방식'의 산물이다. 고대 그리스가 신화와 연계된 군주권에서 벗어나 새로운 사유를 바탕으로 문명의 전환을 만들기 시작한 것은 기원전 8세기경부터다. 청동기의 영웅시대를 넘어 철기시대로 접어들면서 과거 뮈케나이 문명의 궁전 중심 체제에서 벗어나 촌락 공동체와 전사 귀족의 세력이 강성해지기 시작한다.

군주권의 붕괴는 힘의 균형과 조정을 위한 귀족 가문들 간의 힘의 경쟁과 쟁론을 만들어냈고 평등주의적 사고방식을 태동시켰다. 특히 민중의 호응을 얻기 위해 웅변으로 맞서던 경쟁은 국가적 관심사를 모든 대중의 관심사로 확장했다. 과거 독점적이던 아르케Arche, 즉 군

서쪽 아레오파고스 언덕에서 바라본 아크로폴리스 전경. 유일한 통로인 정문 프로필라이아를 관광객들이 가득 메우며
올라가고 있다.

아레오파고스 언덕에서 바라본 아고라의 모습. 오른쪽 회랑은 상점이 입점해 있던 아틀라스 주랑이고, 왼쪽 숲 속의
건물은 대장장이 신 헤파이스토스 신전이다. 이 두 건물 사이의 넓은 지역이 고대 아고라 구역이었다.

주권은 대중의 심의와 결단으로 이루어졌다. 이로써 이소노미아isonomia, 즉 평등 혹은 동등권이라는 관념이 자연스럽게 형성되었다.

고대 그리스인들은 폴리스의 모든 기능을 '아고라'라는 공공의 공간에서 논의했다. 아고라는 자유와 평등의 사유체계가 전개되는 공동체의 신성한 사회적 공간이 된 것이다. 그리스인들의 철학적 사유가 물리적 공간인 아고라를 창출하고, 이 공간은 그리스인 특유의 사유방식을 촉진해 사회적 제도로 강화시켰다. 하지만 폴리스의 판도 확장과 부의 축적은 민중과 귀족 각자가 더 큰 힘을 갖고자 하는 야망과 권력 의지를 부추겨 갈등과 분열을 만들어내기도 했다. 이는 공공의 유대를 해치는 위기를 불러왔다. 솔론(Solon, 기원전 640~560)이 양측의 호모노미아(합의, Homonomia)를 위해 소프로쉬네(절제, Sophrosyne)를 요구하며 귀족과 민중 간의 형평성 제고를 위해 입법 개혁에 나섰던 이유다. 물론 솔론이 추구한 것은 귀족과 민중 간의 산술적 형평이 아니라, 각자가 처한 태생적, 환경적 상황과 역량을 배려한 기하학적 형평이었지만.

'아레테(탁월성, Arete)'와 '소프로쉬네'는 고대 그리스인에게 가장 중요한 덕목이자, 폴리스의 발전과 안정을 위해 폭넓게 유포된 교훈적 사유 관념이었다. '적절함이 최선'이라는 의미를 지닌 'metron ariston'과 같은 격언이 사회생활의 계율로 작용한 것도 같은 맥락이다.

고대 그리스인들이 로고스(이성, logos)를 발전시킨 데에는 철학적 차원의 동기보다, 오히려 폴리스의 현실에서 부딪히는 계층과 민중 간에 정의dike를 확립하고 권력욕을 절제시키려는 정치적 차원의 동기가 더 강하게 작용했다. 인류 문명의 위대한 성취를 가능하게 한 '이성'은 곧 폴리스의 정치적 작용의 산물이었던 것이다.

한 사회를 발전시키려면 사회 성원 간에 충돌하는 욕망을 절제시키고, 권력과 부의 형평을 만들어내는 공통의 사유 기반이 절실함을 느끼게 된다. 특히 갈등과 대립을 극복하기 위한 지혜를 스스로 만들어내는 이성적 과정의 오랜 역사적 경험이 부족한 나라들에는 더더욱 그렇다. 우리나라도 예외가 아니다.

고대 그리스인들이 창안한 사유체계는 3천 년 가까이 숙성되면서 서양 문명의 근간이 되었다. 우리나라의 경우는 이런 가치 관념과 사고방식을 해방 이후에야 비로소 접할 수 있었다. 우리가 아직도 민주주의의 보편적 가치를 제대로 정착시키지 못하고 때론 억압으로, 때론 방종으로 내닫는 일이 잦은 것도 이 때문일 것이다.

아고라의 동북쪽에 있던 아그리파 음악당 유적. 음악당 정면을 장식했던 거인 조각상의 일부가 아직도 남아있다.

자유, 평등, 공동체, 법질서, 절제, 합의와 같은 가치 관념은 단순히 학습만으로 이해될 수 있는 것은 아니다. 사회 속에서 인간 상호간 관계의 산물일 때, 그 가치의 사유체계를 생생하게 체득하고 실천할 수 있다. 고대 그리스인의 사유에서 발원한 많은 가치 관념들에 대해 우리는 아직도 더 많은 숙고와 연습이 필요하다.

| 시민의 의무를 다하고 권리를 누려라 |

동서고금을 막론하고 국가의 융성은 능동적인 국민의 역할에 달렸다. 군사력이나 경제력, 과학기술력 등 핵심 성공요소들은 시대와 국가에 따라 달랐지만, 변함없이 중심적 역할을 한 것은 인민

아테나이의 시민법정에 참여할 배심원들을 뽑는 데 활용한 돌로 만든 추첨기. 클레로테리온이라 불렸다. 시민들은 가로 틈에 자신의 신분증을 끼워 넣고 추첨으로 배심원에 뽑혔다. 왼쪽에 흰 구슬과 검은 구슬을 넣고, 흰 구슬을 넣은 쪽이 배심원이 되는 무작위 방식은 배심원의 사전 매수나 특정인의 선택을 원천적으로 불가능하게 만들었다. 아테나이 시민 누구에게나 균등한 기회를 제공한 민주적 사고의 산물이다. 아테네 아고라 박물관

들이었다. 그런데도 국가 운영과 발전의 추동과정에서 인민이 주체적 권리를 인정받고 능동적 역할을 한 시대는 그리 많지 않았다.

더구나 오늘날까지도 국민이 평등한 권리의 주체로서 정치적 참정권을 행사하지 못하는 나라들이 적지 않다. 북한과 중국이 그 대표적인 경우다. 주체적 권리를 인정받지 못하는 국민은 근대적 의미의 시민이라고 볼 수 없다. 독재권력체제의 복종과 보살핌의 대상인 신민臣民, 즉 백성일 뿐이다.

현대 자유민주주의 국가의 국민이 누리는 주체적 참정권을 가장 일찍이 꿈꾸고 직접 실행했던 사람들은 바로 고대 그리스인들이다. 그들은 현대 그리스의 뿌리이자, 세계 문명을 진보시킨 중요한 가치들을 만들어냈다. 고대 그리스의 융성을 일구어낸 시민권의 형성과 시민의 권리행사 방식, 그리고 그 변천을 이해하는 일은 그래서 깊은 의미를 지닌다.

헬라스인들은 프로메테우스Prometheus의 아들인 데우칼리온Deucalion의 아들 헬렌Hellen의 후손들이다. 그래서 자신을 헬레네스Hellenes로 불렀다. 이들은 이오니아인이라는 공통의 민족적 기원을 바탕으로 기원전 9세기 말경부터 서서히 도시국가를 형성하게 된다. 하지만 이들이 처음부터 시민이었던 것은 아니다. 단순했던 도시의 백성이 시민으로 거듭나게 된 결정적인 요인은 군사적인 측면과 관련이 있다. 도시 방어와 전쟁 수행을 위한 중장보병의 등장이 전사들 간의 평등의식을 싹트게 했던 것이다. 특히 전리품의 균등한 분배 원칙은 정치권력의 분배 원리로 확대되었다.

아테나이의 클레이스테네스(Cleisthenes, 기원전 570?~508?)가 체계화한 '이소노미아'는 법으로 보장된 평등의 원칙이었다. 하지만 그리스 시민의 권리 취득과 참정권 행사의 양태는 도시국가마다 조금씩 차이가 있었다. 또한 그리스에 거주하는 사람이라고 해서 모두 시민이 될 수 있는 것도 아니었다. 스파르테의 경우 상공업과 수공업에 종사하는 사람들은 시민 사회에 참여할 수 없었다. 군대에서 합숙 생활을 해야 했던 참정권을 가진 스파르테 시민은 상공업 종사가 아예 금지되었다. 그 대신 농사일은 농노 성격의 헤일로타이heilotai에게, 상공업은 반자유민인 페리오이코이perioikoi에게 맡겼다. 이는 스파르테에만 적용되던 특이한 방식이었다. 물론 아테나이와 다른 개방적 도시들도 대개 외국인과 노예를 시민에서 제외했다. 이런 점에서 고대 그리스 민주주의는 만민의 참여가 일부 제한된 민주주의였다는 점을 부인할 수 없다.

아무튼, 그리스 세계에서 시민이 되는 것은 결코 쉬운 일이 아니었다. 코린토스, 레기온 같은 곳은 시민권을 갖기 위한 일정 금액의 재산이

필요했다. 이런 제약을 받지 않는 시민공동체를 형성하는 시민을 '폴리테스polites'로 정의하고, 이들에게만 참정권을 부여했다.

아테나이에서는 원칙적으로 시민권을 획득하려면 시민과 시민 사이의 합법적 결혼에 의한 출생이 요구되었다. 또 부계 혈통의 지역민들로부터 인정을 받고 18세가 되어야 시민 명부에 오를 수 있었다. 그런 다음에도 2년간의 군사훈련을 거쳐 20세부터 완전한 시민권을 취득하고서야 정치적 활동에 참여할 수 있었다. 물론 참주

아테나이 시민들은 권력이 한 사람에게 집중되어 민중을 억압할 것으로 염려될 경우에는 10년 동안 그를 국외로 추방하는 도편추방제도를 도입했다. 도기 파편에 추방되어야 할 사람의 이름을 써낸 후 가장 많이 적힌 사람이 추방되었다. 아테네 아고라 박물관

정의 혁명 시기, 페르시아전쟁 시기 등 한때 이방인과 노예에게 집단으로 참정권이 부여되기도 했었지만, 이는 예외적 상황이었다.

고대 그리스의 시민권은 취득 과정도 어려웠지만, 시민으로서 수행해야 할 소임 또한 막중했다. 시민만이 토지를 소유할 수 있었고 농지 경작과 납세의 의무를 다했다. 민중집회나 시민 법정에 참여해야 하고, 제비뽑기로 재판관, 평의회 의원, 행정관에 선출될 경우 그 임무를 수행해야 했다. 그리스의 시민은 군인임과 동시에 농민, 나아가 정치인이자 행정관리의 복합적 역할까지 감당했다. 공무 담임은 의무이자 권리인 양면성을 띠었다. 그리고 동양과 유사하게 사농공상士農工商의 관념이 있었다. 다만 동양의 경우 사대부가 농업, 상업, 공업에 종사하는 것을 수치스럽게 생각했던 반면, 스파르테를 제외한 그리스 시민들은 농업에 종사하는 것은 육체를 아름답게 하며 정신적 여유를 갖게 하는 명예로운 삶으로 여겼다.

아테나이 민주정의 발달은 바로 이러한 시민의 고유한 의무와 권리를 기꺼이 감당해낸 시민들의 주체적 참여를 통해 이루어졌다. 참정권의 박탈이나 제약이 있을 때마다 아테나이가 역사적 긴장과 격변을 만들어냈던 것도 이런 시민성의 복원력이 작용했기 때문이다. 그리스인들은 공동체의 시민으로서의 책무를 소홀히 한다든

지 이적행위를 하는 사람은 가차 없이 참정권을 박탈하거나 국외로 추방했다. 도편 추방될 경우 10년 동안 국내에 복귀할 수 없었고, 당연히 시민권도 행사할 수 없었다. 도편추방제(陶片追放制, ostracismos)는 간혹 정치적 오용이 있긴 했지만 대체로 다수결에 의한 민주정의 보루 역할을 했다.

아테나이 시민들의 참정의식이 최고조에 달했던 때는 기원전 5세기였다. 이 시대를 '페리클레스(Perikles, 기원전 495?~429)의 황금시대'로 부른다. 시민들의 참정이 활발했을 때 아테나이는 융성했다. 그러나 펠로폰네소스 전쟁(기원전 431~404)으로 인한 혼란기를 거치면서 참정의 의무와 권리 행사에 대한 시민들의 주인의식이 퇴색하기 시작했다. 결국, 아테나이가 기원전 4세기 후반에 이르러 마케도니아의 종속 국가가 되고 마는 것도 시민의식 퇴조의 결과로 볼 수 있다.

그리스의 민주주의는 '시민'이 만든 영예로운 꽃이었다. 하지만 날카로운 가시도 품고 있어서, 인민들의 공평한 정치적 주권 행사는 때로 개인과 공동체에 상처를 주고 피를 흘리게 하곤 했다. 그리스의 흥망이 그리스 시민정신의 만개 및 퇴조와 맥을 같이 했던 점은 시민성이 고대 그리스를 읽는 키워드임을 다시 확인시켜 준다.

물론 그리스의 시민이 현대적 의미의 시민권을 누린 것은 아니었다. 하지만 자유와 평등의

가치를 구현하는 개념으로서 시민권을 형성하고 누렸다는 사실에는 변함이 없다. 따라서 '폴리테이아politeia' 즉, '국가'는 이런 시민공동체 자체와 같은 의미가 있다고 볼 수 있다. 하지만 자기 자신이나 집단의 이익만을 위해 민중이 시민권을 과잉 행사하게 되면서 국가 전체적 차원에서 직접 민주주의의 역기능과 병폐를 낳았다. 소크라테스, 플라톤, 아리스토텔레스 같은 현인들이 평등한 시민권의 무절제한 남용으로 타락해간 아테나이 민주정체를 지속해서 질타하고 경계한 이유이기도 하다.

고대 그리스인들이 자유와 평등을 기반으로 한 시민권 개념을 창안한 것은 인류 문명사에 중대한 의미가 있다. 비록 노예제도를 기반으로 한 제약이 있긴 했지만, 그리스의 시민권 개념은 로마에 그대로 전수되어 로마 공화정을 이끈 자유와 평등의 보편적 가치 기준 역할을 했다. 또한 프랑스 대혁명 이후 근대적 시민권 개념으로 부활해 현대 자유민주주의 사회까지 진보되어왔다는 점에서 현대인들이 그리스인들에게 진 정신적인 빚은 참으로 크다. 보편적 가치의 사유라는 측면에서 보면 현대인들은 누구나 그리스인들의 후예인 셈이다.

시민권 개념은 동서양의 정치적, 문화적 차이를 만들어낸 핵심적 요인이라 해도 과언이 아니다. 2천여 년 전 그리스에서 자유와 평등의 권리를 가진 시민이 정치적 주권을 행사하고 있을 때, 중국에는 왕의 자애와 시혜에 기대며 복종해야만 하는 신민臣民만 있을 뿐이었다. 이에 따라 중국의 사대부들은 왕에겐 백성을 제압하는 통치술과 덕을, 백성에겐 순종의 유학이념을 훈육했다. 이후 2천 년 이상 제도화된 왕권정치와 철저히 계층화된 신분사회는 개인의 자유와 평등의 관념을 원천적으로 봉쇄했다. 20세기에 들어와서야 시민의 관념을 차용할 수 있었던 동양이 개인의 자유와 평등한 권리, 시민적 책무의 관념을 제대로 싹 틔우지 못하고 체화할 수 없었던 이유이기도 하다.

시민으로서의 정당한 자격 기준을 갖추고, 시민의 책무를 다하는 진정한 '시민'이 우리 사회에는 얼마나 될까? 국가와 사회의 공동의 가치에 대한 명확한 관념도 갖추지 못한 채 일정한 나이만 되면 당연히 성인이 되고, 국민이 되어 자신의 권리 실현에만 목소리를 높이는 '몰시민적 국민'들이 양산되고 있는 것은 아닌지? 이런 우리의 현실을 돌아볼 때, 아테나이인들이 희구하던 시민권의 참뜻을 되새겨보는 것은 참으로 의미 깊다.

02

그리스 문명의 전개와
민주주의

| 아테나이, 민주주의를 창안하다 |

그리스적 가치가 가장 잘 발휘되어 불후의 문화유산을 왕성하게 만들어낸 시기는 바로 '아테나이의 황금시대'였다. 아테나이인들은 시민권을 바탕으로 창조적인 민주정치 체계를 만들어냈다. 이전까지만 해도 군주제, 과두제, 참주제가 현실적인 정치체제로 널리 퍼져 있었다. 그러나 아테나이인들은 대중의 의사가 반영되기 어려운 기존 정치체제의 한계를 간파하고, 민중demos의 권한 행사에 기초한 민주정체Democracy를 새롭게 창안해냈다.

그렇다고 해서 아테나이의 민주정이 오로지 자신들만의 정치역량으로 창출해낸 결과물이었다고 보기는 어렵다. 그 이전에 밀레토스를 위시한 소아시아 지역의 연안도시들에서 자연철학자들이 등장하여 인간과 자연의 본성에 대한 자각을 일깨워 인간의 존재와 권리에 대한 의식에 눈뜨게 한 것도 민주정의 정신적 토양이 되었을 것이다.

또한 아테나이보다 먼저 상업적 번영을 일구었던 코린토스와 뤼쿠르고스(Lykurgos, 기원전 8~7세기) 법률 체계를 만들어냈던 스파르테의 정치, 경제, 사회, 문화적 진보도 아테나이의 정치적 혁신에 영향을 주었을 것 같다. 그런데도 불구하고 아테나이에 민주정이 등장하게 된 결정적인 요인은 아테나이 내부에 있었다. 아테나이 시민들로 구성된 중장보병重裝步兵의 역할이 커져 이들이 시민 간의 평등성을 크게 제고시켰던 것이다.

아테나이 민주정의 진화에서 가장 큰 역할을 한 사람은 솔론(Solon, 기원전 640~560)이었다. 그는 4개의 부족에서 10명씩 선출한 40명의 후보자 가운데 추첨으로 9명의 아르콘Archon, 즉 집정관執政官을 선발했다. 이렇듯 공직 선발에서 아테나이 시민에게 기회를 균등하게 부여하고 추첨에 의한 선임권을 정립한 것이었다. 또 부채에 대한 인신담보를 법으로 금지해 부채로 인해 노예가 된 아테나이인들을 자유민으로 복귀시켰다. 이 또한 자유로워야 할 아테나이 시민이 서로를 구속하지 못하도록 한 의미 있는 조치였다. 특히 솔론은 민회에서 민중들에게 동등한 권한과 역할을 하도록 함으로써 민주정의 기틀을 잡았다.

이후 아테나이의 민주정은 클레이스테네스 (Cleisthenes, 기원전 570~508)의 개혁으로 더욱 튼튼하게 제도화된다. 그는 아테나이의 명문 귀족 알크마이온Alcmaeon 가문의 일원이었지만, 민중의 욕구를 간파하고 진일보된 정치체제를 만들었다. 우선 그는 민회의 구성 방식을 혁신했다. 이전에는 부족별로 나누어 민회의 구성원을 선발했는데, 그러다보니 부족별로 귀족의 영향력이 강하게 작용하게 되었다. 이런 부정적 영향이 굳어질수록 민중들이 자기 의사를 대변하기 어려워졌다.

이를 혁파하기 위해 그는 부족 단위 선발 방식을 폐지하고 아티케 전역을 인위적으로 나눈 10개의 구역을 만들었다. 도시지역을 구획한 구제區制를 실시한 것이다. 이를 통해 행정관과 협의회, 기타 공직자를 선출하는 민회의 구성원을 부족의 대표에서 선발하는 것이 아니라 구區의 대표들 가운데서 선발하도록 했다. 이는 민중들의 평등한 권리, 즉 '이소노미아'를 획기적으로 다지는 계기를 만들게 된다.

결국, 민중의 강화된 정치적 힘과 기득권을 지키려는 귀족 세력 간에 긴장과 갈등이 조성되면서 그 해법으로서 민주정이 탄생했다고 볼 수 있다. 아테나이의 민주정체는 페르시아전쟁 이후 한 차례 더 강화되는 전기를 맞는다. 빈민과 일부 노예들까지 대거 참전한 살라미스 해전(Battle of Salamis, 기원전 480년)의 승전 이후 민중의 목소리가 더욱 커져 민주정이 강화되도록 작용했다. 이러한 기반들이 페리클레스 주도아래 민주정을 꽃피우게 한 동인이 되었다고 보아야 할 것이다.

그러나 아테나이가 창안한 민주정을 모든 그리스 도시국가가 똑같은 방식으로 채택·시행했던 것은 아니다. 그리스 도시국가들은 각자가 다양한 정치체제를 채택했다. 나라마다 왕정, 귀족정, 과두정, 민주정이 혼재했다. 정체에 따라 민중의 권한은 달랐지만, 대부분의 도시국가는 민회를 설치하거나 시민이 공직자를 선출하게 하는 등, 아테나이의 민주정체 취지를 부분적으로라도 도입했다. 이 점은 두 명의 왕과 다섯 명의 행정장관이 다스리던 스파르테와 왕정을 유지한 마케도니아 역시 마찬가지였다. 다시 말해 그리스 도시국가들은 정체의 종류와 관계없이 대부분 시민이 정책결정 과정에 민주적으로 참여할 수 있는 제도를 혼용해 운용했다는 점에서 아테나이의 민주정의 파급효과는 컸다고 볼 수 있다.

| 경쟁과 협력, 그리고 파국 |

그리스 도시국가들이 정체성을 공유할 수 있는 기반은 정치적 영역 밖에서 오히려 공고하게 마련되어 있었다. 그중의 하나가 스포츠 제전과 각종 제의, 그리고 축제였다. 그리스 세계에서는 범 그리스주의Panhellenism를 바탕으로 하여 올림피아 제전이 열렸다. 또한, 신화와 희생 제의의 공유를 통해 종교적 유사성을 누렸다.

아울러 소아시아에서는 탈레스(Thales, 기원전 624~545)와 같은 걸출한 자연철학자들이 등장하여 천문과 자연 현상에 대해서도 궁구했다. 아테나이의 소크라테스, 플라톤, 아리스토텔레스와 같은 위대한 현인들은 그리스인들을 올바른 삶으로 이끌기 위한 지혜를 설파했다.

그리스 역사에서 도시국가 간에 자주 있었던 군사적 유대도 주목해 볼 만하다. 그리스가 페르시아와의 세 차례 전쟁을 승리로 장식함으로써, 그리스 도시국가들은 동맹의 힘을 확인했다. 강대국인 페르시아와의 전쟁은 골리앗과 다윗의 대결과 같은 형국이었지만, 자유의 이상을 지키려는 그리스 도시국가들의 용기와 헬라스인의 민족적 자부심과 결속을 드높여 끝내 승리를 쟁취하게 되었으니 말이다. 도시국가의 연합을 통해 일군 승전은 그리스 문명을 꽃피우게 한 중요한 밑거름이 된다. 특히 제2차 페르시아전쟁에서 벌어진 마라톤 전투, 제3차 페르시아전쟁에서 격돌한 테르모필라이 전투와 살라미스 해전은 그리스인들의 자유정신과 범 그리스적 애국심의 결속 과정과 그 결과의 위대한 힘을 보여준다.

아테나이의 민회가 열렸던 프닉스 언덕
건너편에 아크로폴리스가 있고, 오른쪽에 연단인 베마가 보인다.

그리스의 도시국가들은 노예제에 기반을 둔 자립경제 체제를 유지했다. 또한 종교적, 문화적 가치를 공유하면서도 정치체제는 독립적이었다. 이런 특성 때문에 각 도시국가는 그리스의 통일국가 형성에 전혀 관심을 두지 않게 되었다. 게다가 페르시아전쟁이 끝난 이후 아테나이는 페르시아의 재침공을 막기 위해 델로스 동맹을 확대하는 과정에서 제국주의의 초석을 다진다. 이에 맞서 스파르테를 중심으로 이미 결성되어 있던 펠로폰네소스 동맹이 더욱 강화되어 아테나이의 세력 확대를 견제하게 된다. 이러한 그리스 도시국가들 사이의 대립은 결국 내전을 야기하고 만다.

그리스 역사상 가장 큰 상흔은 27년간 계속된 펠로폰네소스 전쟁이라 할 수 있다. 그리스 도시국가 사이에 벌어진 이 내전은 그리스 도시국가 간의 사회적, 정치적 조화를 일거에 파괴했다. 특히 인구의 감소와 경제력의 약화는 물론이거니와 시민들의 일상생활까지도 완전히 뒤집어엎은 재앙이었다. 전쟁 도중은 물론 전쟁 종료 이후에도 각국은 내부적인 국론 분열의 후유증을 심각하게 겪어야 했다. 패자인 아테나이와 델로스 동맹국은 말할 것도 없고, 승자인 스파르테와 펠로폰네소스 동맹국들 역시 커다란 상처를 입었다.

이 과정에서 아테나이의 민주체제가 붕괴하여 혹독한 참주제를 경험하기도 한다. 또 농업 생산의 기반이자 전원생활의 터전인 농촌사회가 붕괴하고, 농촌 피난민과 도시 거주자 사이의 갈등과 반목이 심화되었다. 동맹국가의 합종연횡 과정에서 생겨났던 불신과 대립의 요인은 전쟁이 끝난 다음에도 오랫동안 부정적으로 작용했을 것이다. 이런 요인들이 결부되어 그리스의 선두 국가였던 아테나이와 스파르테, 테바이가 서로 주도권 경쟁을 하면서 그리스 세계의 국력을 총체적으로 소진했다. 이는 불가피하게 그리스 본토의 장기적인 군사력의 공백을 야기했다. 그 틈을 이용하여 그동안

그리스의 변방 국가로 치부되던 마케도니아 왕국이 그리스의 주도 세력으로 급부상하게 된다.

| 마케도니아의 부상과 헬레니즘의 시작 |

뜻밖에도 그리스의 부흥은 오랫동안 소외되었던 그리스 북부의 소왕국 마케도니아에 의해 이루어진다. 필리포스 2세(Philippos II, 기원전 382~336)와 그의 아들 알렉산드로스에 의해 그리스 전역이 평정되고, 페르시아와 이집트 정복을 통해 대제국을 형성하게 된 것이다. 그러나 기원전 323년 알렉산드로스 대왕이 사망한 후 이 제국은 다시 분열된다. 휘하 장군들은 대제국을 삼등분하여 각각 새로운 왕조를 창건한다. '후계왕'으로 불린 마케도니아와 그리스 지역의 안티고노스(Antigonos, 기원전 382?~301), 그의 아들 데메트리오스(Demetrios, 기원전 294~283), 옛 페르시아 제국을 차지한 셀레우코스(Seleukos, 기원전 355~280), 그리고 이집트를 차지한 프톨레마이오스(Ptolemaios, 기원전 367~283)가 그들이다.

이들 세 왕조가 만들어낸 헬레니즘 문화는 그리스가 창안하고 축적한 문화적 유산과 피정복 국가의 토착 문화가 융합되면서 형성되었다. 그리스 왕조들의 근동과 이집트 지배는 마케도니아인과 그리스인이 지배체제의 상층부를 형성하고, 현지 토착 지배계층이 중간계층을 형성하는 연합적 성격을 띠었다. 그리스의 헬레니즘 왕조들은 지배 지역의 토착 엘리트층에게 그리스어를 보편적으로 사용하게 했다. 또 헬레니즘 왕조들은 그리스 학문과 문화 예술을 공유시킴으로써 동양과 서양의 예술적, 철학적, 종교적 전통이 교차하는 세계 문명의 용광로 역할을 한 것 같다.

▲아테나이의 민회가 열렸던 프닉스 언덕
이곳에 6~9천명 가량의 시민이 모여 아테나이의 주요 정책과 법령을 결정했다.

◀법정에서 사용한 투표용구
가운데 구멍이 뚫린 것은 무죄를, 막힌 것은 유죄를 의미했다. 아테네 아고라 박물관 헬레니즘 도시 가운데 가장 유명했던 곳이 바로 이집트 나일 강 하구에 건설된 알렉산드리아. 특히 50만 두루마리의 도서를 보유한 세계 최대의 복합학술센터인 무세이온Mouseion은 세계적인 학문연구의 중심지 역할을 했다. 제국 내 각지에 건설된 그리스 식민도시의 번성으로 그리스 도시국가의 생활문화가 자연스럽게 토착사회에 전파되기도 했다.

헬레니즘 왕국이 지속하는 가운데에도 기원전 3세기 초 마케도니아 왕들의 외교적, 군사적 실책이 거듭되면서 기원전 2세기 중반부터는 그리스 지역이 로마에 복속되기 시작한다. 근동의 셀레우코스 왕국은 기원전 1세기 중반에, 이집트의 프톨레마이오스 왕조는 기원전 30년에 이르러 몰락하여 로마의 지배를 받게 됨으로써 이후의 그리스 역사는 로마사의 한 부분으로 편입된다.

고대 그리스의 번성하던 모습과 국가파산 지경에 이른 현대 그리스 사회의 초라한 모습은 사뭇 안타깝게 대비된다. 고대 그리스인들은 자유와 평등에 대한 열망을 민주주의 정치체제로 구현했다. 그뿐인가, 오늘날까지 인류문화의 자양분이 되는 다양한 과학과 철학사상도 활짝 꽃피웠다. 나아가 고대 그리스인들의 창조성과 위대한 문화역량은 전 인류에게 영감을 주고, 자신들이 만들어낸 탁월한 문화의 유전자를 다른 모든 나라에 전파해주었다. 하지만 정작 현대 그리스인들은 그토록 찬란했던 고대 그리스 문명의 유산을 오늘날까지 계승·발전시키지 못했다. 이미 약소 빈국으로 추락한 현대 그리스 국가위기 상황을 보면서, 어느 국가나 사회도 늘 새로운 변화와 도전을 맞이하여 어떻게 대응해 가느냐에 따라 흥망성쇠가 반복될 수 있음을 다시 확인하게 된다.

소통과 설득의 수사학 탄생

중국의 춘추시대(기원전 8세기~5세기) 및 전국시대(기원전 5세기~3세기)에는 수많은 학파와 현인들이 배출되었다. 노자(연대 미상), 공자(기원전 551~479), 맹자(기원전 372?~289?), 장자(기원전 369~289?), 순자(기원전 298~238), 한비자(기원전 280?~233) 등 이른바 제자백가諸子百家가 그들이다. 이때 가장 번성한 학파는 유가, 도가, 법가, 종횡가縱橫家 등이었으며, 이들은 주로 사회 윤리와 정치, 법, 외교 영역을 다루었다.

논리학이나 수사학에 해당하는 명가名家의 활약은 극히 미미했다. 등석鄧析(기원전 545?~501), 혜시惠施(기원전 370?~310?), 공손룡公孫龍(기원전 320~250)과 같은 이들이 명가의 맥을 이었지만, 이들이 다룬 논제는 주로 이름과 실제 사물 간의 불일치에 대한 정명론正名論 등, 초보적 수준에 머물렀다. '흰 말은 말이 아니다'라는 공손룡의 '백마비마론白馬非馬論'이 대표적인 예다. 전체를 가리키는 '말'과 특수한 부분을 일컫는 '흰 말'은 같을 수 없다는 얘기였다.

하지만 고대 그리스 논리학이 전개했던 유類와 종種의 개념이라든지 이들의 차이점 및 유사점이 만들어내는 다양한 추론과 명제, 그리고 논증체계를 명가의 학자들은 미처 생각해내지 못했다. 더구나 그들의 능변能辯만으로는 효과적인 논증과 설득을 위한 수사학에 착안할 수 없었다. 명가의 초보적인 논리 주장이 전형적인 궤변론으로 치부되는 이유다. 이런 한계로 인해 중국 고대의 논리학이나 수사학은 제대로 싹을 틔워보지도 못한 채 스러져 후대에 이어지지 못했다.

| 민주주의의 산물, 소피스트와 수사학 |

왜 중국의 제자백가는 논리학과 수사학의 기본 원리들을 발견하지 못했을까? 결정적인 이유는 전제군주제에 있었다고 생각한다. 모든 권력을 독점한 일인 황제와 제후 앞에서 논리적 수사가 허용될 수 없었기 때문이 아닐까? 다시 말해 설득과 소통보다 명령과 복종을 우선하는 문화가 지배했기 때문에 학술적 차원의 논리학이나 현실 세계에서 적용할 연설의 원리를 체계적으로 궁구하지 못했던 것이리라.

이런 사회에는 민중과 정치가를 상대로 자유롭게 비판하거나 대중 앞에서 자기주장을 펼칠

기회 자체가 없었다. 그러니 '먹히는 말'을 배우고자 하는 수요가 생겨날 리 없다. 이런 수요의 부재는 애초에 수사학의 태동을 어렵게 한 중요한 장애요인이었던 셈이다. 이런 점에 비추어 볼 때 고대 그리스 아테나이에서 민주주의가 만발하면서 비로소 논리학과 수사학이 꽃을 피웠다는 점은 자연스러운 귀결이다.

개인의 자유와 평등의 개념이 발견되고 언론의 자유가 보장되는 환경 아래서 고대 그리스의 논리학과 수사학은 탄생할 수 있었다. 특히 아테나이 민주주의는 원하는 사람은 누구나 민회에서 자신의 주장을 자유롭게 펼치는 것을 허용했다. 그러다보니 자연스레 대중을 설득할 수 있는 효과적인 연설 기량은 누구에게나 갖추고 싶은 선망의 대상이 되었다.

연설은 공적인 삶에서 남들보다 두각을 나타내기 위해 필수적으로 요구된 덕목이었다. 이에 따라 연술 기법을 가르치는 소피스트들의 강좌가 고가의 유료 수업임에도 불구하고 정치 지망생들에게 인기를 끌 수 있었던 모양이다. 이런 여건에서 설득력 있는 논증기술을 가르치는 수사학은 기원전 5세기에서 4세기에 이론과 실천

분야에서 정치精緻하게 발전했다.

당시의 수사학자들은 민회 연설이나 법정 연설, 국가 장례식 등 식장 연설의 기법을 가르치는 실천적 활동뿐만 아니라, 사회, 법, 언어, 도덕 등 전체 문화를 비판적으로 바라보도록 가르치는 교사 역할까지 했다. 당시 아테나이에서 초기 소피스트 연설 교사로 유명했던 이는 고르기아스(Gorgias, 기원전 5세기 말~4세기 초), 히피아스(Hippias, 기원전 460?~?), 프로타고라스(Protagoras, 기원전 485?~414?), 안티폰(Antiphon, 기원전 5세기경) 등이다. 대개 이들은 정치 엘리트를 양성한다고 자처하는 수사학 교사들과 철학자 집단으로 나뉘었다.

이후 아테나이에서는 수사학 교사 못지않게 탁월한 연설가들이 숱하게 등장했다. 페리클레스, 뤼시아스(Lysias, 기원전 450~373), 이소크라테스(Isokrates, 기원전 436~338), 데모스테네스(Demosthenes, 기원전 384~322)도 빠질 수 없는 사람들이다. 이들은 모두 아테나이의 격동기에 활약했고, 조국이 위기에 처했을 때 각자 조금씩 다른 방식으로 애국심을 연설로 표현했다. 이들은 대중에게 치열한 논쟁거리가 되던 당대의 화두에 대해 자신의 정치 철학이 담긴 사자후를 내뿜었다. 그러나 혹자는 성공하고 혹자는 실패했다.

| 페리클레스의 위대한 연설 |

연설 교사도 아니었고 전문 연설가도 아니었지만, 현안 이슈에 대해 탁월한 연설로 아테나이 시민들을 매료시켰던 사람. 기원전 5세기 아테나이의 황금기를 이끈 위대한 정치가 페리클레스였다. 연설 기법을 누구에게서 배웠는지는 알 수 없지만, 그는 어떤 전문 연설가보다도 담대하고 감동적인 연설로 대중을 설득시켰다. 실제 연설에서 그만큼 연설을 통해 극적으로 국면을 전환한 예도 드물다. 그는 심지어 자신에게 적대적인 대중을 향해 그들의 잘못된 인식과 태도를 질책하기까지 했다. 어떻게 보면 무모하다 싶은 이러한 페리클레스의 행위는 자신의 언행에 부끄러움이 없었기에 가능했다. 그래서 그의 연설은 더욱 힘차고 당당했다.

페리클레스 연설은 투퀴디데스(Thukydides, 기원전 460?~400?)가 쓴《펠로폰네소스 전쟁사》에 실려 있다. 그의 연설 세 편은 스파르테와 펠로폰네소스 전쟁을 벌이던 아테나이의 국난 시기에 행해진 것들이다. 두 번은 민회연설이고, 한 번은 장례식 추도연설이다.

페리클레스는 첫 번째 민회 연설에서 델로스 동맹 해체와 아테나이의 고립을 기도하는 스파르테의 요구를 수용할 수 없으므로 전쟁이 불가피하다는 점을 역설했다. 그는 시민들에게 아테나이가 누구에게도 예속될 수 없다는 철칙을 일깨우며, 아테나이의 강력한 해군력으로 나라를 수호할 수 있다는 승리의 희망을 심어준다.

그러나 전쟁은 필연적으로 희생자를 낳는 법. 아테나이는 전사자들을 국가장례로 예우했고, 페리클레스는 그 장례식장의 추도연설을 맡았다. 그는 용맹스럽게 싸우다 목숨을 잃은 전사자들의 애국심과 용기를 칭송하고, '헬라스의 학교'인 아테나이의 민주주의와 사회-문화적 유산들의 고귀함을 찬미했다. 아테나이 시민들이 죽음으로써 지켜내야 할 조국의 위대함을 재인식

시킴으로써 전사자들의 희생을 더욱 고귀한 것으로 승화시킨 것이다. 이를 바탕으로 페리클레스는 살아남은 자들에게 전쟁에 임하는 새로운 용기를 북돋웠다.

행복은 자유에 있고 자유는 용기에 있음을 명심하고, 전쟁의 위험 앞에 너무 망설이지 마십시오. 죽음조차 불사할 이유가 있는 사람이란 더 나아질 가망이 전혀 없는 불운한 사람이 아니라, 살아 있으면 운명이 역전될 수 있고, 실패할 경우 가장 잃을 게 많은 사람입니다. 자긍심을 가진 사람에게는 희망을 품고 용감하게 싸우다가 자신도 모르게 죽는 것보다, 자신의 비겁함으로 말미암아 굴욕을 당하는 것이 더 고통스러운 법입니다.

아테나이의 민회가 열리던 프닉스 언덕
많을 때는 6천 명의 아테나이 시민이 이곳에 운집했다. 산 건너편으로 아크로폴리스와 파르테논 신전이 보이고, 오른쪽에 연단인 베마가 남아있다. 페리클레스의 연설 또한 이곳에서 이루어졌다.

페리클레스의 연설은 논리 정연할 뿐 아니라 청중의 심리를 간파하여 정서를 파고드는 절묘한 문장을 구사한다. 그렇다고 화려하게 치장한 문체도 아니다. 오히려 담백하면서도 힘이 있다.

그런데 전쟁의 피해가 극심해지고 시민들의 인내심이 한계에 이르자 시민들은 나라를 전쟁으로 이끈 페리클레스를 원망하며 하루빨리 종전하거나 항복하길 바라게 된다. 이 때 페리클레스의 연설의 힘은 다시 빛을 발했다. 시민들이 자신을 탄핵하는 분위기 속에서도 페리클레스는 오히려 시민들의 오판과 잘못을 질책하면서 상황을 역전시킨다. 이 두 번째 민회 연설이야말로 페리클레스의 강건한 기백과 정치철학, 그리고 소통과 설득의 묘미를 극명하게 보여주는 연설의 백미다.

> 시민 개개인은 번영하지만 국가 전체가 넘어질 때보다는 국가 전체가 똑바로 서는 편이 개인에게도 더 도움이 된다는 것이 내 생각입니다. 한 개인이 아무리 잘나간다 해도 국가가 망하면 그 역시 총체적인 파국에 휩쓸리고 말 것입니다. 그러나 국가가 안전하다면 개인은 불행을 당해도 회복할 기회가 얼마든지 있습니다.

페리클레스는 전쟁으로 고통을 받고 있는 민중을 향해 개개인의 번영과 파멸이 국가에 달려

있음을 역설한 것이다. 개인에 앞서 공동체를 먼저 생각하라는 주문인 셈이다. 고전적 공화주의의 이상을 잘 엿볼 수 있는 대목이다.

그는 먼저 시민들이 전쟁에 흔쾌히 동의했던 당시를 상기시켰다. 그리고 이어서 전쟁으로 고통을 겪게 되자 후회하는 시민들의 변심을 지적하며, 용기를 갖고 다시 적들에게 전진해야 한다고 설득했다. 전쟁에 수반되는 괴로움을 견뎌내는 불굴의 용기가 절실히 필요하다는 점을 강조한 것이다.

특히 페리클레스는 국가를 수호하기 위해서라면 전쟁으로 인해 잃을 수 있는 땅과 집에 대한 미련과 애착을 버려야 한다는 모진 요구도 마다하지 않았다. 전쟁에 대한 공포심에 사로잡힌 사람들에게 저마다 소중히 여기는 재산을 버릴 수 있어야 한다고 설득할 수 있는 정치가가 얼마나 있을까?

> 여러분은 집과 토지를 잃는 것을 큰 손실이라고 생각하겠지만, 사실 그렇게 심각하게 받아들일 필요가 없습니다. …우리가 자유를 지키기 위해 전력을 다하면 집과 토지를 쉽게 되찾을 수 있지만, 남의 뜻에 굴복하는 자는 가진 것조차 영영 잃게 된다는 점을 명심해야 합니다.

페리클레스는 결국 스파르테와의 전쟁에서

여러 번의 패전으로 의기소침했던 아테나이 시민들에게 용기를 불러일으켜 스파르테와 다시 맞서게 했다. 이렇듯 페리클레스는 어떤 상황에서도 설득력 있는 연설로 시민들과 소통했다.

하지만 스파르테와의 전쟁이 장기전으로 접어들자 좁은 성곽 안에 몰린 피난민에게 역병이 발생해 수많은 시민이 죽어갔다. 페리클레스 역시 역병으로 목숨을 잃었다.(기원전 429) 졸지에 걸출한 지도자를 잃은 아테나이는 공황 상태에 빠지고 말았고, 시민에게 아부하는 선동적인 정치가들이 판을 쳤다. 전쟁 상황에 대한 그들의 오판과 지도력 부재, 그리고 대중의 보신주의와 이기심으로 인해 아테나이는 결국 27년간 지속된 스파르테와의 전쟁에서 항복하고 만다. 기원전 404년의 일이다. 페리클레스가 세상을 떠난 지 불과 25년 만의 일이었다.

| 아테나이의 부활을 위해 분투한 연설가들 |

아테나이가 스파르테에게 굴복한 후 꼭두각시 정권인 '30인 참주정권'이 등장했다. 이들은 무고한 시민을 죽이고 재산을 강탈하는 만행을 저지르다 1년여 만에 전복되고 다시 민주정이 회복되었다.

뤼시아스는 당시 최고의 법정 연설문 작성가로 이름을 날렸다. 뤼시아스는 '에라토스테네스 고발 연설'을 통해 '30인 참주정권'에 참여했던 에라토스테네스의 죄상을 고발하고 그에게 가혹한 징벌이 내려져야 한다고 주장했다. 아테나이의 민주정을 파괴하고 시민의 목숨과 재산을 해친 사악한 무리를 질타하는 뤼시아스의 의분義憤이 도도하게 끓어 넘치는 연설이다. 자신의 형이 이들에 의해 죽임을 당했고 재산까지 빼앗겼다. 또 자신도 참주정 무리의 추적

'데모스테네스' 대리석 초상 흉상
그가 죽은 지 42년만인 기원전 280년에 아고라에 세워졌던 조각가 폴리에욱토스 Polyeuktos의 원작을 로마 시대에 복제한 작품이다. 이 초상은 이상화된 모습이 아니라 개인이 처한 감정이나 성격, 외형적 특징을 사실적으로 섬세하게 재현하려는 '심리 초상'의 효시적인 작품으로 손꼽힌다. 아테나이의 격변기에 자유 수호를 위해 분투했던 그의 불굴의 투지가 엿보인다. 런던 대영 박물관

을 피해 다니며 간신히 목숨을 부지했던 사적인 원한이 뤼시아스를 더욱 격동시켰던 듯하다.

이소크라테스는 연설문 대필로 이름을 날렸다. 그는 기원전 390년경에 자신의 수사학 학교를 열어 교육에 힘을 쏟았던 사람이다. 이소크라테스는 당시 활약하던 기존의 소피스트들을 사리분별 없이 무모하게 허풍만 떨고 있다며 비판하고, 더욱 진지하게 철학에 임할 것을 주문했다.

그는 수사학의 이론적 논의를 지양하고 연설 교사의 모범적인 표본과 실례를 제시함으로써 실천 중심의 교육을 강조했다. 설득과 소통의 실천적 수사학을 주장했던 것이다. 말년에 신흥 강국으로 부상하던 마케도니아에 의한 그리스의 대통합을 꿈꾸며 친 마케도니아 노선을 걸었다. 그러나 기원전 338년 카이로네이아 전투에서 마케도니아가 아테나이와 테베의 동맹군을 격퇴하자 스스로 단식하다 죽었다고 한다.

그가 남긴 연설 '시민 대축전에 부쳐'는 이소크라테스가 아테나이를 중심으로 그리스가 합심 단결하여 페르시아를 원정하자는 주장을 담고 있다. 이소크라테스는 아테나이가 우수한 정치체제와 도시관리 체계, 그리고 풍부한 물산을 갖춘 시장 등 우수한 자산을 가진 명예로운 나라임을 칭송하며 시민들에게 자신감을 고취하고 있다.

특히 그는 이 연설에서 아테나이가 과거 이방인과의 여러 번의 전쟁에서 가장 용맹스럽게 앞장섰다며, 헬라스의 자유와 평화를 지켜낸 영광을 시민들에게 상기시켰다. 그러므로 당연히 아테나이가 헬라스에서의 주도권을 쥐어야 한다고 역설했다. 이소크라테스는 그리스 도시 국가들이 소모적 전쟁에 매몰될 것이 아니라 힘을 모아 페르시아와 싸움으로써 헬라스의 평화를 확고하게 유지해 나갈 수 있다고 역설했다. 하지만 그의 연설은 시민들을 설복시키는 데 실패했다. 당시의 아테나이는 자유에 대한 열망이나 강력한 군사력도 없었고, 특히 시민들의 자발적 복무의 관습마저 무너져 용병에 의존해야 하는 상황이었기 때문이다.

아테나이 최고의 연설가로 꼽히는 데모스테네스는 마케도니아 필립포스 2세의 제국주의적 야욕에 맞서 아테나이를 지켜내려 했다. 그는 예증과 수사적 연역 추론을 적절히 조합하여 논증을 끌고 가는 데 탁월한 능력을 보였다. 그러나 아쉽게도 데모스테네스는 알렉산드로스 대왕을 배신하고 아테나이로 도피해 온 하르팔로스(Harphalos, 기원전 ?~323)로부터 뇌물을 받아 챙기는 오점을 남겼다. 알렉산드로스의 보복을 두려워하며 하르팔로스를 추방해야 한다는 아테나이 시민들의 비등한 여론과 달리 데모스테네스는 그가 아테나이에 머물도록 용인하는 태도를 보였다. 그러자 시민들은 데모스테네스가 하르팔로스에게 매수되어 그를 비호한 것으로 의심했다. 이로 인해 그는 반 마케도니아 진영의 리더였던 휘페레이데스(Hypereides, 기원전 389~322)와 데이나르코스(Deinarchos, 기원전 360?~291?)로부터 강력한 탄핵을 받았다. 결국 데모스테네스는 재판에 회부되어 50달란트의 벌금형을 선고받고 국외로 추방당한다.

데모스테네스의 연설 '필립포스를 경계하며'는 마케도니아의 패권적 야욕을 고발하면서 아테나이의 자유 수호를 위한 시민의 각성을 촉구하는 피 끓는 연설이다. 그는 마케도니아와 맞서 싸우는 데 필요한 함선과 병력, 용병의 보충과 보수의 지급 등 전쟁의 방책을 열거하면서 시민의 참전 의지를 독려했다.

하지만 데모스테네스의 연설은 큰 반향을 일으키지 못했다. 국력이 기운 아테나이의 여론은 이미 친 마케도니아와 반마케도니아 세력으로 양분되어 있었다. 그러니 그가 주장한 전쟁 준비가 실제로 이루어질 수도 없는 상황이었다. 그는 아테나이의 자유 수호와 독립 유지에 대한 열망으로 격정의 연설을 쏟아냈지만 시민들의 공감과 동조를 얻어낼 수 없었다.

연설의 성공 여부를 떠나 이들 네 사람의 연설은 모두 당대의 절박한 상황에서 나온 아테나이 지도층의 고민과 해법을 대변한다. 이들은 대중이 결정력을 갖고 있던 민회나 법정에서 대중을 설득하기 위해 다양한 논리와 증거를 제시하거나 격정적으로 호소했다.

이들 네 사람의 연설을 관통하는 설득의 비결은 무엇일까? 시대 상황을 정확히 인식하고, 대중의 심리와 욕구의 통찰을 바탕으로 대중이 지향해야 할 명확한 행동 기준을 제시할 때 대중을 설복시킬 수 있었다. 그런 연설만이 효과적이고, 이른바 '먹히는 연설'이 될 수 있었다. 또한 대중을 설득한 가장 유용한 도구는 자유의 정신을 일깨우는 것이었다. 아테나이인들은 누구보다 자유의 소중함을 체감한 사람들이었다. 페르시아와의 세 차례의 전쟁을 통해 자유를 수호했고, 그 자유의 토대 위에 민주주의의 꽃을 피웠기 때문이다.

페리클레스는 바로 아테나이인들이 누린 자유의 가치를 상기시키고, 그것이 선배 세대들이 피 흘려 쟁취하여 물려준 값진 유산임을 일깨운 것이다. 그는 아테나이인의 자긍심과 명예심을 되살리고, 이를 바탕으로 용기 있게 적에 맞설 것을 요구했다.

뤼시아스, 이소크라테스, 데모스테네스 역시 아테나이인들이 자랑스러워하는 게 무엇이고, 그들이 결코 잃어버리고 싶지 않은 게 무엇인지 정확히 간파했다. 자유정신과 헬라스의 선도자라는 자긍심 같은 것들이 바로 그런 요소였다.

하지만 아무리 호소력 있는 연설이라도 언제나 같은 수준으로 대중에게 울림을 가져다주는 것은 아니다. 사람들이 선한 마음과 용기, 명예심이 충만해 있을 때 연설의 자극은 곧바로 새로운 충전의 힘으로 작용한다. 하지만 대중들이 지치고 힘든 고통 속에서 신음할 때는 연설에 기울이기보다 비겁과 좌절의 유혹에 더 빠져들기 쉽다. 기원전 4세기 쇠퇴하는 아테나이 대중들의 심리적 정황이 그러했다. 이런 대중에게 용기를 가지라는 주문은 아주 특별한 호소력이 없다면 공감을 얻기 매우 어렵다. 아테나이인들의 과거의 기백은 이미 쇠잔해 있었기 때문이다. 이소크라테스의 애국적 외침이나 데모스테네스의 절절한 호소가 제대로 먹히지 않은 이유다.

하지만 사회가 위기에 처했을 때, 이를 극복할 대안을 제시하고 대중에게 고통을 감내할 것을 요구할 수 있는 사회 지도층의 존재와 역할은 더없이 소중하다. 페리클레스가 그랬고, 데모스테네스 또한 그렇게 분투했다. 아무리 어려운 상황이라도 대중에게 아부하는 달콤한 말보다는, 페리클레스처럼 대중의 무심과 변심을 지적하고 새로운 비전을 제시하며 고통을 이겨내라고 쓰디쓴 말을 할 수 있는 담대한 지도자가 필요하다.

| 로마로 전수된 수사학 |

고대 그리스에서 수사학 교사로 크게 알려지거나 학술적 발전에 기여한 이는 아낙시메네스(Anaximenes, 기원전 585?~525)와 아리스토텔레스, 그리고 그의 제자인 테오프라스토스(Theophrastos, 기원전 373~287), 데메트리오스(Demetrios, 기원전 350년~?), 헤르마고라스(Hermagoras, 기원전 2세기 중반) 등이다. 소피스트들은 대개 회의주의자이면서 상대주의자였다. 이를 테면 아낙시메네스의 가르침은 극단적으로 상대적이었다. 그는 논거의 좋고 나쁨을 가리지 않고 되는 대로 각각의 상황에서 유용한 논거를 사용해 연설의 목적을 달성하도록 권장했다. 심지어 연설가는 가치에 전적으로 무관심해도 괜찮다는 입장이었다. 대부분의 소피스트가 이런 관점을 추종했다.

사회의 가치를 허물고 진지한 지식 탐구를 저해하던 이런 소피스트들을 맹렬하게 비판했던 이가 바로 소크라테스와 플라톤이었다. 이 둘은 이것이든 저것이든 가리지 않고 개연성에 만족하는 소피스트의 행태와 도덕적 무관심을 집중적으로 질타했다. 소크라테스와 플라톤은 사회 가치체계의 정립과 참된 지식을 추구하고자 했다.

이에 반해 아리스토텔레스는 소피스트를 무조건 비판하기보다 수사학을 정치학과 윤리학에 결부시킴으로써 철학적인 학문체계 안에 포괄하려 했다. 이를 위해 그는 수사학의 규칙들을 정교하게 설계한 《수사학Rhetorike》을 저술했다. 그의 독창적인 논증 이론이 제시된 이 책은 현대의 논리학과 수사학에까지 지대한 영향을 끼치고 있는 기념비적 저작이다.

아리스토텔레스의 제자인 테오프라스토스는 스승이 정립한 수사학을 계승하여 학교 교육에 수용되도록 발전시켰다. 그러나 인간의 성격 유형을 탐구한 테오프라스토스의 《캐릭터》이외에는 안타깝게도 다른 수사학적 저작이 전해지지 않는다. 다만 훗날 그리스 수사학을 로마에 이식한 마르쿠스 툴리우스 키케로(Marcus Tullius Cicero, 기원전 106~43)의 저작《연설가에 대하여De Oratore》속에 테오프라스토스의 '표현 원칙'이라 불린 연설 표현의 네 가지 범주, 즉 언어의 정확성, 명확성, 적절성, 장식성이 설명되어 있다. 이 외에도 세 가지 문체의 종류, 즉 숭고체, 중간체, 단순체의 구분도 테오프라스토스가 고안한 것으로 알려진다.

고대 그리스 수사학은 기원전 2세기 후반에 등장한 헤르마고라스에 의해 이론체계가 현저하게 확장되고 풍부해졌다. 그는 아리스토텔레스의 논증 이론과 테오프라스토스의 표현 원칙을 다듬었고 법정 변론의 이론 틀을 창안했다. 또 법정에서 논증 사안을 전개할 때 논점을 명확하게 해줄 수 있는 획기적인 하나의 틀을 제시했다. '다툼의 처지들'에 대한 이론이다. 이른바 〈처지status 이론〉으로 불린다. 그는 피고를 효과적으로 변호하기 위해 피고가 기소의 이유가 된 행위를 했는가 하는 '추정의 처지'와 피고의 행동이 정당했는가 하는 '속성의 처지'로 구분해서

각각을 규명해야 한다고 주장했다.

이후 걸출한 수사학자가 등장하지 않게 되면서 그리스의 수사학은 어느 정도 불모의 시기를 겪는다. 그러다가 200여 년 후에 로마의 키케로에 의해 발전적으로 이식 계승된다. 키케로는 그리스 교사들이 그리스어로 교육해오던 수사학을 라틴어로 가르치는 수사학 교사들이 자리 잡던 시기에 아테나이 유학을 다녀왔다. 그리고 그리스 수사학을 로마의 현실에 응용하는 데 힘을 쏟았다. 그가 젊은 시절에 수사학 교재《착상에 대하여De Inventione》와《연설가에 대하여》를 저술한 것도 그런 노력의 산물이었다. 키케로는 플라톤이 철학서에서 즐겨 쓰던 대화 형식이나 연설 방식을 빌어 이 책을 저술함으로써, 수사학에 철학적 토대를 세우려 했음을 분명히 했다.

키케로는 포괄적인 교양을 수사학의 필수적인 토대로 여겼다. 그는 완벽한 연설가가 되기 위해서는 단순히 말을 잘하는 기법에 숙달되는 것이 중요한 것이 아니라, 자유민을 위한 교양학문, 예컨대 문학과 역사, 법학과 국가학 등에서 광범위한 전문지식을 축적할 필요가 있음을 강조했다.

로마 공화정 시기에 최고의 연설가이자 수사학 이론가였던 키케로 사후, 제정기 시대에 접어들면서 로마의 수사학 열풍은 퇴조했다. 전제군주정 아래에서 언론의 자유가 위축되었기 때문

이다. 그런데도 민회와 원로원의 회의는 여전히 연설의 장으로 기능했다. 이에 따라 수사학 이론과 수업은 중간층과 상류층 사람들에게 필수적 교육으로 중시되었다. 수사학 교육은 연설 분야뿐만 아니라 문법 교육, 법학 교육, 그리고 수준 높은 일반교양 교육으로 확대되었기 때문에 오랫동안 존속할 수 있었다. 수사학 교육을 받은 사람들에게 제국의 행정관리로 활약할 기회를 더 많이 주어졌기 때문에 수사학 교육은 지도층 양성의 적당한 수단으로 인정받는 측면도 있었다.

세네카(Lucius Annaeus Seneca, 기원전 4?~기원후 65)의 《소송사례와 권유연설Contriversiae et Suasoriae》은 제정기 시대에 로마 지도층의 연설 연습이 어떤 형태로 이루어졌는지를 잘 보여준다. 또 퀸틸리아누스(Marcus Fabius Quintilianus, 35?~95?)는 연설 기법을 12권에 나누어 체계적으로 기술한 《스피치 교육Institutio Oratoria》을 저술했다. 이는 그리스 수사학의 방대한 이론적 토대와 로마 수사학의 성취를 집대성한 걸작이다. 그는 이 책에서 수사학의 이론적 토대와 한계는 물론, 전체 수사학 체계를 정리하고 설명했다. 특히 연설가에게 요구되는 인품과 일반지식, '처지 이론'과 '표현 이론', 그리고 기억력 훈련 방법 등 다양한 학설을 비판적으로 조명했다.

로마 제정기까지 이어졌던 수사학의 발전은 중세기에 들어 급격하게 쇠퇴한 후 근세 이후 새롭게 조명되고 있다.

수사학은 아테나이 민주주의의 산물이다. 민주주의와 언로가 활짝 열렸을 때 수사학은 흥성했고, 전제군주정 아래에서 수사학은 퇴조할 수밖에 없었다. 말의 위력이 경쟁적으로 영향을 떨치던 곳은 민주주의가 꽃피던 기원전 5세기~4세기의 아테나이였다. 수사학으로 갈고 닦은 연설가들이 주름잡던 시대였다.

수사학의 가치는 '지혜sophia를 사랑하는philo', 진정한 철학자philosophia의 기본 토양이자, 민주주의를 구가할 자유교양인의 필수적 역량이었다. 연설은 소통과 설득의 기술이다. 연설 기술에 통달했던 이들은 대중의 마음을 휘어잡을 수 있었고, 자신의 주장을 효과적으로 설파할 수 있었다. 지금의 우리 사회야말로 이런 소통과 통합의 리더가 요구되는 때다.

◀로마 시대에 복제한 아리스토텔레스 상
아리스토텔레스는 《수사학》을 쓰며, 변증론 속에 수사학이 포함된다고 생각했다. '수사적으로 실천'하는 소피스트와 수사학 자체를 비판하는 소크라테스, 플라톤의 양극단으로부터 효과적인 담론을 생산하기 위한 방법을 제시해 결정적인 체계를 만들어냈다. 그러나 감정에 호소하는 것이 소피스트의 수사학이라면, 아리스토텔레스는 논리적이고 지적 요소를 중시했다는 것에서 차이가 있다.

G R E E E C E

04
고대 그리스의 예술과
폴리스

그리스 문명에 관한 전문도서라든지 각종 고전에서도 그리스인의 소소한 일상은 그리 중요하게 다루어지지 않는다. 하지만 그들의 일상을 파악하는 것이야말로 당대의 시대적 환경과 배경을 깊숙이 이해하는 지름길이다. 그러나 그리스 역사와 문화, 종교, 사회 문화의 많은 영역에 있어 그 진위와 의미 등 아직도 명확히 규명되지 않은 부분이 상당히 많다. 고대 세계의 문명의 실체를 정확히 밝히는 일은 쉽지 않기 때문이다. 오랜 역사의 흐름 속에 숱한 사료가 소실된 탓이다. 결국, 여러 문헌을 확인하고 현장을 답사함으로써 모자이크 식으로 하나하나 맞추어가며 그리스 문명을 이해해나가는 수밖에 없다. 내가 그리스 문명 답사여행을 계속하는 이유도 여기에 있다. 현장은 문헌이 말해주지 않는 또 다른 진실과 깨달음을 보태주기 때문이다.

그리스 도시국가들은 통일된 정치체제를 갖고 있지 않았다. 문화적 특징도 일률적으로 규정하기 어렵다. 대표적으로 소개되는 아테나이와 스파르테의 경우만 해도 매우 다른 정치·문화적 특질과 이질적 풍습을 갖고 있었다. 민주정을 선호했던 아테나이에 비해 스파르테는 왕정을 유지하면서 강력한 군사국가의 특성을 보였다.

| 그들의 예술 역량과 비극적 기조 |

그리스 도시국가들은 저마다 약간씩 다른 정치체제와 풍습을 갖고 있었다. 그런데도 이들을 관통하는 문명적 특성이 있었다. 그리고 그리스인들이 공유한 공통의 가치와 문화적 특질이 하나의 거대한 그리스 문명을 만들어냈다. 여기에 가장 큰 영향을 미친 것이 언어와 신화였다. 이를 통해 민족적 동질성이나 유사성을 폭넓게 공유했다.

지방마다 약간의 방언이 섞였지만, 언어 소통이 불가능할 정도는 아니었다고 한다. 특히 그리스 12신으로 대변되는 신들이 만들어내는 서사는 그리스적 문화를 만들어내는 중요한 토대가 되었다. 이런 공통의 문화적 배경은 종교의식을 함께 나누게 했고, 문학과 예술을 탄생시키고 공감하게 만드는 요인이 됐다. 또 올림피아 제전과

같은 많은 범 그리스 제전을 통해 하나의 민족적 동질감을 공유할 수 있었다.

특히 그리스인들을 다른 민족과 구별 짓게 하는 가장 중요한 요소 가운데 하나는 이들의 탁월한 문화 예술적 역량이었다. 험프리 키토(H. D. F. Kitto, 1897~1982)는 고전기 그리스 예술이 "논리와 그 논리 구조의 정확성 속에 표현된 그 지적 능력을 소유하고 있음이 현저히 드러난다"고 말한다. 그리스 예술은 인간에 유달리 관심을 많이 가졌고 주지주의主知主義적 특성을 띠었다는 것이다. 그리스 예술가들은 상상력과 정열이 넘치면서도 자기 절제와 진지함을 잃지 않았다. 그리스 예술작품들은 에너지와 정열이 넘쳐나면서도 지적으로 통제되어 있다는 점에서 미노아 문명의 예술과 차이를 보인다는 분석도 나온다.

그리스 사상에 비극적 색조가 감돈다는 키토의 날카로운 해석도 흥미롭다. 육체적, 정신적, 감정적인 활동에 격렬한 열정과 욕망을 표현했던 그들에게 흐르는 비극적 기조는 유한한 인간의 생명에 대한 비애와 우울의 감정은 아니라는 것이다. 오히려 그리스 문학이나 그리스인의 습성에서 보이는 비극적 음조는 "인생에 대한 정열적인 희열과 변경할 수 없는 인생의 테두리에 대한 명확한 이해 사이의 긴장에서 우러나오는 것"이라고 말한다.

인간의 한계를 인식하면서도 체념하지 않고

그리스인들이 이탈리아 남부에 건설한 식민도시 파에스툼의 포세이돈 신전. 기원전 470~460년 경 건립되었다.

열정적 긴장을 스스로 불러일으킬 수 있는 그리스인들의 운명관이 만들어내는 비극적 색조. 그것은 수많은 영웅의 행위에서, 그리고 이를 다채롭게 묘사한 비극작품들에서 느껴볼 수 있다. 그리스인들이 비극작품을 유달리 즐겼던 이유도 그들의 이러한 정서와 잘 부합될 수 있었기 때문이 아닐까.

그렇다면 그리스인들에게 비극적 기조를 만들어 낸 바탕, 즉 이들의 삶을 열정적으로 추동시킨 요인은 무엇일까? 나는 그리스의 척박한 자연환경이 이런 요인들을 형성하지 않았을까 추론해본다. 그리스 땅을 여행하다 보면 험준한 산악 사이에 간간히 작은 평원들이 있긴 하지만 국토의 대부분이 석회암의 뼈대만 남은 암산으로 이루어진 것을 확인할 수 있다. 테살로니아의 거대한 평야만 풍요로움을 자랑할 뿐 그 이외의 지역에서는 그처럼 넓은 평원을 볼 수 없다. 도대체 이렇게 척박한 땅에서 사람들이 어떻게 살아갈 수 있었을까 궁금해질 정도다.

특히 그리스 땅에는 광물이 빈약했다. 철은 전혀 생산되지 않았고 석탄 생산도 아주 미미했던 열악한 환경이었다. 국토의 80%가 돌투성이 산악지대였고 땅의 5분의 4가 불모지대였다. 이런 지리적 악조건 때문에 (혹은 덕택에) 그리스인들은 지중해의 무역과 식민지 개척에 나설 수밖에 없었을 것이다. 그들이 청동 도구를 만드는 데 필요한 주석을 구하기 위해 멀리 흑해 연안까지 원정을 갔던 것도 결국 같은 맥락이 아니겠는가. 또 소아시아와 이탈리아 남부 지방의 여러 곳에 식민도시를 건설한 것도 같은 이유에서였을 것이다.

플라톤 역시 기름진 토양은 대부분 유실되고 앙상한 뼈대만 드러낸 산악으로 채워진 그리스의 척박한 자연환경을 지적한 바 있다. 이미 기원전 4세기의 자연환경이 그러했다는 얘기다. 하지만 그리스인들은 자연의 제약에 체념하지 않았다. 그들은 새로운 땅

소아시아(지금의 터키 에게 해 연안)의 그리스 식민도시였던 프리에네 유적지에 있는 아테나 신전. 이 도시는 기원전 700년경 테바이인들이 개척했다.

을 찾아 에게 해 전역을 누볐고, 열정적으로 자신들의 삶을 개척했다. 척박한 환경이 오히려 그들에게 삶의 열정을 강렬하게 불러일으켰다.

| 전통의 계승과 재창조의 산물 |

조각, 회화, 건축 분야에서 인류가 이룩한 업적 가운데 그리스는 최고의 독창성과 예술미를 갖춘 걸작들을 만들어냈다. 이들이 창조해낸 예술작품들은 폴리스라는 긴밀하게 연결된 공동체의 사유와 가치체계를 오롯이 담아냈다. 그리스인의 자유로운 이상과 행동방식이 그대로 예술작품에 투영된 것이다. 기원전 5세기 아테나이의 황금기에 최고의 예술작품들이 쏟아져 나온 것도 공동체와 동떨어지지 않았던 예술가들의 독특한 감수성에서 비롯된 것이리라. 탁월한 예술작품을 만들어낸 고대 그리스 예술의 근원적 힘을 니코스 카잔차키스(Nikos Kazantzakis, 1883~1957)는 《모레아 기행》에서 이렇게 설명하고 있다.

고대인들은 당돌한 독창성을 높이 치지 않았다. 그들은 정성스러운 마음으로 전통을 수용했고 후대에 물려주는 과정에서 그 전통을 초월했다. 어떤 독창적인 사람이 하나의 기술적 해결 방법, 새로운 자세, 새로운 미소 등을 발견하면, 모든 사람이 그것을 새롭게 받아들여 공동 재산으로 취급했다. 그들은 그 공동 재산의 발명자를 의식하지 않고 그것을 자유롭게 활용할 수 있었던 만큼, 자신의 정성을 기울여 그것을 더욱 세련되게 발전시키려고 애썼다.

당시의 예술은 개인적 사업이 아니라 공동체의 관심사였다. 예술가는 그의 도시국가 혹은 종족의 대변인이었고, 그의 목표는 그 사회 전체가 견디어낸 위대한 순간을 예술작품 속에 영구히 간직하는 것이었다. 예술가는 공동체의 주민들과 아주 가깝게, 아주 친밀하게 교제했다. 그에게는 단 하나의 야망이 있을 뿐이었으니, 그것은 동시대인의 욕망, 희망, 욕구를 잘 표현해주는 것이었다. 공동체의 주민들이 앞선 세대의 전통을 기꺼이 계승했던 것처럼, 예술가 또한 과거의 예술을 자신의 상속 재산으로 받아들여 더욱 발전시켜야 했다. 《모레아 기행》 p.77

그리스 예술인들은 자신의 예술작품에 대한 자부심이 대단했다. 예술가 개인의 창의성과 개성은 마음껏 발휘될 수 있었다. 그리스 세계에서 수공업이나 상업에 종사하는 사람들은 농사를 짓는 사람들에 비해 우대받지 못했지만, 조각, 건축, 공예작품을 만드는 예술가들은 자신들의 작품 활동을 통해 어느 정도 사회적 인정을 받을 수 있었다. 자신이 만들어낸 작품에 자신의 이름을 당당히 새길 수 있었던 것도 이런 문화적 환경이 있었기에 가능했다.

| 그리스 문명의 힘,
폴리스와 아크로폴리스 |

그리스 문명을 올바르게 이해하기 위해서는 그리스 국가들이 공유하는 특정한 공간과 관념을 대변했던 폴리스polis, 아크로폴리스acropolis, 코스모폴리스cosmopolis의 미묘한 차이를 잘 구분할 필요가 있다. 우리는 도시를 중심으로 형성되었던 그리스의 국가체제를 보통 '도시국가'라고 부르고 있다. 키토는《고대 그리스, 그리스인》에서 이 용어들을 엄밀하게 구분할 것을 주장했다. 그는 '도시국가'라고 통칭할 때, 폴리스 고유의 특성이 크게 왜곡될 수 있다고 보았다. 폴리스는 수많은 자치적 정치단위로 구성된 독특한 구성체로서 국가 그 이상이기 때문이라는 것이다.

아크로폴리스는 폴리스를 수호하는 신을 모시는 종교 활동의 중심 구역이었다. 사실 한 폴리스는 도시의 중심 성곽으로 둘러싸인 아크로폴리스와, 그 주변의 도시지역은 물론 도시 주위의 전원과 농촌을 포함한 넓은 지역을 포괄했다. 예를 들어 '아테나이 폴리스'는 아테나이 도시만을 중심으로 한 '도시국가'가 아니라, 아티케 반도 전체의 공동체였다. 폴리스의 가장 큰 특징은 국가라는 개념보다 구성원들에게 훨씬 더 직접적인 열정을 불러일으킨다는 점이다. 폴리스는 공동의 관심사를 공동의 노력으로 감당하는 진정한 공동체였기 때문이다.

근대 국가에서 국가와 시민의 관계는 책임과 의무에서 언제든지 유리될 수 있는 관계다. 반면 고대 그리스 폴리스 내의 인간들은 구성원의 직접적인 참여가 이루어지고 일상생활의 관계도 보다 긴밀한 관계였다. 현대 대의민주주의 체제 아래에서의 국가와 국민의 관계가 건조한 이해관계라면, 그리스의 폴리스와 민중의 관계는 폴리스에 대한 책임과 권리를 보다 강하게 인식한 좀 더 일체화된 사이였다. 이런 관계는 필연적으로 공동의 관심사에 대한 열정을 추동했을 것이다.

이런 차원에서 볼 때, 아리스토텔레스가 "인간은 정치적 동물이다"라고 말했다는 번역은 잘못이다. 그는 "인간은 폴리스 속에서 생활하는 것을 특질로 하는 동물이다"라고 말한 것이었다. 이런 미묘한 차이를 현대인들이 이해하기는 쉽지 않다.

그리스의 폴리스는 현대 국가에서 개개인이 주목과 배려를 받지 못하는 관계와는 달리, "인간이 정신적, 도덕적, 지적 능력을 충분히 실현할 유일한 테두리"였던 것이다. 이런 까닭에 그리스의 폴리스들은 '살아있는 공동체'였다. 그들이 그리스 각 지역의 폴리스마다 매우 응집된 힘을 발휘하고 독자적인 정치체계와 구성원 간에 높은 동질감을 느낀 것도 이런 이유 때문이라고 할 것이다. 이런 능동적인 시민들로 이루어진 공동체였기에 민주주의가 가능했다는 얘기다. 같은 맥락에서 보면, 한국이 민주주의의 위기를 겪고 있는 근본적인 이유는 아테나이 민주주의에서 발현된 '시민성'을 갖춘 능동적 시민의 부재에서 찾을 수 있을 것이다. 민주정은 제대로 운영하기 가장 어려운 정치체제이기 때문이다.

폴리스는 시민적 덕목을 배양시키는 그리스의 학교였다. 아테나이인들은 민주주의를 운용하기 위해 공동체의 덕성을 갖춘 시민 교육에 골몰했다. 그들이 대규모 연극제를 개최하여 모든 시민이 참여할 수 있도록 한 것도 시민 교육의 일환이었다. 대의민주주의

신 아크로폴리스 박물관 3층에서 바라본 아크로폴리스 전경. 급경사에 세워진 견고한 성벽 너머로 파르테논 신전의 모습이 보인다.

의 위기를 겪고 있는 현대 국가가 정진하여 찾아내야 할 미래의 일부가 이미 고대 그리스 세계에 있었다는 얘기다. 그래서 그리스 문명은 우리가 다시 돌아보고 갈고 닦아 쓰길 기다리는 오래된 미래다.

그리스 문명이 사멸하지 않고 꽃을 피우게 된 것은 페르시아와의 세 차례의 전쟁에서 승리한 덕택이었다. 그 전쟁의 구름이 걷힌 다음에야 비로소 그리스 특유의 문화가 만개할 수 있었다. 페리클레스가 아테나이에 민주주의를 확고하게 정착시켰기 때문이다. 그러나 이 과정에서 아테나이의 제국화는 스파르테와의 관계에서 갈등의 씨앗이 잉태되는 불행도 뒤따랐다.

그리스 세계에서 폴리스가 갖는 중요성을 상기할 때, 펠로폰네소스 전쟁의 가장 큰 해악은 폴리스의 쇠퇴를 초래했다는 점이다. 더구나 마케도니아는 그리스 폴리스 사이에 균열이 생기자 그 틈새를 놓치지 않았다. 필리포스 2세는 그리스 도시국가 사이를 이간하거나, 군사력을 통한 진압으로 폴리스 시대를 코스모폴리스 시대로 전환시켰다.

코스모폴리스는 단일의 폴리스보다 훨씬 광역적 개념이다. 그러다보니 당연히 좁은 영역에서 시민이 긴밀하게 참여하고 봉사하며 피부로 느끼던 시민의 관념은 사라지고, 헬레니즘 시대에 형성된 '어디에 살든 다른 모든 시민과 동료가 된다'는 관념은 폴리스의 시민이 갖던 의무와 책임을 희박하게 만들어 긴밀했던 결속력을 해제시켰다. 코스모폴리스의 영역이 넓어진 만큼, 그보다 작은 폴리스에서 누리던 그리스적 문명 공동체 의식은 급격하게 엷어질 수밖에 없었다.

이로써 개인은 공동체의 성원으로서가 아니라, 코스모폴리스의 이익 공동체에 속한 구성원의 위치로 자리매김 되면서, 개인주의적 경향이 더욱 강해지게 되었다. 이는 곧 그리스 정신의 퇴조를 의미했다. 그나마 그리스인들이 공유한 신화와 종교, 체육 제전을 통해 그리스 민족으로서의 정체성을 어느 정도 유지할 수 있었다.

05

신이 빚은 위대한 예술작품들

| 고대 그리스의 미학 |

초기 그리스 문화는 이집트 문화의 영향을 받았지만, 그리스인 특유의 창조성으로 그들만의 고유하고도 탁월한 예술세계를 만들어냈다. 그 토양이 된 것은 그리스 세계가 공유한 언어, 종교, 관념 세계였다. 수많은 도시국가가 독립적으로 존재했지만, 이러한 공통의 민족적 자산을 공유함으로써 경쟁적 분위기 속에서 그리스 문명의 특질을 유지 발전시킬 수 있었다. 특히 그리스 신화는 그리스인들의 삶을 지배했고 예술 창조의 중심적 소재가 되었다. 나아가 그리스인들은 미술 작품에 인간 중심적 관념을 투영했다. 인체의 비례를 빌어 조각을 만들고 건물의 균형감 있는 비례체계를 만들어냈다.

그리스 중부 테살리아 지방의 디미니Dimini 유적지에서 발굴된 신석기 시대의 도기. 기원전 5300~4500년경. 아테네 국립 고고학 박물관

복부가 약간 부어오른 모습을 한 여성상
퀴클라데스 제도에서 발굴되었다. 기원전
2800~2300년경. 런던 대영 박물관

　그리스인들의 미학적 역량의 싹은 아주 오래전부터 움트고 있었던 것 같다. 나는 아테네 국립 박물관 유물들을 살펴보다가 신석기 시대인 기원전 5300~4500년경 제작된 것으로 추정된 도기를 발견하고 깜짝 놀랐다. 토기에 그려진 문양이 무엇을 형상화한 것인지 현대인은 알 수 없지만, 분명 당시 사람들에게 이해될 수 있는 무언가를 이미지화한 것임이 틀림없다. 아무렇게나 그려진 기하학 문양은 마치 20세기 추상화의 한 부분을 보는 것 같아 감탄이 절로 나온다. 믿어지지 않아 작품 설명글을 거듭 살펴보았지만, 분명히 테살리아 지방의 신석기 유적지에서 발굴된 도기였다. 우리나라의 경우 신석기 시대에 '빗살무늬 토기'가 사용되다가 청동기 시대에 들어 '무늬 없는 토기'로 발전해 나가지 않았던가. 그리스인들은 아주 오래전부터 자연과 인간의 상징들을 표현하는 데 탁월한 미적 감각을 가졌던 것 같다.

　이러한 예술적 역량은 기원전 3700년경부터 흥기興起한 미노아 문명과 뮈케나이 문명으로 이어진 것 같다. 그러나 그리스 예술이 본격적으로 기지개를 켠 것은 미노아 문명과 뮈케나이 문명이 갑작스레 소멸하고 4세기에 걸친 암흑시대를 지나 기원전 8세기경부터 시작된 기하학기幾何學期부터다. 이때부터 다양한 기하학적 문양과 함께 인간과 동물의 양식적 이미지가 등장한다. 인간과 자연의 핵심적 이미지를 차용한 조각상은 놀랍게도 추상화된 현대적 작품과 흡사하다. 특히 키클라데스 제도의 가장 단순화된 인물 조각은 인체의 특징을 압축적으로 포착한 백미로 꼽힌다.

　아르카익 시대의 청년 조각상 쿠로스와 소녀상 코레kore의 단순한 아름다움 역시, 요한 요아힘 빈켈만(Johann Joachim Winckelman, 1717~1768)이 찬미한 '고귀한 단순, 고요한 위대'의 예술미를 극명하게 보여준다. 애초에 그리스 세계의 예술작품은 예술 그 자체를 추구한 결과는 아니었다. 신을 찬미하고 경배하는 최고의 봉헌을 위해 만들었을 뿐이다. 그리스 예술가들의 신에 대한 순수한 열정과 몰입이 인류 역사상 최고의 예술미를 창조하게 되었다고 할까. 오로지 '예술'을 의식적으로 창조하고자 애쓰는 현대 예술가들이 오히려 위대한 걸작을 만들어내지 못하는 것과 얼마나 대조적인가.

| 신의 손이 빚어놓은 예술 |

그리스인은 휴머니즘의 창시자다. 그들은 자연과 신에 맞서 인간의 능력을 극대화하고, 인간다움을 완성하는 '인간의, 인간에 의한, 인간을 위한' 문명을 만들어냈다. 인간의 아름다움과 위대함을 찬미하고자 했던 그리스인들은 신마저 인간의 모습으로 그려냈다. 19세기 말에서 20세기 초에 활약했던 탁월한 문학평론가 앙드레 보나르(Andre Bonnard, 1888~1959)는 《그리스인 이야기》에서 그리스인들이 예술작품을 통해 신을 인간으로 묘사한 이유를 이렇게 평가했다. "가장 아름다운 인간으로 신을 표현하는 것이야말로 신을 인간의 문명으로 끌어내려 길들이는 최선의 방법이었다."

그렇다. 그리스인이 창조한 문학, 조각, 건축, 과학 등의 기본 토양은 인간을 위한 휴머니즘이었다. 이렇게 인간을 위한 예술이 만개했던 유일한 시대가 바로 고대 그리스 세계다. 그리스인들은 모든 창조적 활동에서 인간의 잠재력을 끊임없이 고무하고 인간의 아름다움과 무모하리만큼 과감했던 인간들의 도전과 모험을 찬미했다. 그리스 예술작품들은 그리스인이 남긴 휴머니즘의 위대한 증거를 생생하게 보여주고 있다. 그리스인들이 창조해낸 조형미술의 유산은 인류 최고 수준을 당당히 차지하고 있다.

뮈케나이 문명 튀린스에서 발굴한 여인상 테라코타. 단순하면서도 여성다운 고졸한 멋을 풍긴다. 기원전 12세기경. 나프플리온 고고학 박물관

최고 걸작의 쿠로스 대리석 작품 가운데 하나. 아티케 지방에서 발굴되었다. 기원전 540~530경. 아테네 국립 고고학 박물관

파라시클레이아Phrasikleia의 무덤 장식으로 사용된 코레 대리석상. 아티케 지방에서 발굴되었으며 채색의 흔적이 그대로 남아있다. 당시 최고의 조각가였던 파로스의 아리스티온Aristion이 기원전 550~540년경 제작한 것으로 아르카익기의 대표작이다. 아테네 국립 고고학 박물관

채색이 되었던 페플로스(여성용 긴 옷)을 입은 코레 상을 복원한 모습. 대리석 조각 위에 회칠을 하고 그 위에 천연 염료로 아름다운 채색을 입혔다. 기원전 530년경. 아테네 신 아크로폴리스 박물관

무엇보다도 그리스의 예술작품에는 인간의 삶에 대한 열정과 찬미가 담겼다. 그들의 예술적 열정은 주체할 수 없을 만큼 넘쳤다. 그들은 생활의 도구인 암포라(꿀, 곡식, 올리브유를 담는 손잡이가 둘 달린 그릇), 오이노코에(포도주 단지), 히드리아(물독), 크라테르(술과 물을 섞는 커다란 그릇), 레키토스(향

유병), 킬릭스(술잔), 접시에다 그리스의 신화와 역사, 그리고 설화를 그려 넣었다.

심지어 삶과 죽음을 가르는 전투 장비인 흉갑, 투구, 방패, 창과 칼, 활, 팔받이, 정강이받이 등 갖가지 무구武具마저 용맹과 승리를 기원하는 신과 영웅들의 의지를 새기는 화판이 되었다. 신을 경배하는 신전과 시장, 극장은 물론 스타디온의 기둥과 박공博栱, 프리즈frieze에도 신화와 설화, 역사를 아로새겼다.

그리스인들의 삶의 도구와 공간 모두가 예술 창작의 유용한 도구이자 창작의 공간이 된 것이다. 이런 까닭에 그리스 예술작품을 읽는 것은 곧 그리스의 신화와 설화, 역사, 그리고 그 속에 담긴 그리스인들의 꿈과 희망, 좌절과 분노를 읽는 것이기도 하다. 그리스의 미술 작품은 그리스 문명 스토리의 보물창고다. 옛 그리스인들의 이 모든 유산이 지금 이 순간에도 무궁무진한 콘텐츠의 원천으로 사용되고 있다는 사실, 어찌 놀라운 일이겠는가.

고대 그리스의 위대한 예술작품 그 자체보다 그 하나하나가 담아내고 있는 이야기와 상징을 포착해내는 것은 흥미롭고 세련된 감상법이다. 물론 이런 감상을 위해선 충분한 준비가 필요하다. 다양한 그리스 고전을 읽고, 그리스 문명에 대한 다양한 해설서를 탐독하는 것도 한 방법이다. 그리스의 신화, 역사, 설화, 그리고 그들의 당대의 삶을 이해하지 못한다면 그리스 문명이 남긴 위대한 걸작들도 그저 단순한 도기와 '그림을 담은' 돌조각에 불과할 테니까.

그리하여 우리는 신전의 박공이나 대형 암포라에서 트로이아 전쟁을 만난다. 또 올림피아 제우스 신전의 박공에서 라피타이족과 켄타우로스의 전투 장면을 생생하게 보면서, 문명의 질서와 야만의 대결을 통한 신화의 도덕적 교훈을 다시 새긴다. 아름답고 균형 잡힌 포세이돈 또는 제우스 청동상에선 '건강한 정신'을 뒷받침

그리스인들이 향연을 즐길 때 사용하던 술잔 킬릭스이다. 리라를 들고 있는 아폴론 신과 그의 상징 새인 까마귀가 그려져 있다. 리라를 들고 있는 모습은 아폴론이 음악의 신임을 나타낸다. 기원전 480~470년경 아테나이에서 만들어졌다. 델피 고고학 박물관

향유를 담던 도기 레키토스. 주둥이가 튤립형으로 만들어졌다. 테세우스가 미노타우로스를 처치하는 장면이 묘사되었다. 기원전 5세기. 크레타 이라클리온 고고학 박물관

할 '건강한 육체'에 대한 찬미를 읽는다.

파르테논 신전의 부조는 아테나이인들의 축제 '판아테나이아'를 재현하고 있다. 영원한 아름다움의 상징 아프로디테는 황홀한 몸짓으로 우리 눈앞에 선다. 프락시텔레스(Praxiteles, 기원전 4세기)는 인류 최초의 누드 작품 '크니도스의 아프로디테'를 창조했다. 이 '신의 손'에 의해 탄생한 이 여신을 기릴 신전까지 건립되지 않았던가. 당시 젊은이들이 이 여신상과 사랑에 빠지거나 심지어 여신상과 정사를 나누려 했던 일화마저 전해진다. 살아있는 듯 표현된 조각 작품이 지닌 위대한 예술미의 마력을 웅변하는 이야기가 아닐 수 없다. 이 작품의 영향으로 숱한 아프로디테 조각이 탄생한다. 보는 이를 숨 막히게 하는 '카피톨리누스의 아프로디테'와 '밀로의 비너스' 역시 그 가운데 하나다.

'사모트라케의 니케' 상이나 '죽어가는 갈리아 전사'는 한 편에

▼죽어가는 갈리아 전사
정교한 인체묘사가 탁월한 헬레니즘 조각의 최고 걸작이다. 관람객의 발길을 한동안 붙잡아 감탄사가 절로 나오게 하는 작품이다. 기원전 220년경 청동으로 만든 원작을 로마시대에 대리석으로 복제한 작품이다. 로마 카피톨리누스 박물관

트로이아 전쟁에서 죽어가는 그리스 전사. 에기나Aegina 섬에 있는 아파이아 신전 동쪽 박공에
부조로 묘사된 조각이다. 기원전 490년경. 뮌헨 고대조각 미술관

켄타우로스가 라피타이 청년을 공격하는 모습을 묘사한 대리석 부조. 파르테논 신전의 남쪽 메토프에 부조되었다. 런던 대영 박물관

삼지창을 던지는 포세이돈(혹은 번개를 던지는 제우스) 청동상. 신체의 아름다움을 완벽하게 묘사한 고전기 최고의 걸작이다. 기원전 460~450경. 아테네 국립 고고학 박물관

154

카피톨리누스의 아프로디테
기원전 4세기 그리스 천재 조각가 프락시텔레스에 의해 오른손으로 국부를 살짝 가린 '크니도스의 아프로디테'가 탄생한다. 이 작품의 영향을 받아 기원전 3세기에서 2세기 무렵에는 한 손으로 국부를 가리고, 다른 한 손으로 가슴을 가리는 정숙한 자세의 조각이 많이 나온다. 이 작품은 그리스 작품의 모작이다. 로마 카피톨리누스 박물관

승자의 환희를, 다른 한 편에 패자의 쓰라림을 극명하게 대비시켜 준다. 페르가몬의 제우스의 대제단은 파르테논 신전과 함께 그리스 조각의 금자탑을 보여준다. 그리고 〈라오콘 군상〉은 트로이아의 제사장이었던 라오콘이 '트로이아 목마'를 불태우라며 간절히 경고하던 애국적 열정과 저항의 비극적 상황을 처절하게 묘사한 조각의 백미다.

그리스 미술작품은 수천 년에 걸쳐 세계인의 경탄을 불러일으켰다. 나라마다 경쟁적으로 그리스 조형예술작품의 수집과 소장에 나선 것도 무리가 아니다. 그러나 그리스 예술작품의 위대함은 역설적이게도 위대함을 이유로 한 곳에서 볼 수 없게 되었다. 고대 그리스의 예술작품을 제대로 감상하려면 우리는 아테나이 고고학 박물관과 그리스 전역의 고고학 박물관뿐만 아니라, 이제 런던의 대영 박물관, 파리의 르부르 박물관, 베를린의 페르가몬 박물관, 로마의 카피톨리누스 박물관, 뮌헨의 글립토텍 박물관 등을 직접 찾아가야 한다. 책에 수록된 평면의 도상圖上으로만 그리스 예술작품을 감상하는 데에는 한계가 있기 때문이다.

예술작품에 얽힌 스토리뿐만 아니라 크기와 색상, 대리석의 질감과 입체감이 어우러져 만들어내는 독특한 아우라는 두 눈과 오감으로 마주해야 온전하게 느낄 수 있다. 위대한 예술작품 앞에서 렌즈의 한계도 명확히 드러난다. 더구나 예술가의 고뇌와 비범한 재능, 그가 담아내고자 했던 위대한 정신을 어떻게 느낄 수 있으랴. 몇몇 작품이라도 좋다, 직접 두 눈으로 마주해보라.

고대 그리스인은 세계 최고의 예술작품을 남겼다. 역사상 어느 민족도 이들의 넘치는 예술적 재능과 열정은 따라잡을 수가 없다. 이들은 기원전 4천여 년 전부터 시작된 크레테 문명과 뮈케나이 문명에 이어 그리스 문명이 최전성기를 이룬 기원전 8세기에서 4세

파르테논 신전 프리즈에는 판아테나이 제전에 참가한
기마행렬의 역동적인 모습이 생생하게 부조되었다.
기원전 5세기경. 런던 대영 박물관

기까지 회화, 조각, 건축 분야에서 당대 최고의 걸작을 우리 인류에게 남겨주었다.

| 도기를 수놓은 신과 영웅들 |

그리스 신화와 설화의 흥미로운 대목들은 대부분 회화의 소재로 다루어졌다. 그리스 신화가 그리스인의 생활 도기 속에 재현된 내용을 살피는 일은 그래서 또 다른 신화 읽기다. 수많은 도기회화

◀밀로의 비너스
그리스 조각 작품의 백미로 꼽는다. 이 작품은 한쪽 다리에 무게를 싣고 다른 다리는 구부려 나신의 곡선미를 두드러지게 드러내는 방식을 최초로 선보인 프락시텔레스의 '크니도스의 아프로디테'의 영향을 받았다. 기원전 2세기~1세기 초. 파리 루브르 박물관

▶아프로디테를 찬미하는 하나의 조각상을 감상하기 위해 크니도스에 신전이 지어진 것은 그리스 세계에서 전무후무한 일이다. 훗날 로마의 하드리아누스 황제는 로마 인근 티볼리에 있는 자신의 별장에 이 신전을 똑같이 복원해놓고 즐겼다. 로마인들에게도 '크니도스의 아프로디테'의 인기가 이어졌음을 잘 보여준다.

가 그리스 신화를 담고 있는 것을 보면, 신과 인간이 어우러져 만들어내는 희로애락에 그리스인들이 얼마나 애착을 가졌는지 알 수 있다. 그들은 전쟁의 잔혹함과 사랑의 달콤함, 그리고 축제의 원초적 충동마저 모두 그림으로 옮겼다. 이들은 자신들이 찬미하고, 증오하고, 두려워하고, 숭배하는 그 모든 이야기를 도기에 담았다.

인간들의 일상과 신화를 이렇게 다채로운 그림으로 담아낸 민족은 고대 그리스인밖에 없다. 그들의 회화는 거침이 없었다. 고대 그리스 회화의 중심에는 늘 인간이 있다. 인간의 자유로운 삶이 그대로 투영되었다. 반면 동양의 도기들은 소박한 문양이나 자연물을 그렸을 뿐 인간의 다양한 활동상을 담지 못했다.

고대 그리스의 도기회화는 그리스인들의 삶이 얼마나 역동적이었는지 잘 보여준다. 인간과 신이 함께 엮어내는 삶이니 다채로울

◀사모트라케의 니케
바람에 나부끼는 옷자락이 승리의 여신의 몸을 휘감은 모습이 정교하게 조각되었다. 기원전 331∼323년경. 파리 루브르 박물관

라피타이족 여인을 납치하려는 켄타우로스를 팔꿈치로 가격하며 밀치는 상황을 묘사한 대리석 조각. 올림피아 제우스 신전의 서쪽 박공에 부조되었다. 올림피아 고고학 박물관

쉬고 있는 복서 청동상의 세부. 얼굴의 상처와 가쁜 숨을 쉬는 모습. 구레나룻과 턱수염이 섬세하게 묘사된 수작이다. 기원전 1세기 로마시대 작품. 로마 국립 고대 미술관.

◀라오콘 군상
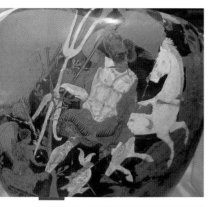

수밖에! 그리고 이 그림들은 하나같이 동적이다. 살아 움직이는 군상들이 신화의 이야기를 함축적으로 담아내고 있다. 스토리가 없는 그림이 거의 없는 이유다. 이렇듯 그리스 신화와 설화에 밝은 사람이라면 연속적인 도기 회화만으로도 신화를 읽어낼 수 있을 만큼 무수한 회화작품이 만들어졌다.

도기회화 작품은 하나하나 감탄을 자아내는 빼어난 미술작품이다. 인간의 아름다운 육체를 이토록 섬세하게 그려낸 그리스 화가들의 예술 역량이 놀랍기만 하다. 또 상당수의 도기회화는 화가의 이름이 정확히 명기된 작품이라는 점도 주목할 만하다. 화가들이 나름대로 예술가의 자부심을 느끼며 작품을 만들고, 자신의 서명을 남겼다는 것은 고대 어느 사회에서도 볼 수 없었던 독특한 문화다. 그만큼 그리스인들이 개인의 자유로운 창작품을 존중했던 문화적 풍토를 대변해주는 게 아닌가 한다. 자신의 이름을 걸고 만든 도기회화가 예술성을 더 높이는 건 당연한 일이 아닌가.

아테나이의 주도권을 놓고 아테나 여신과 바다의 신 포세이돈이 경쟁했다. 아테나는 아테나이 시민에게 올리브 나무를 주고 포세이돈은 샘물을 주었으나, 아테나이 시민이 올리브 나무를 선택했다는 신화를 표현하고 있다. 포세이돈의 지물인 삼지창과 올리브 나무가 보인다. 기원전 5세기말~4세기 초. 펠라 고고학 박물관

| 지물로 구별하는 신과 영웅들 |

고대 그리스의 다채로운 도기 회화는 그리스의 여러 박물관은 물론, 대영 박물관이나 루브르 박물관 등 세계 유수의 박물관에서 감상할 수 있다. 도기 기술 자체도 뛰어났지만, 그보다 도기를 장식한 신화의 서사들이 도기 사용자들을 더욱 매료시켰을 것이다. 아테나이의 도기가 당시 세계인의 각광을 받는 최고의 수출품이 되

폴리그노토스의 작품으로, 테세우스가 어린 소녀 헬레네를 납치했던 사건을 표현했다. 테세우스의 친구인 페이리토스는 헬레네에게 전차에 올라타도록 종용하고, 테세우스는 페이리토스가 미리 준비해놓은 전차를 출발시키려 한다. 맨 오른쪽 헬레네의 언니인 포이베는 손을 들어 헬레나가 떠나는 것을 안타깝게 지켜보고 있다. 기원전 430~420년경. 아테네 국립 고고학 박물관

었던 이유를 알 것 같다. 그리스인들의 예술적 재능 덕분에 당시 세계인들은 그리스인의 구전 신화와 호메로스의 서사시와 설화를 바로 생활도기의 그림으로 곁에 두고 즐길 수 있었다.

그리스 도기의 그림들을 흥미진진하게 읽어내려면 몇 가지 기초적인 지식이 필요하다. 그림 속에 등장하는 인물들을 구별할 줄 알아야 한다. 묘사된 신과 영웅들은 최고의 육체미와 아름다움을 자랑한다. 인물의 아름다운 얼굴 모습이 거의 비슷하니 어떤 신인지, 어떤 영웅인지 분별하기 어렵다. 회화에 등장하는 신들은 각각의 신들의 역할을 상징하는 지물持物을 통해 구별해낼 수 있다.

신이 무엇을 지니고 있는지 살펴보자. 삼지창을 들고 있다면 그는 포세이돈이다. 그리고 독수리를 주변에 두고 번개를 형상화한 양끝이 뾰족하고 타원형의 몸통이 긴 막대 모양의 물건을 들고 있는 이는 제우스다. 여행자의 모자를 쓰고 지팡이를 짚고 있으며, 양발의 복사뼈 부근에 작은 날개가 달린 이가 있으면 그는 분명 제우스의 전령 헤르메스일 것이다. 긴 창과 메두사의 머리가 부조된 방패를 들고 있는 여인으로 묘사된 것은 아테나 여신이며 활과 화살을 지닌 사냥꾼 모습의 여인은 아르테미스 여신이다.

영웅들을 구분하는 방법은 신들보다 조금 어렵다. 영웅들은 뚜렷한 지물을 갖고 있는 경우가 드물기 때문인데, 헤라클레스만은 예외다. 열두 가지 과업을 수행하면서 네메아의 사자를 처치한 적이 있는 그는 이후 사자머리 가죽을 투구처럼 쓰고 한 손에 몽둥이를 들고 다녔다. 덕분에 사자머리와 몽둥이는 헤라클레스의 트레이드마크가 되었다.

도기나 부조에 많은 인물 군상이 함께 그려진 예술작품에서 영웅들을 분별해내기는 매우 어렵다. 영웅이 활약한 특정한 모험이나 사건에 대한 설화를 알고 있어야만 어느 영웅이 묘사된 장면인

퓌티아Pythia가 예언을 할 때 쓰는 델포이 아폴론 신전의 삼각대를 헤라클레스가 강탈해 가려하자 아폴론이 제지했다는 신화의 장면을 표현한 적색 암포라. 기원전 530~525년경. 도공陶工 안도키데스의 서명이 있는 걸작이다. 뮌헨 고대공예 미술관.

아테나이의 영웅 테세우스의 활약상을 그린 킬릭스. 그가 아버지 아이게우스를 찾아서 자신이 태어난 펠로폰네소스 반도의 작은 마을 트로이젠에서 아테나이까지 가는 길에서 만나는 스키론Skiron, 프로크루스테스Procrustes 등 난적을 물리친 행적이 묘사되었다. 기원전 440~430년경. 런던 대영박물관

▶발목에 날개가 달린 헤르메스 상. 나폴리 국립 고고학 박물관

지 알 수 있게 된다. 아무튼, 그리스 예술가들은 도기와 건축의 부조는 물론 인장, 은화, 방패 띠 등 소재를 가리지 않고 신과 영웅들을 묘사했다. 이런 다양한 소재에 남겨진 예술작품을 도상학적으로 확인해나가는 일은 그리스 문명에 심취한 이들에겐 가슴 뛰는 즐거움이다.

오른손으로 번개를 던지는 제우스 청동상. 암브라키아에서 발굴되었다. 기원전 490~480년경. 아테네 국립 고고학 박물관

| 그리스 조형예술 오감으로 느끼기 |

공간적 형상을 조형하는 예술의 대표적인 분야는 조각이다. 조금 욕심을 내서 말하자면, 인류 문명의 역사는 조각의 역사이기도 하다. 자연과 인간을 묘사하고자 한 인간의 욕구는 다양한 조형물을 만들어냈다. 이집트 문명은 피라미드와 같은 거대한 건축 조형물 이외에도 숭배하는 신과 동물을 벽에 새기고 석조 파라오 상을 만들어냈다.

조각은 신에게 바치는 인간의 창조물이었다. 인간의 영감과 재능의 산물인 조각은 수천 년 동안 예술적 작품이 되어 문명의 증거이자 문화의 자취로 남았다. 따라서 인류가 남긴 조각 작품을 이해하는 것은 인류가 이룩한 각 문명의 특징을 파악하고, 그들이 열정적으로 매진했던 삶의 철학과 세계관을 이해하는 첩경이기도 하다.

그렇다면 조각 작품을 어떻게 감상해야 할까? 저명한 미술사학자 케네스 클라크Kenneth Clark가 '천재 사진작가'라고 인정한 미국의 저명한 사진작가 데이비드 핀Davis Finn은 자신이 촬영했던 숱한 조각 작품의 감상을 토대로 일반인을 위해 귀중한 조언을 했다. 조각 감상법 중 최고의 방법은 역시 '오감으로 느끼기'라고 말이다.

고대 그리스가 낳은 최고의 조각가 프락시텔레스의 작품 하나

아테나 여신
왼쪽 어깨에 메두사가 새겨진 갑옷을 입고 있어 아테나 여신임을 알 수 있다. 본래 오른손과 왼손에 각각 창과 방패를 든 모습이었을 것이다. 그리스 시대의 작품을 로마 시대에 복제한 것. 나폴리 국립 고고학 박물관

암포라에 그려진 아테나 여신상. 에레트리아 고고학 박물관

사냥의 여신 아르테미스가 활을 쏠 준비를 하는 모습. 활과 화살이 그녀의 지물이다. 그리스 최고의 조각가 프락시텔레스가 기원전 4세기경에 제작한 것을 로마 시대에 복제. 메세네 고고학 박물관

를 감상해보자. 프락시텔레스는 인체의 아름다운 이른바 'S라인'을 조각 작품에 최초로 구현한 거장이다. 그가 기원전 340~330년경에 창작해낸 또 하나의 걸작은 헤르메스 신상이다. 헤르메스 상은 올림피아 성역의 헤라 신전에 봉헌되었던 작품이다. 1877년에 이 작품이 발굴되었을 때 예술가들의 탄성이 대단했을 것이다. 제우스의 전령인 헤르메스 신이 왜 헤라 신전에 봉헌되었을까? 제우스의 바람기 때문에 늘 불화가 심했던 제우스와 부인 헤라 사이의 소통을 증진하려는 희망은 아니었을까.

이 헤르메스 상은 현존하는 헤르메스 상 가운데 최고의 걸작으로 꼽힌다. 어린 디오뉘소스를 어르고 있는 헤르메스의 나신裸身은 완벽한 육체미를 보여주고 있다. 군살 없는 육체를 매혹적으로 표현했다. 그의 왼손에는 디오뉘소스의 상징물인 포도 덩굴이 들려 있었을 것으로 추정된다. 최고 품질의 대리석으로 반들반들하게 다듬어진 이 작품은 2,300년의 세월이 무색하게도 아직도 생동감이 넘친다. 대리석 표면을 부드럽고 우아하게 다듬는 프락시텔레스 작품의 특징이 생생하게 살아있다. 특별전시실에 홀로 안치된 이 작품 앞에서 관람객들은 떠날 줄을 모른다.

촉수의 감각으로 조각 작품을 감상하면 색다른 감동을 얻을 수 있다. 감상자들이 늘 만지고 싶은 유혹을 강하게 느끼는 것도 자연스러운 감성이다. 그러나 어쩌랴. 현실적으로 예술작품의 보호를 위해 우리의 촉각은 안타깝게도 제한된다. 불가피하게 조형예술을 제대로 느낄 수 있는 중요한 수단 하나를 잃은 셈이다.

조각 감상에선 '빛'도 조각의 형태나 느낌을 좌우하는 중요한 요소다. 자연광이나 다양한 감도의 불빛도 조각의 극적 효과를 강화하거나 새로운 인상을 만들어낸다. 세계의 유수 박물관마다 가장 소중하게 여기는 조각 작품들을 위해 특별한 개별 전시실을 만들

◀헤르메스 대리석상. 왼팔에 디오뉘소스를
안고 어르는 모습. 올림피아 고고학 박물관

고 조명 장치를 다양하게 활용하는 것도 빛의 효과를 극대화하기
위함일 것이다. 광선에 주의를 기울여 감상한다면 한 작품이 만들
어내는 다양한 이미지를 식별해낼 수 있다. 괴테가 〈라오콘 군상〉
을 횃불을 비추어 감상하면서 탄복했던 것도 불빛으로 인한 극적
효과의 묘미를 짐작하게 해준다.

| 전체의 조화와 세부의 감동 |

〈페르세포네의 납치〉 대리석상의 세부 모습.
지하 명부의 제왕 하데스가 데메테르 여신의
딸 페르세포네를 납치하는 장면을 표현한 작
품이다. 1661~1662년. 잔 로렌초 베르니
니 작. 로마 보르게세 미술관

　　조각 작품은 전체와 부분을 아울러 볼 수 있어야 한다. 세부에
매달려 전체를 보지 못해서도 곤란하고, 전체의 감상에 빠져 세부
의 섬세한 표현을 지나치는 것도 제대로 된 감상법이 아니다. 조각

품들의 세부를 다양한 각도로 포착해보라. 전체의 조각에서 느끼지 못하는 새로운 감동적 조형을 발굴해낼 수 있다.

클로즈업으로 보는 조각 작품들의 세부 묘사는 숨을 턱 막히게 하는 경우가 적지 않다. 잔 로렌초 베르니니(Gian Lorenzo Bernini, 1598~1680)의 〈페르세포네의 납치〉에서 저승의 신 하데스가 페르세포네를 낚아채는 모습도 그 가운데 하나다. 작품의 소재는 역시 그리스 신화의 한 대목이다. 페르세포네의 허리와 허벅지를 감싸 움켜쥔 하데스의 두 손의 손가락 마디에 힘이 실린 역동적인 모습에서 두 사람의 대립하는 육체의 힘이 생생하게 느껴진다. 마치 살아 숨 쉬는 인간들의 모습인 양 신기神技에 가깝게 사실적으로 묘사되었다. 이런 세부를 포착해낼 수 있는 사람이라면 그는 조각을 제대로 감상할 줄 아는 사람이다.

세부 묘사에서 탁월성을 보였던 조각은 단연 고대 그리스 조각들이다. 당대의 조각가들은 정확한 해부지식을 바탕으로 인간의 육체를 정교하게 묘사할 줄 알았다. 또 조각의 인물들이 입고 있는 멋진 의상의 옷 주름의 형상을 감각적으로 살려냄으로써 조각 인물과의 아름다운 조화를 만들어낼 수도 있었다. 올림피아 제우스 신전의 페디먼트에 부조되었던 아폴론 상의 수려한 얼굴과 머릿결의 묘사 또한 걸작이다. '승리의 여신 니케' 상의 바람에 흩날리는 옷 주름을 보라. 그야말로 숨이 턱 막힌다.

그리스 조각가들의 천부적인 재능은 다른 어느 시대의 조각가도 따라갈 수가 없다. 델포이 박물관의 유명한 '전차병'의 조각에 나타난 눈썹 묘사와 유려한 옷 주름의 형상화는 그리스 조각가들이 얼마나 전체와 세부를 조화롭게 창조하는 데 탁월했는지 여실하게 보여주는 한 예다. 이 조각은 기원전 478년 시켈리아 젤라의 군주였던 폴리잘로스Polyzalos가 델포이 성역에서 열린 퓌티아 제전

올림피아 알티스 성역의 중심인 제우스 신전 서쪽 페디먼트의 중앙에 서 있던 아폴론 대리석상의 세부. 곱슬머리의 섬세한 묘사가 탁월하다. 얼굴 윤곽이 뚜렷한 남성미를 보이면서도 기품 있는 모습이다. 기원전 5~4세기경. 올림피아 고고학 박물관

▶승리의 여신 니케 대리석상의 세부. 바람에 흩날리는 옷 주름의 묘사에 숨이 막힌다. 고대 그리스의 조각가 가운데 최고의 장인으로 페이디아스와 쌍벽을 이루던 파이오니오스(paeonios, 기원전 450?~400?)의 작품이다. 기원전 421년에 메세니아인과 나우팍티아인이 스파르테와 싸워 승리한 후 제우스 신전에 바친 대리석 조각상이다. 올림피아 고고학 박물관

의 전차 경주에서 우승한 것을 기념하여 아폴로 신에게 봉헌했다. 아쉽게도 이 작품을 만든 조각가는 알려지지 않았지만 당대 최고의 조각가였음이 틀림없다.

위대한 조각 작품은 전체의 형상이 빚어내는 조화와 각각의 세부가 만들어내는 극적인 묘사가 대립하거나 형태의 이미지를 상쇄시키지 않는다. 이런 위대한 작품을 자주 직접 체험해봄으로써 걸작의 묘사가 주는 미학과 위대성을 더욱 잘 이해할 수 있게 된다.

고대 그리스 시대의 조각이 인체의 아름다움을 마음껏 묘사했던 반면, 중세의 조각들은 여체의 아름다움도, 강렬한 남성미도 제대로 형상화하지 못했다. 종교적 작품이 풍미했던 시대에 인간은 교훈적 메시지에 걸맞은 엄숙한 모습으로 작품화될 수밖에 없었을 터. 나체의 그리스도상이 잠볼로냐(Giambologna, 1529~1608), 미켈란젤로(Michelangelo Buonarroti, 1475~1564), 벤베누토 첼리니(Benvenuto Cellini, 1500~1571) 등에 의해 조각되었지만, 교단의 반발을 불러와 조각상에 스카프가 둘러졌던 것도 예술작품이 시대와 불화했던 한 단면이었다.

과거 조각사에서 보여준 탁월한 인물 묘사를 감당할 수 없게 된 현대 조각가들은 다른 길을 선택한다. 그들이 선택한 표현주의는 조각가와 일반 대중의 감성 괴리를 가져왔다. 고대의 사실주의 및 중세 작품들의 자연주의적 경향은 인간의 본연의 감성에 쉽게 다가갈 수 있었다. 하지만 지나치게 추상화된 현대 조각들은 과연 무엇을 표현한 것인지 모호한 경우가 많게 되었다.

이제 작가 스스로 설명하지 않으면 관객들이 조각 작품을 이해할 수 없는 시대가 되었다. 아니 작가조차도 자신의 작품이 무엇을

▲아프로디테와 판
델로스 섬에서 발굴된 작품 가운데 가장 아름다운 작품이다. 우유 빛깔의 최고급 대리석인 파리안Parian 대리석으로 조각했다. 미녀와 야수의 모습이다. 목신牧神 판이 아프로디테를 음흉스럽게 팔을 잡으며 유혹하고 있고, 아프로디테가 벗어든 샌들로 판을 내리치려 하고 있다. 이들 사이에서 에로스가 판의 뿔을 밀치는 모습이 앙증스럽다. 기원전 1세기경. 아테네 국립 고고학 박물관

▶전차병 청동상
시켈리아 겔라의 참주 폴리자로스가 델포이 퓌티아 제전의 4두 이륜전차 경기에서 승리한 것을 기념하여 아폴론 신전에 봉헌한 것이다. 사모스섬 출신 피타고라스Pythagoras의 작품으로 추정된다. 기원전 470년경. 델피 고고학 박물관

뜻하는지 모르거나, 대중은 작가의 작품 의도를 파악하기를 아예 포기할 수밖에 없는 상황도 흔하다. 현대에도 조각은 넘친다. 그렇지만 각 작품의 조형 방식과 형태에 대해서는 실망과 경악, 혹평이 나오는 경우가 적지 않다.

현대 조각의 대가인 헨리 무어에 대한 찬사와 악평이 항상 엇갈리는 것도 이 때문이다. 과거 "인간의 뼈와 살을 재현하고 그리하여 영혼과 마음까지도 그려낸 기존의 조각과는 달랐기" 때문이다. 이런 상황에서 현대 조각에 대한 대중의 무지를 어떻게 탓할 수 있으랴.

현대 물질문명이 만들어 낸 각종 물체를 결합하거나, 그 자체를 오브제objet로 활용하는 현대 조각 작품에서 대중이 심미적 요소를 쉽게 발견하고 나아가 감동하기는 난망難望한 일이 되었다. 현대 조각은 너무 난해하다. 애정을 갖고 조각품을 이해하려고 노력하고, 감동하려 미리 작정하지 않는다면 현대 조각의 진면목을 파악하기는 여전히 어려운 일이다. 그저 바라보는 것만으로 저절로 탄성이 우러나게 하는 고대 그리스의 위대한 조형예술의 부활을 언제 다시 볼 수 있을까?

전차병과 함께 조각된 네 마리 전차경주마의 조각은 인류가 남긴 말 조각 중 가장 뛰어난 걸작이다. 네 마리 말 중 맨 오른쪽 말의 세부다. 말의 눈, 목주름, 갈기, 콧방울의 표현이 생생하게 살아 움직인다. 콘스탄티누스 황제는 델포이에서 2륜 전차를 모는 청동 마부 조각과 함께 있던 네 마리의 대형 청동 말을 콘스탄티노플로 반출해 갔다. 이후 베네치아의 지배자 단돌로(Dandolo, 1107?~1205)가 1203년 십자군을 이끌고 콘스탄티노플을 점령했는데, 이때 히포드로모스 광장에 세워져 있던 이 대형 청동 조각을 베네치아로 반출했다. 이 네 마리의 청동 말 조각은 성 마르코의 유해를 운구한 말을 상징하는 것으로 얼마 전까지만 해도 산 마르코 성당의 외부에 설치되어 성 마르코 광장의 명물로 관광객의 사랑을 받았다. 현재는 성당 내부의 박물관으로 옮겨 전시되고 있다. 베네치아 산 마르코 성당 박물관

GREECE

06
그리스 건축예술의
비밀

그리스를 생각하면 가장 먼저 떠오르는 건 무엇일까? 소크라테스, 플라톤, 아리스토텔레스와 같은 철학자를 많이 떠올릴 수도 있겠지만 파르테논 신전 등 다양한 신전 유적이 더 쉽게 떠오르는 이미지일 것 같다. 그리스, 하면 장엄한 석조 신전의 유적이나 아름다운 조각품이 생각날 만큼 고대 그리스인은 화려한 건축과 조각 예술작품을 인류의 유산으로 물려주었다.

아테나이의 아크로폴리스에 있는 웅장하고 균형미가 뛰어난 파르테논 신전은 인류 건축물 가운데 백미로 꼽힌다. 하지만 고대 그리스 도시국가에는 파르테논 신전 못지않게 아름답고 뛰어난 건축미를 보여주는 신전 건물이 무수히 많았다. 그리스인에게 신전은 신성한 신의 공간인 동시에 인간과 신이 교류하는 성소聖所였다. 그런 만큼 신전 건축은 당대 최고의 건축가와 조각가, 화가들이 자신

수니온 곶에 있는 포세이돈 신전의 석양. 에게 해를 굽어보는 신전의 풍광이 경이롭다. 자연과 어우러진 장소를 신전의 장소로 선택한 그리스인들의 탁월한 안목을 엿볼 수 있다. 나는 수니온곶을 두 번 답사했다. 2013년 7월의 한 낮, 그리고 특별히 포세이돈 신전의 석양을 만끽하기 위해 2015년 5월에 다시 찾았다. 수니온곶의 석양이 왜 그렇게 이름 높은지 알 수 있었다.

들의 절정의 기량을 발휘하는 기술과 예술의 경연장이자, 국력을 과시하는 상징이기도 했다.

　2013년 7월 그리스 여행에서 처음으로 포세이돈 신전, 파르테논 신전과 맞닥뜨렸을 때, 나는 한동안 말없이 바라보기만 했었다. 산마루에 올린 육중한 대리석의 무게감보다, 신전에 모셨을 포세이돈의 상징이나 아테나 여신의 조각상의 위엄보다, 위대한 건축을 만들어낸 인간들의

의지와 열망이 얼마나 굳세고 컸을 것인가에 잠시 전율했기 때문이었다. 파르테논 신전과 포세이돈 신전에 이어 그리스 3대 신전으로 손꼽히는 아파이아 신전 답사는 2015년 5월에야 이루어졌다. 에기나 섬의 동쪽 한 산봉우리에 건축된 신전은 삼면으로 바다를 내려다보는 풍광과 어우러져 신성함과 아름다움을 더했다.

　그리스 문명을 증명하는 문학, 역사, 신화 관

련 고전 작품은 차고도 넘친다. 하지만 유독 그리스인들의 또 하나의 위대한 창조물인 신전 건축에 관한 문헌은 전해지지 않는다. 힙포크라테스의 의학서와 자연철학자들의 저서도 적지 않게 전해졌지만, 건축 관련 저술은 전혀 없다.

16년에 걸쳐 파르테논 건축을 총감독했던 페이디아스가 건축의 전 과정을 기록으로 남겼다면 얼마나 좋았을까. 고대 그리스 건축물의 건축 동기와 건축 과정, 그 의미와 활용에 대한 종합적인 기록물이 남겨졌더라면 그리스 건축의 비밀을 파악하는 열쇠가 되었을 게 틀림없을 텐데. 그러나 그리스 건축과 관련해선 여기저기의 문헌에 단편적으로 언급되고 있는 게 전부여서 그리스 건축술의 신비를 추적하기가 더욱 어렵다.

◀8개의 열주가 받치는 파르테논 신전의 현관으로 동쪽을 향하고 있다.

| 그리스 건축의 독창적 배치법 |

고대 그리스 건축에 대한 당대의 문헌이 없으니 현대의 문헌을 통해서라도 고대 그리스 건축의 비밀을 따라가 보자. 그리스의 건축학자 C. A. 독시아디스(Constantinos Apostolou Doxiadis, 1914~1975)가 1937년에 펴낸《고대 그리스의 건축 공간》은 고대 그리스 건축의 배치법식配置法式을 최초로 규명해낸 명저로 고대의 건축 문헌 부재의 공백을 조금이나마 메워준다. 그렇다고 이 책이 그리스 건축 양식 전반에 대한 내용을 다루고 있는 것은 아니다. 하지만 신전 및 광장의 건축 설계의 기초라 할 수 있는 배치법식을 도출하고 그에 담긴 의미를 해석한 희귀한 연구서다. 특히 고대 그리스 건축에 담긴 기하학적 철학의 일면을 실증적으로 규명해냈다는 점에서 독보적이다. 고전 건축 양식을 공부하는 건축학도들에겐 틀림없이 빼

◀아크로폴리스로 들어오는 관문 프로필라이아로 관광객들이 들어오고 있다. 도리아식 기둥 6개가 받친 거대한 출입문이다. 열주의 중앙이 시준점이 될 수 있을 것이다. 그곳에서 서서 오른쪽으로 보면 파르테논 신전 건물의 세 모퉁이가 모두 보이고, 부채꼴로 펼쳐진 왼쪽에 있는 에렉테이온 신전의 세 모퉁이도 모두 보인다. 보는 이의 시준점과 건물의 꼭짓점이 만나 그려지는 이등변삼각형을 그려 볼 수 있을 것이다.

놓을 수 없는 고전이 되어 있을 것 같다.

우리는 오늘날 아테네를 여행하면서 아크로폴리스 어느 한 모퉁이나, 아고라의 한 곁에서 소크라테스나, 플라톤, 아리스토텔레스 같은 이들이 불쑥 나타날 것만 같은 환상을 가져볼 수도 있다. 그러나 우리가 현실적으로 그리스 땅에서 만나는 것은 척박한 바위산에 위치한 신전과 광장의 돌기둥, 그리고 유적뿐이다. 따라서 당대 그리스인들의 사유와 문화를 이해하지 못하면 이런 고대 그리스 건축의 잔해들은 그저 의미 없는 돌무더기에 불과할 것이 아닌가.

독시아디스는 그리스에 산재한 29개소의 신전 및 광장 건축 유적을 조사하고, 그 가운데 21개소의 유적의 배치도를 토대로 그리스 건축의 영조법식營造法式에 대한 이론을 정립했다. 그리스 건축물에서 신전은 모든 건축의 전형이다. 또 성역 전체의 배치 역시 건축의 공간 배치법식의 모델이 되었다. 이에 따라 공공의 건물이나 공간의 배치법식에는 신전 건축이나 공간 배치의 원리가 적용되었다. 물론 이런 신전 건축의 배치법식이 세속의 모든 건축물에 어떤 영향을 미쳤는지는 확실하지 않다.

독시아디스가 발견한 고대 그리스 건축물 배치법식의 핵심을 보면, 당시의 건축이 과학적인 계산뿐만 아니라 인간에 대한 배려까지 포함하느라 상당히 고심했음을 알 수 있다. 건축에서도

역시 인간이 척도가 된 것이다.

| 수학과 기하학이 낳은 예술 |

중국의 왕궁 건축은 천지인天地人의 추상적 관념 아래 출입문과 왕궁을 일직선으로 배치했다. 반면에 그리스 신전 건축은 인간이 다양한 자연물을 하나의 입화면으로 바라보며 각각의 사물의 위치를 파악하듯, 인간의 시점視點을 기준으로 하나의 체계로 파악할 수 있게끔 건물을 배치하였다.

고대 그리스인들의 이런 조영 방식을 극좌표법식極座標法式이라고 부른다. 여기서는 인간의 시각이 좌표의 출발기점이 된다. 건축 공간의 출입문에 들어서는 인간의 시준점視準點으로부터 방사형方射形 범위 안에 중요한 건물의 세 모퉁이가 보이도록 결정하는 법식이 기본적인 형식이었다. 관찰자에게 각각의 주요 건축물의 4분의 3의 시계視界가 확보될 수 있도록 한 것이다. 이는 건축 공간 배치가 신전 주인의 시점이 아니라 경배하러 오는 인간의 시점을 기준으로 이루어졌다는 것을 의미한다. 그리스 신전들이 들어선 성역의 평면도를 보면 이런 법식이 적용된 것을 분명하고 쉽게 확인할 수 있다.

또한 그리스 건축은 시준점으로부터 모든 중

요한 건물 전체를 볼 수 있게 하면서, 이것이 불가능할 때는 아예 다른 건물로 완전히 가려지게 배치했다. 절대로 부분적으로 숨겨지는 방식을 쓰지 않았다. 이런 건물 배치에서 은닉이 아닌 개방의 철학을 읽을 수 있다.

특히 건물의 배치가 서로 특정한 각도와 거리를 유지하는 등 매우 치밀하게 수학적, 기하학적 비례의 법식을 적용했다. 또 건축공간군 구성은 12등분 및 10등분 분할법식이 적용되었다. 건물 간의 배치 공간은 지역 전체의 시계를 12등분 하거나 10등분 한 각도를 기준으로 이루어진 것이다. 특정 거리 간에도 수학적 관계가 적용되었다. 일반적으로 도리아 양식Doric일 때는 12중 분할법이 적용되었고, 이오니아 양식Ionic일 때는 10중 분할법이 적용되었다. 10중 분할법이 적용된 아크로폴리스의 경우 건물들이 36도의 각도를 갖는 이등변삼각형에 의해 자리를 잡았다.

그리스인이 건축에서 10 또는 12라는 수를 중요한 기준으로 활용한 것은 인간의 신체가 조물주에 의해 균형 있게 만들어진 것에서 균제 symmetry의 원칙을 발견했기 때문이다. 이들은 건축 공간의 구성 역시 인체의 균제 원리가 적용될 때 가장 아름다운 건축물이 될 수 있을 것으로 여겼다. 그리스인들은 10이라는 수를 손가락과 발가락에서 찾아냈다고 하여 완전수라고 주장했다. 또 어떤 수학자는 인간의 발이 신장의 6

분의 1로서 전체 신장이 발 길이의 6배가 되는 것을 6이 완전수가 되는 근거로 여기기도 했다. 6의 배수인 12가 중요한 수로 여겨진 것은 여기서 유래된 것으로 보인다.

그리스의 신전을 포함한 성역 전체를 조망하기 위해서는 시준점의 설정이 매우 중요하다. 시준점은 바라보는 사람의 시각이 출발하는 지점이다. 그렇다고 시준점이 출입구나 기념문의 아무 곳에 설정된 것은 아니었다. 시준점은 기념문의 수학적 축과 보통신장의 사람의 눈높이인 약 5피트 7인치 높이의 가장 깊숙한 안쪽 계단의 선과 교차하는 곳에 위치했다. 즉 신장이 약 170cm인 사람이 성역의 출입 대문인 기념문에 서서 바라보는 시선과 신전에 들어서기 전의 최종 계단의 선이 교차하는 지점이 시준점이 되었던 것이다.

아테나이 아크로폴리스의 평면도를 보면, 각 성역聖域 건물 배치 평면도에 시준점을 설정하고 이를 기점으로써 방사선상의 일정한 각도와 거리에 따라 건물이 배치되고 있음을 확인할 수 있다. 현재 남아 있는 아크로폴리스의 건축물 배치는 기원전 450년 이후의 형태를 유지하고 있다. 이곳의 주요 건물은 시준점과 각 건물이 만나는 교차점과 방사선이 만나 2등변 삼각형을 이루도록 배치하였다. 각 건물의 가로 세로의 비율도 특정하게 설정되었다. 파르테논 신전은 1대 루

트 5의 비율을 적용했다. 이 비율 사용의 예는 수
니온의 포세이돈 신전에서도 찾아볼 수 있다.

그리스 건축에서는 각 건물의 거리에도 황
금분할Golden Section이 적용된 것으로 확인된다.
즉, $x/2$, x, $3x/2$의 비율이 적용되었다. 예를 들
어 시준점으로부터 각 건물의 각 모서리가 50m,
100m, 150m에 위치하도록 했다. 이런 황금분할
은 코스 섬의 아스클레페이온 테라스, 마그네시
아의 아르테미스 성역에도 똑같이 적용되었다
고 한다. 황금분할이 그리스 건축법식의 전범이
된 것이다.

고대 그리스 건축의 가장 중요한 또 하나의
특징은 성역에 들어서는 인간을 위한 여백의 공
간을 두었다는 점이다. 출입문을 동쪽 또는 서쪽
에 두어 기념문에 들어서는 사람이 성역에 들어
서면서 아름다운 일출 또는 일몰을 볼 수 있도록
의도적으로 배치했다. 궁궐과 사찰, 가옥의 건축
에서 남향을 기본으로 하는 우리나라와 다른 점
이다. 성역의 중요 건물들이 한눈에 들어오도록
시계를 기하학적 비율로 배치하여 시계를 꽉 채
우면서도 인간과 자연이 직접 소통하는 개방공

간을 확보해두었다는 점이 인상적이다.

독시아디스는 균형과 질서를 중시한 그리스
인들의 철학이 건축의 배치법식에서 수학적, 기
하학적 비율을 적용하게 하였다는 점을 실증적
으로 증명했다. 그리스인들은 인간의 인식뿐만
이 아니라 기술적인 활동에도 질서를 부여한 것
이다.

이는 인간과 신이 소통하는 공간에 짜임새 있
는 질서를 부여함으로써, 각각의 개체가 서로에
게 연결되고 조화를 이루는 또 다른 이상적 공간
을 만들려는 의도였을 것으로 생각된다. 그리스
인들에게 무질서는 불행, 질서는 행복을 이끄는
필연적 수단으로 인식되었을 것이기 때문이다.
이들이 만들어낸 인류 최고의 건축에는 인간의
공간에 질서를 부여하려던 고대 그리스인들의
철학이 바탕이 되었다는 점을 기억해야겠다. 현
대 건축의 철학은 어떤 것일까?

아는 만큼 보이는 법. 독자들도 그리스 유적
지를 답사할 때, 스스로 독시아디스가 정립한 시
점視點이 되어 성역의 신전과 건물들을 감상해보
기 바란다. 색다른 감흥을 느낄 수 있을 것이다.
우리가 무심히 지나쳐버릴 수 있는 고대 그리스
건축의 숨겨진 코드 중 이것 하나만으로도 고대
그리스 건축을 바라보는 새로운 눈을 갖게 해줄
것이다.

07

그리스의 스승 호메로스와 불멸의 서사시

수많은 신과 영웅들의 애환이 만들어낸 대서사시《일리아스》와 《오뒷세이아》는 왜 그토록 오랫동안 세계인들을 매료시키고 있을까? 이 불멸의 고전들을 읽어나가다 보면 호메로스의 작품들이 왜 서구 문화의 근원이 되는지 조금씩 깨닫게 된다. 수많은 서양문학 작가와 철학자가 호메로스의 작품에서 영감을 얻고 각기 다양한 방식으로 확대 재생산해온 그 결과물들이 바로 서구 문화의 바탕이 된 것이다. 호메로스의 두 서사시는 2천여 년 동안 시대와 나라를 넘나들며 수많은 사람에게 다양한 방식으로 영감을 주었다. 숱한 시인, 소설가, 화가, 조각가, 철학자, 심리학자들이 호메로스 작품의 테마와 상징, 인물과 영웅담에서 다양한 영감과 통찰을 얻어내 각자의 영역에서 새로운 문화예술 작품을 재창조하거나 자신의 학문을 심화시켰다.

| 역사와 신화의 진실, 일리아스 |

《일리아스》는 역사와 신화를 넘나든다. 작가적 허구와 역사적 사실이 혼재되어 있다. 트로이아 전쟁과 트로이아 문명의 실존 여부가 그러했고, 고대 그리스 도시국가의 분포와 세력관계의 존재 여부도 논란의 대상이다. 하지만 1873년 독일 아마추어 고고학자였던 하인리히 슐리만의 발굴로 트로이아의 존재가 역사적 실재였음이 확인되었다. 이로써 역사와 신화가 혼재된 《일리아스》는 그 진가를 다시 확인받았다.

그러나 《일리아스》의 저자 호메로스가 실존 인물인가, 또는 단수인가 아니면 고대로부터 내려온 암송 음유시인을 총칭한 대명사인가에 대해서도 의문이 가시지 않는다. '호메로스'는 영광스런 시인의 대명사이자, 영원한 탐구와 모방의 대상이다. 그래서 그의 작품은 문학적 상상력과 영감의 끊임없는 원천으로 궁구窮究의 대상이 된다.

일단 호메로스가 기원전 8세기경에 실존했다는 사실은 정설로 받아들이자. 《일리아스》는 기원전 13세기 중반에 발생한 그리스 도시국가 연합군과 트로이아군의 전쟁기가 서사시 형태로 암송되어오다 호메로스에 의해 종합되고 문자화된 것으로 보는 것이 대체적인 견해다. 물론 수십 년 뒤에 쓰인 《오뒷세이아》는 분명 이전의

호메로스와는 다른 실존일 것이란 주장도 계속 제기된다. 또 호메로스가 위대한 서사시인의 대명사인지 탁월한 특정인물인지 아무도 확언할 수 없다.

《일리아스》의 저자가 한 개인이든 다수이든 상관없이, 즉 트로이아 전쟁이 끝나고 4백여 년 후의 호메로스냐, 아니면 4~5백년간 구전되어 온 과거 시인들의 총체냐와 관계없이, 호메로스는 《일리아스》를 통해 그리스인들의 의식과 관습, 언어와 행태, 종교관, 자연관을 여실히 드러내준 위대한 존재임은 틀림없다.

트로이아 전쟁은 지금의 터키 땅인 소아시아 지역의 일리오스에 있었던 트로이아 왕국과 펠로폰네소스 반도에 산재했던 그리스 도시국가 연합군이 10여 년간 벌인 전쟁이다. 전쟁의 표면적 발단은 여자 문제였다. 물론 무역로 확보를 위해 흑해로 진출하려는 그리스 도시국가와 이 길목에 위치한 트로이아 사이에 해상 지배권을 둘러싼 패권 다툼의 연장선에서 이해하려는 견해도 설득력이 있다.

아무튼, 트로이아의 왕자 파리스가 그리스 지역의 스파르테의 왕 메넬라오스Menelaos의 왕비 헬레네Helene를 납치해 간 사건이 표면적인 전쟁 원인이었던 것만은 분명하다. 헬레네의 행동에 대해서는 비난과 옹호가 엇갈리지만 헬레네가 영원한 여성성의 상징으로 서구 문학의 중요한

카라바바 성채에서 바라 본 칼키스 항과 아울리스쪽에 형성된 내해. 오른쪽에 에브리포스 해협으로 나가는 입구의 현수교가 보인다. 칼키스에서 길게 뻗은 지형이 천연의 방파제 구실을 하고 있다. 아울리스 내해에 집결했던 그리스 연합 함대가 바다의 풍랑이 심해 출항하지 못하자 아가멤논은 자신의 딸 이피게네이아를 희생 제물로 바치고 난 후 칼키스 항을 통해 출정했다.

여신 테티스의 아들 아킬레우스(왼쪽)와 '새벽의 여신' 에오스의 아들 에티오피아의 왕 멤논(오른쪽)이 맞대결하는 모습. 멤논은 아킬레우스에게 죽임을 당했다. 기원전 5세기경. 이탈리아 페루자 고고학 박물관

◀프로테실라오스Protesilaos
트로이아 전쟁에서 그리스 진영의 첫 전사자는 텟살리아 출신 장군 프로테실라오스였다. 신탁에 의하면 트로이아에 제일 먼저 상륙한 사람이 제일 먼저 죽게 된다는 이야기가 있었다. 그는 트로이아 군과 교전 중 헥토르에 의해 죽임을 당했다. 트로이아 전쟁의 첫 전사자였다. 기원전 4세기 중반의 그리스 원작을 2세기 로마시대에 모사한 작품. 나폴리 국립 고고학 박물관

소재가 된 것 또한 사실이다.

트로이아 전쟁에는 그리스 본토 지역과 소아시아 지역의 영웅호걸이 총출동한다. 그리스 진영에서는 피해 당사자인 메넬라오스와 그의 형 아가멤논이 중심이 되고, 아킬레우스, 아이아스, 오뒷세우스, 디오메네스, 네스트로, 파트로클로스 등 각 지역의 영웅들이 나섰다. 트로이아 진영에는 프리아모스 왕을 중심으로 주변 동맹국들이 참여했고, 프리아모스의 장자 헥토르 왕자와 사건 당사자인 파리스 왕자, 그리고 아이네아스, 글라우코스, 폴뤼다마스, 에티오피아의 왕 멤논 등 뛰어난 장수들이 맞섰다.

이 전쟁이 끝나기까지 10년이나 걸렸다는 사실이 말해주듯, 양군이 팽팽히 맞서 우열을 가리기 어려웠던 것 같다. 특히 트로이아는 성곽에 의지하여 농성전을 펼쳤고, 그리스군은 포위만 한 채 성벽을 돌파하지 못했던 것으로 보아 당시의 트로이아가 그야말로 철옹성이었던 것 같다. 트로이아 성곽의 형태는 어떠했을까? 나는 2014년 9월에 이곳을 직접 답사했다. 현재까지 남아있으며 트로이아 시대의 것으로 추정되는 성벽을 보면 그렇게 장대하지는 않다. 물론 오랜 세월 동안 붕괴하고 훼손되어 당대의 원형을 가늠하기 어렵기 때문일 수도 있다. 아무튼, 성이 철옹성이었다기보다, 당시의 전투에서 공성법攻城法이 개발되지 못해 공성 자체가 어려웠기 때문이었을 것으로 보는 게 보다 현실에 가까울 듯싶다.

결국, 그리스 연합군이 성문의 파괴와 돌파 방식이 아닌 '트로이아 목마'의 기습으로 승리를 거둘 수 있었지만,《일리아스》의 이야기는 전쟁의 이런 완결을 보여주지는 않는다. 9년 넘게 포위 공격을 하던 시점에서 트로이아 왕자 헥토르의 장례식을 서사시의 마지막 대목으로 들려줄 뿐이다.

| 사랑과 분노, 그리고 삶과 죽음 |

호메로스의 《일리아스》를 관통하는 주제는 사랑과 분노, 그리고 삶과 죽음이다. 전쟁 과정에서 인간 군상들이 겪는 이런 애환에 신들이 개입한다. 그리스의 고대 신은 기독교적 신과 전혀 다르다. 사회적, 심리적 기능을 하지만 도덕적 기능과는 거리가 멀다. 플라톤이 추구한 지성적으로 완벽한 무결점의 신은 더구나 아니다. 고대 그리스 신들은 자연신으로 인간사회의 삶에 영향을 미치는 모든 자연 현상에 깃든 영적 이미지이다. 신들은 영생永生할 뿐 신들의 세계에서나 인간과 교감하는 영적 세계에서 인간적 감성과 행태를 그대로 나타낸다.

신들은 인간이 바치는 제물에 기뻐하기도 하고 그것을 거부하기도 하는 등 변덕스럽기 짝이 없다. 인간과 마찬가지로 신들끼리도 편을 갈라 싸웠다. 트로이아 전쟁만 해도 신들의 분노와 역성이 전황을 복잡하게 만들었다. 그리스인 쪽에는 아킬레우스의 어머니인 바다의 여신 테티스와 지혜의 여신 아테나, 그리고 바다의 신 포세이돈과 제우스의 아내 헤라가 있었다. 아이네이아스의 어머니 아프로디테와 태양의 신 아폴론, 그리고 전쟁의 신 아레스는 트로이아인들을 격려했다.

제우스는 전쟁 초기에는 아킬레우스의 영광을 더 크게 하기 위해 트로이아의 편을 들었다. 하지만 자신의 전리품인 여자 브리세이스를 아가멤논에게 빼앗긴 데 분노하여 칩거하던 아킬레우스가 친구 파트로클로스의 죽음을 보고 분기탱천하여 참전하는 그때에 이르러서야 제우스는 폭풍처럼 그리스 편을 들었다. 그러다가 양편의 전쟁이 너무나 치열해지자 전쟁의 승패를 인간에게 맡기고 모든 신이 중립을 지키게 한다. 이 과정에서 영웅호걸들의 호쾌하

◀트로이아 성의 남문 쪽 성곽 유적. 3,300여 년의 세월에 성곽이 거의 다 소실되었다. 오른쪽 통로가 출입구 부분이다.

◀트로이아 성곽 가운데 가장 보존 상태가 양호한 곳. 성벽 사이의 길을 따라 들어가면 내성에 이른다. 외적을 방어하기 용이한 구조를 갖추고 있다.

고 용맹스런 전투장면, 잔혹하고 비정한 모습과 비굴한 장면들이 모두 드러난다. 또 전투의 두려움과 승리의 명예욕이 점철된 다양한 인간 군상의 모습들이 묘사된다. 특히 인간과 신들 사이의 기도와 수용, 격려와 저주가 또 다른 전쟁처럼 치열하게 벌어진다. 플라톤이 《국가Politeia》에서 호메로스를 비판했던 이유도 신들이 서로 싸우는 추한 모습이 대중에게 미칠 악영향을 염려한 때문이었을 것이다.

당시 그리스인들은 신들의 가호를 빌고, 자신의 승리와 행운은 자신들이 섬기는 신들의 돌봄의 덕택으로 생각했다. 반면 패배와 불운은 상대편 신들의 심술과 비호의 탓으로 돌렸다. 예를 들면 이렇다. 헬레네의 남편인 메넬라오스와 헬레네를 납치해 간 파리스는 양 진영 병사들의 희생을 줄이기 위해 전쟁의 직접 당사자인 자신들의 일대일 결투로 전쟁을 매듭짓기로 합의한다. 일대일 결투의 승자가 헬레네를 차지하고 패자는 배상금을 지급하기로 맹약한 것이다. 그러나 결투에서 메넬라오스가 파리스를 압도하여 마지막 청동 창으로 그를 죽이려는 순간, "아프로디테가 여신의 힘으로 힘들이지 않고 그를 가로채어 짙은 안개로 감쌌다." 신의 개입으로 일

▲아킬레우스(왼쪽)와 아이아스(오른쪽)를 격려하는 아테나 여신의 모습이 암포라에 묘사되었다. 기원전 520~510년경. 파리 루브르 박물관

▼트로이아 전쟁에서 신들은 트로이아 진영과 아카이아 진영으로 나뉘어 응원했다. 이 부조는 아폴론, 아레스, 아프로디테, 아르테미스가 트로이아를 응원하는 모습. 델포이에 봉헌된 시프노스의 보물창고 프리즈에 새겨진 부조다. 델피 고고학 박물관

아킬레우스 혹은 그에게 죽임을 당한 트로이아 왕 프리아모스의 아들 트로일로스Troilus로 추정되는 대리석상. 2세기 말~3세기 초. 나폴리 국립 고고학 박물관

대일 결투의 승부가 나지 않은 것이다.《일리아스》에는 이렇게 위기일발의 순간에 신들이 개입하는 일들이 비일비재하다. 신들이 곁에 나타나 끊임없이 격려하고 고무하기도 하고 사람으로 변신하여 속임수를 쓰기도 한다.

신들이 개입하니 자연히 스토리가 장엄해진다. 물론 신들의 개입이 물리적 현실이든 아니든 간에《일리아스》가 무한한 영감과 흥미를 자극하는 비결은 신과 인간이 서로 얽혀 만들어내는 이런 교감에 있지 않을까. 인간은 신에게 위안받고 스스로 격려하기 위해 신에 의지했고, 때로 자신의 실패와 불운을 신의 나쁜 개입으로 합리화시킬 수 있었던 것이 아닐까.

트로이아 전쟁을 지배한 가장 큰 동기와 힘은 분노다. 파리스에게 아내를 빼앗긴 메넬라오스의 분노, 자신의 전리품이자 사랑하는 브리세이스를 아가멤논에게 빼앗긴 아킬레우스의 분노, 그리고 자신의 시종이자 절친한 친구인 파트로클로스를 죽인 헥토르에 대한 아킬레우스의 분노가 트로이아인들과 그리스인들 사이의 피의 보복을 부르는 전쟁의 동인이 되었다. 사랑과 신뢰, 우정을 잃어버린 데 대한 분노 등이 중첩되어 있다.

호메로스는 이들의 분노를 신들이 부채질하게 하지만 동시에 분노를 녹이는 화해를 인간들 스스로 만들어내게 한다. 나아가 종국에는 필멸必滅의 인간의 한계를 깨닫게 하고 죽음을 겸허하게 마주하게 한다.《일리아스》는 아킬레우스가 헥토르를 죽이고 그리스 연합군이 승기를 잡는 것으로 마무리되지만, 거기엔 대의를 위한 아가멤논과 아킬레우스의 아름다운 화해가 바탕이 된다.

아들 헥토르를 죽인 아킬레우스에게 아들의 시신을 돌려달라고 간청하며 아킬레우스의 손등에 키스하는 트로이아의 왕 프리아모스의 슬픔과, 애끓는 부정에 감동하여 헥토르를 정화한 후 돌려주면서도 죽은 파트로클로스에 대한 아킬레우스의 연민과 슬픔이 교차하는 대목은 독자를 숙연하게 만든다. 또 신들의 예언과 파트로클로스와 헥토르의 장례의식을 통해 그 어떤 영웅호걸도 언젠가 죽을 수밖에 없다는 인간의 운명을 겸허하게 수용하게 한다.

| 날카로운 통찰, 그리고 절묘한 표현 |

호메로스는《일리아스》에서 잔혹한 전투 장면을 생생하게 그려낸다. 그의 표현은 마치 확대경을 들이대고 관찰한 듯 소름이 돋을 만큼 치밀하다. 이런 식이다. "날카로운 창으로 머리의 힘줄을 치자, 청동이 이빨 사이를 뚫고 나가며 혀뿌리를 잘랐다. 그래서 페다이오스는 차가운 청동을 이빨로 깨문 채 먼지 속에 쓰러졌다." 전투에서 죽어가는 수많은 병사의 이름 하나하나를 들어가면서 죽어가는 순간의 모습을 이런 방식으로 정밀하게 묘사한다.

호메로스의 치밀한 표현과 번득이는 비유는 많은 문학가에게 풍부한 영감의 원천이 된다. 경주하는 사람들의 모습을 그린 대목과 양군이 팽팽히 맞선 전황을 그린 대목을 보자.

트로이아 전쟁에서 승패를 가른 '트로이아의 목마'. 목마 안에 숨어 트로이아 성에 잠입한 그리스 병사들이 트로이아 군을 공격하는 모습을 장례용 대형 암포라에 양각으로 표현. 트로이의 목마 그림 중 현존하는 유일한 작품이다. 장례용 암포라는 어린이들의 시체를 담는 관으로 쓰였다. 이 암포라의 겉면에는 트로이가 멸망하는 장면이 부조로 조각되어 있다. 미코노스 섬에서 발굴된 기원전 7세기경 작품. 미코노스 고고학 박물관

> 오일레우스의 아들이 선두에 나섰고, 고귀한 오뒷세우스가 그를 바싹 뒤따랐다. 예쁜 허리띠를 맨 여인이 실꾸리를 날줄 밖으로 빼며, 가슴을 향해 바디집을 손으로 능숙하게 당기면 그것이 가슴께 와 머무르는 그만큼, 꼭 그만큼 오뒷세우스는 아이아스를 바싹 뒤따라가며(…)
>
> 《일리아스》 XXII 759~763

> 양군이 팽팽하게 맞서고 있는 모습은 마치 얼마 안 되는 품삯이나마 자식들에게 갖다 주려고 열심히 양털의 무게를 다는 꼼꼼한 여자 일꾼의 저울에서 한쪽의 저울추와 다른 쪽의 양털이 평형을 이루고 있는 것과 같았다. 꼭 그처럼 양군의 전투와 전쟁은 평형을 이루었으나(…)
>
> 《일리아스》 XII 433~436

이 얼마나 독특하면서도 절묘한 비유인가! 앞서는 사람과 뒤따르는 사람의 간발의 차이를 길쌈하는 여인의 가슴과 바디집의 간격으로 비유한다든지, 전선戰線의 균형과 저울의 평형을 서로 연결하는 것은 쉽지 않은 발상이다. 호메로스의 현실에 대한 현미경적 관찰력과 상황을 이해하는 통찰력, 그리고 무한한 상상력이 없으면 나오기 힘든 탁월한 비유다.

그런데 《일리아스》에는 이런 크고 작은 비유가 헤아릴 수 없이 많아 시적 감흥을 한껏 맛볼 수 있게 한다. 물론 암송을 쉽게 하려고 관용적 표현을 반복하고 있는 점은 산문에 익숙한 독자들을 불편하게도 한다. 하지만 《일리아스》 자체가 읽기용이 아니라 대중을 앞에 두고 구송되었던 시가였다는 점을 고려해야 한다.

호메로스의 《일리아스》는 시인에게는 시가로서의 영감을, 역사학자에게는 역사적 사실의 추적 실마리를, 그리고 지리학자에게는 주인공들의 행적의 지리적 배경과 실제에 대한 호기심을 안겨준다. 또 인류학자에겐 고대 그리스와 소아시아의 풍토와 관습의 양태를, 정치가와 군인에겐 동맹의 체결과 군대의 동원 방식, 그리고 전투의 지휘와 무기체계에 대한 궁금증을 풀어준다. 《일리아스》는 이렇게 다양한 독자들에게 여러 방식으로 영감과 자극을 주는 것이다. 서구 문화 전반에 호메로스의 그림자가 길게 드리워진 이유다. 또한 《일리아스》를 각자의 소양과 관심에 따라 필요한 대목을 거듭거듭 찾아 읽게 만드는 요인이기도 하다.

한번 호메로스에 빠지면 헤어나기 어려울 것 같다. 《일리아스》가 다 보여주지 못한 트로이아 전쟁의 뒷이야기와 영웅들의 후일담이 궁금하기 때문이다. 《일리아스》와 《오뒷세이아》의 소재를 딴 수많은 고대 그리스의 비극과 희극들은 일단 제쳐놓더라도, 트로이아 전쟁의 승자인 오뒷세우스의 험난한 그리스 귀환 여정을 그린 대서사시 《오뒷세이아》만큼은 반드시 읽어야 한다. 또 그리스로 귀환한 아가멤논의 비극적 최후를 아이스퀼로스(Aeschylos, 기원전 525?~456)의 3부작 비극 《오레스테이아》에서 확인해야만 한다.

또 패자인 트로이아의 영웅 아이네아스가 패망한 트로이아를 떠나 방랑하다 로마의 건국으로 부활의 노래를 부르는 《아이네이스》도 빼놓을 수 없지 않은가. 로마가 끝내 정복하지 못했던 게르만의 영웅설화를 담은 대서사시《니벨룽겐의 노래》까지 나아가고 싶지는 않은가. 또 있다. 대서사시에서 빼놓을 수 없는 조연인 신들의 계보와 신화를 정확히 알기 위해《그리스 로마 신화》를 읽어야 하지 않을까. 이런 여정이 끝난 후에《일리아스》를 다시 읽어보라고 권하고 싶다. 불멸의 고전의 진가를 제대로 느낄 수 있을 것이다.

| 불멸의 시인 호메로스 |

호메로스의《일리아스》와《오뒷세이아》는 서양 문학의 영감의 원천이다. 이 두 서사시는 부유하고 권세 있는 남자들로 이루어진 청중 앞에서 낭송될 목적으로 지어졌다. 그리스인들은 이 서사시에 나오는 영웅들의 영광과 좌절, 삶과 죽음이 엮어내는 이야기에 울고 웃었다.

하지만 아마 문자로 기록되지 않았다면, 점점 그 내용이 누락 또는 변질되거나 어느 순간 사라졌을지도 모른다. 구전되어 오던 내용을 처음으로 문자화된 텍스트로 정착시킨 것은 기원전 560년경 그리스의 참주 페이시스트라토스 (Peisistratos, 기원전 600?~527)였던 것으로 추정된다. 양피지와 파피루스 두루마리에 기록되다가 오늘날의 책과 비슷한 방식으로 제본한 책이 후대에 출현한 것 같다. 이후 호메로스의 대서사시가 수많은 필사본 형태로 로마와 지중해 연안으로 퍼져 나갔고, 르네상스의 위대한 시인 페트라르카(Francesco Petrarca, 1304~1374)의 손에까지 들어가게 된다.

호메로스 작품에는 당대의 풍습뿐만 아니라 해학적 요소도 많다. 예를 들어 우리는 파트로클로스가 죽었을 때 아킬레우스의 동거녀 브리세이스가 울면서 자신을 아킬레우스의 정실正室이 되게 해주겠다고 약속했던 것을 파트로클로스에게 상기시키는 대목이나, 트로이아 진영의 글라우코스가 그리스 진영의 디오메데스와 전투 중 선물을 주고받을 때, 황금 무구를 주고 대신 청동 무구를 받는 대목에서 유머와 아이러니를 발견한다.

《일리아스》와《오뒷세이아》에 등장하는 여러 여성 캐릭터들은 다양한 여성성을 보여준다. 전형적인 현모양처 모델인 헥토르의 아내 안드로마케, 아름답지만 위험한 헬레네, 오뒷세우스의 귀환을 기다리며 절개를 지키는 페넬로페, 아가멤논의 못된 아내 클리타임네스트라, 오뒷세우스의 파멸을 유혹하는 세이렌의 자매를 통해 다양한 여성성이 묘사되고 있다.

호메로스의 작품 속에 담긴 찬란하고 장엄한 대목이나 섬세한 묘사는 시가로서의 위대성을 높여주며 이후 그리스 문학에 많은 영향을 끼쳤다. 특히 《오뒷세이아》는 그리스 희극이나 비극 3부작을 반 희극적인 방식으로 끝맺는 사튀로스극satyros play의 원조가 된다. 또 소설의 뿌리가 되어 중세와 르네상스 시대를 관통하게 된다. 기원전 5세기 비극시인 아이스퀼로스가 "자기가 하는 일은 그저 호메로스가 벌인 대향연에서 음식 부스러기를 긁어모으는 것뿐"이라고 한 말이 결코 과장이 아닌 듯하다.

| 호메로스, 문학의 표준이 되다 |

아리스토텔레스가 《시학Peri poietikes》에서 경탄하였듯이, 호메로스는 고대 그리스 철학과 역사, 문화와 문명을 이해하기 위해 빼놓을 수 없는 인물이다. 반대로 소크라테스나 플라톤은 호메로스나 음유시인들을 어떤 지식도 갖지 못한 모방의 기술자일 뿐이라고 무시했다. 그렇지만 호메로스는 단순한 음유시인은 아니었던 것 같다. 그는 음유시인들의 기억력이나 불완전한 기교에 좌지우지되지 않는 확고하고 모범적인 텍스트를 보여주었기 때문이다. 호메로스는 시 창작 활동에서 완숙한 능력을 갖춘 텍스트의 창조자였다.

호메로스가 이후 문학 작품에 미친 영향은 넓고도 깊다. 로마 최고의 시인 베르길리우스의 작품 《아이네이스Aineis》는 《일리아스》의 모티브를 연장했다. 베르길리우스는 이 작품에서 트로이아의 영웅 아이네이아스가 패망한 트로이아를 탈출하여 이탈리아 해안에 이르기까지의 모험과 '로마 건국의 아버지'로서의 자신의 운명을 완결해가는 모습을 그려준다.

또 호메로스는 비잔틴 제국을 통해 그리스를 넘어 9세기의 이슬람 세계에도 영향을 미친다. 그의 작품은 시리아어와 아랍어로도 번역 출간되었다. 그의 시를 향유하는 것은 여러 칼리프는 물론, 바그다드의 귀족에게도 지성적인 사회적 특권이자 힐링healing의 수단으로 활용되었다.

호메로스의 작품에서 얻어내는 영감은 고대 그리스 시대와 로마 시대를 넘어 중세에서 현대에 이르기까지 다양한 장르, 다양한 작가들에게 전이된다. 아이스퀼로스, 소포클레스, 에우리피데스 등 그리스 비극 작가는 물론, 로마의 베르길리우스, 《신곡》을 쓴 중세의 단테(Alighieri Dante, 1265~1321), 철학자 몽테뉴(Michel Eyquem de Montaigne, 1533~1592), 극작가 라신느(Jean Baptiste Racine, 1639~1699), 시인 바이런(Baron Byron,

▶트로이아의 장군 아이네아스가 아버지 앙키세스를 어깨에 메고 아들 아스카니우스와 함께 트로이를 탈출하는 장면을 묘사한 대리석 조각. 이탈리아로 이주한 그는 로마를 건국한 로물루스의 먼 조상이 된다. 조반니 로렌초 베르니니(Giovanni Lorenzo Bernini, 1598~1680)의 1618~1620년 작품. 로마 보르게세 미술관

1788~1824), 시인 괴테(Johann Wolfgang von Goethe, 1749~1832), 심리학자 프로이트(Sigmund Freud, 1856~1939)에게까지 미친다.

어떤 이는 호메로스의 절묘한 형용 묘사와 다양한 상투어, 관행들에서 영감을 얻는다. 또 어떤 이는 "그리스인들과 트로이아인들이 전투하려고 든 창들을 핀과 바늘의 정렬로 그려낸" 정밀한 사실 묘사에 감탄한다. 또 다른 이들은 호메로스가 그린 운명적 인물들의 특징과 비극적 상황에서 또 다른 시와 소설의 모티브를 찾았다.

니체는 호메로스를 "아폴론적 환상의 전적인 승리"로 보았다. 호메로스가 신들을 죽을 수밖에 없는 인간과 삶을 공유시켜 보여줌으로써 인간적인 삶을 정당화해주었기 때문이다. 즉 신들이 인간 자신의 반영이라는 상상을 만들어주었기 때문이라는 이야기일 것이다.

또한 정신병리학자인 프로이트가 호메로스에게서 받은 영향도 이채롭다. 그는 호메로스의 이야기 속에서 '상징적인 읽을거리'라는 끊임없이 변화하는 소중한 보물을 발견한다. 특히 호메로스의 작품을 관통하는 영웅들의 삶과 죽음의 이야기 속에서 삶에 대한 인간의 원초적 욕망과 필멸의 인간이 죽음을 대하는 심리적 긴장을 읽어내는 것이다. "우리가 죽음 뒤에 오는 삶에 가치를 두는 것은 호메로스 이후의 발전이다." 그가 이렇게 말했을 때, 그 안에 함축된 의미가 바로 그런 것이 아닐까.

호메로스의 이야기는 이제 구전이 아니라, 그의 생생한 텍스트의 다양한 변주로서 후대의 작가들에게 크고 작은 영감으로 전수될 듯하다. 1세기경 어느 그리스 작가가 호메로스에 관한 주석서의 첫 부분에 기술한 내용이 인상적이다. 호메로스가 고대 그리스인에게 어떤 의미였는지, 그리고 왜 그가 시공을 초월하여 영생할 수밖에 없는지 절감하게 해준다.

어린아이들은 유아기의 교육을 받을 때 호메로스에게 양육되며, 포대기에 싸이듯이 그의 시구에 싸인다. 우리는 마치 그의 시구가 우유라도 공급해주는 양, 우리의 영혼에 시구의 물을 준다. 호메로스는 우리 한 사람 한 사람이 삶을 시작하여 점차 성인으로 자라날 때 곁에 서 있고, 우리가 활짝 피어날 때 함께 피어난다. 우리는 늙을 때까지 결코 그를 싫증 내지 않는다. 우리가 그를 옆으로 치워두게 되자마자 곧바로 그를 향한 갈증을 느끼게 되기 때문이다. 자, 그렇다면 우리는 이렇게 말할 수 있을 것이다. 호메로스가 가지는 한계만큼이 우리의 삶의 한계라고.
《일리아스와 오디세이아 이펙트》 pp.329~330

08

그리스-로마 문명,
결국은 전인 교육

고대 그리스 도시국가와 로마 공화정은 현대 문명의 고향과도 같다. 비록 노예제도에 기반을 두었다는 한계를 갖고 있었지만, 시민의 보편적 가치인 자유와 평등의 정신을 현실 정치체계에서 최초로 실험하고 구현하려 노력했기 때문이다. 고대 그리스인과 로마인들이 동시대의 다른 나라 사람들에 비해 이런 정신이 유달리 강했던 이유는 무엇일까? 이들의 남다른 문화적 기풍은 무엇이고, 고대 그리스와 로마의 문명을 창출해낸 원동력은 무엇일까? 가장 큰 요인은 교육의 성공에서 찾을 수 있을 것 같다.

고대 그리스와 로마의 교육체계의 특징을 추적하여 분석해줌으로써 그 요인들을 어느 정도라도 가늠하게 해준 사람은 빌헬름 딜타이(Wilhelm Dilthey, 1833~1911)다. 딜타이는 19세기 독일의 탁월한 교육학자였다. 그는 교육과 교육제도가 민족과 함께 성장·성숙·쇠퇴한다는 필연적 사실을 토대로, 고대 그리스와 로마의 문명을 뒷받침한 교육체계를 조명함으로써 고대 그리스와 로마의 문명의 한 단면을 분석하고 독일 교육에 적용할 시사점을 찾고자 했다.

딜타이는 유럽문화의 원형을 이루는 문화가 헬레니즘 및 헤브라이즘Hebraism이라고 믿었으며, 교육사적으로 서양문화를 구성하는 원류로서 헬레니즘 문화를 첫 번째로 꼽았다. 르네상스기의 인문주의자들이나 그 이후의 지식인들은 고대 그리스 정신을 교육적 이상으로 동경했다. 그리스 정신의 바탕에 깔린 인문주의와 자유교양 교육의 특성이 그리스 문화의 창조성과 탁월성을 만들어냈다고 보았기 때문이다.

서양문화의 또 다른 원류는 로마의 실용적 기풍이다. 그리스 문화는 화려하고 심미적이다. 반면 로마의 문화는 강건하고 실용적이며 단순미가 뛰어났다. 또한 이질적 문화와 쉽게 동화할 수 있는 능력까지 갖추고 있었다. 이런 특성은 정복민의 문화를 흡수하면서 대제국을 이루는 밑거름이 되었다. 이러한 고대 그리스와 로마 문명의 만개에 교육이 보이지 않는 큰 동인이었음을 간과해서는 안 된다.

| 그리스의 인문교육 파이데이아 |

고대 그리스 교육의 핵심 개념은 파이데이아paideia다. 이는 놀이paidia에서 학교교육paideusis을 거쳐 교육paidei으로 정착된 개념이다. 그리스인은 강건한 신체를 위한 체육교육과 심미적 영혼을 위한 음악교육을 최상의 교육으로 중요하게 여겼다. 국가의 생존을 위한 상무적尙武的 삶과 개인의 예술적 재능과 개성의 계발을 위한 축제와 놀이를 동반한 음악적 교육은 국가적 목적에 기여하면서 개인의 심신을 도야할 수 있는 조화로운 교육이었다.

물론 그들의 음악교육은 현대적 의미의 음악교육과는 많은 차이가 있다. 고대 그리스의 음악교육은 기초교육으로서 읽기, 쓰기, 셈하기를 당연히 포함했다. 또한 호메로스 서사시의 합창, 기타 반주에 맞춰 노래하듯 암송하는 법률 교육과 시 속에 녹아있는 삶의 지혜를 발표하는 것도 포함되었다. 특히 축제 참여를 통한 공동체 의식 함양 등 정신 도야를 포괄하는 총체적 인성 교육이었다. 이러한 기초 위에 문법과 수사학을 가르쳤다. 전인적 인간미와 전사적 신체교육의 균형을 추구한 것이 그리스 교육의 핵심 이상이었다.

아테나이 아고라 중앙 주랑의 유적지. 아고라의 긴 회랑 건물들은 휴식을 취하거나 산책하는 시민들로 늘 붐볐다. 소크라테스는 아고라의 회랑이나 시장을 거닐며 시민과 청년들에게 끊임없이 질문을 던지며 담론을 나눴다. 아고라는 소크라테스에게 거리의 학교였다.

판아테나이 제전에서 레슬링하는 두 청년의 모습이 암포라에 묘사되었다. 기원전 360~359년경. 에레트리아 고고학 박물관

체육 시설로는 도시마다 사설기관인 팔레스트라Palaestra와 공설기관으로 대형 체육관인 김나시온Gymnasion이 있었다. 기원전 5세기 페리클레스 시대엔 김나시온이 철학 학교와 결합하면서 현대적 의미를 갖게 된다. 그리스의 교육은 놀이 중심의 소년기 교육에서 16~18세 사이의 청년기 교육으로 이어지고, 18세에 시민권 취득과 함께 2년간의 군사교육을 통해 완전한 시민으로 태어나면서 완성된다.

같은 그리스 교육이라도 스파르테와 아테나이 사이엔 많은 차이가 있지만, 자유로운 인간 도야라는 특성은 공통으로 갖고 있었다. 또한 강요가 아닌 자유로운 학문의 탐구를 지향했다는 점에서 '창조력'과 '자유'를 숭상하던 그리스인들의 정신세계에 바탕이 된 것으로 평가할 수 있다.

그리스의 고등교육은 수사학이 중심이었다. 민주정을 구가했던 그리스인들에게 각종 시민 회의, 소송, 군대의 지휘에 논리학, 수사학, 정치학이 필요했고, 뛰어난 언변은 최고로 존경받았다. 자연스럽게 수사학적 기술을 교사하는 소피스테스sophistes가 인기를 끌었다. 최고의 인기를 누렸던 강사는 프로타고라스, 고르기아스, 프로디코스, 트라시마코스 등이다. 하지만 소피스테스의 수업은 인성교육을 거부하고, 지적 능력의 훈련에 요구되는 기술적 보조 수단만을 제공하고자 했다는 점에서 소크라테스나 플라톤 등 철학자들의 호된 비판을 받았다.

그리스 최고의 교육자는 역시 소크라테스였다. 그는 궁극적 진리를 탐구하는 교육학적 명제를 그리스 사회에 던졌다. "캐묻지 않는 삶은 가치가 없다"며 아테나이 시민들에게 자신의 무지를 깨닫게 하고, 성찰하는 삶을 집요하게 요구했다. 뒤이어 플라톤은 '아카데미아'를 설립하여 스승인 소크라테스의 교육적 이상을 구현하고

자 했다.

　플라톤의 교육 철학은 국가적 목적에 기여할 수 있는 개인을 갈고닦아 육성하는 데 초점을 맞추었다. 특히 그는 음악과 체육교육이 향락과 단순한 신체의 교육으로 변질되는 것을 비판하면서, 윤리적 목표의 정립이 체육교육에 선행되어야 한다고 주장했다. 그는 수사학을 넘어 철학 교육을 통해 인식의 근원으로 돌아가야 하며, 기하학, 천문학, 대수학 등 자연과학의 이론으로 나아가야 마지막 이데아idea에 이를 수 있다고 생각했다.

　소피스테스로 분류되길 거부했던 이소크라테스는 수사학을 바라보는 관점이 소크라테스나 플라톤과는 달랐다. 이소크라테스는 자신의 수사학을 철학교육의 일종으로 여겼다. 그는 "철학교사의 일은 학생들에게 마음이 표현되는 모든 종류의 담론 형식들을 가르치는 것"으로 생각했다. 그 역시 수사학의 교육 목적을 궁극적으

▼올림피아 알티스 성역에 있는 팔레이스트라의 유적이다. 열주로 받친 회랑이 있었고, 안쪽 장방형의 공간에서 복싱, 레슬링, 오늘날의 격투기와 비슷한 판크라티온(Pankration) 경기를 연습했다.

로 탁월한 연설가를 만들기 위한 것에 두었지만, 교사가 가르칠 수 있는 역할에는 일정한 한계가 있음을 인정했다.

플라톤이 궁극의 지식epistême를 추구했다면, 이소크라테스는 개개인의 의견doxa를 존중했다. 이소크라테스는 궁극의 절대적인 지식은 인간 본성상 획득하기 어려우며, 인간의 경험에 기초한 의견을 통해 최선의 결론에 도달할 수 있다고 보았다. 그는 관념적 지식보다 현실세계에서 사람들이 구체적인 문제에 대해서 서로 나누는 담론의 중요성에 주목한 것이다. 이소크라테스는 지혜로운 사람이 되기 위해서는 담론의 기술을 연마하는 것이 요구된다고 보았다. 이런 점 때문에 플라톤학파의 순수학문적 입장은 수사학교를 운영하던 이소크라테스학파와 대립할 수밖에 없었다.

아리스토텔레스가 세운 철학학교 '리케이온Lykeion'은 자연과학과 역사 및 사회 현상 연구의 중심이 되었다. 아리스토텔레스의 교육 방향은 다양해진 개별 학문의 성과를 수용하는 수업 개념인 '엔키클리오스 파이데이아enkyklios paideia'의 시대로 전환되는 징검다리 역할을 했다. 문법, 수사학, 철학 또는 변증법, 대수학, 음악, 기하학, 천문학 등 7자유학과Septem artes의 교육이 모든 자유인에게 요청되었다. 그리스의 7교과는 중세 유럽 대학의 교과과정으로 그대로 이어진다.

| 로마의 인성교육 후마니타스 |

'엔키클리오스 파이데이아'는 개인에 의존하지 않는 정규학업 과정의 정립을 의미했다. 이 체제는 알렉산드리아의 대규모 도서관처럼 수많은 학자가 모여 학술 연구와 교육을 체계적으로 수행하는 방식으로 발전하였고, 로마제국 교육기관의 표본이 된다. 물론 에피쿠로스학파는 이러한 백과사전적 교육제도에 반대했다. 스토아학파는 문법과 수사학, 윤리학과 물리학 등으로 교육목적에 따라 교육과정을 단순화한 방식을 널리 유행시키기도 했다.

초기 로마인들의 교육에서는 가정이 그 중심 역할을 했다. 특히 아동교육은 어머니에게 전권이 주어졌다. '어머니 품 안의 교육'이라는 정신 속에 진정한 로마 가정의 긍지가 담겨있었다. 아동기의 교육을 노예들에게 맡겼던 그리스와 달리, 로마에서는 어머니의 감독하에 아버지의 동반활동을 통한 교육 이외에는 어머니가 가정교육을 전담했다.

일상생활 자체의 요소들이 교육적 기능을 수행하는 모습은 로마 교육의 특징이었다. 로마적인 삶 자체가 공적 생활의 특성을 띠었으므로 15세가 되면 아버지와 함께 의회에 출석한다든지, 단체에 가입하고 유명한 법률학자와 관계를 맺는 등, 사회활동을 통해 자연스럽게 사회가 요구하는 역량을 쌓을 수 있었다.

교사를 통한 교육은 기원전 4세기에 등장한다. 아동에게 기초 수준의 공동 수업을 제공하는 학교가 설립되고, 그리스 수업을 모방한 문법학교 등 사교육 기관이 생긴 것이다. 로마에 본격적으로 그리스식 교육이 전파된 것은 기원전 167년에 폴리비우스(Polybios, 기원전 200~118) 등 그리스 지식인 1천여 명이 로마로 끌려오면서부터다. 이후 기원전 155년에 아테나이의 스토아 학파, 아카데미 학파, 소요학파 등의 유명한 학자들이 아테나이의 사절로 로마에 입성했다. 이들은 명망 있는 로마인들로부터 존경을 받으며 교육의 지평을 넓혔다.

이런 의미 있는 사건들은 정치적, 법률적, 군사적 능력에만 의존하던 로마인들이 그리스의 찬란한 예술과 학문적 역량에 매료되어 지적 도야에 대한 욕구를 촉발하는 계기를 만들었다. 그리스식 교육의 전파는 그리스 문명의 이식을 의미했다. 이를 통해 로마에 그리스어, 문법, 문학 수업을 다루는 학교가 등장했다. 로마의 상류계층은 그리스어로 대화하고 공무를 수행했으며, 그리스 교육과 문학을 이상적으로 간주하게 된다. 결과적으로 그리스식 교육의 영향으로 로마의 인간성 교육인 '후마니타스Humanitas'의 이상이 태동한다.

로마의 교육은 초기에는 그리스의 영향으로 수사학과 문법교육이 주류였으나 점차 법률가나 정치가가 되기 위한 법률 교육과 정치학이 창조적으로 발달하게 된다. 특히 그리스의 영향에서 점차 벗어나, 농업, 윤리학, 법학, 군사학, 보건학, 실증 문헌학 등 실용적 교육 분야로 확대되어 로마적인 교육의 특징을 드러내게 된다. 이에 걸맞은 뛰어난 교육이론가도 탄생했다. 카토, 키케로, 세네카 등이 그들이다.

▶로마의 철학자이자 교육자, 정치인이었던 키케로의 흉상. 로마 카피톨리누스 박물관

키케로는 정치가에게 로마사, 로마의 국가조직, 로마법에 대한 정확한 지식이 필요하다고 강조했다. 그는 그리스의 사변적 철학에 로마의 역사의식과 법률의식이 결부되어 더 높은 수준으로 통섭되기를 희구했다. 특히 정치가는 연설가 이전에 최고의 인간이 되어야 한다는 카토의 교육철학을 이어받아 로마교육의 이상인 후마니타스를 역설했다.

로마 교육의 특징은 윤리적 · 세계주의적 요소를 띠어 세계시민적 의식이 교육의 목적으로 추가되었다는 점이다. 이는 로마가 제국으로 성장하면서 갖게 된 자연스러운 현상이었다. 다만 공화정에서 제정帝政시대로 넘어가면서 정치학의 발전은 통치 권력의 강화가 절실했던 황제에 의해서 저지당했다. 반면 황제의 이해와 상충하는 부분이 없었던 법률학, 문법학, 수사학은 발달했다. 국가의 봉급을 받은 최초의 수사학 교사인 퀸틸리아누스(Marcus Fabius Quintilianus, 35?~95?)는 로마에 수사학교를 최초로 도입하는 데 특별한 공적을 남겼다. 특히 그는 인격 형성의 기초가 되는 가정교육과 함께 공적 학교 교육 체제의 중요성을 강조했다.

로마의 교육도 초기의 기초교육은 사교육에 의존했지만, 대다수의 부모는 점차 공립 교육기관을 이용했다. 또한 카이사르(Gaius Julius Caesar, 기원전 100~44)가 교사들에게 로마 시민권을 부여하면서 교사들의 처우와 지위가 향상되고, 교육의 중요성과 함께 교사들이 영향력을 지니게 되었다. 로마의 교육 체계의 비약적 발전은 5현제賢帝 시기에 이루어졌다. 특히 하드리아누스(Pablius Aelius Hadrianus, 76~138) 황제 이후 오늘날의 대학 과정과 같은 고등 교육기관이 로마와 아테나이, 그리고 콘스탄티노플에 설립되어 다양한 학문분야를 가르쳤다.

로마의 교육 목적은 인문주의적 교양을 지닌 연설가의 육성이

▶로마의 철학자 세네카의 흑색 대리석 두상. 제작 연대 미상. 나폴리 국립 고고학 박물관

었다. 여기에 그리스 교육의 전통을 이어받아 교육을 통한 덕성 virtue과 행복의 실현을 강조했다. 이는 심신의 조화와 균형을 추구하여 아름다운 인간을 육성하려 했던 그리스의 교육과 맥을 같이한다.

그리스와 로마의 교육이 당대 시민들의 요구와 사회적 필요성에 어떻게 부응했는지 유심히 살펴볼 필요가 있다. 특히 교육이 단지 개인의 인격적 도야에 그치는 것이 아니라, 그 사회와 국가에서 필요로 하는 인재상을 만들기 위해 어떤 교육철학이 어떤 방식으로 적용되었는지 주목해야 한다.

개인의 발전은 국가적-민족적 발전과 궤를 같이한다는 차원에서 볼 때, 개인과 국가의 발전을 뒷받침할 수 있는 교육체계의 중요성은 매우 높기 때문이다. 이런 관점에서 볼 때, 그리스와 로마의 교육이 전인적 인성교육뿐만 아니라 공동체의 발전에 기여할 수 있는 덕성을 함양하도록 유의했던 점은 우리에게 많은 것을 시사한다.

그리스와 로마 교육의 인문주의와 자유교양 교육의 특성이 그리스와 로마 문명의 창조에 큰 밑거름이 되었다는 점에서, 주입식 지식교육에 치중하고 있는 우리나라의 현대 교육의 문제점을 상기시키고 나아가야 할 새로운 방향에 대한 고민을 안겨준다.

▶로마의 하드리아누스 황제(재위 117~138) 대리석 두상. 그는 최고의 그리스 문예 애호가로서 그리스 신전 및 유적 복원에 힘썼고, 그리스 문명의 계승과 로마의 문예 부흥을 이끌었다. 제작 연대 미상. 로마 국립 미술관

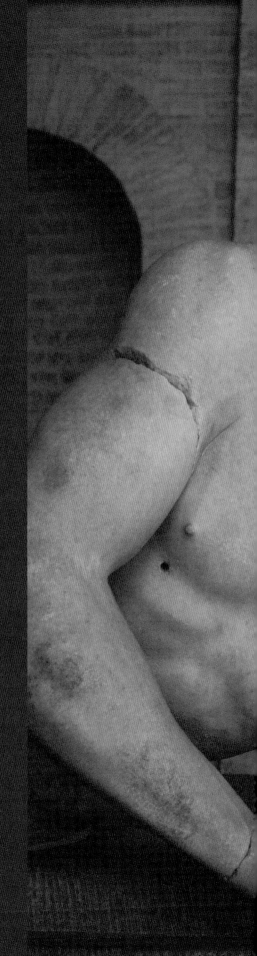

III
세계사를 바꾼
전쟁들

자유를 숭상하는 그리스인들은 민족적 자부심이 유달리 강했다. 이민

족인 페르시아와의 세 차례의 전쟁에서 승리함으로써 그리스인들은 헬

라스 민족의 우월성을 재확인했다. 기원전 5세기 그리스 문명의 황금기

는 그 승리의 대가였다.

그러나 외적을 물리치고 번영을 구가하는 것도 잠시, 아테나이와 스파

르테를 중심으로 한 도시국가들의 대립은 파멸적인 펠로폰네소스 전쟁

을 불러왔다. 그리스 도시국가들의 소모전은 그리스 본토의 패권을 마

케도니아에게 쥐어주게 만든다. 패권자 알렉산드로스의 등장은 필연이

었다. 페르시아 전쟁에서 알렉산드로스 대왕의 동방원정에 이르기까지

그리스인들은 오랫동안 페르시아와 숙명적 대결을 벌이며, 정치, 경제,

사회문화의 측면에서 세계사의 격변을 만들어냈다.

트로이아 전쟁에서 죽어가는 그리스 전사의 모습(세부). 기원전 490~480년경
뮌헨 고대 조각미술관

동양과 서양이 맞붙다, 페르시아 전쟁

> 이 글은 할리카르나소스 출신 헤로도토스가 제출하는 탐사보고서다.
> 그 목적은 인간들의 행적들이 시간이 지나면서 망각되고,
> 헬라스인들과 비非헬라스인들의 위대하고도 놀라운 업적이
> 사라지는 것을 막고, 무엇보다도 헬라스인들과
> 비헬라스인들이 서로 전쟁을 하게 된 원인을 밝히는 데 있다.
>
> 《역사》, I

역사학의 아버지 헤로도토스는 인류 최초의 역사서인 자신의 《역사Histories apodexis》 첫머리에서 그 저술 목적을 이렇게 밝히고 있다.

그가 규명하고자 하는 전쟁은 바로 후세 사람들이 '페르시아전쟁'으로 알고 있는 세 차례에 걸친 페르시아의 그리스 침략전쟁을

일컫는다. 헤로도토스는 역사상 동양과 서양이 최초로 격돌한 이 전쟁에서 그리스인이 거둔 놀라운 승리와 전쟁의 원인을 추적했다.《역사》는 페르시아와 그리스 문명을 이해하는 핵심 또는 열쇠가 되는 작품이다. 단순히 전쟁의 전말만 기록한 것이 아니라, 동서양의 숱한 국가들의 자연과 풍물, 관습을 채록한 민족지民族誌적 특성까지 갖고 있기 때문이다.

헤로도토스의《역사》는 페르시아전쟁을 기술한 최초이자 최고最古의 저작이다. 동시에 페르시아전쟁과 관련된 그리스의 여러 비극 작품과 각종 그리스 저작들이 일차적으로 참조하는 가장 권위 있는 출처이기도 하다. 그리스 비극작가 아이스퀼로스가 쓴《페르시아인들》이라는 작품도 3차 페르시아전쟁의 살라미스 해전에서 패배한 크세르크세스 대왕의 참담한 귀환 과정을 그린 페르시아전쟁과 관련된 중요한 전거다.

페르시아전쟁을 담은 헤로도토스의《역사》는 하나의 거대한 다큐멘터리다. 역사서로 보기엔 너무나 세밀한 인물 묘사가 담겨 있고, 소설이라고 보기엔 너무나 많은 역사적 사실에 근거하여 이야기가 전개되고 있다. 특히 전쟁터가 되는 그리스 세계 여러 국가의 당시 정치사회적 환경과 정치가와 군대 지휘관들의 의사결정 과정도 보여준다. 2차 페르시아전쟁에서의 마라톤 평원의 전투, 3차 전쟁에서의 테르모필라이 협곡의 전투, 그리고 살라미스 해전과 플라타이아이 전투에서의 대치 상황과 군사 배치 및 전투 상황을 생생하게 묘사하고 있다.

| 세계를 누빈 최초의 배낭여행가 헤로도토스 |

과거를 잊으면 미래를 열 수 없다. 문명 이래 인류의 역사는 어쩌면 거듭되는 반추의 역사인지도 모른다. 헤로도토스는 2,400여 년 전에《역사》를 온전한 형태로 남겨 과거를 되돌아볼 수 있는 거울을 만들어주었다. 그가 '역사의 아버지'로 불리는 이유다.

《역사》에는 3천여 년 전, 아니 그보다 훨씬 이전부터 켜켜이 쌓인 인류의 삶의 단층을 고스란히 보여준다. 헤로도토스는 천부적인 이야기꾼이었다.《역사》는 역사적 사실의 단순한 기록을 넘어 세계 여러 나라의 수많은 일화와 기담, 습속과 문화, 인종, 자연 풍토와 지리에 이르기까지 광범위한 영역을 직접 체험하거나 보고 들은 것을 정선精選하여 기술했다.

그는 정치사뿐만 아니라 지리학적, 인종학적, 민속학적 자료를 채집하고 조사하여 기록했다. '역사Histories'라는 단어의 본래 의미가 '탐구'라는 점이 이 헤로도토스의 역사서의 성격을 보다 정확히 대변한다. 그는 세상에 대한 끝없는 호기심으로 과거와 현재의 자취와 현상들을 관찰하고 기록하며 탐구했다.

헤로도토스는 지금의 터키 지방인 당시 소아시아 서남부에 위치한 카리아Karia 지방의 할리카르낫소스Halikarnassos 시에서 태어났다. 그는 그리스인이자 최초의 세계인이었다. 그는 그리스를 제외한 지역의 사람들이 모두 바르바로이로 불리던 당시, 그리스와 지중해, 소아시아 영역은 물론, 흑해 연안 스퀴타이족의 나라에서부터, 바빌론과 이집트, 남이탈리아, 시칠리아 지방을 자유롭게 여행했다. 물론 페르시아를 빼놓은 것을 예외로 한다면 당시 서양 문명이 영향을 미치고 있었던 전 세계를 여행한 셈이다.

그만큼 《역사》에는 당대의 모든 나라에 관한 이야기가 이어진다. 그 가운데 인상적인 이야기만 들려 해도 열 손가락이 모자란다. 뤼디아의 크로이소스 이야기, 페르시아를 크게 융성시킨 퀴로스의 행적, 그리고 페르시아 다레이오스 왕의 치세와 스퀴티스 원정 이야기 등이 아주 흥미롭다. 또 여러 나라의 진기한 풍속에 대한 기록은 민속학적, 지리학적으로 귀중한 소재를 제공하고 있다. 여기 재미있는 풍속 몇 가지만 소개한다.

지금의 베네치아 일대에 살던 민족인 일리리콘의 에네토이족은 경매를 통해 아내를 고르도록 했다. 젊고 예쁜 여인을 사려면 남들보다 더 높은 가격을 제시해야 했다. 반면에 남자들의 선택을 받기 어려운 못생기거나 장애가 있는 처녀의 경우에도 경매에 부치되, 이때는 반대로 여자를 선택하는 남자에게 경매자가 돈을 지급했다. 가장 적은 돈을 받고 장가들겠다는 남자에게 해당 처녀를 안겨주었던 것. 헤로도토스는 이 종족이 이런 풍습을 나름대로 아름다운 관습으로 여기고 있다고 소개했다.

바빌론인들의 수치스러운 관습도 이채롭다. 이곳의 여자는 누구나 일생에 한번은 아프로디테 신전에 가서 그곳에 앉아 있다가 낯선 남자와 반드시 몸을 섞어야 했다. 이 의무를 이행하지 않으면 집으로 돌아갈 수 없다. 현대인의 관점에서는 이해할 수 없는 일이지만 이런 관습은 당시 키프로스 섬 등 몇몇 지역에도 퍼져 있었다고 한다.

이집트에서는 다른 민족과 정반대의 관습과 풍속이 행해지는 기이한 현상도 관찰했다. "여자들이 시장에 나가 장사를 하고, 남자들이 집안에서 베를 짜며 오줌은 여자들이 서서 누고, 남자들이 앉아서 눈다. 배변은 집 안에서 하고, 식사는 노상에서 한다. 또한 다른 나라와 달리 사제직도 여자가 아닌 남자가 맡았다."

흑해 연안 스퀴타이족의 야만적인 전쟁 관습도 특이하다. 이들은 적을 죽여 가죽을 벗긴 후 이를 부드럽게 가공하여 손수건으로 쓰거나 오른손에서 손톱이 붙은 채로 가죽을 벗겨 화살통의 뚜껑으로 만들어 썼다. 이런 도구들을 많이 가진 자를 용감한 자로 간주했기 때문이다. 끔찍한 일이다.

헤로도토스는 그리스인들이 야만인이라고 여긴 다른 나라로부터 영향을 받은 경우도 솔직하게 기술한다. 아테나 여신의 의상과 염소 가죽의 아이기스aegis가 아프리카의 리뷔에 여인들의 의상을 모방한 것이란 유래가 그것이다. 리뷔에 여인들이 염소 가죽을 물들여 겉옷으로 입고 다닌 것을 그리스인들이 모방한 것이라고 말한다. 마차에 말 네 필을 매는 것도 리뷔에인으로부터 배웠다고 한다.

| 페르시아전쟁 승리의 원동력은? |

그렇다고 해서 다양한 나라의 진기한 풍습을 소개하는 게 헤로도토스의 주된 목적은 아니었다. 그가 《역사》를 저술한 궁극의 목적은 그리스와 페르시아의 전쟁 과정을 추적하고 조명하는 데 있었다. 그는 당시 동양과 서양을 대변하는 두 나라의 충돌을 인류 역사상 가장 큰 사건으로 보았다. 작은 도시국가의 그리스 연합군이 거대 제국인 페르시아의 침공을 막아내 '자유'를 지켜낸 경위를 정확하게 기록하고 그 영광을 후세에 남기고자 했다.

이런 관점에서 그는 그리스와 페르시아에 전운이 감돌던 시기의 사건들과 양국의 상황, 그리고 주변국과의 관계를 관찰하고 기록함으로써 세 번씩이나 벌어진 전쟁의 징조와 그 거시적 원인 및 배경의 기술에 초점을 맞추었다.

기원전 6세기 말, 그리스인들이 진출하여 많은 식민도시를 건설한 소아시아 지역이 페르시아의 지배 아래 들어가면서 자유를 쟁취하려는 그리스 도시국가들과 페르시아 사이의 갈등이 고조된다. 거대한 제국 페르시아를 완성한 다레이오스 1세는 소아시아를 넘어 유럽대륙의 트라키아 지방까지 정복하고자 했다. 결국 다레이오스 1세에 의한 1차와 2차, 뒤를 이어 왕위에 오른 크세르크세스에 의한 3차 전쟁 등, 모두 3차례에 걸쳐 그리스와 페르시아는 치열한 전쟁으로 격돌했다.

양 진영의 군세만으로 보면 페르시아가 압도적이었다. 물론 헤로도토스는 그리스의 승리를 더욱 빛나게 하려 했던지, 페르시아 군세를 과장한 것으로 보이긴 한다. 예를 들어 3차 침공 시 크세르크세스 군대의 규모를 육군이 170만 명에 이르고, 3단 노선이 1,207척이었다고 한 것을 그대로 믿기는 어려울 듯싶다. 어떻든 그리스 연합군은 3차례 모두 페르시아의 대군을 물리쳤다.

1차 전쟁에서는 아토스 곶의 격한 풍랑이 전선을 난파시켜 이들을 물러가게 했다. 2차 전쟁

에서는 밀티아데스(Miltiades, 기원전 554?~489)가 이끈 아테나이와 플라타이아 연합군이 마라톤 전투에서 페르시아 대군을 패주시켰다. 3차 전쟁 역시 스파르테의 레오니다스 왕을 포함한 300명 결사대의 옥쇄와, 아테나이의 테미스토클레스(Themistocles, 기원전 528?~462?)가 이끈 그리스 연합함대와 페르시아 함대 간의 살라미스 해전의 대승, 그리고 육지 플라타이아이 전투에서의 연이은 승리로 전쟁의 막이 내렸다.

　페르시아전쟁은 그리스 전역을 멸망시킬 수도 있는 절체절명의

▲다리우스 1세의 경호대인 '불사의 군대' 행렬이다. 화려한 의복을 착용했고, 활과 창으로 무장하고 있다. 페르시아의 수사와 페르세폴리스의 왕궁에 부조되었던 작품. 기원전 6세기 말~5세기 초. 베를린 페르가몬 박물관

위기를 몰고 왔다. 그런데 외형적 전력의 절대적 열세를 극복하고 그리스 연합군이 승리할 수 있었던 원동력은 무엇일까? 무엇보다 그것은 그리스 세계의 공멸을 막기 위한 그리스 도시국가들의 결집에 있었다. 특히 그리스인은 전제군주 체제의 페르시아 침공이 민주정 위주의 그리스인에게 생존보다 더 중요한 자유의 박탈을 강요하는 것으로 인식했다. 이런 가치의 공유가 단결의 동인이 되었던 것이다.

| 밀티아데스와 마라톤 전투의 기적 |

페르시아는 그리스인들에게 흙과 물을 바치도록 요구했지만, 그리스인들은 자기 나라가 페르시아에 굴복한다는 것을 곧 자유를 포기하는 것으로 생각했다. 그리스의 장군들은 시민과 병사들에게 "자유민으로 남거나 아니면 노예, 그것도 탈주한 노예가 될 수도 있는" 상황을 늘 상기시키며 맞서 싸울 것을 독려했다.

페르시아인 사령관인 휘다르네스가 스파르테인들에게 항복하라고 회유할 때, 이들이 한 결연한 답변은 그리스인들의 보편적 정서였을 것으로 생각된다. 승리의 원동력은 바로 여기에 있지 않을까?

▲아크로폴리스에서 발굴된 실물 크기의 반신 전사상. '레오니다스'라는 별명으로 불린다. 물론 실제 레오니다스 초상으로 보기는 어렵다. 전쟁 영웅의 조각상으로 신전의 박공벽에 안치되었던 것으로 추정된다. 하지만 강인한 스파르테 전사의 형상을 잘 표현하고 있어 사랑받는 조각이다. 투구의 상단을 벗 모양으로 장식하고 얼굴을 보호하는 투구의 옆면에 숫양의 뿔 모양으로 장식한 점이 특이하다. 또 콧수염을 기르지 않았던 스파르테의 풍습도 볼 수 있다. 스파르타 고고학 박물관

> 휘다르네스여, 그대는 상황을 잘 몰라서 우리에게 그런 조언을 하시는 것이오. 그런 조언을 하시는 것은 그대가 하나는 알고 둘은 모르고 모르기 때문이오. 즉, 그대는 노예가 된다는 게 어떤 것인지는 알아도, 자유가 무엇인지는 전혀 경험해보지 않아 그것이 달콤한지 아닌지 모르신단 말이오. 그대가 자유를 경험했더라면 우리에게 창뿐 아니라 도끼를 들고 자유를 위해 싸우라고 조언했을 터인데. 《역사》VII, 135

물론 페르시아의 위력에 눌려 이들에 부역한 그리스 도시국가
들도 적지 않았다. 조국을 적에 판 배신자와 부역자도 많았다. 아테
나이의 참주였던 페이시스트라토스의 아들 힙피아스는 아테나이
로 쳐들어가는 페르시아군의 향도가 되어 마라톤으로 안내했다.
그는 페르시아가 아테나이를 정복하면 자신이 다시 정권을 잡을
수 있을 것으로 생각했다. 자신의 권력에 대한 탐욕이 조국을 배신
하게 했던 것이다. 그러나 전쟁은 그의 바람대로 전개되지 않았다.

페르시아의 엄청난 대군 앞에 목숨을 부지하기 위해 어쩔 수 없
이 항복하고 자진하여 페르시아에 부역하는 도시국가가 늘어났지
만, 아테나이인들은 단호하게 적들에 맞섰다. 기원전 490년 벌어진
마라톤 전투에서 "페르시아 측은 약 6,400명이 전사하고 아테나이
측은 192명만이 전사했다." 결국 아테나이인들은 "헬라스 전체의

▲마라톤 전투에서 전사한 아테나이 병사들
의 무덤. 아테네 마라톤 유적지

▲마라톤 전투의 영웅 밀티아데스의 동상.
아테네 마라톤 유적지

자유를 지키는 길을 택해 페르시아에 부역하지 않은 나머지 헬라스 전체를 분기奮起시킴으로써 신들의 도움으로 페르시아 왕을 물리쳤던 것이다." 완패한 페르시아군은 회군하지 않을 수 없었다. 헤로도토스가 "아테나이인들이야말로 헬라스의 구원자들"이라고 평가한 이유다.

그리스 연합군의 전술과 중무장한 보병의 전투역량은 페르시아군을 압도했다. 이 역시 적은 병력으로 대군을 물리칠 수 있었던 또 하나의 동인이다. 반면에 페르시아군대는 여러 피지배 국가에서 징발된 군사들이 많았고 승리에 대한 열망이 크지 않았다. 무엇보다도 자유를 지키고자 하는 그리스 연합군의 절박함을 따를 수 없었기 때문이 아닌가 싶다. 제2차 페르시아전쟁은 이렇게 그리스 진영의 승리로 끝났다.

| 배수의 진을 친 레오니다스 왕과 300의 용사 |

기원전 480년에 벌어진 제3차 페르시아전쟁에서도 그리스 연합군은 자유를 지키기 위해 죽음으로 맞섰다. 먼저 스파르테군이 큰 공을 세웠다. 테르모필라이 협곡의 전투에서 전멸한 스파르테의 용사 298명의 비문처럼 조국을 수호하라는 명령을 죽음으로 이행했다. 이들의 임전무퇴臨戰無退의 용맹이 3차 페르시아전쟁을 승리로 이끈 원동력이 되었음은 물론이다. 시인 시모니데스는 이들의 승리를 이렇게 찬미했다.

▶마라톤 전투의 승전비. 기둥은 소실되고 상부의 일부만 남았다. 마라톤 박물관

> 지나가는 나그네여, 가서 라케다이몬인들에게 전해주시오. 우리가 그들의 명령을 이행하고 이곳에 누워 있다고! 《역사》Ⅶ, 751

| 테미스토클레스와 살라미스 해전 |

테로모필라이 전적지에 있는 레오니다스 왕의 청동상

테르모필라이 협곡에 있는 시모니데스의 시비

석양에 비친 테르모필라이 전투 기념물. 한쪽에 날개를 단 용사 상이다.

세 차례의 페르시아전쟁 가운데 그리스를 가장 아슬아슬한 존망의 기로로 몰아넣었던 건 크세르크세스가 페르시아 육군과 해군을 직접 이끌고 쳐들어온 3차 전쟁이었다. 기원전 480년에 벌어진 3차 전쟁은 살라미스 해전과 플라타이아 전투에서 페르시아가 완패함으로써 끝났다.

특히 살라미스 해전은 아테나이가 아티케 전역을 페르시아 대군에 내준, 즉 '전 국토를 잃었을' 뿐 아니라 아테나이인들을 모두 살라미스 섬으로 피난시킨 절체절명의 상황에서 극적으로 기사회생시킨 전투였다. 만약 살라미스 해전에서 그리스 연합군이 패했더라면, 아테나이는 그리스 본토에서 완전하게 소멸했을 가능성도 있었다.

펠로폰네소스 반도의 코린토스와 스파르테 역시 페르시아 육군에 점령당하는 상황에 내몰릴 수 있었다. 해상이 완전히 봉쇄된 상황에서 페르시아 대군이 지상전을 펼칠 경우 막아내기 힘들었을 것이기 때문이다. 더군다나 펠로폰네소스 반도로 진입하는 육로에는 테르모필라이와 같은 천혜의 방어 요충지도 없었다. 또 해상에서도 페르시아 대군에 밀릴 경우 그리스인들이 갈 수 있는 곳은 이탈리아 남부 지방밖에 없었다. 테미스토클레스는 이런 최악의 상황까지 염두에 두었던 것 같다.

살라미스 해전이 세계의 역사를 바꾼 첫 번째 전쟁으로 손꼽히는 이유가 바로 여기에 있다. 서방 세계인 그리스와 동방 세계인 페르시아의 맞대결 승자에 의해 지금과는 전혀 다른 역사가 쓰일 수도 있었다. 그런데도 살라미스 해전은 2차 페르시아전쟁 당시 그리스가 대승을 거둔 마라톤 전투보다 주목을 덜 받아왔다. 귀족과 중

산층이 주축이 된 기병과 중무장 보병은 승리의 영광을 충분히 누릴 수 있었지만, 하층민 위주로 구성된 노잡이가 큰 역할을 한 살라미스 해전의 경우 그 공적이 의도적으로 경시된 측면이 없지 않았다.

살라미스 해전의 승리에 대한 정황은 헤로도토스의 《역사》와 아이스퀼로스의 비극 《페르시아인들》에 상당 부분 기술되어 있다. 당시 아테나이는 페르시아 대군에 밀려 아티케 전역의 시민들을 도피시키는 대대적인 소개疏開 작전을 펼친다. 아테나이는 아테나이 시가지와 아크로폴리스를 포기하고 페르시아 대군이 파르테논 신전과 아크로폴리스의 모든 신전을 불태우고 파괴하도록 내줄 수밖에 없는 굴욕적인 상황을 맞이했다.

아테나이가 이러한 청야淸野 작전을 통한 페르시아 군과의 대결 전략을 펼치게 된 데에는 신탁의 계시가 큰 영향을 미쳤다. '나무 장벽'은 함락되지 않을 것이라는 델포이 아폴론 신전의 신탁은 아테나이가 육전이 아닌 살라미스 해전으로 대반전을 만드는 결정적 근거가 된다. '나무 장벽'이 무엇인지를 둘러싸고 아테나이인들의 의견이 분분할 때 테미스토클레스는 '나무 장벽'은 곧 함선을 의미한다고 해석했고, 살라미스에서 해전을 통해 승리할 수 있다고 설득했다. 결국 그의 주장은 공식 전략으로 채택된다.

존망의 갈림길에 내몰린 아테나이와 그리스는 테미스토클레스라는 걸출한 전략가의 등장으로 기사회생하게 된다. 해전에서 결판이 날 수밖에 없으리라고 판단한 테미스토클레스의 통찰, 그리고 승리의 조건을 만들어나가는 교활한 전략이 그리스를 구해냈다.

아테나이는 '땅을 모두 빼앗긴' 처지가 되어 그리스 연합군 사이에서 조롱과 멸시를 받는 상황에 부닥친다. 그런 와중에 그리스 연합함대가 살라미스에서 페르시아 대함대에 최후의

살라미스 해전의 영웅 테미스토클레스. 그의 동상이 아테네의 관문 항구인 피레우스 항에서 살라미스 해협을 바라보며 서 있다.

살라미스 섬으로 가는 배 위에서 바라본 살라미스 섬과 해협. 오늘날 이 좁은 해협에는 상선과 유람선이 붐빈다. 하지만 여전히 군사적으로 중요한 요충지로, 섬의 북쪽 해안에는 해군기지가 있다.

반격을 가하기 위해 테미스토클레스가 발휘한 전략과 속임수는 현란하다.

아테나이는 360여 척의 그리스 연합 함대 중 180척의 대선단을 거느리고 있었다. 스파르테의 함선은 겨우 16척에 불과했다. 해군의 전력 구성으로 보면 당연히 해군 사령관은 아테나이의 몫이 되어야 했다. 그러나 아테나이는 최강의 중장보병을 바탕으로 육군 사령관을 맡고 있던 스파르테에게 해군 사령관의 자리마저 내주어야 했다.

그러나 테미스토클레스는 자신이 반드시 사령관이 되겠다고 고집부리지 않았다. 오히려 그는 육전으로 펠로폰네소스 반도를 고수하려는 전략에 더 마음을 쏟고, 해전에 소극적이던 스파르테와 코린토스를 해군 연합군에 묶어두기 위해 사령관직을 전략적으로 내주었던 것으로 보인다. 자신의 권력 욕망을 내려놓고 오로지 조국을 구하기 위한 최선의 방략에만 골몰했다. 지분에 걸맞은 지휘권을 요구해야 마땅한 상황에서 택한 자기희생적인 결정은 그리스 연합군의 결속력을 높여 승리의 원동력이 되었던 것 같다. 테미스토클레스의 주도면밀한 지혜 덕분이다.

아테나이는 육지를 모두 잃었다. 반면 육지가 아직 온전했던 코린토스와 스파르테의 입장은

땅을 모두 빼앗긴 아테나이나 인근 육지로 나갈 출구를 봉쇄당한 섬 아이기나의 처지와 사뭇 달랐다. 사실 스파르테와 코린토스는 살라미스를 포기하고 코린토스 지협에서 싸우길 더 원했다. 하지만 아테나이 시민들은 아티케 본토를 모두 버리고 살라미스 섬으로 피난 온 상황이어서 더는 물러설 곳이 없었다.

| 숙적들의 아름다운 협력 |

테미스토클레스는 살라미스의 좁은 해협이 페르시아 대함대를 대적하기에 천혜의 조건을 갖추고 있다고 판단했다. 그는 페르시아에 첩자를 보내 그리스군이 분열되어 도주하려한다는 거짓 정보를 알려주고 페르시아 해군의 포위 공격을 유도하여 그리스군의 단결을 끌어낸다. 이 과정에서 테미스토클레스를 도와 큰 공을 세우는 사람은 아리스테이데스(Aristeides, 기원전 520?~468?)였다.

살라미스 섬 해안에 있는 해전 승전 기념물
페르시아 함선에서 적을 공격하는 그리스 전사의 모습을 형상화했다. 건너편의 육지가 아티케 본토이다. 건너편 언덕에서 페르시아의 크세르크세스 대왕이 살라미스 해전을 관전했다고 한다.

그런데 놀랍게도 그는 테미스토클레스의 최고 정적政敵이었다. 그는 테미스토클레스에 의해 해외로 도편추방 당한 사원私怨이 많은 사람이었다. 그렇지만 국가 존망의 갈림길에서 테미스토클레스는 아리스테이데스를 특별 사면하여 아테나이로 다시 불러들였고, 살라미스 해전에 참전시켰다. 그러자 아리스테이데스는 분열되기 직전의 그리스 함대를 다시 결속시킬 계책을 테미스토클레스에게 조언했다. 최고의 정치적 숙적이었지만 국가의 존망 앞에서 개인적 원한을 접고 오로지 국가를 위해 합심했던 두 사람의 행위는 더 없이 고결했다. 지금 이 순간 나라의 운명보다 개인의 영달과 안위에 더 연연하는 정치인들이 얼마나 많은가. 이들이 아테나이의 이 두 사람의 행동에서 교훈을 새겨보았으면 좋겠다.

살라미스 해전에서 그리스 연합군이 승리한 요인은 여러 가지다. 무엇보다 사기士氣가 달랐다. 그리스 연합군은 그리스 세계의 자유를 지켜내야 한다는 절박한 상황에 놓여 있었다. 또 아테나이 등 그리스 세계의 약탈과 파괴에 대한 분노는 승리와 보복심에 대한 열망을 극도로 높여줬다. 반면에 수많은 속국의 종족으로 구성된 페르시아군은 전쟁의 명분과 실제적 목적에 대한 공감과 자발성이 부족했다. 서로 다른 언어를 쓰는 함선 간의 의사소통조차 제대로 되지 않았다.

페르시아에는 테미스토클레스와 같은 해전에 능한 장군들이 부족했다. 게다가 타국인 현지의 바다 지형과 조수, 바람 등 해전을 좌우하는 자연 조건들에 대한 이해와 활용 능력이 떨어졌다. 더구나 묵직한 아테나이 함선이 이물의 충각으로 적함을 파괴하는 충격 작전으로 나오자, 페르시아 함선들은 좁은 해협에서 좌충우돌하며 속수무책으로 파괴되고 함선의 병사들은 도륙당했다.

그리스 연합군은 비록 함선의 수가 적었지만, 지휘방식이나 전력, 지형, 함선의 운용에서 두 배나 많은 700여 척의 함선을 보유한 페르시아 해군을 압도했다. 더구나 아테나이 수병들은 죽기를 다해 싸웠지만, 페르시아 지휘관과 수병들은 대왕의 눈에 드는 행위를 하는 데 더 신경을 썼다. 사기와 충성도 자체가 달랐던 점이 승패를 갈랐다.

살라미스 해전에서 참패한 크세르크세스 대왕은 아시아에서 유럽으로 건넌 헬레스폰토스의 다리를 그리스인들이 해체할까 두려워 서둘러 퇴각한다. 그는 퇴각하면서 육군 30만 대군을 맡겨주면 그리스 전역을 정복하여 바치겠다는 휘하 장군 마르도니오스의 청을 받아들여 그에게 육군 총사령관의 지위를 맡기고 자신은 철수하게 된다.

하지만 테르모필라이 전투에서 불굴의 감투

정신에 고양된 스파르테군과 살라미스 해전의 승전으로 사기가 오른 아테나이군이 주축이 된 그리스 연합군은 플라타이아 전투에서 마르도니오스가 지휘한 페르시아 대군을 물리치고 그들을 그리스 본토에서 완전히 몰아내었다. 이로써 3차례의 기나긴 페르시아전쟁은 끝나게 되었다.

《역사》에 기록된 세차례에 걸친 페르시아전쟁은 그리스인들에게 영광의 자취이자 최고의 역사적 사료이다. 헤로도토스는 전쟁 중에 벌어진 각 도시국가 간의 갈등과 대립, 협력을 끌어내기 위한 노력과 성취들, 그리고 그리스와 페르시아의 전술과 지휘체계, 지도자와 장군들의 전략과 영웅적 활약상을 잘 채록하고 있다. 특히 지도자들의 선택과 판단이 국가의 흥망을 좌우할 수 있다는 점과 거시적인 식견을 바탕으로 한 협상과 설득 전략이 얼마나 중요한지 여러 곳에서 확인할 수 있다.

《역사》는 고대 그리스와 주변 세계에 대한 풍부한 정보를 담고 있는 보고다. 포괄하고 있는 영역이 워낙 넓어 여러 영역의 전문가들이 각자의 관점에서 다양한 분석을 시도할 수 있는 자료가 산재해 있다. 군사학도는 각 군의 군사력과 전략과 전술, 무기체계 등을 살필 수 있다. 풍속학자는 각국의 성 풍속과 결혼제도를 추출해볼 수 있다. 지리학자는 당대 지구 위에 존재했던 국가들의 영토의 한계와 각국의 지리적 특성을 살필 수 있다. 외교에 관심이 있는 사람은 전쟁 와중에 벌어진 회유와 교란, 동맹을 끌어내려는 다양한 외교전을 분석해볼 수 있을 것이다.

《역사》는 승리의 기록뿐만 아니라 처참한 패배의 기록 또한 풍부하게 담고 있다. 그는 역사가의 소명감으로 후세가 반추해야 할 기록을 최대한 철두철미하게 남겼다. 이를 어떻게 활용하느냐는 오로지 후세와 독자에게 달렸다.

그러나 그리스는 역사의 교훈마저 제대로 살리지 못했다. 초강대국 페르시아를 세 차례나 물리친 그리스 도시국가들은 종전 이후 자만에 빠진 것이다. 승전을 주도한 아테나이는 제국주의로 흘러 다른 도시국가의 자유를 압박하는 똑같은 잘못을 저질렀다. 급기야 기원전 431년에는 아테나이와 스파르테를 중심으로 둘로 나뉜 그리스 도시국가들이 펠로폰네소스 전쟁을 벌임으로써 그리스 세계의 몰락을 재촉하지 않았던가!

G R E 02 E C E

그리스 문명의 쇠락을
부른 전쟁

델로스 섬의 킨토스 산 위에서 바라본 델로스 유적지. 델로스 동맹의 본부가 있던 국제 도시 델로스는 기원전 5세기 중반부터 1세기까지 융성했다. 지금은 일부 건물들의 잔해와 유물들만 남아있다.

큰 성공 뒤에는 자주 위기가 따라온다. 그리스 세계가 힘을 합쳐 페르시아를 물리치고 난후 내부의 균열이 생겼다. 세차례의 페르시아전쟁에서 승전한 그리스 세계는 공동의 적이 사라지자, 같은 민족의 도시국가 간에 패권 경쟁으로 분열되어 서로를 파멸과 쇠락의 길로 몰아넣었다.

골리앗에 맞선 다윗과 같던 그리스 세계가 전력의 절대적 열세를 뒤엎고 페르시아에 굴종하지 않고 자유를 지켜낸 위대한 승리의 대가치곤 너무나 가혹했다. 펠로폰네소스 전쟁(기원전 431~404)은 페르시아전쟁 승리의 주역이었던 아테나이와 스파르테 사이의 패권 다툼이 벌어지면서 발발했다.

| 그리스 세계를 분열시킨 독선과 탐욕 |

출발은 선의에서 시작되었다. 기원전 478년에서 477년 사이에 아테나이는 페르시아 세력을 지중해에서 완전하게 축출하기 위해 아테나이에 동조하는 도시국가들을 묶어 델로스 동맹을 결성한다. 페르시아전쟁으로 참담한 굴종을 경험했던 그리스와 소아시아의 크고 작은 도시 국가들은 아테나이와 스파르테가 희생적으로 앞장선 그리스 세계의 수호 전쟁 대열에 동참하지 못한 부채감을 느끼고 있었다. 때마침 아테나이가 그리스 세계 전역에서 페르시아 세력을 완전하게 축출하기 위해 공동 대응할 것을 여러 도시국가들에 요구한다. 특히 아테나이가 더욱 확실한 결속을 위해 델로스 동맹 결성을 주도하고 나서자 나머지 그리스 도시국가들은 공동 전선

을 취하기 위해 동맹에 참여하게 된다.

동맹국들은 대對 페르시아전쟁을 계속 주도
해나가던 아테나이에게 전권을 위임하고, 전쟁
의 효율적 수행을 위해 공동의 기금을 축적하고
함선을 보강하도록 지원하기로 한다. 하지만 페
르시아와의 전쟁이 길어지자 인내심이 한계에
이른다. 특히 기원전 448년 아테나이와 페르시
아 사이에 평화조약이 체결되고 나서도 아테나

이가 동맹을 해체하지 않자 불만이 고조된다.

더구나 처음에 자유 수호의 선의로 시작된 델
로스 동맹은 아테나이가 동맹국들에 지나친 공
물을 요구하면서 오히려 다른 동맹국의 짐이 되
었다. 결국, 아테나이가 처음의 선의를 잊고 동
맹국에게 교만하게 구는 제국주의적 행태를 보
이면서 그리스 세계의 분열을 자초했다.

아테나이의 독주를 우려하며 위기감을 느끼

던 스파르테는 아테나이에 대한 동맹국들의 민심 이반을 보면서, 펠로폰네소스 동맹국의 힘을 이용하여 아테나이를 견제하기 시작한다. 이로써 두 강대국의 패권을 중심으로 그리스 세계가 양분되었다. 이런 상황에서 펠로폰네소스 전쟁은 필연적으로 일어날 수밖에 없었다.

그리스의 역사가들은 고대 그리스 역사에서 27년간의 펠로폰네소스 전쟁이 가장 부질없고 참혹했던 소모전이라고 비판한다. 또 이 전쟁이 그리스 문명의 쇠락을 불러왔다는 데 대부분이 동의한다. 만개했던 그리스 문명의 힘을 전쟁 과정에서 지속적으로 소진해 결국 마케도니아에 패권을 내주고, 곧이어 등장한 로마에 무릎을 꿇었기 때문이다.

헤로도토스의《역사》가 그리스 국가들의 자유와 생존을 위한 투쟁에 초점을 맞추었다면, 투퀴디데스의《펠로폰네소스 전쟁사》는 스파르테와 아테나이가 양분한 그리스 도시국가 간의 비참하고 부끄러운 내전의 전개 과정을 다루고 있다.

전쟁터는 스파르테가 있는 펠로폰네소스 반도와 아테나이의 아티케 지방뿐만 아니라, 이탈리아 남부 그리스 식민지인 시켈리아(현

▲포세이도니아스트 공동시설의 유적. 구체적으로 무엇을 하던 시설인지는 뚜렷하지 않다. 기둥 사이로 델로스 고고학 박물관이 보이고, 뒤로 보이는 곳이 킨토스 산이다.

▶아폴론이 태어난 신성한 호수를 호위하며 서 있던 돌사자상

재의 시칠리아 지방)와 소아시아의 이오니아 도시까지 확대된다. 아테나이가 시켈리아에서 막강한 군사력을 갖고 있던 시라쿠사 원정에 나섰고, 또 소아시아의 도시국가들을 자기편으로 끌어들이기 위해 아테나이와 스파르테가 경쟁했기 때문이다. 물론 여기에는 막후에서 이 두 국가의 패권경쟁을 부추기며 그리스 도시국가들 사이를 이간시킨 페르시아의 교묘한 농간도 작용했다.

아무튼, 아테나이가 시라쿠사에게 참담하게 패배하고, 아티케에서의 지상전에서도 스파르테에 패배함으로써 종전된다. 기원전 404년 아테나이가 스파르테에 항복하면서 끝난 펠로폰네소스 전쟁은 승자인 스파르테나 패자인 아테나이뿐만 아니라 전쟁에 참여한 모든 도시국가들에 회복할 수 없는 깊은 상처를 주었다.

《펠로폰네소스 전쟁사》는 전쟁 말기인 기원전 411년까지 기술되다가 갑자기 중단되었다. 이후의 전쟁 상황을 이어서 쓴 사람은 크세노폰(Xenophon, 기원전 430?~355?)이다. 그는 《헬레니카 Hellenika》를 저술함으로써 투퀴디데스가 완성하지 못한 전쟁의 결말을 보충했다. 이 책은 기원전 411년부터 362년까지 49년간의 그리스의 역사를 담고 있는 소중한 사료다.

아무튼, 펠로폰네소스 전쟁이 계속되는 동안 각 나라 사이에는 동맹과 배신이 거듭되었다. 국익을 위해 언제든지 동맹의 주축인 스파르테나 아테나이와 연합하거나 배신하는 일이 반복되었다. 불신과 교활한 계략이 판을 쳤다. 이로 인해 동존 상잔의 전쟁을 더욱 비극적으로 만들었다.

이 전쟁은 스파르테와 아테나이가 양분한 당시 정치체제 간의 대결이기도 했다. 스파르테는 동맹국과 아테나이의 동맹 도시들에게 해방과 자유를 약속하여 과두정을 세우고자 했다. 반면 아테나이는 스파르테 지배 하의 도시들에 자유를 약속하며 민주정을 도입하도록 추동했다. 두 나라 모두 하나같이 해방과 자유를 표방했다. 하지만 실제로는 스파르테와 아테나이 어느 쪽이든 패권 국가의 영향 아래 들어가게 됨으로써 속박의 상황을 면할 수 없었다. 결국 각 도시국가들에 두 패권국이 내세운 자유와 해방이라는 구호는 선전전에 불과했다.

투퀴디데스는 전쟁 과정에서 각국이 전개한 군사전략과 평화와 지원 획득을 위해 치열하게 벌어진 외교전, 그리고 아테나이를 휩쓴 역병의 참혹함과 전쟁터에서 죽어간 수많은 병사와 시민들의 정경을 묘사했다. "현역으로 복무 중이던 중무장 보병 4천 4백 명과 기병 3백 명 이상이 죽었고, 일반 민중은 얼마나 죽었는지 그 수를 알 수 없었다." 또 역병의 피해가 얼마나 참혹했는지 알게 해준다. 3년간 두 차례나 발생한 역병은 아테나이군 전력을 치명적인 수준으로 약화시켰고 패전의 결정적 요인이 된다.

또 한시적인 평화협정이 맺어졌다가 파기되는 과정에서 어제의 적이 오늘의 동맹이 되고, 동맹국이 다시 적으로 돌아서는 많은 사례도 기술하고 있다. 적국이나 동맹국을 설득하기 위해서, 또는 자국의 병사들에게 용기를 불러일으키기 위해 행해진 다양한 연설도 읽어볼 만한 대목이다. 특히 페리클레스의 전몰 용사 추도 연설은 매우 뛰어나며 감동적이다. 추도 연설의 백미로 꼽히는 이유다.

> 시민 개개인은 번영하지만, 국가 전체가 넘어질 때보다는 국가 전체가 똑바로 서는 편이 개인에게도 더 도움이 된다는 것이 내 생각입니다. 한 개인이 아무리 잘나간다 해도 국가가 망하면 그도 총체적인 파국에 휩쓸리고 말 것입니다. 그러나 국가가 안전하다면 개인은 불행을 당해도 회복할 기회가 얼마든지 있습니다.
>
> 《펠로폰네소스 전쟁사》 II, 60

> 평화와 전쟁 가운데 마음대로 선택할 수 있고 다른 방면에서 잘나갈 경우 전쟁을 선택하는 것은 매우 어리석은 짓일 것입니다. 그러나 굴복하고 곧장 남에게 예속되든지 아니면 위험을 무릅쓰며 버텨내든지 둘 중 하나를 선택할 수밖에 없을 때는 위험을 무릅쓰는 것보다는 위험을 피하는 편이 더 비난받아 마땅할 것입니다.
>
> 《펠로폰네소스 전쟁사》 II, 60

페리클레스는 탁월한 연설과 리더십으로 아테나이 수호의 필요성을 설득시키고 용기를 북돋웠다. "페리클레스는 명망과 판단력을 겸비한 실력자이자 청렴결백으로 유명했기에 대중을 마음대로 주물렀으며, 대중이 그를 인도한 것이 아니라 그가 그들을 인도했다."

| 힘이 곧 정의다? 아테나이의 오만 |

하지만 걸출한 지도자 페리클레스가 역병으로 숨지자, 아테나이인들은 시민을 강력히 결속해 줄 구심점을 잃어버리게 된다. 이후 아테나이인들의 오만과 과욕을 적절하게 통제할 신뢰할 만한 지도자가 나오지 못했다. 아테나이가 스파르테에 결정적으로 밀리게 되는 데에도 이런 요인이 작용했다. 아테나이가 크고 작은 역사적 오점을 많이 남기게 된 것도 그 시기였다. 무자비한 멜로스 침공사건도 그런 예의 하나다.

아테나이인들은 자신의 편을 들지 않고 중립국으로 남게 해달라는 멜로스 섬사람들을 힘으로 굴복시켰다. 그 과정에서 무조건 복종을 강요하는 오만한 아테나이인들의 협박에 의연히 맞서 보편적 선善과 자유의 소중함을 주장하며 중립국이 되도록 인정해달라고 간청하는 멜로스인들의 연설 대목은 음미해볼 만하다. 먼저 아테나이 사절단이 고압적인 연설로 멜로스인을 압박한다.

> 인간관계에서 정의란 힘이 대등할 때나 통하는 것이지, 실제로는 강자는 할 수 있는 것을 관철하고, 약자는 거기에 순응해야 한다는 것쯤은 여러분도 우리 못지않게 아실 텐데요.
>
> 《펠로폰네소스 전쟁사》 V, 89

이에 멜로스인은 이렇게 응답한다.

> 우리가 보기에는 보편적인 선이라는 원칙을 지키는 것이 여러분에게 이익이 될 것입니다. 말하자면 위기에 처한 사람은 누구나 공정한 처우를 받아야 하며, 다소 타당성이 결여된 소명에 의해서도 도움을 받을 수 있어야 합니다.
>
> 《펠로폰네소스 전쟁사》 V, 89

이들은 나아가 "여러분이 우리의 주인이 되는 것이 여러분에게 이익이 되듯 우리가 여러분의 노예가 되는 것이 어떻게 우리한테 이익이 될 수 있다는 말입니까?"라고 항변했다.

항복과 굴종을 요구하는 아테나이인과 이의 부당성을 호소하는 멜로스인 사이의 설전은 무위로 끝났다. 아테나이가 멜로스를 포위하고 몇 달 동안 공격하자 내부에 배신자가 생겨 멜로스는 무조건 항복하고 만다. 아테나이는 멜로스 주민 가운데 성인 남자는 모두 죽이고 여자들과 아이들은 노예로 팔았다.

한편 스파르테에 의해 저질러진 야만적 행위도 적지 않았다. 플라타이아인 학살 사건이 그 예다. 93년 동안 아테나이의 동맹국이던 플라타이아는 스파르테에 끝까지 항전하다 몰살당했다. 스파르테군은 살아남은 플라타이아 전사와 시민들을 한명씩 불러내 스파르테와 동맹국들에 도움을 준 적이 있느냐 묻고 그런 적이 없다고 대답하는 자는 예외 없이 죽였다. 200명 이상의 플라타이아인과 아테나이인 25명을 그런 방식으로 학살했다. 그리스인의 삶을 파멸시키는 이런 비극적인 대량 학살은 여기저기서 수시로 벌어졌다.

전쟁은 전반적으로 아테나이 중심의 해군력과 스파르테 중심의 육군이 대결하는 양상을 보였다. 전쟁 초기에는 페리클레스의 주도 아래 우세한 해상 전력을 활용하는 아테나이의 전략이 주효했다. 하지만 전쟁 말기로 갈수록 스파르테의 최강의 중장보병이 지상 전투에서 주도권을 잡았다.

아테나이의 해군이 치명타를 입게 된 것은 시켈리아의 시라쿠사와 벌인 전쟁 때문이었다. 아테나이는 스파르테와 코린토스에 우호적이지만, 아테나이에는 적대적이던 시라쿠사 정벌(기

'디오니시오스의 귀'라는 별명이 붙은 거대한 인공 동굴. 시라쿠사의 채석장에 있으며 거대한 암산을 파내어 만들었다. 당시 감옥으로 쓰였다. 포로가 된 아테나이 병사들도 이곳에서 노동에 시달렸을 가능성이 높다.

시칠리아(당시 시켈리아) 섬 시라쿠사에 있는 채석장

원전 415~413)에 나섰다가 참혹한 패배를 당한다. 아테나이 함대가 시라쿠사 함대에 대파당하고 숱한 병사가 전투 과정에서 죽는다. 포로가 된 7천여 명도 채석장에서 가혹한 처우로 굶주림과 갈증에 시달리다 죽었다. 간신히 살아남은 사람도 모두 노예로 팔렸다. 아테나이의 시라쿠사 참패는 펠로폰네소스 전쟁 전체를 통틀어, 아니 투퀴디데스의 말마따나 "헬라스 역사 전체를 통틀어 가장 중대한 사건으로, 이긴 자들에게는 가장 빛나는 승리였지만, 패한 자들에게는 비할 데 없는 재앙이었다." 시라쿠사 패전의 충격은 아테나이인들에게 공황을 불러왔다.

아테나이는 지상전에서 밀리다 보니 아테나이와 페이라이에우스 항을 잇는 성벽에 의존한 수성 작전을 펼 수밖에 없었다. 아테나이의 지도자들은 농촌 지역의 농민들을 대거 아테나이의 도성 안으로 피난시키자 아티케 전원 지역은 스파르테군의 약탈에 무방비로 노출된다. 도시로 피난 온 민중의 생활환경과 보건 위생이 열악해져 역병이 돌고, 수많은 시민이 죽게 되면서 전쟁의 의욕마저 꺾인다.

더구나 아테나이의 대함대가 시라쿠사에서 몰살당하자, 배를 건조하고 선원으로 승선시킬 자원마저 부족해졌다. 그런 상황 속에서 결국 아테나이는 지상 전력이 막강했던 스파르테에 굴복함으로써 그들의 속국이 되는 굴욕적인 결과로 끝난다. 해군력에만 의존하던 안이한 전략이 패배를 자초한 것이다.

투퀴디데스는 아테나이가 해군력을 과신하여 발생한 시켈리아 원정 결정은, 페리클레스처럼 민중들이 과신할 때 그들의 판단이 잘못되었다는 것을 과감히 지적하고 바르게 인도할 수 있는 판단력과 용기를 갖춘 지도자가 없었기 때문에 생긴 일이라고 아쉬워한다. 페리클레스가 죽은 후 아테나이의 정치지도자들은 정치적 주도권 잡기에만 혈안이 되어 있었을 뿐 국가의 존립과 융성에 대해 성찰하고 헌신하지 않았기 때문이다.

전쟁은 조국을 위해 용맹하게 싸우는 영웅을 만들어내고 한편으론 야비한 배신자를 낳기도 했다. 아테나이의 알키비아데스(Alkibiades, 기원전 450?~404)는 시라쿠사 정벌을 주도하여 패전을 불러왔다. 그는 종국에는 조국 아테나이를 배신하고 스파르테에 의탁하여 아테나이와의 전쟁에서 자문 역할을 하기도 했다. 아테나이인들의 엄청난 비난이 그에게 쏟아졌던 이유다.

훗날 소크라테스가 고소를 당해 사형을 선고받고 죽게 된 데에는 소크라테스의 제자들이 저지른 비행에 대한 시민들의 반감이 스승이었던 소크라테스에게 투사된 측면도 있었다. 한 때 그의 제자였던 알키비아데스는 아테나이를 배신하여 비열한 행동을 했다. 스파르테의 후원으로 세워진 꼭두각시 정권인 30인의 참주 정권 지도자 중 한 사람이었던 크리티아스(Kritias, 기원전 460~403) 역시 소크라테스의 제자였다. 물론 소크라테스가 제자들을 그렇게 교육한 것도 아니었고, 더군다나 그들의 배후세력도 아니었지만, 그들에 대한 시민들의 분노가 소크라테스에게 전이된 측면을 부인하기 어렵다.

한편 중상모략의 성격을 띤 고소에 의해 반역죄로 유죄판결을 받고 조국을 떠날 수밖에 없는 사례도 있었으니, 살라미스 해전의 영웅이던 테미스토클레스가 바로 그런 경우다. 그는 조국 아테나이에서 전공을 제대로 인정받지 못하고 결국 정파싸움 과정에서 밀려나 기원전 470년에 도편추방 되었다. 갈 곳 없는 그가 택한 행선지는 놀랍게도 그가 참패를 안겨준 적국 페르시아였다. 그는 페르시아 왕의 신하가 되어 소아시아의 도시 마그네시아Magnesia 총독의 자리까지 누린다. 통찰력을 갖춘 그를 내친 건 아테나이의 실책이었다.

거듭 이야기하지만 스파르테와의 전쟁을 지휘하던 페리클레스가 역병에 걸려 사망하게 되는 것도 아테나이의 패인 중 하나다. 걸출한 정치지도자를 잃은 이후 아테나이는 시민들의 여론을 결집하고 전쟁을 성공적으로 수행할 역량과 의지

아크로폴리스 맞은편에 있는 필로파포스 언덕으로 가는 숲 한편의 동굴. 유적 표지판에는 이곳이 소크라테스의 감옥이었다고 씌어 있다. 하지만 이는 근거가 희박하다. 소크라테스는 아고라의 감옥에서 독배를 마시고 죽었다고 보는 것이 정설이다. 오늘날 아테네인들이 소크라테스를 기리는 애틋한 마음에서 징표의 장소로 삼으려 한 것이 아닐까.

를 가진 지도자를 배출하지 못했던 것이다.

그리스 세계의 내전을 잘 이용하여 아테나이와 스파르테 사이를 오락가락하면서 분열과 반목을 조장하고 자국의 실리를 챙긴 페르시아의 교활한 외교전 또한 그들에겐 페르시아전쟁 패배의 또 다른 설욕전이었을 것 같다. 그 과정에서 스파르테가 페르시아로부터 독립했던 지중해 연안의 소아시아 지방의 그리스 도시국가들을 페르시아에 넘겨준 것은 그리스 세계로서는 뼈아픈 실책이었다. 이는 후일 알렉산드로스 대왕의 페르시아 정벌의 명분이 되기도 했다.

미완으로 끝난 투퀴디데스의 《펠로폰네소스 전쟁사》는 그리스 세계가 페르시아전쟁 이후 절정의 문명을 구가하다가 몰락하게 되는 결정적 계기가 된 전쟁의 전말과 승패를 구체적으로 기술했다. 페르시아전쟁의 승전 이후 아테나이는 페리클레스라는 걸출한 지

도자의 영도에 따라 최고의 번영과 민주주의를 누렸다. 또 화려한 문화 예술을 꽃피웠다. 페르시아전쟁 이후 50년은 아테나이의 황금시대였다.

하지만 동맹국의 뒷받침 아래 이루어낸 아테나이의 절정기는 아테나이가 오만한 제국주의로 흐르면서부터 암운을 드리우기 시작했던 것이다. 펠로폰네소스 전쟁은 국가 지도자의 포퓰리즘과 민중들의 절제되지 않은 욕망이 비극적 결과를 초래할 수 있다는 뼈아픈 교훈을 준다.

오늘날 터키 에페수스에서 남동쪽으로 25km 지점에 있는 마그네시아 유적지. 테미스토클레스가 페르시아로 망명하자 아르타크세르크세스 1세는 그에게 소아시아 지역 마그네시아를 다스리게 했다.

03

알렉산드로스의 동방원정과
헬레니즘의 개화

알렉산드로스의 진면목은 어떤 것일까? 카이사르는 질투했고, 나폴레옹(Napoleon Bonaparte, 1769~1821) 또한 그의 원대한 계획에 감탄하면서도 점차 타락해갔다고 비판했다.

알렉산드로스는 중세를 넘어 현대의 회화, 조각, 영화, 음악의 소재로도 끊임없이 등장한다. 앤디 워홀(Andy Warhol, 1928~1987)과 백남준(1932~2006)도 알렉산드로스의 영감으로 작품을 창조했다. 알렉산드로스의 영웅적 신화에 찬사를 보내는 이가 있는가 하면, 그를 해방자가 아닌 압제자의 모습으로 그리는 사람도 있다. 그렇다면 그들은 알렉산드로스의 진면목을 제대로 본 것일까?

| 영웅인가, 전쟁광인가? |

알렉산드로스의 이미지는 다면적이고 복합적이다. 시대와 보는 이의 관점에 따라 자의적으로 알렉산드로스의 신화를 만들고 과장하거나 왜곡했다. 알렉산드로스가 이렇듯 다양하게 각색될 수 있었던 이유는 그의 비범성이 주는 매력과 감동을 주는 스토리가 많았기 때문이다. 한편으론 잔인하고 냉혹한 행동과 과실 또한 적지 않았기 때문일 것이다. 따라서 어느 한 면만을 강조하다 보면 알렉산드로스에 대한 공정한 평가에서 벗어나기 십상이다.

알렉산드로스 역시 완벽한 인간은 아니었다. 그는 뛰어난 전사이자 영웅이었지만, 인격의 완성체인 현인은 아니었다. 따라서 그가 정복활동 과정에서 보여준 관용과 자비, 잔인함 모두 그의 타고난 성정性情이거나, 아니면 거대 제국의 왕으로서 통치권을 유지하고자 하는 냉혹한 전략적 선택에서 나온 것일 수도 있음을 간파해야 할 것 같다.

그는 열정과 혈기가 넘치는 청년기를 불꽃처럼 살다 갔다. 그는 전쟁에 대한 집착과 자신의 영웅적 위업에 대한 애착이 넘쳤다. 그러다 보니 신격화의 유혹에 빠지기도 했다. 또 자신의 주벽과 격정을 절제하지 못했다. 그는 아폴론적 특성과 디오뉘소스적 특성을 동시에 갖고 있던 다중

적 인간이었던 것 같다. 그 모든 특성을 강렬하게 발휘한 데서 그의 영웅성과 비극성이 동시에 나타난 것이 아닐까.

어떻든 알렉산드로스가 찬사와 비판을 한몸에 받을 만한 독특한 캐릭터와 이미지를 갖고 있었던 것만은 틀림없다. 2,300여 년 동안 역사가, 철학가, 예술인, 군주와 정치가, 군인들의 사랑과 찬탄과 질시와 미움을 동시에 받아 왔다는 점에서 그의 그림자와 영향이 얼마나 큰지 알 수 있다.

그가 일군 세계 제국 건설의 위업이 당대인들은 이해할 수 없었던 위대한 이상을 꿈꾼 결과로 만들어진 것인지, 아니면 정복활동의 자연스러운 결과로 이루어진 것인지는 알 수 없다. 그런데도 그의 동방원정이 동서양 문명의 교류를 촉진해 헬레니즘을 꽃피우게 했다는 점은 부인할 수 없는 사실이다. 헬레니즘 문명은 로마 문명을 풍요롭게 해주었고 그리스와 로마 문명이 서양 문명의 근간이 되었다. 따라서 알렉산드로스의 영향이 현대 유럽, 아니 세계의 문명에 알게 모르게 막대한 영향을 끼쳤음을 간과할 수 없다.

| 불꽃 청년 알렉산드로스 |

알렉산드로스. 이제 그의 일생을 좀 더 들여

알렉산드로스가 태어나고 성장한 마케도니아 왕국의 수도 펠라 유적지

다보자. 기원전 4세기와 3세기에 알렉산드로스 대왕에 대한 기록은 풍성했었다. 하지만 거의 다 멸실되고 이제 단편들만 남았다. 그 중 알렉산드로스의 페르시아 원정에 동행했던 칼리스테네스(Callisthenes, 기원전 360~327)가 쓴 전기와 플루타르코스(Plutarchos, 기원전 46?~서기 120?)가 쓴 열전이 조금 많은 분량으로 전한다. 알렉산드로스에 대한 전기로는 가장 충실하고 균형적 시각으로 쓴 책이라고 평가받는 루푸스(Quintus Curtius Rufus, 서기 20경~80?)의 저작도 있다.

루푸스의 저작은 알렉산드로스의 동방 원정의 전모를 제대로 파악할 수 있게 해준다. 물론 다른 단편들에서 보이는 흥미로운 에피소드를 모두 포함하고 있지는 않다. 하지만 군대 운영의 전략과 전술, 알렉산드로스가 정복 활동에서 겪은 고난과 역경을 확인할 수 있다. 또 이민족의 정복 과정에서 보여준 그의 고결한 정신과 영웅적 활약, 잔인성 등 양면적 특성도 읽을 수 있다.

알렉산드로스를 바라보는 관점은 시대와 보는 사람에 따라 많

이 엇갈린다. 동서양에 걸친 대제국을 일궈 문명의 교류를 만들어
낸 불세출의 영웅으로 보는 이가 있는가 하면, 끝 모를 정복욕과 허
영으로 이민족의 무고한 생명과 재산을 앗아간 잔인한 약탈자로
그리는 이도 있다. 하지만 어느 한 가지로 알렉산드로스를 규정할
수는 없다. 그를 제대로 이해하는 길은 그의 빛과 그림자 모두를 조
명해보는 일이다. 또 현재적 관점도 중요하지만, 알렉산드로스가
활약하던 당대 그리스인과 주변국의 입장에서 살펴볼 필요도 있을
것이다. 특히 알렉산드로스의 언행과 행적 그 자체에 담긴 의미를
정확히 파악하는 것이 무엇보다 중요하다.

알렉산드로스의 야망은 너무나 컸다. 그가 동방원정에 나서는
정치적 명분은 그리스를 세 차례나 침공하여 약탈했던 페르시아에
대한 복수와 페르시아의 지배 아래 신음하던 소아시아 지역의 그
리스인 국가의 해방이었다. 한발 더 나아가 그는 유럽과 아시아 사
이의 갈등을 해소하고 중재하는 역할도 자임했다.

물론 전 세계를 지배하고 싶은 알렉산드로스의 욕망이 깔려있
음을 부인할 수는 없을 것이다. 그는 전 세계의 통일을 통해 전쟁을
종식하고, 동서양의 통합과 평화로운 교류를 꿈꿨을 수도 있다. 따
라서 알렉산드로스의 정복 활동이 정의로운가 아니면 부당한 것인
가는 한마디로 평가하기 어렵다. 불과 33년의 불꽃같은 삶을 있는
그대로 추적해 보는 것도 다면적인 그를 제대로 이해하는 출발이
될 것 같다. 먼저 알렉산드로스가 최고의 전략가이자 전사였다는
점을 누구도 부정하기 어렵다. 그는 탁월한 전투 능력을 갖춘 전사
이자 군대 운영과 지휘 통솔에서 최고의 역량을 보여준 사령관이
었다.

알렉산드로스는 아리스토텔레스가 주석한 호메로스의《일리아
스》를 늘 갖고 다니며 즐겨 읽었다. 그가 헤라클레스나 아킬레스와

창으로 사자를 공격하는 알렉산드로스
왕궁을 장식했던 '사자 사냥' 모자이크다. 알
렉산드로스가 아시아 정벌을 하는 과정에서
소아시아의 그랜니쿠스Granicus 강가에서
벌인 사냥을 묘사한 것이란 설이 있다. 이때
알렉산드로스는 친구 장군들과 사자 사냥을
했는데 사자 공격을 받던 알렉산드로스를 장
군 크라테루스Craterus가 구했다고 한다.
기원전 3세기경. 펠라 고고학 박물관

같은 고대 그리스 영웅들을 숭배하고 그들을 자신의 본보기로 삼았음을 알 수 있다. 그는 전쟁터에 나서면 왕이 아니라 한 사람의 용감한 전사가 되었다. 그는 아킬레스나 헤라클레스가 된 듯두려움 없이 행동했다. 무모하다 싶을 정도로 누구도 두려워하지 않는 용맹을 보임으로써 적이먼저 기가 질리도록 했고, 정신력은 물론 전투력에서도 적을 압도했다. 병사들보다 앞에 나서서적의 성벽에 사다리를 놓고 직접 기어오른 왕은아마 동서고금을 통해 알렉산드로스가 유일하지 않았을까.

인도 말리아Malia 족과의 전투가 대표적인 예다. 병사와 장군들 가운데 아무도 공성용 사다리에 오르려 하지 않자, 알렉산드로스는 직접 사다리를 타고 올라갔다. 곧 성벽 꼭대기에 올랐다.하지만 혼자 흉장胸墙에 갇혀 사방에서 집중적으로 공격받아 그대로 죽을 수밖에 없는 돌발 상황에 부닥친다. 이 절체절명의 위기에서 그는 아예죽음의 장으로 뛰어든다. 알렉산드로스는 적이가득한 성내로 혼자 뛰어내려 싸운 것이다. 그야말로 목숨을 내던지는 무모함 그 자체다. 결국알렉산드로스는 치명상을 입고 쓰러졌고, 뒤이어 진입한 자신의 병사들에 의해 간신히 구출되어 생명을 유지한다.

이런 식의 물불 안 가리는 전투 장면은 수없이 반복된다. 화살이나 창을 맞아 여러 번 상처를 입고 치명적인 위험에 처하는 경우는 다반사였다. 알렉산드로스의 이런 용맹스러운 모습이 장군과 병사들이 따르게 하는 카리스마와 신화를 만들어냈다. 적 앞에서 겁을 먹는 병사들은 왕의 돌진 앞에 부끄러울 수밖에 없었고, 용기를 내지 않을 수 없었다. 전쟁 과정의 어려움을 병사들과 나누려는 동고동락의 예도 무수히 많다. 이렇듯 왕의 권위를 내세우지 않고 생사고락을 함께 하는 왕을 군과 병사들은 따르지 않을 수 없었을 것이다.

그러나 알렉산드로스가 단순히 신묘한 무술을 지닌 용맹한 전사이기만 했다면 페르시아 전역을 정복하지 못했을 것이다. 그는 치밀한 군사 전략가이자 전술 운용에 달통한 지휘관이었다. 급류를 무릅쓰고 강을 건너고 험준한 산악 고지를 공략할 때처럼 다양한 난관에 부딪힐 때마다 그는 상황에 적합한 전략과 전술을 먼저 창안하고 실행했다.

게다가 항복하는 자에겐 관용과 자비를 베풀고, 저항하는 자에겐 잔인한 죽음과 파괴를 안기는 양면 전략을 구사했다. 이를 통해 아직 접전하지 않은 적들을 공포에 떨게 하고, 자진하여 굴복하게 하는 심리적 효과까지 거두게 된다. 끝까지 항전하다 정복된 도시의 경우는, 모든 병사를 몰살하고 남은 시민을 노예로 팔아넘긴 후 도시를 철저하게 파괴했다. 6개월간의 공성전 끝에 함락당한 튀로스, 반란을 일으켰다 진압된 테바이가 대표적인 예다. 사실 이런 전략은 거의 모든 정복자나 치열한 전쟁터에서 일상화된 전략이다.

칭기즈칸(Chingiz Khan, 1162~1227)도 항복하지 않은 자는 처절하게 살육함으로써 아직 대적하지 않은 적에게 공포심을 안겨주고 스스로 굴복하게 만들어 세계를 정복할 수 있었다. 반면에 알렉산드로스는 스스로 성문을 열고 항복한 도시나 왕들에게는 자비를 베풀어 왕권을 그대로 돌려주기도 했다. 철저하고 잔인한 보복과 관용과 자비를 베푸는 양면 전략으로 대항세력을 무력화시킨 것이다.

이민족과의 전쟁이라는 측면에서 알렉산드로스는 포용 정책을 적절히 구사했다. 그는 페르시아 공략에서 생포한 다레이오스의 모후와 황후 및 공주들을 가족처럼 돌봐줌으로써 다레이오스와 페르시아 사람들의 인심을 얻었다. 나아가 다레이오스를 죽인 부하 총독을 끝까지 추적하여 척살하고 왕을 시해한 모반과 배신의 죄를 물음으로써 신의를 중시하는 자신의 철학을 과시할 수 있었다.

알렉산드로스는 자신이 정벌한 페르시아나 이집트, 인도 등 현지의 관습과 종교를 인정하고 존중했다. 그가 페르시아풍의 옷을 즐겨 입고, 이집트의 아몬 신전에서 제례를 올린 것도 그런

알렉산드로스와 맞붙게 된 다레이오스 대왕의 당황하는 모습이 잘 묘사된 모자이크. 그의 마부는 벌써 도주하기 위해 반대로 말을 몰고 있다. 이 전투에서 알렉산드로스 군대는 4:1의 수적 열세에도 불구하고 페르시아군을 완파했다. 그리스 에레트리아의 유명화가 필록세노스의 원작을 로마 시대인 기원전 125~120년경에 모작한 작품. 나폴리 국립 고고학 박물관

예다. 알렉산드로스가 아시아 정벌에서 가장 역점을 둔 것은 유럽과 아시아의 통합이었다. 그리스인과 페르시아인 및 다른 이민족과 대규모 결혼을 추진한 것도 결연을 통한 상호 동화와 교류를 촉진하려는 의도였다. 자신이 앞장서 박트리아(지금의 북부 아프가니스탄) 귀족의 딸 록사네Roxane와 결혼했다. 이런 분위기가 퍼진 가운데 휘하 장군 및 병사 1만 명이 대규모 합동결혼식을 올린 것도 동화 정책으로 볼 수 있을 것이다.

또 전승지마다 도시 알렉산드리아를 만들어 제대 군인과 그리스인들을 정주시킨 것도 동서양 문명교류의 물꼬를 트는 데 기여했다. 이집트에 건설된 알렉산드리아가 대표적이지만 소아시아와 페르시아 등 정복지 전역에 크고 작은 알렉산드리아가 69곳에 이른다.

| 신이 되고 싶었던 남자 |

알렉산드로스에게도 치명적 약점이 있었다. 정복의 연이은 성공에 따라 높아진 자만심이 화근이었다. 그는 내심 사후에 신이 된 헤라클레스를 넘어 살아있는 신으로 숭배받길 희구했다. 이집트의 사제로부터 '제우스의 아들'이라는 언명을 받은 것을 기정사실화하고 싶었고, 남들도 그렇게 인정해주길 바랐다. 알렉산드로스는 자신을 신격화하려던 것이었다.

그는 그리스인이 자신을 알현할 때도 페르시아식으로 무릎을 꿇고 절을 할 것을 요구했다. 이런 일로 자유 정신이 투철한 그리스인들의 반발을 산 것은 당연한 일이었다. 왕 또한 동료 시민의 한 사람 정도로 여기는 그리스인에게 페르시아식 부복은 굴종의 모습

으로 느껴졌기 때문이다. 또 알렉산드로스가 페르시아인과 이민족을 왕의 친위대로 발탁하고, 페르시아 관습을 중시하자 이를 비판하는 목소리가 높아졌다.

알렉산드로스를 살해하려다 실패하여 심문을 받던 헤르몰라오스의 말에서 그리스인 병사들이 느꼈을 반발심의 정도를 가늠해볼 수 있다. 루푸스가 쓴 《알렉산드로스 대왕 전기》는 이렇게 전한다.

> 우리는 전하께서 자유롭게 태어난 신민들에 대해 왕으로서 행동하시지 않고, 노예를 대하는 주인처럼 행동하시기 시작하셨기 때문에 전하를 시해하려 계획을 세웠습니다. (……) 전하께서는 페르시아식 옷과 예법에 푹 빠져 계십니다. 그리고 전하의 조국의 관습을 멸시하고 계시지요. 따라서 전하께서는 마케도니아의 군주가 아니라, 페르시아의 군주이십니다. 그러니 우리가 전하를 죽이고 싶어 하고, 전쟁의 관례에 따라 배신자로 규정하고 추적하는 것이지요.
>
> 《알렉산드로스 대왕 전기》 p. 360

헤르몰라오스의 이러한 비판에 대해 알렉산드로스는 이렇게 응대한다. 그는 정복한 민족에 대해 관용과 포용을 베풀어야 한다는 점을 강조하고 있다.

> 헤르몰라오스는 우리가 패배시킨 페르시아인을 내가 존중하고 있다고 말한다. 그것이야말로 내가 자제하고 있다는 가장 명백한 증거다. 나는 정복한 민족도 전제적으로 지배하지 않는다! 나는 이민족을 모두 쓸어 없애거나, 세상의 절반을 황무지로 바꾸려고 아시아에 온 것이 아니다. 오히려 내가 정복한 민족들이 나의 승리에 대해 유감을 갖지 않게 하려고 온 것이다. 오만하게 다루었다면 반란을 일으켰겠지만, 이제는 제국을 위해 같이 싸우고, 같이 피 흘리는 동료를 그대들은 그 결과로 얻게 되었다. 칼로 얻은 것은 오래 가지 못한다. 하지만 친절을 보여 얻은 감사는 영원하다.
>
> 《알렉산드로스 대왕 전기》 p. 360

이민족 지배 정책에 대한 알렉산드로스와 부하들의 관점과 해석의 차이가 부하들의 몰이해에서 비롯된 것인지, 아니면 실제로 알렉산드로스가 이민족에 동화되어 조국의 관습을 업신여기게 된 때문인지, 명확히 규명할 수는 없다. 아무튼, 알렉산드로스의 이민족 정책에 대한 갈등이 군 내부에서 고조되었고, 알렉산드로스를 암살하려는 시도가 자주 발생했다는 것이다.

결국 이런 분위기 속에서 알렉산드로스가 자신에 대한 험담과 비판을 하던 휘하 장수를 여럿 죽이는 불상사가 연이어 발생했다. 알렉산드로스의 리더십에 상처를 준 심각한 사건들도 여럿 있었다. 필로타스, 칼리스테네스, 파르메니오가 그 희생양이 되었다. 명분은 모반의 죄를 물은 것이었지만, 사실 알렉산드로스의 권위에 도전한 것에 대한 징벌의 성격이 짙었다.

그러나 알렉산드로스가 적지 않은 결점에도 불구하고 젊은 나이에 그 누구도 일찍이 해내지 못했던 대제국을 이루어낼 수 있었던 데에는 많은 요인이 작용했다. 무엇보다 탁월한 용맹으로 앞서 실천하는 리더십과 병사들에게 용기를 불어넣고 설득할 수 있는 연설 능력이 탁월했다. 또한 창의적이고 유연한 전략 전술의 운용 역량과 유럽과 아시아의 융합을 시도한 시대를 뛰어넘은 통찰력이 크게 기여했다고 볼 수 있다. 그가 33세의 이른 나이로 죽자마자 대제국의 통치를 둘러싼 부하 장군들의 분열과 대립으로 제국이 분할되는 결과를 가져온 것만 보더라도 그의 장악력과 통솔력이 얼마나 뛰어났는지를 미루어 알 수 있다. 그가 좀 더 오래 생존했다면 자신이 공언했듯이 아라비아 반도와 아프리카를 정복함으로써, 당대인들이 인식한 거의 전 세계를 하나의 제국으로 묶어 천하통일을 이루었을지도 모른다.

아무튼, 알렉산드로스의 아시아 정복은 그가 희구하던 대로 유럽과 아시아가 완전하게 하나로 통합되는 결과를 가져오지는 못했다. 하지만 동서양 문명의 교류를 촉진해 헬레니즘 시대를 열었다는 점에서 역사적 의의가 있다. 그가 칭기즈칸이나 나폴레옹, 카이사르와 같은 정복자와 다르게 평가되는 이유가 여기에 있다.

| 알렉산드로스에 대한 다양한 평가 |

알렉산드로스에 대한 평가는 시대와 사람에 따라 그야말로 다양하게 나타난다. 로마 시대에 알렉산드로스에 대한 대중의 정서는 경탄과 경멸, 질투가 뒤섞인 모습이다. 폼페이우스(Magnus Gnaeus Pompeius, 기원전 106~48)나 카이사르와 같은 호걸들은 알렉산드로스에 매료되었다. 카이사르가 알렉산드로스를 읽으며 울었다는 일화는 알렉산드로스가 젊은 나이에 광활한 제국을 만들 수 있었던 데에 대한 경탄인 동시에 카이사르 자신의 조급한 상심을 말해주는 것이리라.

반면 도덕주의자들의 생각에서 알렉산드로스는 한낱 잔인한 정복자에 지나지 않는다. 세네카나 키케로는 알렉산드로스의 끝없는 정복욕을 비판했다. 프랑수아 슈아르François Suard는 자신의 저서 《알렉산더》에서 로마인들이 알렉산드로스를 "고의로 깎아내리려는 경향"이 있었던 것은 알렉산드로스가 말년에 이탈리아 정복을 꿈꾸었던 것을 조롱하기 위해서라고 꼬집고 있다. 물론 《영웅 비교열전》을 쓴 그리스인 플루타

르코스는 알렉산드로스에 대해 우호적인 시선을 보여준다.

그런가 하면 이란에서는 알렉산드로스가 페르시아의 왕으로 등장하고 있어 이색적이다. 페르시아 제왕들을 노래한 서사시 피르다우시(Firdawsi, 935?~1025?)는 알렉산드로스를 다레이오스 대왕의 이복형제로 묘사하고 있다. 페르시아인들은 정복자였던 알렉산드로스를 이렇게 '이란화'할 만큼 호의를 보였다. 이는 당시 알렉산드로스가 마케도니아인들의 반발을 무릅쓰고 페르시아인들과의 동화정책을 추구했던 것이 영향을 미친 게 아닌가 싶다. 당시 알렉산드로스는 페르시아 귀족의 딸들과 마케도니아 및 그리스 병사들과의 결혼을 추진하고, 페르시아 병사들을 자신의 친위대로 편성하는 등 파격적인 동화정책을 펼쳤었다. 이에 반발하는 암살 음모가 일어나기도 할 만큼, 알렉산드로스의 융화정책은 마케도니아인들에게 위협적이었고, 페르시아인들에게는 충분히 감탄할만한 관용이었을 것이다.

근대에도 알렉산드로스에 대한 평가는 상반된다. 몽테뉴는 알렉산드로스를 호메로스 다음으로 평가할 만큼 그의 탁월성에 찬사를 보낸다. 하지만 도덕주의자 피에르 보에스튀오(Pierre Boaistuau, 1517~1566)는 알렉산드로스의 주벽을 비난하면서 그가 친구 클레이토스를 죽이고 페르세폴리스를 불태우는 악행을 저질렀다고 비판했다.

알렉산드로스의 매력은 절대 권력을 구가하려는 군주가 차용하고 싶은 이미지이기도 했다. 루이 13세(Louis XIII, 1601~1643)와 태양왕으로 일컬어지던 루이 14세(Louis XIV, 1638~1715)가 알렉산드로스의 용맹과 덕성을 찬양하면서 자신들이 그와 비교되길 희구했다는 점에서 그렇다. 계몽시대에도 알렉산드로스는 영광과 굴욕을 함께 겪는다. 필명 볼테르로 더욱 유명한 아루에(François-Marie Arouet, 1694~1778)와 몽테스키외(Charles Louis Joseph de Secondat Montesquieu, 1689~1755)는 알렉산드로스의 행적과 공헌의 의미를 평가했다. 그의 정복활동이 피정복자들을 존중하는 방식으로 이루어졌고, 새로운 상업항로를 여는 계기가 되어 동서양의 물자와 문명의 교류를 촉진시켰다는 것이다. 그들은 알렉산드로스의 문명 전파로 동서양이 모두 이익을 얻었다는 점을 부각했다. 반면 샤를르 롤랭(Charles Rollin, 1661~1741) 등 상당수 철학자는 알렉산드로스의 영광을 깎아내렸다. 그가 과음과 향락을 추구하다 친구들을 죽이는 범죄를 저질렀으며, 위대한 왕이라 불릴만한 덕을 소유하지 못했다는 것이다.

역사가나 철학자들의 평가와는 무관하게 알렉산드로스는 전설과 신화가 되어 문학과 예술의 상상력을 자극하여 무수히 많은 작품을 탄생

시켰다. 수많은 에피소드는 연극과 오페라, 서정적인 극시는 물론
다양한 회화작품으로 구현되었다.

| 활짝 열린 헬레니즘의 세계 |

알렉산드로스는 13년의 짧은 재위 기간(기원전 336~323)의 불꽃 같
은 삶을 통해 인류 문명의 변환에 큰 영향을 끼쳤다. 그는 그리스
의 변방 왕국 마케도니아의 좁은 울타리를 박차고 나와 미지
의 동방 세계로 나갔다. 마케도니아는 이전의 민주정체 또
는 과두정체를 선택한 그리스 본토 도시국가들과 달리
그리스적 민주제도가 혼합되긴 했지만, 왕정국가이면
서도 귀족들의 연합정권 형태를 띠어 귀족의 권한이 매
우 컸던 특이한 체제였다.

그런데도 그들은 늘 범그리스적 정체성을 공유하고 있었
다. 페르시아 원정의 목적이 세 차례에 걸친 페르시아의 그
리스 침공과 약탈에 대한 보복이라고 공언했던 것도, 마케도
니아인들이 자신을 그리스 민족의 일원으로 간주하는 의식
에서 나왔다고 볼 수 있다. 마케도니아 왕국이 그리스 전
역에서 최강의 국가가 되자, 자신들이 그리스 세계의 대표
라고 생각했다.

동방원정은 아버지 필리포스 왕이 이미 시작한 일이기도 했다.
알렉산드로스가 표방한 동방원정의 명분 뒤에는 미지의 세계에 대
한 호기심, 정복 군주의 영예에 대한 갈망도 강하게 작용했다고 봐
야 한다. 알렉산드로스는 타고난 용맹과 전략적 안목을 갖춘 최고
의 군사령관이었다. 약관 20세 왕의 넘치는 혈기와 욕망, 천부적인

알렉산드로스의 고향인 펠라에 있는 알렉산
드로스 기마상

전사로서의 역량은 이전에 그 누구도 하지 못한 대제국을 만들어냈다. 그러나 자신의 타고난 역량을 발휘한 시간은 너무나 짧았다. 알렉산드로스는 33살의 꽃다운 나이에 정복지 바빌론에서 사망했다.

| 알렉산드로스,
헬레니즘으로 부활하다 |

어떻든 알렉산드로스가 일군 대제국은 불가피하게 마케도니아, 그리스, 소아시아, 페르시아, 이집트 등 동방과 지중해 및 서방국가들의 정치, 경제, 문화적 변화를 불러왔다. 알렉산드로스의 거대한 영토에 헬레니즘이라는 새로운 문명의 조류가 시작된 것이다.

동서양의 통합을 통해 대립과 갈등을 완화하려 했던 알렉산드로스의 희구와는 달리, 헬레니즘 세계는 그가 죽자 휘하 장군들의 권력욕 때문에 여러 나라로 분열된다. 이집트를 터전으로 한 프톨레마이오스 왕조, 소아시아와 페르시아 지역을 근간으로 한 셀레우코스 왕조, 마케도니아 왕국과 그리스 도시국가들이 그것이다. 이렇듯 알렉산드로스 사후에 헬레니즘 세계는 제국을 유지하지 못하고 여러 왕조로 분열되었다. 이후 새로운 왕조들은 서로 패권을 다투는 전쟁과 대립, 정치, 군사적 갈등을 통해 부침했다.

동방을 지배한 마케도니아와 그리스 지배 계층은 현지 국가들의 전통과 종교, 토착세력들과의 갈등과 적응 과정을 거치면서 새로운 그리스 문명을 이식시킨다. 그러나 이들 왕조가 애초 정복 전쟁 당시 내걸었던 '자유와 해방'을 완전하게 가져다준 것은 아니었다. 이들은 현지 민족과의 융합정책보다 자신들의 지배 구조를 공고히 하는 데 주력했다. 박트리아에서 끊임없이 반란이 일어나고 끝내는 제국의 축소로 이어진 것도 그 때문이다.

헬레니즘 세계가 토착인의 삶의 개선에 얼마나 기여했을까? 거기에는 의문의 여지가 있다. 지배 정책은 민족 간에 차별적일 수밖에 없었다. 하지만 긍정적인 영향도 적지 않게 나타났다. 우선 헬레니즘 세계는 다양한 인종과 문화를 가진 유사한 문화권의 국제국가적 성격을 띠게 된다. 자연스럽게 자유로운 거주 이전이 촉진되고 다른 지역과의 교역도 활발해졌다.

아테나이, 알렉산드리아, 페르가몬 등 몇몇 도시들은 철학과 제반 학문의 중심지로 부상하여 국제도시의 성격을 띠게 된다. 이집트의 알렉산드리아에는 아테나이의 플라톤이 설립한 아카데미아와 아리스토텔레스가 주재한 뤼케이온 같은 학술기관을 본뜬 종합학술연구기관인 무세이온Mouseion이 세워졌다. 이를 계기로 알렉산드리아는 새로운 학문의 도시로 부상한다. 오늘날 우리가 알고 있는 뮤지엄museum의 기원이 된 무세이온은 문예 미술의 여신인 '뮤즈'에게 봉헌한 종합학술연구기관이다.

헬레니즘 시기에 이집트에서 홍해를 거쳐 인도로 향하는 새로운 해양 직항로가 개척되기도 했다. 또한 에피쿠로스학파, 스토아학파 등 새로운 철학의 조류도 생겨났다. 철학과 인문학에 치중하던 그리스 도시국가 시기와 견주어볼 때 천문학, 지리학, 기계학, 수학, 의학 등 과학과 실용적 기술을 중시하는 경향이 두드러졌다. 다양한 기계 및 기술의 발명도 이어졌다. 하지만 기술을 경시해온 오랜 전통과 풍부한 노예 노동력은 기술 혁신이나 기술 개발을 억제하는 쪽으로 작용했다.

이 시기에 가장 큰 퇴조와 쇠락을 겪은 지역은 오히려 그리스 본토였다. 반면에 이집트와 아시아 지역에서는 그리스 문명의 이식과 함께 새롭게 세워지던 식민도시들이 참신한 활력과 자극을 만들어냈다. 그리스 본토의 도시국가들은 새로운 식민도시로의 이주 때문에 인구 감소를 경험하는가 하면, 농지 부족으로 만성적인 곡물난을 겪는 국가가 많았고, 농민들의 불만도 고조되었다. 또 마케도니아의 이간 정책으로 친마케도니아 세력과 반마케도니아 세력 간 갈등과 대립이 심화되고 때로 정변도 끊이지 않았다.

그런 가운데 마케도니아에 대항하기 위한 도시국가 간의 협력과 공조를 제도화하는 '연방'이 나타난 것은 이채로운 일이었다. 마케도니아와 인접한 아이톨리아 연방과 펠로폰네소스반도 북부 지방을 중심으로 한 아카이아 연방이 형성된 것은 그리스 도시국가들이 자유와 독립을 열망한 창의적 노력의 결과였다. 이들 연방은 전쟁 등 일시적 상호 지원 성격이 강했던 과거의 '동맹'과 달리, 단일 화폐나 단일 법률 혹은 외교·국방 정책의 공조를 시도한 점에서 의미가 있었다.

헬레니즘 세계의 종말은 신흥 국가 로마의 부상과 함께 밀려왔다. 기원전 3세기 초부터 시작해 3차례나 벌어진 로마와 마케도니아의 전쟁은 결국 로마의 완승으로 끝나고, 마케도니아는 기원전 149년에 로마의 속주로 전락하게 된다. 이후 그리스 본토 도시국가는 물론 동방의 헬레니즘 왕국 역시 그리스의 보호자, 해방자로 자처한 로마에 차례차례 굴복하고 만다. 로마는 헬레니즘 문명의 파괴자인 동시에 헬레니즘 문명을 로마 문명에 충실하게 이식한 전수자 역할을 했다. 이를 통해 로마는 장기적으로 서유럽 및 북유럽 국가들에 그리스 문명을 전달해준 매개자가 된 셈이었다.

시켈리아 섬의 시라쿠사에서 활약한 과학자이자 발명가인 아르키메데스는 한때 알렉산드리아에서 활동했고, 로마의 시라쿠사 정벌 당시 신무기 개발로 혁혁한 공을 세웠지만, 로마군에 의해 죽임을 당했다.

| 헬레니즘의 꽃이 된 도서관 |

헬레니즘 문명을 상징하는 대표적 도시는 역시 이집트 나일 강 하류에 있는 알렉산드리아였다. 원래 알렉산드리아는 알렉산드로스가 정복지마다 건설했던 그리스의 신도시였는데, 세계 곳곳에 세워진 70여 개의 '알렉산드리아' 가운데 이집트의 알렉산드리아가 으뜸이었다. 세상의 배꼽이던 그리스의 델포이가 신의 도시였다면, 알렉산드리아는 학문의 중심지로서 새로운 문명의 배꼽으로 부상했다. 기원전 3세기부터 학문과 예술의 중심지였던 아테나이의 무게 중심은 급속하게 알렉산드리아로 쏠리기 시작했다.

이런 새로운 변화의 결정적인 계기를 만든 것이 바로 무세이온의 건립이었다. 알렉산드로스의 무세이온은 박물관과 도서관, 대학, 학술원의 기능을 모두 갖추고 있었다.

알렉산드로스 대왕의 사후 휘하 장군이던 프톨레마이오스는 이집트에 프톨레마이오스 왕조를 세운 후 알렉산드리아를 헬레니즘 세계에서 학문의 중심지로 만들기 위한 야심 찬 프로젝트를 실행한다. 그는 아테나이에서 온 데메트리우스의 건의를 받아, 기원전 306년에 무세이온을 설립했다. 문명의 중심을 이동시키고자 한 도전적인 기획이었다. 프톨레마이오스는 알렉산드리아 도서관에 세계의 모든 도서를 수집하여 지식의 집산지로 만들겠다는 꿈을 품고 있었다. 아울러 높은 봉급과 면세의 특권과 각종 생활의 편익을 제공하면서 아테나이와 그리스의 철학자, 과학자, 지식인들을 과감하게 초빙했다. 기하학의 아버지 에우클레이데스, 천재 과학자 아르키메데스, 코페르니쿠스에 앞서 지동설을 주장한 아리스타르코스, 아리스토텔레스의 제자로 뤼케이온 학원 교장을 맡고 있던 테오프라스토스(Theophrastos, 기원전 372~297?) 등 쟁쟁한 석학들이 거의 다 포함됐다.

이렇게 다양한 학문 분야의 석학들이 무세이온에 몰리고, 이들이 연구와 교육에 매진하자 알렉산드리아는 학문과 지식의 중심지로 급부상하게 된다. 무세이온 산하에는 알렉산드리아 도서관뿐만 아니라, 궁전 도서관 '브루치움'과 시민들이 자유롭게 이용할 수 있는 '세라피움'까지 모두 세 개의 도서관이 있었다. 알렉산드리아 도서관은 파피루스 두루마리 장서를 무려 70만 권이나 소장했다. 당대는 물론 근대까지를 통틀어도 세계 최대의 규모였다.

알렉산드리아의 도서관에 자극을 받아 소아시아 지역의 페르가몬과 에페소스에도 셀수스 도서관 등 대규모 도서관이 잇달아 설립되어 당시 세계 3대 도서관으로 명성을 날린다. 그 가운데 동서양 문명의 교차로에서 학문과 문화의 교류는 물론 문물의 집산지

역할을 했던 알렉산드리아가 최고의 번성을 누린 것은 당연했다. 지식의 보고였던 알렉산드리아 도서관은 짧게는 450여 년에서 길게는 950여 년간 존속했다.

그러나 후대 사람들은 인류 최고의 도서관을 제대로 계승·발전시키지 못했다. 최초의 파괴는 카이사르와 이집트 간의 전쟁 기간에 난 화재로 인한 부분적 소실이었다. 가장 참혹한 파괴는 광신적 기독교도에 의해 저질러졌다. 이교도로 핍박을 받았던 기독교도들은 313년 로마의 콘스탄티누스 황제(Constantinus I, 274~337년)의 기독교 공인 이래 급격하게 팽창한다. 이들은 과거 자신들이 핍박받던 아픔을 까맣게 잊은 채 오히려 국가의 공권력을 활용해 이교도를 잔혹하게 탄압했다.

급기야 380년에 테오도시우스 황제(Flavius Theodosius I, 347~395)로 하여금 온 국민에게 기독교로 개종을 명령하고, 다른 종교를 금지하는 칙령을 공포하게 해 광기의 시대를 연다. 새로운 학문의 배꼽이던 알렉산드리아 도서관의 비극은 여기서부터 시작된다.

"그리스도교에 적대적인 모든 책은 불태우라. 그 책들이 하나님의 분노를 사지 않도록, 그리고 경건한 자들을 오염시키지 않도록 하라"는 황제의 명령은 광신적인 기독교 근본주의 수도사들을 더욱 날뛰게 했다. 이들은 로마 전역에 산재

한 고대 그리스 신전을 파괴하는 데 앞장섰다. 그뿐인가, 문맹인 수도사들은 수천 년 동안 축적되어온 지혜와 과학적 지식을 이교도의 미신으로 취급해 닥치는 대로 말살해버렸다. 기독교도에게 그리스 신전과 문명은 철저하게 배척되어야 할 이교도의 우상숭배 산물에 불과했다.

알렉산드리아의 대주교 테오필로스(Theophilos, ?~412)는 도서관을 파괴하고 기독교 사원을 세웠다. 그리고 광신도를 부추겨 그리스의 3대 수학자로 여성의 지성과 자유를 상징하던 히파티아Hypatia를 죽이고 서양판 분서갱유焚書坑儒를 일으켰다. 이미 종교의 독단이 불러올 암흑의 중세를 예고하고 있었다.

어처구니가 없는 만행은 도서관에 그치지 않았다. 그리스도교 수도사들이 일으킨 광기의 문화혁명으로 인해 "고대의 경이로운 유적과 이교 신앙의 문화적 업적이 잿더미가 됨으로써 서구 문명은 1천 년이나 퇴보"하고 말았다. 성 아우구스티누스는 기독교 신앙이 승리했음을 선포하며 이렇게 말했다. "성서의 권위에 입각한 것 외에는 어떤 것도 받아들여서는 안 된다. 인간의 모든 정신력보다 성서의 권위가 더 위대하기 때문이다."

알렉산드로스 도서관의 세 번째 수난은 이슬람교도의 군대에 의해 저질러졌다. 642년 사라센 장군 아무르는 알렉산드리아를 점령하고 그

나마 명맥을 유지하던 도서관을 파괴했다.

알렉산드리아 도서관은 헬레니즘 문명이 낳은 최고의 선물이었다. 동서 문화의 융합 정책으로 인한 경제적 발전의 토양이 알렉산드리아 번영의 기초가 되었음은 물론이다. 인류의 소중한 자산이자 문명의 수준을 한 단계 더 빨리 진보시킬 수 있었던 학문의 전당을 소실시킨 것은 다름 아닌 인간의 탐욕과 편견, 그리고 배타성에서 나온 전쟁과 종교의 무지였다.

383년 로마 원로원의 의원이던 심마쿠스 Symmaachu는 로마 전역에 퍼진 이교도에 대한 기독교도들의 잔혹한 테러를 규탄하면서 그리스도교 신자인 황제 발렌티니우스 2세에게 종교적 관용을 호소했다. 하지만 이단을 국가 반역죄로 규정했던 당시의 시대적 광기는 조금도 수그러들지 않았다.

> 모든 숭배는 같은 것으로 여겨져야 합니다. 우리는 같은 별, 같은 하늘을 봅니다. 그것은 모두 같은 우주에 속합니다. 각자 진리를 찾는 방법이 다르다고 한들 무슨 상관이겠습니까? 우리는 그 위대한 비밀에 이르기 위해 유일한 하나의 길로만 갈 수는 없습니다.
>
> 《알렉산드리아 비블리오테카》 p. 65

사제와 지배계급만이 자유롭게 이용하던 고대 사회의 폐쇄적 도서관과 달리 현대의 도서관은 누구에게나 열려있다. 하지만 정작 독서를 기피하는 현대인의 가벼운 삶 속에서 귀한 장서들은 외면받고 있다. 배움의 열정을 가득 채우지 못하는 도서관은 죽은 도서관이다. 이 또한 차가운 파괴가 아니고 무엇이랴.

알렉산드리아 도서관의 잔혹사는 인간의 오만과 탐욕, 무지와 나태로 문명을 후퇴시키는 어리석음을 반복하지 말라는 교훈을 주고 있다.

IV
그리스의
자연과학과 철학

고대 그리스 문명은 거의 모든 분야에서 인류 문명의 시원始原이라 해도 과언이 아니다. 인류 최초의 4대 문명은 물론 메소포타미아와 이집트, 인더스, 황하 유역에서 등장했다. 하지만 그리스인들은 이 4대 문명의 씨앗을 보다 완성된 형태로 개화시켰다. 이를 통해 그리스 문명은 지금에 이르기까지 인간의 삶에 심대한 영향을 주게 된 것이다.

지금으로부터 약 3천 년 전에 그리스인들은 문학, 역사, 철학, 수사학을 태동시켰다. 또한, 법과 창의적인 정치제도를 만들고, 천문학과 수학을 발달시켰다. 음악, 미술, 공예, 건축, 의학 분야에서도 뛰어난 업적을 이룩했다. 이렇듯 그리스인들은 인류 문명의 여러 분야에서 이전의 그 어떤 문명도 해내지 못한 탁월한 성취를 보여주었다.

라파엘로의 프레스코화 〈아테네 학당〉 1510~1511년 작

01

고대 그리스가 꽃피운 찬란한 과학사상

| 그리스 과학정신의 산실, 소아시아 |

현대 과학 문명의 뿌리를 거슬러 올라가면 우리는 끝내 그리스인들이 진보시킨 문명의 성취와 만나게 된다. 과학 영역 또한 그리스인과 함께 본격적으로 시작된 것이다. 그리스인들은 인간에 대한 탐구를 넘어 자연에 대한 탐구로 그 관심 영역을 확대했다. 그들은 메소포타미아와 이집트 지역에서 싹튼 천문학, 수학을 수용했다. 그리고 여기에 자신들의 창조적인 사유와 관찰과 실험을 보태 과학의 제 영역에서 중요한 원리들을 발견하며 초석을 다졌다. 그 덕분에 근대 과학 문명의 시원을 거슬러 올라가면 그리스인들의 성취와 만나게 된다.

고대 그리스의 과학은 중동과 인접해 있던 소아시아 지방의 도

밀레토스의 원형극장 유적. 규모가 매우 크고 보존 상태도 양호하다. 소아시아 지역에서 가장 규모가 큰 극장 중의 하나다. 현재 남아있는 극장은 로마 시대인 기원전 150년경 지어진 것으로 12,000명을 수용할 수 있었다. 밀레토스가 번성한 시기인 6세기에서 4세기에도 이와 유사한 그리스식 극장이 있었을 것이다.

시국가에서부터 태동했다. 그 중심 도시는 밀레토스였다. 밀레토스는 지중해를 통한 중계무역으로 경제적으로 크게 번성했다. 밀레토스가 기원전 494년 페르시아에 의해 파괴되기까지 소아시아와 그리스 본토를 연결하는 중심도시가 될 수 있었던 이유다. 수학자이자 천문학자로 널리 알려진 탈레스가 상업과 무역에 종사했던 것도 당시 밀레토스의 경제적 번영을 짐작하게 해준다.

바빌로니아인들은 1년을 365일로 나누고, 1년을 12달로 나눈 달력을 만들어냈다. 이는 천체와 기상에 대한 관측의 성과였다. 중동 지방의 이러한 성취들은 더욱 자유로운 토론과 비판적 정신을 소유한 그리스인들을 만나면서 자연과학의 여러 분야로 확대되고 보다 심화되었다. 태양과 달, 별들의 관계, 대지와 동식물에 대한 관심으로 연구를 진척시킨 일단의 철학자들이 밀레투스학파를 형성했다. 이들은 초자연적인 미신에서 벗어나 천체와 지구에서 이루어지는 현상의 규칙과 작동 원리를 찾고자 했다.

아테나이의 메톤(Meton, 기원전 460~?)은 하나의 태양년太陽年을 12개의 태음월太陰月로 정확히 나눌 수 없는 문제를 해결했다. 19년 주기의 윤달을 정확히 계산해 낸 것이다. 에우크테몬(Euctemon, 기원전 432년경)은 사계절의 길이를 하지에서 시작해서 90, 90, 92, 93으로 정하기도 했다.

천체 운동을 제일 먼저 수학적으로 설명해낸 사람은 크니도스의 에우독소스(Eudoxos, 기원전 406/408~355)다. "태양, 달, 행성은 어떤 특정한 수의 동심천구同心天球의 단순한 원운동에 의해 만들어진다." 이것이 그의 주장이었다. 또 천구는 24시간마다 한 바퀴 회전하고, 네 개의 천구는 행성마다 속도가 다르다고 설명했다.

에우독소스가 측정한 황도상黃道上에서 다섯 개의 행성이 회전하는 각각의 주기가 1913년 히스Heath가《사모스의 아리스타르코스》에서 설명한 현대의 측정치와 거의 일치한다는 점에서 경탄을 자아낸다.

아낙시만드로스(Anaximandros, 기원전 610~546)는 벼락은 바람에 의해 발생하고, 번개도 두 개의 구름이 파열할 때 만들어진다고 생각했다. 사실 벼락과 번개는 제우스의 고유한 초능력이자 무한한 권력의 상징이 아니었던가. 그는 또 "특정한 물질에 특정한 조건이 가해지면 동물이 자연발생적으로 생겨날 수 있다"고 믿었다. 이런 생각은 자연히 인간과 동물 생성의 기원에 대한 탐구로 이어졌다.

아낙시만드로스가 "인간이란 처음에는 스스로 살아갈 수 있을 때까지 길러 줄 수 있는 어떤 다른 종種의 동물에서 생겨났다"는 견해를 가졌다는 것은 놀라운 일이다. 찰스 다윈(Charles Robert Darwin, 1809~1882)의 '진화론'의 발상도 이와 관계가 있지 않은가. 물론 아낙시만드로스는 인간과 자연의 종의 진화에 대해 체계적인 학설을 정립하지는 못했다. 하지만 2,600여 년 전에 이미 이런 착상을 했다는 것 자체가 경이로운 일이다.

그리스 과학자들은 만물의 근원을 규명하기 위해 애썼다. 자연에 대한 탐구는 인간에 대한 궁구의 연장이었다. 인간은 만물 가운데 가장 독특한 존재다. 이러한 인간의 본질과 속성이 무엇인지를 탐구하다 보니 자연을 이루는 여러 가지 요소들이 무엇인지, 그 작동체계가 어떠한지에 대한 탐구로까지 나아가게 된 것이다.

탈레스(Thales, 기원전 624~545)는 물이, 아낙시메네스(Anaximenes, 기원전585?~525)는 공기가 근원적인 질료라고 생각했다. 이에 반해 피타고라스(Pythagoras, 기원전 580~500)는 사물의 원리를 수數에서 찾으려 했다. 심지어 음악적 조화도 숫자의 비례관계에서 나온다고 여겼다. 또 10이라는 수를 완전한 수로 보고 천체를 움직이는 물체의 수도 10이라고 생각했다. 즉 항성천구恒星天球를 하나로 보고, 다섯 개의 행성, 태양, 달, 지구와 지구 밑의 궤도에서 중앙에 있는 불의 주위를 돌고 있는 대지성對地星(couter-earth)으로 이루어져 있다는 것이다. 물론 '대지성 학설'은 아리스토텔레스에 의해 공상적 신비주의라는 비판을 받는다. 엠페도클레스(Empedoklcles, 기원전 490~435?)는 모든 사물이 흙, 물, 공기, 불로 이루어진다고 주장했다. 물질의 뿌리가 되는 원소元素의 개념을 창안한 것이다. 엠페도클레스나 아낙사고라스(Anaxagoras, 기원전 500~428)는 "아무것도 없는 것으로부터는 아무것도 생성될 수 없다"고 생각하고, 소멸하지 않는 사물의 근원적 실체를 규명하려 했다. '머리카락'이나 '살'은 '머리카락'이나 '살'이 아닌 것으로부터 생겨난다. 이는 이들의 혼합물이 인간의 내부에 이미 존재하고 있다가 각기 다른 양태로 나타난 것으로 여겨졌다.

아낙사고라스는 이런 추론을 통해 "모든 것

아테나이 아크로폴리스에 있던 헤카톰베도스의 한쪽 페디먼트의 오른쪽을 장식한 조각. 헤카톰베도스 신전은 파르테논 신전이 세워지기 이전인 기원전 6세기경에 있었던 오래된 신전이다. 세 개의 인간 몸통을 하고 뱀의 하반신을 가진 기묘한 신령(Three bodied Daemon)의 모습이다. 표정이 매우 자애롭다. 이들은 각각 자연의 세 가지 상징요소인 물, 불, 공기를 손에 들고 있었다고 한다. 천지 창조의 근원을 말해주는 듯하다. 아테네 신 아크로폴리스 박물관

은 모든 것의 부분을 내포하고 있다"는 통찰을 얻는다. 그는 우리가 눈으로 볼 수 있는 모든 자연적 실체의 존재 방식에도 이런 원리를 확대·적용할 수 있다고 보았다. 데모크리토스(Democritos, 기원전 460?~370?)가 발전시킨 원자론原子論은 바로 이런 원리를 확대한 가운데 나왔다. 그는 물체의 생성과 변화를 일으키는 원인에 대해 탐구하면서 원자의 개념을 만들어낸 것이다. 원래 원자론의 창시자는 데모크리토스의 스승인 레우키포스(Leukippos, 기원전 5세기경)였다. 데모크리토스는 스승의 학설을 더욱 심화시켰다. 그는 세상의 모든 물질이 더 분할할 수 없는 존재인 아트모스atomos, 즉, 원자가 빈 공간인 케논kenon 속에서 끊임없이 움직이며 모였다가 흩어지고 재배열되는 가운데 형성된다고 보았다. 따라서 원자들의 합성물이 불과 물, 공기와 흙을

낳는다고 생각한 것이다. 데모크리토스는 이러한 원자의 개념을 감각, 즉 특정한 맛, 색깔, 냄새 등에도 적용했다. 이에 따라 그는 각각 다른 감각의 물리적 기초는 그 원자의 구성과 형태에 달려있다고 생각했다. 예를 들어 '얼얼한' 맛은 '끝이 뾰족한' 각을 갖는 원자와 연관된 것으로 유추했다. 물론 이러한 추론은 현대 과학이 밝혀낸 지식과는 거리가 있다. 하지만 고대기에 원자의 형상과 속성을 규명하려는 고민이 있었다는 점은 놀랍기만 하다.

데모크리토스의 원자론은 에피쿠로스(Epikuros, 기원전 341?~270?) 및 로마의 철학자 루크레티우스(Titus Lucretius, 기원전 96?~55)에게 직접적인 영향을 주었다. 물론 그리스 자연철학자들의 원자론이 원자의 분해나 분할이 가능하다고 본 근대의 원자론과 동일한 것은 아니지만, 19세기에 부활한 존 돌턴(John Dalton, 1766~1844)의 원자론에 큰 영향을 주었다는 점에서 근대 물리학의 기초를 만들었다고 할 수 있다.

| 의학의 아버지 힙포크라테스 |

힙포크라테스(Hippocrates, 기원전 460~377)는 의술의 신으로 추앙된 아스클레피오스의 후손이다. 여러 대에 걸쳐 가업으로 전승된 의술을 배

데모크리토스 흑요석 흉상.
나폴리 국립 고고학 박물관

운 히포크라테스는 기원전 5세기에서 4세기 사이에 활동하면서 그리스 고대 의학의 꽃을 피워냈다. 히포크라테스가 남긴 저작들을 통해 우리는 그의 의학 정신, 고대 그리스 의학의 특징과 수준, 의사들의 의학 지식, 그리고 인간의 몸과 질병의 본질에 대해 어느 정도 파악할 수 있다. 그는 60여 편에 이르는 의학 관련 글을 남겼다. 아쉽게도 국내에는 그의 전체 글이 실린 전집이 아직 출간되지 않았다. 다만 다섯 편의 글이 실린《히포크라테스 선집》이 소개되었을 뿐이다. 따라서 이 단편적 저작을 통해 일반인들이 히포크라테스의 의학 사상을 전반적으로 파악하는 데에는 어려움이 많다.

히포크라테스가 남긴 의사의 윤리 강령에 해당하는 작품《선서orkos》는 근대까지 큰 영향을 미쳐 제네바 선언에 의해 현대식 의사들의 선서로 활용되고 있다. 열 개 항목으로 이루어진 선서의 일부를 살펴보자.

> 나는 나의 능력과 판단에 따라 환자를 이롭게 하기 위해 섭생법을 쓰는 반면, 환자가 해를 입거나 올바르지 못한 일을 겪게 하기 위해 그것을 쓰는 것을 금할 것이다.
>
> 나는 그 누가 요구해도 치명적인 약을 주지 않을 것이며, 그와 같은 조언을 해주지도 않을 것

> 이다. 마찬가지로 나는 여성에게 임신 중절용 페서리를 주지도 않을 것이다.
>
> 나는 나의 삶과 나의 의술을 순수하고 경건하게 유지할 것이다.
>
> 《히포크라테스 선집》 pp. 15~16

히포크라테스가《선서》에서 독을 사용한 안락사의 금지와 낙태 금지를 서약하도록 한 점은 그가 고대 그리스 의사들에게 매우 엄격한 윤리 규범을 요구한 것으로 이해할 수 있다.

히포크라테스는 인간의 질병이 신적인 요인에서 유래한다는 과거의 전승 지식을 부정하고, 자연적 요인에 기인한다고 보는 합리적 접근을 시도했다. 질병의 원인이 풍토, 기후 등 자연환경과 인간마다 체질적 특징, 음식물의 섭취 등 섭생에 영향을 받는다고 보았다. 특히 환경과 인간과 음식 사이의 관계와 다양한 조합들을 설명하면서 발병의 원인과 그 치료법을 제시하고자 했다.

그는 환경적 요인이 인간의 건강과 본성에 얼마나 큰 영향을 끼치는지를 정확하게 통찰했다. 기후나 풍토, 국가의 제도가 인간의 신체적 건강은 물론 용기, 인내, 노력, 기개 등 본성이 어느 정도 만들어지고 발휘되느냐에 영향을 미친다고 분석했다. 아시아 지역 사람들이 유럽인들보

다 호전적이지 못하고 유순한 것도 일정한 계절이 가장 큰 원인이며, 게다가 자율적이지 못해 왕의 지배를 받게 된다고 파악한 점도 인상적이다. 의사를 넘어선 그의 철학적 깊이를 느끼게 한다.

특히 희랍인이건 아시아인이건 "왕의 지배를 받지 않고 자율적으로 다스리며 자신들을 위해 어려움을 감내하는 사람들은 가장 호전적"이라며, 정치제도가 사람들의 본성도 변화시킬 수 있다고 통찰하는 대목은 우리를 감탄하게 한다. 오늘날에도 우리는 국민성이 국가제도의 영향에 좌우될 수 있다는 점을 자유민주주의 국가와 전체주의 국가의 국민 사이의 사고와 행태의 차이에서 확인할 수 있지 않은가.

의사로서의 힙포크라테스의 실증적 정신은 인간의 본질이 무엇인가에 대한 궁구로까지 나아갔다. 특히 그는 이전의 통설로 퍼져있던, 인간이 물, 불, 공기, 흙의 요소로 이루어졌다는 4원소설을 거부하고, 피, 점액, 황담즙, 흑담즙으로 이루어졌다는 4체액설을 주장했다. 4체액과 온냉건습의 요소가 상호 결합하여 다양한 질병의 상황을 만들어낸다고 본 것이다. 인류 최초로 질병의 원인을 과학적으로 파악해 보고자 하는 시도였다.

자연환경이 인간의 건강과 질병에 영향을 미친다고 본 그의 관점은 환경의학의 고전적 정신으로 인정받고 있다. 또한, 환자 개개인에 대한 정확하고 엄밀한 관찰과 임상례臨床例를 강조한 것은 실증의학의 방법론적 토대가 되고 있다. 그의 의학 정신과 접근방법, 인간의 몸의 본질에 대한 이해는 19세기까지 2,400여 년 동안 서양

의술의 신 아스클레피오스 대리석 두상. 기원전 4세기 전반에 제작된 그리스 원작을 로마시대인 2세기 중엽에 복제한 작품. 로마 팔라티노 미술관

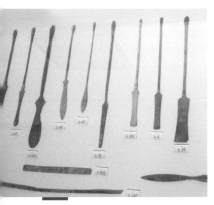

고대 그리스의 의료 도구들. 아테네 국립 고
고학 박물관

의학에 큰 영향을 끼쳤다. 그가 서양 의사들의 정신적 지주가 될 수 있었던 이유다.

힙포크라테스는 초자연적인 주술이나 정화로 인간의 질병을 치료하는 것을 배격하고, 인간의 질병도 자연적 현상의 하나로 파악하고자 했다. 나아가 그 원인을 규명하고 궁극적인 치료법을 모색했다. 힙포크라테스의 이런 합리적 접근방법은 그리스인들의 과학 정신의 대변이라고 할 만하다. 더구나 그는 의술을 개인적 비기秘技로 전승하던 동양과 달리, 자신의 관찰과 임상 경험을 치밀하게 기록하고 분석하여 실제 의술의 시행에 활용하고자 했다. 힙포크라테스는 자신의 이런 경험주의적 태도와 성과를 방대한 저술을 통해 후세에 전했다. '의학의 아버지'로서 보여준 손색없는 탁월한 업적이라 할 만하다.

| 생물학자(!) 아리스토텔레스 |

일반적으로 철학자로만 알려진 플라톤과 아리스토텔레스가 그리스 과학 분야에서 이룩한 학문적 업적은 작지 않다. 플라톤의 저술《티마이오스Timaios》는 이데아와 영원히 생성-변화하는 세계를 구별하면서 철학적 우주론을 전개하고 있다.

아리스토텔레스는 철학자이기 전에 자연학자, 생물학자, 기상학자였다. 그의 뛰어난 연구 업적이 이를 입증해준다.《자연학》,《동물에 대한 탐구》,《동물발생론》,《동물부분론》,《식물에 대한 탐구》,《식물원인론》,《기상론》등 그가 저술한 책들의 제목만 보아도 학문 범위가 얼마나 넓었는지 감탄하지 않을 수 없다.

아스클레피오스 대리석상. 기원전 4세기 그리스 원작의 2세기 로마 복제품. 나폴리 국립 고고학 박물관

하지만 아쉽게도 우리나라에는 아리스토텔 레스의 과학 저술 가운데 단 한 권도 아직 소개 되지 못하고 있다. 이런 상황에서는 대중이 과 학자 아리스토텔레스의 면모를 제대로 알기는 어렵다. 서구에서는 자연과학자로서의 아리스 토텔레스를 심도 있게 조명하고 있는 데 비해, 우리는 그의 정치학, 윤리학, 수사학 분야 몇몇 저작의 번역 정도에 그치고 있다. 고대 그리스 학문에 관한 우리 학계의 척박한 연구 환경을 새삼 절감하게 된다.

아리스토텔레스는 인간을 탐구하는 연장선 에서 자연을 연구했다. 그는 먼저 자연현상의 원인을 밝혀내는 데 역점을 두었다. 어떠한 사 물이나 사건을 설명하기 위해서 우선 네 가지 요인이 검토되어야 한다고 믿었던 그는 그 네 가지로 사물의 질료質料, 사물의 형상形相, 사물 의 운동인運動因, 사물의 목적인目的因을 들었다. 예를 들어 테이블이 만들어지는 현상을 네 가지 요인을 적용하여 설명해보자. 테이블은 보통 나 무로(질료), 그것도 특정한 형태를 갖춘 나무로(형 상), 목수에 의해(운동인), 어떤 목적을 위해, 즉 공 부나 식사하는 데 사용할 수 있도록(목적인) 만들 어진다. 동일한 질료와 형상을 가진 물질도 어

그리스 세계에서 의학의 성지로 가장 이름 높던 페르가몬의 아스클레피오스 성역으로 들어가는 회랑. 멀리 정상 부근에 페르가몬의 아크로폴리스와 원형극장이 보인다.

떠한 운동요인과 어떤 목적이 주어지느냐에 따라 다른 물체가 만들어질 수 있다는 얘기다. 가장 중요한 요인은 운동인과 목적인으로 압축될 수 있다. 아리스토텔레스는 자연과 현상을 관찰하며 이러한 인과관계의 요인들을 적용하고자 했다. 물론 자연물과 인공물의 종種에 따라 원인 분석이 달라질 수 있다. 자연에서는 어떤 의식적인 목적을 갖지 않지만, 인공적 생산물에서의 목적인은 장인匠人이나 예술가의 의식적인 의도에 의해 주어지기 때문이다.

그렇다고 자연의 과정에는 어떠한 '목적'도 없다는 뜻은 아니다. 아리스토텔레스는 자연의 종에 따라 목적이 내재해 자연히 성장하게 된다고 했다. 나무의 종자가 수목으로 자라나는 모습이 그러하고, 어린아이가 자연히 자라나 성숙한 인간이 되는 것도 같은 양태다. 아리스토텔레스는 생물학의 연구에 있어 '목적인'에 대해 특별한 관심을 가졌다. 이러한 자연이 지향하는 '목적'에 대한 연구는 생물의 기관 구조와 기능에 대한 탐구로 확대되었다.

물리학에 대한 아리스토텔레스의 연구 또한 현대 역학에 주는 영향을 무시할 수 없을 정도. 그는 낙하하는 물체의 속도가 그 무게와 정비례한다고 가정했다. 물론 경험적 근거 데이터에 의하지 않았고, 진공 상태라는 특이 사례도 고려하지 않은 채 추상적 가설을 성급히 일반화한 결점을 안고 있었다. 그러나 물체의 속도의 물리학적 관계를 최초로 개척했다는 점에서 높이 평가받을 만하다.

120종의 물고기와 60종의 곤충을 포함해 500종이 넘는 동물들의 생물학적 특성과 활동을 연구한 생물학 분야의 성취도 주목할 만하다. 그는 다양한 생물을 해부하여 기관의 특성과 생리학 문제를 규명하려 했고, 그 과정의 세부적인 관찰을 기록으로 남겼다. 1842년 요하네스 뮐러(Johannes Peter Muller, 1801~1858)가 비슷한 종인 물고기의 연구 성과를 공표하여 아리스토텔레스가 설명한 내용이

아리스토텔레스의 《자연 저서 Libri naturales》 라틴어 번역본
13~14세기 초 라틴어로 번역된 철학과 자연을 다룬 저서. 중세와 르네상스 시대 대학에서 정기적인 연구 교재로 사용했다.

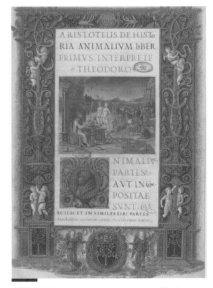

《동물의 역사Historia animalium》 라틴어 번역본, 15세기

동물과 자연을 연구하는 아리스토텔레스

정확하다는 것을 입증해냈으니, 그의 저술 내용은 놀라운 치밀성을 담고 있다는 얘기다.

아무튼, 위에서 몇 명의 고대 그리스 자연과학자들의 학문적 성취를 살펴보았지만, 2,700여 년 전부터 진화시킨 이들의 과학적 사상과 발견들은 탁월한 성취임이 틀림없다. 물론 고대 그리스 과학자들의 생각과 주장이 현대의 과학지식에 비추어볼 때 간혹 황당하거나 이해하기 어려운 측면이 전혀 없는 것은 아니다. 하지만 그리스 과학의 성취를 현대의 진보된 과학의 정밀한 체계와 단순 비교할 수야 없지 않은가! 기계 문명이 발달하지 못했던 시대적 한계를 고려하지 않을 수 없다.

고대 그리스인들은 기술문명이 성숙하지 못했던 상황에서도 오로지 인간에 대한 탐구와 자연에 대한 치밀한 관찰을 바탕으로 인간은 물론 자연의 현상과 본질을 궁구해냈다. 그리하여 이들의 치열한 과학 정신과 이들이 발견한 과학의 기초적 원리들은 근대 과학 문명의 밀알이 되었던 것이다. 현대 문명이 고대 그리스 과학자들에게 진 빚은 너무나 크다.

02
인류가 낳은 최고의 현인 소크라테스

| 영원한 지혜의 산파, 그는 유죄인가? |

소크라테스!

인류가 낳은 최고의 현인 가운데 한 사람이다. 그는 단 한 권의 저서도 남기지 않았다. 거리의 철학자였던 그는 아테나이 시민들에게 끊임없이 질문을 던지며 자신들의 무지를 깨닫게 하고, 어떻게 선하게 살 것인가, 어떻게 지혜롭게 살 것인가를 고민하게 했다. 소크라테스는 자신의 이러한 삶의 방식을 신이 부여한 소명으로 생각했다. "캐묻지 않는 삶은 살 가치가 없다!" 그는 이렇게 말하면서 시민들에게 끊임없이 성찰할 것을 주문했다.

하지만 전성기를 지나 쇠락하기 시작한 아테나이인들에게 소크라테스의 집요한 질문과 깨우침은 더는 신선한 자극이 되지 못했다. 오히려 그들은 소크라테스의 이런 산파産婆적 역할을 성가시게 생각하고 있었다.

기원전 399년 아테나이 시민들은 신을 믿지 않고, 청년들을 타락시킨다는 죄목으로 소크라테스를 재판에 부치고 사형을 선고한다. 하지만 소크라테스는 시민들의 어리석은 결정을 질타하면서도 자신의 목숨을 구걸하지 않았다. 그는 시민들을 일깨우는 자신의 소명을 그치지 않겠다며 죽음을 당당하게 받아들인다. 죽음 앞에서 한 치도 흔들리지 않고 자신의 철학적 소신을 굽히지 않았던 것이다. 이렇듯 결연한 소크라테스의 모습은 플라톤이 쓴 《소크라테스의 변론 Apologia Sokratous》에 잘 묘사되어 있다. 소크라테스가 감옥에 갇혀 사형 집행을 기다리는 동안 절친한 친구인 크리톤은 강력하게 탈옥을 권하지만, 그는 단호하게 거부했다. 플라톤은 그 정황 또한 《크리톤Kriton》에서 상세하게 그리고 있다.

아무튼, 아테나이 시민들과의 불화에서 초래된 소크라테스의 죽음은 아테나이 민주주의의 퇴조를 의미하는 것이기도 했다. 27년 동안 지루하게 계속되던 펠로폰네소스 전쟁(기원전 431~404)에서 아테나이는 스파르테에 굴욕적으로 항복한다. 그때가 기원전 404년. 패배의 충격이 채 가시지 않은 아테나이 시민들은 그리스 문명의 스승, 인류의 스승을 죽음으로 몰아세웠다.

여기에는 많은 요인이 결부되어 있었다. 크리티아스와 같은 소크라테스의 일부 제자들이 스파르테의 괴뢰정권인 30인 참주 정권에서 주도적인 역할을 했다. 이들에 대한 반감이 소크라테스에게 전이된 측면도 있었다. 아무튼, 소크라테스는 평소 민주주의에 비판적 견해를 갖고 있었다. 그러다 보니 시민들은 청년들이 비판적 사고를 통해 지혜를 찾도록 이끄는 소크라테스를 사회의 안정을 해치는 위험인물로 보았다.

위대한 철학자 소크라테스는 아테나이인들의 판결대로 그들 곁을 떠나갔다. 그에게 학문과 철학을 배우고 따르던 숱한 제자들이 소크라테스의 죽음을 애통해했음을 물론이다. 애제자들에게는 소크라테스의 사후 그에게 덧씌워진 억울한 누명을 벗기는 일이 시급했을 것이다. 플라톤은 소크라테스의 재판 과정이나 죽음에 이르는 과정을 《소크라테스의 변론》, 《크리톤》, 《파이돈Phaidon》에 담아 스승의 억울함을 신원伸寃하고자 했다. 나아가 소크라테스의 사상을 재조명하기 위해 대화편을 연작으로 저술한 것도 같은 맥락이었다. 또한 소크라테스의 덕성과 지혜에 이끌려 그의 제자가 되었던 크세노폰 역시 소크라테스에 대한 아테나이 시민들의 오해를 풀고자 했다.

크세노폰은 《소크라테스 회상Apomnemoneumata》을 저술하여 스승의 억울한 죽음을 해명하고자 했다. 크세노폰은 우선 소크라테스를 기소한 사

독배를 마신 소크라테스
독배를 든 후 슬픔에 싸인 동료와 제자들에게 차분히 유언을 남기는
모습이다. 이 날 소크라테스는 불멸의 영혼에게 죽음이란 단지 육체로
부터 해방되는 것이라며 철학자라면 죽음을 두려워하지 말라고 말했
다. 그리고 평온한 죽음을 내린 건강의 신 아스클레피오스Asclepios
에게 감사한 뒤 숨을 거둔다.
자크 루이 다비드, 1787, 뉴욕 메트로폴리탄 미술관

> 인간의 영혼, 인간에 속하는 것 중에서 무엇보다도 신의 성질을 띠고 있는 영혼은
> 우리 위에 군림하고 있는 것이 명백하지만, 그 본체는 보이지 않는 법일세.
> 우리는 이러한 일들을 명심하여 눈에 보이지 않는 것이라고 해서
> 가볍게 여기지 말고, 모든 현상 속엔 신들의 힘이 존재한다는 사실을 인식하여,
> 신령을 공경하지 않으면 안 되는 것일세.

람들이 내건 "국가가 인정하는 신을 신봉하지 않고 새로운 신격神格을 수입한 죄"와 "청년들을 부패시킨 죄"가 사실과 다르다는 점을 해명하고 있다.

사실 소크라테스는 국가가 인정한 신, 세상을 만든 조물주와 올륌포스 신들을 부정하지 않았다. 그의 신심은 두터웠다. 소크라테스는 신이 "모든 면에서 한 번에 일체를 유의하시는 위대함과 원만자재圓滿自在하다는 것"을 잘 알고 있었다. 또 "인간 사회의 가장 장구하고 가장 현명한 국가 및 국민은 신들을 가장 독실하게 공경하고, 지혜가 가장 원숙한 연배들은 신들을 가장 조심스럽게 여기고" 있다는 점을 인식하고 있었다. 크세노폰은 소크라테스가 평소의 여러 담화에서 한 이런 얘기들을 설명하며 그 누구보다도 그가 신을 공경하는 데 소홀함이 없었다고 증언하고 있다.

| 다이모니온, 내면의 신 |

소크라테스의 확신에 찬 말에 비추어 볼 때, 신들에 대한 그의 공경을 의심할 여지는 없다. 물론 소크라테스가 다른 신을 숭배한다는 의구

심을 아테나이 시민들이 갖게 된 근거는 그의 '다이모니온the daimonion of Socrates'이었지만, 크세노폰은 그것이 무엇인지를 명쾌하게 해명해주지 못했다. 소크라테스는 평소 자신이 무엇인가를 할 것이냐 말 것이냐를 두고 고민할 때, 다이모니온이 어떤 일은 하지 말아야 한다고 이야기해준다고 말하곤 했다. 그러나 이 다이모니온은 자연에 깃든 신이나, 아폴론이나 제우스와 같은 올륌포스 신이 아님은 분명했다. 그렇다면 어떤 신일까? 다이모니온이 과연 무엇을 의미하는지에 대해서 당시의 아테나이인들은 충분히 이해할 수 없었다. 지금도 마찬가지다. 현대에 이르기까지 철학자들 간에 다이모니온의 실체에 대한 논쟁은 계속되고 있다.

다이모니온이 단순히 양심의 목소리가 아님은 분명하다. 소크라테스가 늘 강조하던 준법에서 나오는 정의도 아니었을 것이다. 그렇다면 이성적 통찰에서 나온 내면의 목소리였을까? 가장 지혜로운 자에게만 깃드는 특별한 정령精靈일까? 나는 요즘 소크라테스의 '다이모니온'이 애덤 스미스가 《도덕감정론》에서 언급한 도덕관능(道德官能, moral faculties)과 유사한 측면도 있지 않나 하는 생각을 부쩍 많이 하게 된다.

애덤 스미스는 천성이나 본능에 내장된 일반준칙들이 있는데, 이런 일반준칙이 인간의 행위에 영향을 준다고 보았다. 그렇다면 인간 행동의

시인是認과 부인否認이, 즉 할 것인가 말 것인가 하는 선택이 일반원칙에 기초하여 이루어진다고 볼 수 있다. 애덤 스미스는 이 준칙들이 '신이 인간의 내면에 세워 놓은 대리인들에 의해 공포되는 신의 명령과 신의 법으로 간주할 수 있다'고 말한다. 자신의 내면에서 어떤 신이 무엇인가를 하지 말라고 말하는 경우가 있다는 소크라테스의 말은, 곧 준칙의 신적인 기능을 일컫는 것이 아닐까.

아무튼, 다이모니온이 무엇이었든, 그것이 아테나이 시민들이 숭상하던 신에 대한 믿음과 충돌하는 '새로운 신격'이라고 볼 수는 없을 것이다. 소크라테스의 다이모니온은 아테나이인들이 말하는 신적인 영역과는 분명히 다른 차원의 것이긴 하지만. '신의 명령과 신의 법으로 간주하는' 것과, 신 자체의 명령과는 다르기 때문이다. 그렇다면 소크라테스를 기소한 죄목에는 분명 무리한 측면이 있었다. 사실 소크라테스가 새로운 신을 믿었다는 시민들의 의구심은 그를 기소하기 위한 구실에 불과했을지도 모른다.

| 아테나이 청년들을 타락시켰다고? |

어쨌거나 크세노폰은 소크라테스의 언행과 사상, 제자들과 나눈 다양한 대화를 통해 그의 사람됨과 철학자적 지혜를 잘 보여준 바 있다. 특히 그는 소크라테스가 청년들이 선을 인식하게 하고 지혜를 사랑하는 사람이 되도록 이끌었다는 점을 강조했다.

소크라테스는 "친구들의 어려움, 즉 무지에 기인하는 것은 지혜를 빌려주어 도와주고, 궁핍에 기인하는 것은 각자의 힘에 따라서 서로 돕도록 가르쳐서 구하려고 했다"는 것이다. 또 소크라테스는 "제자들에게 식사·술 방탕·졸음에 대한 극기, 주위의 더위나 간난艱難에 대한 인내의 함양을 고취했고," 나아가 "최고의 미와 최대의 금도를 함양하며, 이로써 국가 및 가정의 훌륭한 일원이 될 것을 고취"했다는 것이다. 그렇다면 청년들을 타락시켰다는 죄목 또한 소크라테스에게는 얼토당토않은 일이었다.

크세노폰이 쓴《소크라테스 회상》을 보면, 소크라테스의 교육 철학에 대한 각종 예화를 살필 수 있다. 소크라테스는 안티폰Antiphon과의 담화를 통해 절제 있는 삶의 소중함을 일깨우고 있다. 아리스팁포스(Aristippos, 기원전 435~355?)와의 대화에서는 극기克己의 중요성을 역설한다. 어머니에게 화를 내던 자신의 장남 람프로클레스에겐 올바른 효도 방법에 대해 갈파하기도 한다.

소크라테스의 훈육 주제는 개인적 삶에만 머물지 않았다. 국가를 이끄는 지도자들이 어떻게 나라를 다스릴 것인가, 또 군대를 어떻게 이끌 것인가에 대해서도 그는 철학자답지 않은 군사학적 혜안을 펼쳤다. 그는 장군학將軍學을 배우려는 한 젊은이에게 이렇게 가르쳤다.

> 장군은 전투를 위한 만반의 군비를 갖추고, 게다가 병사들에게 양식을 공급해야 하며, 그리고 기책奇策을 종횡으로 구사해야 할 뿐만 아니라, 활동적이고 용의주도하며, 강의剛毅하고 기민해야 하며, 유화하면서도 잔인해야 하며, 솔직하면서도 책모策謀적이어야 하고, 신중하면서도 교활하고, 낭비적이면서도 약탈적이고, 호기스러워야 하고 탐욕적이어야 하며, 수비를 견고히 하면서도 공격적이어야 하고, 그 외에 광범위한 일에 선천적으로 혹은 수학修學에 의해서 삼군三軍을 통솔하기 위하여 숙달되어 있어야 하네. 전열 배치에 숙련되어 있다는 것은 참으로 좋은 일이네. 왜냐하면 군대는 진열이 훌륭하게 배치된 것은 아무렇게나 배치된 것과 비교하면 굉장한 차이가 있기 때문일세.
>
> 《소크라테스의 회상》 pp. 110~111

소크라테스는 정치에 나선 혈기방장한 제자 알키비아데스도 걱정스러웠다. 그는 알키비아데스가 정의로운 것들과 정의롭지 못한 것들을 제대로 알고 있는지 물었다. 알키비아데스는 이렇게 말했다. "아테나이 사람들이 뭐가 더 정의롭고 뭐가 더 정의롭지 못한지에 대해서 숙고하는 경우는 드뭅니다. 행위를 할 때 어떤 행위를 하는 것이 이로운가를 살필 따름입니다." 소크라테스는 이로운 게 좋은 것인가 반문했다. 알키비아데스는 자신 있게 대답하지 못했다. 소크라테스는 알키비아데스가 나쁜 것과 좋은 것들, 이로운 것들과 이롭지 않은 것들에 대해 제대로 알지 못하는 무지를 질책했다. 특히 행동의 잘못들은 "알지도 못하면서 안다고 생각하는 무지 탓"에 생긴다는 점을 일깨웠다.

"자네는 교육도 받기 전에 정치에 달려든 셈이지. 그런데 자네만 이런 꼴인 게 아니라, 나랏일을 행하는 이들 가운데 대다수 역시 그런 꼴이라네." 소크라테스는 정치가가 나라를 다스릴 충분한 지혜를 갖출 것을 요구했다. "나라가 행복해지고자 한다면, 훌륭함 없이는 성벽도 군선도 조선소도, 이런 것들의 많음과 큼도 소용없네. 자네가 나랏일을 정의롭고 아름답게 행하려면, 시민들에게 훌륭함을 나눠 주어야 하네."

소크라테스는 정치가가 스스로 지혜를 쌓고 민중이 훌륭한 덕성을 발휘하도록 이끌 것을 희망했다. "자네가 자신과 나라에 갖추어야 할 것은 원하는 것이면 무엇이든 할 수 있는 자유와 권력이 아니라 정의와 절제일세."

소크라테스는 행복한 삶을 위한 개인적 지침뿐만 아니라 국가를 다스리는 방책, 국가의 건강한 시민이 해야 할 역할에 대한 조언도 아끼지

않았다. 대大 페리클레스의 정실 아들 둘이 역병
으로 죽게 되자 시민들은 페리클레스를 동정하
여 아스파시아와의 사이에서 태어난 서자庶子에
게 시민권을 주고 부친과 같은 이름인 페리클레
스라고 불렀다. 언젠가 소크라테스는 이 아들 페
리클레스가 장군이 되자 그에게 군대의 통솔 방
법과 병사들의 선발과 훈련, 아테나이의 지형을
잘 활용한 방어 전략 등을 전수하기도 했다. 또
소크라테스는 정치가를 꿈꾸는 젊은이들에게
통치자가 어떻게 하면 시민들의 협조와 복종을
얻어낼 수 있는지를 가르쳤다. 특히 그는 다양한

일에 도전하는 이들에게 "무엇보다 먼저 행하고
자 하는 분야에 대한 지식을 완전히 갖추도록 노
력"할 것을 함께 주문했다. 소크라테스는 아테
나이 청년들이 아름다운 영혼을 가꾸고 현실의
다양한 당면과제들을 헤쳐 나갈 역량을 갖추도
록 인도했다. 이런 점들은《대학》에서 논하는 격
물치지格物致知와 수신제가修身齊家의 덕목과 일맥
상통하는 측면이 있다.

03
플라톤의 교육사상

고전의 가치는 수천 년 동안 사랑받아온 생명력에 있다. 하지만 학식과 경륜, 인생의 경험과 지향에 따라 사람마다 다양한 깨달음과 지혜를 얻게 해준다는 데에도 가치가 있다. 동일한 고전이 읽는 사람마다 풍부하고 다양하게 해석될 수 있다는 점은 그만큼 고전이 품고 있는 통찰의 폭이 넓고 깊다는 것을 의미한다.

이런 까닭에 오랫동안 수많은 명현들이 궁구하고, 다양한 시각으로 주석에 매달리며 퍼내어도 고전의 샘은 절대로 마르지 않는다. 오히려 고전에 대한 뛰어난 해석서가 또 다른 고전이 되어 당대의 고전 애호가들의 사랑을 받으며 고전의 가치를 더욱 높여준다.

예를 들어 공자의 최초의 《논어》보다 후대인 12세기의 유학자인 송나라의 주희가 펴낸 《논어집주論語集註》, 18세기 조선의 정약용이 쓴 《논어고금주論語古今註》, 17세기 일본의 오규 소라이가 쓴 주석서《논어징論語徵》은 또 다른 고전이 되어 후대인들에게 《논어》를 보는 새로운 시각을 보태준다.

하지만 고대 그리스 시대에 양산된 서양 고전의 원전에 대한 후대 학자들의 해석서 가운데 우리나라에 널리 알려진 것은 그리 많지 않다. 그동안 서양철학 원전 연구가 제대로 이루어지지 않은 우리 학계의 얕은 풍토도 한 원인인 듯싶다.

플라톤의 교육, 그리고 정의란 무엇인가?

플라톤은 고대 그리스가 낳은 최고의 철학자 가운데 한 사람이다. 그는 소크라테스의 제자로서 스승의 철학을 가장 충실하게 계승하고, 나아가 자신의 웅대한 철학세계를 정립한 사람이다. 그는 42편의 대화편을 남겼다. 《국가Politeia》, 《법률Nomoi》과 같은 대작은 물론, 《소크라테스의 변론》과 같은 나머지 작품들도 스승 소크라테스와 플라톤의 철학을 고스란히 담아내고 있다.

플라톤의 《파이돈》과 《국가》에 담긴 이데아idea론은 많은 조명을 받아왔지만, 반면에 그의 교육사상은 상대적으로 주목을 덜 받았다. 그렇지만 플라톤이 자신이 꿈꾼 이상국가의 실현을 위해 교육의 필요성을 크게 강조한 만큼, 그

의 《국가》를 교육사상의 측면에서 재조명해보는 것은 의미 있는 일이다. 이런 거대한 탐색과 해석을 훌륭하게 수행한 사람이 있으니, 그가 바로 리처드 루이스 네틀쉽(Richard Lewis Nettleship, 1846~1892)이다. 그는 1885년 및 1887~1888년에 제자들을 상대로 플라톤의 《국가》에 대해 강의하고, 이를 《플라톤의 국가론 강의》라는 책으로 펴냈다. 그는 이 저술을 통해 플라톤의 《국가》를 교육학의 고전으로 자리매김했다. 그가 분석한 핵심 내용을 따라가다 보면 플라톤의 교육 사상의 실체를 좀 더 구체적으로 파악하는 데 도움이 된다.

네틀쉽은 정의가 도덕과 정치의 근간이 되는 삶의 원리라는 점에 주목하여, 교육이 어떤 활동인지를 깊이 이해함으로써 삶의 원리로서의 정의의 참뜻을 발견할 수 있도록 안내하고 있다. 네틀쉽은 플라톤의 《국가》에서 "정의로운 사람을 기르는 교육을 살펴봄으로써 삶의 원리로서의 정의가 무엇인지를 알 수 있다"고 말한다. 그는 플라톤이 《국가》를 통해 인간의 삶을 개혁하고 이상적 국가체계를 수립하려는 의도를 갖고 집필했다고 이해하는 것이다. 사실 플라톤은 교육에 대한 자신의 이상을 통해 삶에 대한 성찰과 이상사회를 만들기 위한 최상의 인간적 삶의 모습이 어떠해야 하는지 보여주려 했다.

플라톤이 책의 상당한 분량에서 '정의'가 무

플라톤 대리석 좌상. 아테네 학술원 앞에 있다.

엇인지를 치열하게 탐색하고, 탐욕과 어리석음, 인간 본성의 타락이 모든 죄악의 원형이 됨을 보여준 것도 이 때문이다. 결국, 사람을 어떻게 교육할 것인가는 인간적 선과 공동체의 정의 구현에 필수적인 요건으로 귀결되는 것이다.

플라톤은 트라시마코스(Thrasymachos, 기원전 5세기)를 통해 '정의란 강자의 이익'이라며 현실의 부조리를 반영한 명제를 제기하도록 한다. 그리고 이에 대응하여 소크라테스가 삶의 원리로서의 정의라는 관념을 하나하나 논파해나가게 한다. 플라톤은 소크라테스의 대화를 통해 상대방이 정의로운 행위의 선이 어디에 있는지를 검토하도록 함으로써 '철학적 마음'을 획득하도록 유도한다. 나아가 '정의 그 자체'로서의 선을 불완전하게나마 의식하도록 도와준다. 소크라테스의 대화술을 산파술産婆術이라고 부르는 이유다.

'철학적 마음'은 궁극적 지혜를 추구하는 마음이다. 이는 현실에서 겪으면서 얻어지는 '경험적 마음'과는 차원이 다르다. '정의란 강자의 이익'이란 인식은 현실 속에서 보는 부정의不正義한 현상들을 그대로 받아들인 불완전한 측면이 많으므로 '철학적 마음'으로 인식하는 '정의'의 관념과는 거리가 멀 수밖에 없다. 플라톤은 경험과 인식의 부조화와 모순을 극복할 수 있는 삶의 원리로서의 정의가 오로지 교육을 통하여 철학적 마음을 획득함으로써 실현될 수 있다고 보았다.

이런 관점에서 바라보면, 플라톤이 10권으로 구성된《국가》의 많은 부분에서 통치자가 될 사람이 받아야 할 교육과정을 치밀하게 제시한(제2권~제3권) 이유가 자연스럽게 이해된다. 또 그가 참된 선을 찾기 위한 인간 지식의 발달 단계(제6권)를 제시하고, 과학 교육과 철학교육의 중요성을 강조(제7권)한 것도, 나아가 타락한 사회와 영혼의 행태를 경계한(제8권~제9권) 까닭도 같은 맥락으로 읽힌다.

《국가》가 쓰인 기원전 3세기경의 파피루스

트라시마코스는 '완전한 불의가 인간의 진짜 이익'이라고 주장하지만, 플라톤은 '정의란 무엇인가'에 대해 즉답하지 않는다. 오히려 무엇이 최선의 삶인가를 지루하리만큼 다양하게 보여준다. 또 불의가 인간의 이익과 얼마나 멀리 떨어져 있는지 보여줌으로써 정의로운 삶의 모습을 추정하게 한다. 그 속에서 '정의'의 원리를 스스로 발견하도록 견인하기 위해서다. 독자 역시 소크라테스의 이런 산파술의 도움을 받아 책 속의 대화에 자연스럽게 이끌려 가다 보면 어느덧 서서히 '정의'의 관념을 깨닫게 되는 것이다.

플라톤이 인식하는 최선의 삶은 인간의 욕구 중 최상위에 있는 영혼의 욕구를 충족시키는 삶이다. 이런 참다운 만족만이 참다운 자아를 만족시키게 되고 완전한 삶에 가까이 다가가게 해준다. 인간의 행복, 이익, 소득은 인간의 가장 내면적인 삶에 비추어서 표현되거나, 영혼의 본질과 관련지어 조명되지 않으면 안 된다고 본다.

트라시마코스는 자신이 원하는 대로 행동하면서 처벌을 피할 수 있는 인간이 번영을 누린다고 주장했다. 하지만 플라톤은 사회의 처벌을 받느냐의 여부를 행동기준으로 삼지 않는다. 중요한 것은 인간 본성의 참다운 내면에 비추어 볼 때 부끄러움이 없어야 한다는 점이다. 이런 의미에서 플라톤은 자아를 만족하게 할 수 없는 그런 행태는 자신과 사회에 해악을 끼치는 '불의不義'

의 양태라고 규정한다.

어느 시대든 '트라시마코스' 부류의 주장에 동조하는 사람들이 많다. 이는 삐뚤어진 인간의 욕망이 분출된 현실의 위력에 짓눌린 자괴와 분노의 표현인지도 모른다. 사정이 이러하니 소크라테스의 입을 빌려 주장하는 플라톤의 설득이 공허하게 들릴 만도 하다. 그러나 이는 플라톤이 '동굴의 비유'로 설명하듯, 참된 지혜를 보지 못하고 현실에 비친 허상을 참된 양상으로 믿는 인간의 어리석음에 기인하는 것 아닌가.

불의한 삶을 쟁취하여 '정의'로 포장하려는 왜곡된 인간의 욕망은 극단적 이기심에서 비롯된다. 플라톤은 삶의 모든 죄악은 인간의 이기심에서 생겨난다고 보았다. 인간의 본성 중 하위의 요소에서 만족을 찾는 이기심을 극복하고, 인간 영혼 속의 최상위 요소인 철학적 마음을 갖게 되어야 비로소 '무사無私의 마음'을 가질 수 있다는 것이다.

| 공동체의 덕목을 말하다 |

플라톤은 개인의 사사로운 탐욕을 모두 내려놓는 '무사의 마음'을 가진 자만이 통치자가 될 수 있다고 보았다. 권력을 가지려 하는 자에게 권력이 주어져서는 안 된다는 역설이다. 권력을 진실로 원하지 않는 사람에게만 권력을 줘야 한다는 것이다. 물론 흑심을 감춘 채 겉으로만 고사하는 시늉의 '위선적 겸양'과는 거리가 있다. 물론 '무사의 마음'을 가진 인간은 현실에서 발견하기 어려운 유형이다.

역사 속에 이런 부류에 해당하는 사람이 누가 있을까? 농부였다가 전쟁 수행을 위해 독재관이 되었지만, 분쟁을 해결하고 보름 만에 다시 농부로 돌아간 로마 공화정 초기의 영웅 킨킨나투스(Cincinnatus, 기원전 519?~439?) 정도나 여기에 해당할까. 또는 키케로가 "로마 공화정을 위한 최상의 의도와 최고의 존경심을 갖고 있으며 로마의 하수구가 아닌 플라톤의《국가》속에 사는 것 같다"고 평한 소小 카토(Marcus Porcius Cato, 기원전 95~46) 정도는 되어야 하지 않을까. 이런 무욕의 통치자들이 다스리는 나라가 바로 이상 국가가 아닐까.

플라톤이 수호자 계층의 철저한 자기 규제를 강조한 것도 이 때문이다. 현대적 관점에서는 이해할 수 없지만, 플라톤이 수호자 계층에 한해 '처자 공유제'나 '사유재산 포기'를 요구한 것도 사사로운 이기심을 버리고 최상의 공동체의 삶을 이룰 조건을 만들기 위함이 아니었을까. 공적인 권위에 올라가고자 하는 사람들은 공동체의 이익에 헌신하기 위해 자신의 이익을 포기할 수 있어야 하고, 이런 사람들이 선발되어야 국민의

자발적 복종을 얻어낼 수 있다고 본 것이다. 요즘 정치인들은 어떨까?

플라톤의 공동체주의적 관점은 때론 공산주의 관념으로 오해되기도 한다. 하지만 그가 꿈꾼 공동체주의는 개인이 전체에 함몰되는 공동체가 아니라, 개인의 이익과 공동체의 행복이 조화를 이루는 공동체를 의미한다. 이런 공동체의 일원을 만들기 위해 이에 적합한 교육이 치밀하게 설계되고 실행되어야 한다. 특히 현대의 공산주의가 인민을 규제하고 국가에 종속시키는 것이었다면, 플라톤의 공산적 구상은 국가 속의 최상위 계급, 즉 통치계급에만 한정적으로 적용되는 개념으로서 근본적으로 차이가 있다.

플라톤이 개체성을 무시하고 있거나, 공동체를 위해서 개인의 권리를 희생시킨다는 비판도 있다. 그러나 플라톤은 오히려 개체성과 공동체 사이에 상호배타적 관계가 존재하지 않는다고 인식하고 있었다. 참다운 개체성은 공동의 삶이나 이익에 참여함으로써 감소하는 것이 아니라, '공동체 정신'을 통하여 자신의 삶을 더욱 완전하게 만들어 개체성을 최상의 정도로 끌어올릴 수 있다고 본 것이다.

정의로운 공동체의 삶을 만들기 위해 통치자 계급의 자기 절제와 희생을 요구하고, 국민 개개인이 최선의 삶을 인식하게 하는 도덕교육을 강조한 플라톤의 사상은 국가의 바람직한 모델을

제시한 것으로 평가할 수 있다. 지혜, 용기, 절제, 정의를 중요한 덕목으로 제시한 것도 같은 맥락이다.

플라톤은 《국가》에서 음악, 체육, 철학의 교육이 지향할 점을 보여준다. 플라톤은 문학과 예술이 영혼을 끌어당기는 민감성을 길러준다고 여겼다. 그는 이런 교육이 올바르게 이루어지면 용기와 인간다움과 아름다움을 식별할 수 있는 참다운 안목을 함양시키고, 나아가 공동체의 일원으로서의 바람직한 삶을 이끄는 데 도움이 된다고 생각했다.

하지만 플라톤은 당대 예술에 대해서는 상당히 비판적 태도를 보였다. 플라톤이 보기에 당시 그리스의 문학과 음악은 쇠퇴일로를 걷고 있었고, 특히 문학은 병적이라고 할 만큼 불건전한 상상력을 자극하는 매체로 전락하고 있었기 때문이다. 플라톤은 예술의 타락이 사람들이 맹목적으로 다양성을 추구하게 하였고, 이로 인해 인간들이 방종한 성격을 갖도록 영향을 미치고 있었다고 인식했을 것이다. 플라톤은 그리스 민주정의 타락을 극도로 비판했는데, 그 원인 중의 하나를 이러한 교육의 실패에서 찾고 있었던 셈이다.

또 플라톤은 당대의 음악 역시 지나치게 자극적인 선법旋法이나 무절제한 리듬을 남발하고 있다고 비판했다. 그는 절제와 용기라는 인격적 특질을 고취하는 데 어울리는 화음만이 참다운 예술적 기능을 발휘하게 된다고 믿었다. 예술교육이 인간의 품성 형성에 미치는 영향을 예민하게 인식하고 있었다는 점에서 플라톤의 독특한 교육철학이 드러난다.

플라톤은 사람마다 '철학적 마음'을 바탕으로 최선의 삶을 살 수 있도록 공동체와 개인이 조화를 이루는 이상 국가를 꿈꿨다. 그는 이런 세상을 만드는 데 교육적 목표와 수단을 중요한 동인으로 활용하고자 했다. 철인정치를 꿈꾼 플라톤이 강조했듯이, 예나 지금이나 개인적 삶과 공동체의 삶 속에서 행복을 추구하고 정의를 구현하는 원동력은 역시 그 사회를 작동시키는 인간에 대한 교육임을 확인해준다.

04

행복론과 아레테,
그리고 메소테스

어떻게 사는 것이 행복한 삶일까?

인간은 누구나 행복하기를 원하고 자신의 가치 기준에 따라 행복을 추구한다. 돈, 권력, 명예에서 행복을 찾기도 하고, 자신의 재능을 발휘하는 일을 통해 행복을 느끼기도 한다. 과연 어떻게 하면 행복해질 수 있을까? 행복을 느끼게 하는 가장 중요한 요인은 무엇일까? 시대를 넘어 인류의 영원한 고민과 사색의 대상이 아닐 수 없다.

2,300여 년 전 그리스의 철학자 아리스토텔레스의 고민도 지금 우리들의 그것과 크게 다르지 않았다. 행복한 삶에 대한 그의 고민과 해법이 담긴 책이 바로 《니코마코스 윤리학Ethica Nicomachea》이다. 그의 철학적 고민을 읽노라면, 마치 오늘날 어느 철학교수의 담론인가 하는 착각이 들 정도로 시대의 간극을 느끼기 힘들다. 그가

인식한 삶의 모습과 탐구하는 내용이 시공을 뛰어넘어 현재 우리 삶의 모습과 인간의 속성에 그대로 들어맞는 것을 보면서, 아리스토텔레스의 예민하고 깊이 있는 통찰에 탄복하지 않을 수 없다.

지식과 문명이 아무리 발전해도 인간 내면의 본성, 그리고 인간들이 부딪히면서 만들어내는 사회적 교감의 원리는 변함이 없는 모양이다. 인간의 본성을 이해하고 의미를 통찰해내는 개개인의 능력은 문명처럼 축적되고 전수되는 것이 아니라, 자신의 성찰과 학습을 통해 얻을 수 있음을 새삼 느낀다. 서양 철학의 거성인 아리스토텔레스는 이런 사유의 여정에서 2천여 년 동안 인류의 훌륭한 길라잡이가 되어 왔음이 분명하다. 우리가 그의 고전을 읽어야 할 이유가 여기에 있다.

니코마코스 윤리학
그리스어와 라틴어로 쓰인 1566년 판본의 첫 페이지.
전 10권이며, 최초의 체계적인 윤리학 서적으로 꼽힌다.

| 행복의 지름길, 아레테 |

행복eudaimonia은 '좋은 것', 최고의 선善이다. 행복은 그것 자체만 추구해도 되는 완결성, 자족성을 갖는다. 다른 어떤 것도 곁가지에 불과할 수 있다는 뜻이다. 그러면 '좋음agaton'은 모두 행복인가? 아리스토텔레스는 '좋음'을 외적인 좋음, 영혼에 관계된 좋음, 육체에 관련된 좋음으로 유형화한다. 행복에 이르는 좋음의 길도 여럿인 셈이다.

공통점은 어떤 길로 행복에 다가가든 행복을 결정짓는 것은 아레테arete라는 사실이다. '가장 좋음'만이 행복과 연결된다. 특히 우리가 인간적인 아레테를 말할 때는 육체의 아레테를 말하는 것이 아니라 영혼의 아레테를 말하는 것이다. 아레테는 감정pathos, 능력dynamis의 영역이라기보다 품성상태hexis의 수준을 말한다. 이런 차원에서 아레테는 덕성德性의 의미를 포괄한다. 따라서 아레테는 탁월성 또는 덕성으로 이해해도 무방하다.

영혼은 이성logos을 가진 부분과 이성이 없는 부분을 모두 아우른다. 이성이 작동하는 영역에서 아레테는 지적 아레테와 성격적 아레테로 나뉜다. 지적 아레테는 학습에 의해, 성격적 아레테는 좋은 행위praxis가 반복되는 습관에 의해 길러진다. 아리스토텔레스는 행복해지기 위해서는 즐거움과 고통에 관련된 성격적 아레테를 키워야 한다고 강조한다. 즉 다양한 욕망과 즐거움, 고통에 대한 탐닉이나 회피 등의 선택적 상황에서 지나치거나 모자람이 없는 중용의 상태가 합리적 선택일 수 있다. 이런 품성이 최고의 아레테이며 이는 곧 행복의 문을 여는 열쇠가 된다.

합리적 선택의 원리는 욕구 및 어떤 목적을 지향하는 이성이다. 따라서 합리적 선택은 지성이나 사유 없이 생기지 않고, 올바른 성격적 품성 없이 생기지도 않는 것이다. 결국 탁월한 품성을 갖춰야 합리적 선택을 할 수 있게 되고 행복을 누릴 수 있다는 이야기다.

| 절제의 미학, 메소테스 |

우리는 인생을 살아가면서 순간순간 갖가지 미혹에 빠질 때 크고 작은 선택의 갈림길에 섰던 경험을 많이 갖고 있다. 그때 어떤 욕구, 어떤 즐거움을 선택하느냐는 바로 자신의 품성과 지성의 수준에 달려 있고, 그에 수반되는 행복의 빛깔도 다양해질 수밖에 없다.

중용은 여러 가지 즐거움에 대한 절제를 통해 이루어진다. 플라톤 역시 대화편 《필레보스 Philebos》에서 적도(適度, to metrion)의 중요성을 강조한 바 있다. 적도는 곧 동양철학에서 말하는 중용과 같은 의미로 볼 수 있다.

행복해지기 위해서는 성격 측면에서 아레테를 갖추어야 하고 그 아레테는 중용으로서 달성된다. 중용은 지나치지 않고 모자라지도 않은 상태다. 감정의 영역에서 이런 중용을 취하는 일은 쉬운 일이 아니다. 두려운 감정이 일어날 때 지나치게 대응하는 것은 무모함이지만 비겁하게 구는 것은 모자람이다. 이때 적정한 중용의 감정은 바로 용기다. 즐거움과 고통과 관련해 넘치면 '무절제', 모자라면 '목석같음'이 되고 만다. 여기서는 절제가 중용이 된다. 중용은 개인의 감정 영역뿐만 아니라 재산이나, 명예 등 외적 욕망의 추구, 사람들과의 친교 등 사회적 삶에서도 다양한 형태로 취해질 수 있다. 중용은 결국 자기 자신의 선택에 달려있다. 자신의 자발적이고 합리적인 선택에 따라 행복이 좌우될 수 있는 것이다.

아리스토텔레스는 가장 피해야 할 나쁜 품성으로 '악덕kakia', '자제력 없음akrasi', '짐승 같은 품성상태'를 들었다. 이런 것들은 아레테와 상극이다. 자제력이 없는 사람은 실천적 지혜가 부족한 사람이다.

"자제력이 없는 사람은 자신이 하는 행위가 나쁘다는 것을 알면서도 감정pathos 때문에 그것을 하는 데 반해, 자제할 줄 아는 사람은 자신의 욕구들이 나쁘다는 것을 알면 이성의 힘으로 그것들을 따르지 않는다." 이만큼 아리스토텔레스는 성격적 아레테를 유지하기 위해 실천적 지혜가 매우 중요함을 강조했다. 성격적인 탁월함은 어떻게 길러야 할까? 자신의 욕구에 대한 반응과 행동이 자신의 합리적 선택에 따라 이루어지고, 이런 행위 하나하나가 축적되어 습관적 행위가 되면 탁월한 품성이 만들어지고 행복에 가까이 다가갈 수 있지 않을까.

행복은 연습하기 나름인 것이다. 인생은 즐거움을 추구할 때 행복해질 수 있다. 중요한 것은 무엇에 대한 즐거움이냐, 하는 것이다. 아리스토텔레스도 즐거움이 촉각, 미각 등 대부분 육체적 요인에서 온다는 것을 인정하지만, 인간이 이성의 활동에 의해 무언가를 깨달으며 느끼는 희열이야말로 진정한 즐거움이라 정의한다. 공자가 '배우고 때때로 익히면 또한 기쁘지 아니한가學而時習之不亦說乎?' 했던 것도 같은 맥락이 아닐까. 즉 감각적 욕구의 충족을 통한 즐거움도 크지만, 지적 성찰을 통해 얻는 즐거움 또한 고귀하다. 나아가 즐거움의 영역을 개인적 차원에서 사회적 차원으로 확대할 때 그 의미는 더욱 깊어진다.

| 아름다운 사회를 만드는 '필리아' |

아리스토텔레스는 인간의 사회성을 완성하는 즐거움으로써 친애(親愛, philia)를 강조했다. 친애라는 것은 단순히 '사랑'이라는 용어로 표현하는 정감의 상태보다 훨씬 넓은 개념이다. 친애는 사회적 삶에서 취할 수 있는 탁월한 중용의 하나다. 부모와 자식 간의 친애, 친구 간의 친애, 사회에서 교제하는 사람 사이의 친애 등 다양하다.

친애는 합리적 선택에 기초한 품성 상태다. 친애는 상대가 잘되기를 바라는 순수성, 서로 사랑과 배려를 주고받는 상호성, 그리고 서로 이런 사실을 알고 있는 인지성認知性을 고루 갖출 때 형성된다. 이런 요소들이 결핍될 때 친애관계는 해체되고 만다. 세상 사람들과 더불어 살아가야 하는 인간은 자기애를 넘어서 타인에 대한 친애를 통해 비로소 자신의 행복도 증진하고, 인간적인 사회성을 완성하는 즐거움을 동시에 누릴 수 있다는 것이다. 더불어 사는 친애를 실천하는 행복한 사람이 넘치면 그 사회는 저절로 행복한 사회가 되는 게 아닐까.

이런 품성의 탁월성을 기르는 데 필요한 것이 교육이다. 플라톤이 교육을 강조했듯이, 알렉산드로스의 스승이기도 했던 아리스토텔레스 역시 교육의 중요성을 역설했다. 그는 인간은 누구나 본성적으로 같은 품성 바탕을 갖고 태어난다고 보았다. 이는 성선설 입장도 아니고 성악설 입장도 아니다. 성선成善과 성악成惡은 오로지 성장과정이 어쩌하냐에 달려 있다고 보는 것이다. 군이 분류한다면 성선설에 가깝기는 하지만.

탁월한 품성은 성장하는 과정에서 여러 감성과 행동의 경험과 학습으로 길러지는 것이다. 아리스토텔레스는 훌륭한 감정과 행위들이 반복해서 이루어지도록 습관화하는 교육의 중요성을 강조했다. 또 자발적 노력이 어려운 사람들을 사회적으로 바람직한 탁월함으로 유도하기 위한 규제적 입법 및 정치체계가 필요하다고 말한다. 결국, 행복은 자기 생각과 행동에 달렸다. 탁월한 품성을 기르고 스스로 고귀하고 소중한 것에서 중용의 즐거움을 찾고 이를 실천할 때 행복은 다가오지 않을까.

아리스토텔레스는 인간의 행복이 무엇인지, 행복한 삶을 영위하기 위해 어떻게 살아야 할 것인지에 대하여 응답하기 위해 깊이 있는 사색을 통해 우리에게 그 해답을 제시했다. 그 결정체가 《니코마코스 윤리학》과 《에우데모스 윤리학》이다. 이 가운데 《니코마코스 윤리학》은 널리 알려졌다. 하지만 《에우데모스 윤리학》 또한 그의 '덕의 윤리학'을 보완해주는 대표작으로 한 쌍을 이룬다. 후자가 덜 알려진 이유는 서기 2세기에 《니코마코스 윤리학》을 주석한 아스파시오스Aspasios가 《에우데모스 윤리학》의 저자를

에우다모스인 것으로 여긴 데에서 비롯되었다. 하지만 19세기에 이르러 예거(Otto Heinrich Jäger, 1828~1912)와 폰 아르님 등 일군의 학자들이 노력한 덕분에, 현재 학계에서는 아리스토텔레스의 진작眞作으로 인정하는 추세다.

《에우데모스 윤리학》은 모두 8권으로 이루어졌으며, 제4권에서 제6권까지는 《니코마코스 윤리학》의 제5권에서 제7권과 겹친다. 아리스토텔레스의 윤리학은 인간의 행복이 최상의 덕을 실현하는 데 달려있다는 주지주의主知主義적 입장이다. 이는 행복이 덕의 실현 이외에도 재산과 명예, 건강, 좋은 집안 등 외적인 선까지 포함한다는 '포괄주의적' 입장과 구별된다.

《에우데모스 윤리학》은 《니코마코스 윤리학》에 비해 더욱 유연하게 포괄주의적 행복관을 표명하고 있다. 이런 차원에서 아리스토텔레스의 윤리학은 정치학의 영역과도 겹친다. 그는 정치학을 들어 '행복을 만드는 학문 또는 기술'이라고 보았기 때문이다. 아리스토텔레스는 "가장 정의로운 것이 가장 아름답고, 건강한 것이 가장 좋지만 가장 즐거운 것은 자신이 사랑하는 것을 얻는 것이다"라는 테오그니스(Theognis, 기원전 6세기)의 시 구절에 동의하지 않는다. "행복이 만물 가운데 가장 아름답고도 가장 좋으면서 가장 즐겁기 때문이다."

그렇다면 행복은 무엇이고 어디에서 어떻게

얼을 수 있을까? 아리스토텔레스는 논리학의 아버지답게 행복의 내용과 조건, 행복에 대한 탐구 방법, 행복한 삶의 방식, 행복의 원인이 되는 '좋음'의 속성들을 논변해나간다.

인간의 삶에는 세 가지가 있다. 정치적 삶, 철학적 삶, 향락적 삶이 그것이다. 행복은 자기 삶의 목적을 설정하고 이를 달성하는 데에서 온다. 어떤 삶을 추구할 것인가는 저마다의 삶을 택하도록 만드는 가치에 대한 개인의 인식과 선택에 달려있다. 아리스토텔레스는 영혼의 덕을 실현하는 것이 최상의 행복이 될 수 있다고 보았다. 인간의 모든 행동은 각자 자신의 욕망이나, 선택, 사고에 따라 자발적으로 행해지므로 모든 덕은 이러한 선택과 필연적으로 관련된다. 따라서 고통과 쾌락은 모두 자신의 선택에서 비롯되고, 행위자가 어떤 덕을 갖고 있느냐에 따라 얻어지는 행복의 질이 달라질 수 있다.

아리스토텔레스는 감각이든 이성이든 극단적 위치에서 얻어지는 것을 악덕으로 규정하고 중간의 적절한 정도, 즉 중용을 아레테로 상정한다. 아레테를 함양하기 위해서는 "인간 내부에 작동하는 쾌와 불쾌의 자연적 기제를 이해해야 하며, 이를 바탕으로 실생활에서 여러 구체적 상황에 부합하도록 감정을 조율하고 행위를 조정하는 훈련을 장기간 거쳐야 한다."

중용은 칭찬의 대상이 되고, 극단은 비난의

대상이 되기 때문이다. 중용을 선택할 수 있게 만들어주는 게 덕이다. 인간의 모든 행위를 조절해주는 자제력이 중용을 유지하는 데 훌륭한 덕목으로 기능한다.

| 정치, 필리아가 넘치게 하라! |

행복을 만들어내는 또 하나의 중요한 요소 역시 '친애'다. 정치술의 중요한 기능도 친애를 산출하는 데 있다. 친애는 덕, 유용성, 즐거움에 따라 생겨나고, 이것은 동등성에 의거한 것과 우월성에 의거한 두 종류로 나뉜다. 하지만 동등성에 의한 친애를 지닌 이들만이 친구가 된다. 한쪽이 우월하고 다른 한쪽이 열등한 상황에서는 진정한 친애가 형성되기 어렵다는 의미다. '친애는 동등이다'라는 속담이 이를 함축한다. 공동체의 성원 간에 동등성을 회복시켜주고 비례적 분배가 이루어지도록 할 때 친애가 형성되기 때문이다. 시민적 친애는 '법적 친애nomile philia'와 '도덕적 친애ethike philia'이기도 하다.

아리스토텔레스는 공동체의 행복을 만들어내는 친애의 중요성을 강조하면서 친애를 형성시키기 위한 정치적 기능을 주목하게 한다. 행복은 지혜와 덕만으로 얻어질 수는 없다. 행운도 행복에 영향을 미친다. 타고난 운이나, 우연, 외

터키의 에게 해 연안 도시 앗소스 유적지에 세워진 아리스토텔레스 상. 그는 아테나이의 뤼케이온에서 후학을 양성하다 아테나이에 반마케도니아 경향이 강해지자 소아시아 지역의 앗소스로 피신하여 이곳에 한동안 머물며 학생들을 가르쳤다.

적인 요소도 작용한다. 하지만 명예, 부, 육체적 탁월성, 행운과 권력 등 '외적인 좋음'이 곧 행복의 요소는 아니다. 이런 '외적인 좋음'은 "자연적으로 좋은 것이지만, 어떤 이들에게는 자신의 이런저런 성향 때문에 해가 될 수 있기 때문이다." 아리스토텔레스는 행복이 덕의 실현에서만 나오는 것이 아니라, '외적인 좋음'의 자연적 가치를 적절하게 사용함으로써 행복에 기여하게 할 수 있다는 관점을 취한다. 이런 점에서 행복의 상식적 의미를 융통성 있게 부여하고 있다.

따라서 외적인 좋은 조건은 선호할 만하지만, 행복은 이런 것의 획득에 있는 것이 아니라 "그것들을 잘 사용할 줄 아는 내면의 덕에 달려 있다"고 볼 수 있다. 따라서 본성상 자신이 다스릴 수 있는 요소를 위해 살아야만 한다. "외적인 좋음이 너무 넘치거나 모자라서 신을 모시는 일에 방해가 돼서는 안 된다"는 아리스토텔레스의 주장은 확고하다. 부족하거나 넘치지 않는 삶을 추구하기 위한 신의 시각으로 삶을 관조하는 능력이 요구되는 것이다. 이런 조화가 행복을 만들어낸다. 결국 행복은 스스로 만들어나가는 것이 아닐까.

아리스토텔레스는 자신의 '덕의 윤리학'을 통해 현대인들에게 행복을 얻기 위해 자신의 욕구와 감정을 절제하고 조절할 줄 아는 지혜와 덕을 쌓을 것을 권장하고 있다. 또한 타고난 '행복한 조건'을 선망하기보다, 신을 경배하며 스스로 행복을 통제하고 만들어가는 소박한 방법론을 제시한다. 나아가 개인의 행복을 사회적 행복으로 확장하기 위해 공동체의 친애를 만들어나갈 것을 요구하고 있다는 점에서 윤리학과 정치학이 조화를 이룰 가능성까지 보여준다.

05

에피쿠로스, 마음의
평정이 곧 행복이다

즐겁게 사는 것, 행복한 삶은 누구나 바라는 일이다. 인간이 생존하는 한 행복하고자 하는 욕구는 누가 가르쳐주지 않아도 체득하게 되는 본능적 욕망이다. 하지만 무엇을 통해 어떤 행복감을 느끼느냐는 사람마다 다를 것 같다.

어떻게 살 것인가? 무엇이 행복한 삶인가? 고대 그리스인들은 유달리 이런 것을 두고 사색과 고민을 많이 했던 사람들이다. 특히 아테나이 철학자들은 민주주의가 삶의 외형적 조건을 만들어주는 토대였듯, 그에 상응하는 인간 내면의 행복의 조건에 대해서까지 궁구했다.

자유를 존중했던 인간들이 행복의 원리를 찾으

려 했다는 건 당연한 일. 하지만 행복의 조건과 원리는 시대적 환경에 영향을 받지 않을 수 없다. 아테나이가 융성기를 지나 쇠퇴기로 접어들면서 시민들의 자유정신 역시 퇴조했다. 공동체적 아레테에 대한 관심도 떨어지기 시작했다. 27년 동안 계속된 펠로폰네소스 전쟁에서 기원전 404년 아테나이가 스파르테에게 굴욕적으로 패해 항복하게 되자, 아테나이인들은 실의와 좌절에 빠진다.

에피쿠로스(Epicouros, 기원전 341~270)가 '쾌락주의'를 주창하게 된 것도 이런 시대 상황의 산물이었다. 정치가 마케도니아에 예속되면서, 공동체 의식이 옅어지고 자연스레 개인주의가 대두

하게 되었다. 이런 시대적 환경에서 에피쿠로스는 아테나이인들을 육체적, 정신적 무력감과 고통으로부터 해방시키기 위해 '쾌락'의 중요성을 설파하게 된다.

| 쾌락이 행복의 조건? |

에피쿠로스는 쾌락 그 자체를 나쁘게 보지는 않았다. 오히려 쾌락을 가져다주는 수단이 쾌락보다는 고통을 가져다줄 수 있다고 여겼다. 그렇다고 고통스러운 상황을 제거하기만 하면 쾌락이 얻어지는 것은 아니다. 즐겁고 행복한 삶은 사려 깊고, 아름답고, 정직한 삶에서만 얻어질 수 있다. "즐겁게 살지 않으면서 사려 깊고 아름답고 정직하게 살 수는 없다"는 것이다. 그렇다면 "아름답고 정직하게 살기 위한 척도를 가지지 않은 사람은 즐겁게 살 수 없다." 그런 척도란 어떤 것일까?

순수한 쾌락을 얻기 위해서는 자기 욕망의 조건과 한계를 명확히 인식할 수 있어야 한다. "자연적이지도 않고 필연적이지도 않으며, 다만 헛된 생각에 의해 생겨난" 욕망은 스스로 몰아낼 수 있어야 한다. 그게 자연적 정의에 부합한 쾌락을 얻는 지름길이다. "자연의 정의는 사람들이 서로를 해치지 않고 해침을 당하지 않도록 지켜주려는, 상호 이득의 협정이다." 이런 정의의 관점은 대인관계에서 서로에게 이득이 된다. 에피쿠로스는 이런 한계 속에서 개인의 쾌락을 마음껏 추구하는 것은 정당하다고 여긴 것 같다. '자유'를 '쾌락'으로 바꾸어 말한다면, 그의 주장은 존 스튜어트 밀이 "타인의 '행동의 자유'를 침해할 수 있는 경우를 제외하고 자신의 자유를 무한히 확대할 수 있다"는 생각과 일맥상통하는 것 같다.

에피쿠로스는 주장한다. "나는 맛의 즐거움, 사랑의 쾌락, 듣는 즐거움, 아름다운 모습을 보아서 생기는 즐거운 감정들을 모두 제외한다면, 선(善, agaton)을 무엇이라고 생각해야 할지 모르겠다!" 육체적 감각의 중요성을 강조한 것이다. 이런 관점이 스토아학파의 공격을 받는 대목이기도 하다.

| 진정한 행복, 아타락시아 |

물론 에피쿠로스가 추구한 쾌락이 오로지 육체적인 즐거움에만 초점이 맞춰진 것은 아니었다. 그는 마음의 평정, 즉 아타락시아ataraxia를 통해 진정한 정신적 쾌락을 얻을 수 있다고 말한다. 하지만 그가 추구하는 아타락시아는 개인의 덕성과 탁월함으로부터 얻어지는 것은 아니다. 그는 오히려 이렇게 경고한다. "아름다움과 탁월함 등은 우리에게 쾌락을 제공할 때 가치를 지닌다. 이들이 쾌락을 주지 못한다면, 우리는 그것들을 버려야 한다."

에피쿠로스 대리석 두상
파리 루브르 박물관

일체의 미혹된 감정과 무지에 의한 공포심에서 벗어나야 고통으로부터의 해방과 진정한 쾌락을 얻을 수 있다는 것이 에피쿠로스의 생각이다. 이를 위해서는 자연학을 통해 우주의 본성을 보다 명확히 인식해야 한다는 것이다. 이를 구체적으로 보여주기 위해 그는 데모크리토스가 주장한 바 있는 원자론을 확대하여 우주의 생성 원리와 번개, 태양과 달의 순환 원리를 설명한다. 자연 현상을 신들의 행위로 인식하던 당대의 보편적 관념에 비추어 보면 매우 도발적인 주장이다.

자연 현상에 대한 이성적 이해를 통해 미신의 현혹에서 벗어날 때 진정한 쾌락을 얻을 수 있다고 보기 때문이다. 퓌론(Pyrrhon, 기원전 360~270)과 같은 회의론자들이 현상에 대한 판단을 중지하고 무관심해질 때 마음의 평정을 얻을 수 있으리라고 주장한 것과는 차이가 있다. 결국, 에피쿠로스는 육체적 쾌락과 정신적 쾌락은 육체적 고통과 정신적 고통에서 해방될 때 얻어질 수 있다는 점을 강조한 것이다.

물론 그의 주장대로, "사람들의 마음속에 근심과 두려움이 생기는 원인을 올바르게 추적"하고, "천체 현상과 때때로 발생하는 다른 현상들의 진정한 원인을 알아내 다른 사람들에게 가장 큰 두려움을 불러일으키는 문제들을 해결"할 수 있을지도 모른다.

그렇지만 에피쿠로스는 개인과 개인, 나아가 개인과 공동체의 관계 속에서 빚어지는 사회적, 정치적, 문화적 문제와 갈등 속에서 어떻게 쾌락을 얻어내고 유지할 것인가에 대한 명쾌한 해답은 내놓지 못했다. 이 역시 아테나이가 쇠락하면서 개인주의로 흐르게 되는 시대적 한계를 벗어나지 못한 게 아닌가 싶다.

어찌되었든 그가 행복을 얻는 데 필요한 이해의 영역으로 끌어온 자연학에 대한 논구는 매우 흥미롭다. 그는 천체의 현상이 신에 의해 이루어지는 게 아님을 깨닫고 신의 본성을 명확히 발견하는 것을 자연학의 역할로 생각했다. "행복은 천체 현상의 본성에 대해 관찰하고 이런 목적을 위해 필요한 지식들을 획득하는 데" 있고 이를 통해 절대적 진리를 깨달을 수 있다고 주장했다. 그는 자연의 본성과 진리의 이해를 통해 마음의 평정과 쾌락을 얻을 수 있기를 바랐던 것이다.

에피쿠로스의 쾌락주의는 신비주의적 맹신에서 벗어나지 못하고 허무주의에 빠진 아테나이인들에게 개인이 어떻게 육체적, 정신적 안정과 쾌락을 얻을 수 있을 것인가를 부분적으로나마 알려주었다. 다만 사회 제반 환경의 영향에서 자유로울 수 없는 '개인의 행복론'을 정치철학과 윤리학적 관점으로까지 치밀하게 확장하여 궁구해내지 못한 점은 못내 아쉽다. 에피쿠로스학파가 숱한 오해와 공격을 받게 된 빌미와 한계가 여기에 있었다.

최초의 여성 수학자
히파티아

그리스 고전기에 아테나이가 그리스 세계의 중심이었다면, 헬레니즘 시대를 이끈 중심 도시는 이집트 나일 강 하구에 있던 신도시 알렉산드리아였다. 알렉산드리아에는 도서관이 포함된 복합학술센터인 무세이온이 각 분야의 세계적인 저명 학자들을 흡인하면서, 새로운 학술과 문화도시로 일취월장 발전했다.

대개 헬레니즘의 시대는 알렉산드로스가 페르시아를 정복한 기원전 330년부터 로마가 이집트를 병합한 기원전 30년까지 300년간을 그 범위로 설정한다. 물론 헬레니즘 시대를 넘어 본격적인 로마제국 시대가 열렸던 5세기까지도 알

렉산드리아의 번영은 지속되었다. 그 번영의 중심 역할을 한 토대는 헬레니즘 시대에 다져진 국제적인 학술, 문화적 기반과 토양이었다. 여기에 톡톡히 기여한 기관은 알렉산드리아 도서관과 세라페움Serapeum이었다. 세라페움은 죽은 후에 세라피스 신과 동일시된 성우聖牛 아피스를 모시는 신전인데, 이곳에도 거대한 도서관이 있어 학술활동의 중심지 역할을 했다.

로마제국 시대에 알렉산드리아가 여전히 국제적 학술도시로 명성을 날리게 된 데에는 천문학과 수학의 대가들이 이곳을 주요 활동무대로 삼아 활약했기 때문이다. 최고의 수학자인 피타

히파티아
찰스 윌리엄 미첼, 1885, 영국 레잉 미술관

고라스와 에우클레이데스, 프톨레마이오스가 대표적인 예다.

| 사려 깊은 학문의 순결한 별 |

이런 대학자들의 광채에 가려 조명을 제대로 받지 못했지만, 이들 못지않은 학문적 수준으로 당대 학생들의 인기와 존경을 한몸에 받

았던 여성학자가 있었다. 바로 수학자이자 철학자였던 히파티아(Hypatia, 355~415)다. 그녀는 당시 유명했던 수학자이자 천문학자였던 테온(Theon, 350?~400)의 딸로 태어나 부친의 지적 자산과 알렉산드리아의 풍요로운 학문적 자양분을 흡수하며 성장했다.

히파티아는 훗날 에우클레이데스(Eukleides, 기원전 330~275)의 저서 《4대 원소론》 및 프톨레마이오스의 《수학원리》에 대한 주석서를 부친과 함께 ─혹은 혼자서─ 썼다고 전해질 만큼 학문적 성취가 높았다. 히파티아는 디오판토스(Diophantos, 246?~330?)의 천문학 저서 《천문학 규준》, 아폴로니우스(Apollonius, 기원전 262?~?)의 원circle 작도作圖의 기하학 저서 《원뿔 곡선》의 주석서까지 썼다고 한다. 그녀의 강의 분야는 존재론과 윤리학, 수학과 천문학을 넘나들었다. 히파티아의 학문의 폭이 매우 넓었음을 알 수 있다.

여성의 사회적 활동이 상당히 제약되었던 그리스와 로마 시대에 탁월한 학문적 재능과 역량으로 자신만의 독자적인 학문 세계를 구축했다는 점에서 히파티아는 역사적인 인물로서도 단연 돋보인다. 그녀는 여성 철학자, 수학자, 천문학자로서 그리스 문화의 토양 위에 축적된 학문적 자산을 로마 시대로 승계시켜준 역할을 했다.

4세기의 알렉산드리아 시인 팔라다스Palladas는 그녀를 이렇게 노래했다.

> 그대를 보고 그대의 말을 들을 때마다,
>
> 나는 존경을 바친다네,
>
> 처녀의 천상의 집을 보고 있기에.
>
> 그대의 관심은 하늘을 향하고 있지,
>
> 존경스러운 히파티아여,
>
> 그대 자신, 추론의 아름다움이여,
>
> 사려 깊은 학문의 순결한 별이여.
>
> 《히파티아》p. 54

히파티아는 말 그대로 "사려 깊은 학문의 순결한 별"이었다. 히파티아가 더욱 주목받은 것은 그녀가 올림피우스와 함께 플라톤의 학문 세계를 계승하고자 한 신플라톤주의를 이끌었다는 점이다. 하지만 시대적 환경은 그녀에게 우호적이지 않았다. 이미 313년에 콘스탄티누스 1세(Constantinus I, 재위 306~337)의 밀라노 칙령에 의해 기독교가 공인되고, 392년에는 테오도시우스 1세(Theodosius I, 재위 379~395)에 의해 그리스도교가 국교로 선포되면서 이교도에 대한 압박이 날로 심해지는 시대적 전환기에 처해 있었다.

그리스 문명을 지탱해온 지주인 그리스 신들이 부정되고, 신전은 파괴되거나 몰수되었다. 급기야 394년엔 그리스인의 민족적 정체성을 유지-계승해준 올림피아 경기마저 금지되기에 이른다. 이런 격동하는 시대적 환경은 천재 철학자였던 히파티아를 불행한 운명으로 몰아갔다. 당

시 알렉산드리아의 대주교였던 키릴루스와의 갈등, 그리고 이로 인한 비극적 죽음은 어쩌면 이미 예고된 것과 마찬가지였다.

히파티아는 알렉산드리아에서 높은 명망과 존경을 누린 철학자였다. 히파티아가 세라페움에서 행한 대중 강연에는 당시 알렉산드리아의 저명한 인사들과 헬레니즘 문화에 심취한 청년 학생들이 몰려들었다. 알렉산드리아 총독이던 오레스테스, 훗날 주교가 되는 시네시우스, 동방 치안 제독이던 심플리시우스도 그녀의 충실한 제자였다.

제자들은 히파티아를 철학의 신비를 밝히는 참된 안내자로 우러렀다. 그들은 그녀를 통해 이성적 인지 도구를 이용하여 영원한 지혜를 추구하며 이후의 황홀경에 몰입함으로써 자신을 다른 차원의 존재로 고양하고, 유일자와 직접 융합되길 희구했다.

히파티아는 자신에게 엄격한 성적 금욕과 순결의 미덕으로 자신의 성스러운 명성을 높여갔을 뿐만 아니라, 제자들이 자기 자신과 조화를 이루고 세계의 사물을 초월하는 "신적 존재와의 합일"을 얻을 수 있도록 이끌었다. 제자들은 히파티아의 철학 공동체에서 배우는 철학적, 천문학적 학습 과정을 신성한 교리로 만들어 비밀로 하려 했고, 헬레니즘 전통을 거부하는 기독교 수사들을 경멸하기도 했다.

| 히파티아, 의문의 죽음 |

기독교의 발생이 그리스 고대 문명을 붕괴시킨 결정적인 원인이었다는 에드워드 기번(Edward Gibbon, 1737~1794)의 관점으로 본다면, 히파티아의 죽음은 기독교의 이교도 탄압을 상징적으로 보여주는 사건으로 볼 수 있다. 물론 미시적으로 본다면, 대주교인 키릴루스와 총독인 오레스테스의 정치적 갈등 구조 속에서 히파티아가 희생된 것으로 볼 수도 있을 것이다. 키릴루스가 오레스테스는 히파티아의 충실한 제자였고 그녀의 정치적 후견인 역할을 했다고 믿었다면 말이다.

마리아 지엘스카Maria Dzielska는 《히파티아》에서 정치 권력자인 오레스테스와 종교 권력자였던 키릴루스 사이의 불화에다, 알렉산드리아의 저명인사와 대중들에게 존경과 신망이 높았던 히파티아에 대한 개인적 질투심이 기독교 광신도들이 그녀를 죽이도록 부추겼다고 보고 있다. 히파티아의 죽음을 종교적 차원이 아닌 '정치적 살인'으로 규정하려 하는 것 같다. 최소한 이교도 박해 차원의 죽음은 아니었다는 점을 강조한 듯하다.

그러나 아직 히파티아의 죽음에 대한 논란이 끊이지 않듯, 어느 것이 진실인지는 잘 모르겠다. 아무튼, 키릴루스가 히파티아를 죽인 결정적 인물에 가까워 보인다. 그는 히파티아가 마술로 기독교 공동체에 악마적 주문을 걸어 파괴하려 한다면서, 그녀를 마녀로 낙인찍었기 때문이다. "히파티아는 그리스의 신과 이성적 자연의 법칙을 믿었고, 강요된 독단적 교리로부터 자유로운 인간의 심적 능력을 믿었기 때문에 살해되었다"는 볼테르의 말도 이와 무관치 않다. 아무튼, 히파티아를 참혹하게 찢어 죽인 범죄는, 성인으로까지 불린 키릴루스 대주교의 추악한 욕망과 그의 악의적 음모가 깔린 선동에 부화뇌동하여 날뛴 알렉산드리아의 일부 사제와 광신도의 합작품이었음은 분명하다.

히파티아의 죽음을 기독교도에 의해 처참하게 순교한 그리스의 마지막 이교도 철학자로 볼 것인지, 아니면 학문적-정치적 영향을 발휘하던 한 여성 철학자의 정치적 타살로 볼 것인지 그녀의 죽음에 대한 상징과 의미를 둘러싸고 일어난 학자들의 논란은 앞으로도 계속될 것 같다. 영국의 자유사상가 존 톨런드(John Toland, 1670~1722)의 "남성들은 '아름다움과 지혜의 화신' 히파티아를 살해함으로써 영원히 치욕적인 일을 저질렀다"는 말처럼 우리는 세계 최초의 여성 수학자이자 철학자인 히파티아를 잃었다. 그녀는 그리스 문명이 낳은 위대한 여성이며 또 한 명의 플라톤, 소크라테스이기도 했다.

V
그리스 문명에 관한 오해와 진실

에로스는 달콤한 환희이자 난폭한 폭군이다. 제우스는 신과 이 세상의 인간들을 지배했지만, 그런 그도 에로스의 지배에서 벗어나지는 못했다. 신과 인간은 에로스를 갈구하고, 때로 에로스로 인해 고통과 절망에 빠지기도 했다. 고대 그리스인들의 삶에서 에로스만큼 애증의 대상이 된 신도 없을 듯하다.

에로스의 세계를 유달리 찬미하고 꿈꾸던 고대 그리스인들의 풍속사처럼 흥미진진한 주제도 드물다. 고대 그리스인들의 사랑과 결혼, 술과 오락, 그리고 축제와 성생활은 어땠을까? 한스 리히트Hans Licht는 《그리스 성性 풍속사》에서 고대 그리스인들의 신화와 풍습, 종교, 문화 예술에 투명된 그들의 성의식과 행태를 심도 있게 분석하고 있다. 이를 통해 그는 에로스 문화가 그리스의 문명의 중요한 근원 중의 하나라는 점을 잘 보여준다.

아폴론의 상징 새인 까마귀가 아폴론 신전의 기둥 위에 앉아 있다.
파르나소스 계곡으로 한 줌 신성한 영기靈氣가 흐른다.

G R E E C E

에로스를 찬미한
그들의 성풍속도

| 그리스 문화예술의 원동력, 에로스 |

에로스는 삶의 기쁨이자 그리스 문화의 원동력이었다. 에로스 문화는 건강하고 아름다운 육체미를 추구하며 성적 매력과 다양한 욕망을 분출한 결과였다. 따라서 그리스 신화와 전설은 에로스 문화의 보고였다. 그리스 신화는 신과 신, 신과 인간 사이의 다양한 사랑의 이야기로 점철되어 있다. 신들이 펼치는 사랑의 서사는 인간의 현실적 사랑의 다양한 양태의 모방이자, 한편으로 인간이 꿈꾸는 사랑의 모델이기도 했다.

그리스 문학에 스며 있는 에로스의 모든 양상은 서사시와 서정시, 비극과 산문에 널리 산재해 있다. 철학, 지리, 역사 등 다양한 저술에도 사랑의 이야기는 빠지지 않는다. 남녀의 사랑을 최초로 노

〈잠자는 에로스〉 대리석상. 앞에 새끼 사자가 웅크리고 앉아 있다. 2세기 작품. 아테네 국립 고고학 박물관

래한 서정시인 밈네르모스(Mimnermos, 기원전 7세기), 여성에 대한 풍자시를 지었던 시모니데스(Simonides, 기원전 556?~기원전 468?), 동성애의 애절함과 갈망을 읊은 사포(Sappho, 기원전 612?~?)도 있었다. 플라톤도 《뤼시스》, 《향연》, 《파이드로스》에서 동성연애의 소재를 부분적으로 다루고 있다.

공연예술인 비극과 희극에는 사랑의 환희와 쓰라림을 묘사한 장면들이 넘친다. 3대 비극작가의 한 사람인 소포클레스는 어릴 적부터 "남달리 우아하고 준수한 용모를 가진 소년"이었다. 그는 완벽한 용모와 몸매 덕분에 축제에서 춤추는 소년들의 대장으로 선발되기도 했다. 그가 미소년의 사랑을 다룬 《아킬레스의 연인들》이라는 작품을 통해 소년애paiderastia를 묘사한 것도 우연은 아닌 듯싶다.

희극 작가 아리스토파네스도 젊은 남자를 사이에 두고 노파와 소녀가 사랑 경쟁을 벌이는 작품을 선보였다. 그리스 연극에 사랑 이야기와 성애의 정감을 자극하는 에로틱한 묘사는 단골 소재였다. 대중의 기호에 맞추게 마련인 공연예술의 특성을 고려하면, 그리스 시민들이 사랑의 정열적인 모습과 풍자를 자연스럽게 즐겼다는 것을 알 수 있다. 각박한 삶에 지친 소시민들은 문학 작품에서 묘사된 이상적인 사랑 이야기나 비극적 결말에 대리만족이나 경계심을 느끼기도 했으리라.

암포라에 그려진 달리기 선수들의 경주 모습. 올림피아 제전에 참가하는 선수들은 나체로 경기에 임했다. 기원전 525년경. 올림피아 고대올림픽 박물관

애욕은 육체적 매력과 연관될 수밖에 없다. 그리스인들은 완벽하게 균형 잡힌 나체에 대한 경외감을 느끼고 있었다. 최상의 육체를 가꾸기 위해 전력을 다했던 건 자연스러운 현상이다. 물론 아름다운 육체에 대한 숭배를 에로틱한 육욕과 동일시해서는 안되겠지만.

아름다운 육체에 대한 찬미는 스포츠 활동과 예술작품에서 두드러지게 나타났다. 건강한 나체의 소년 소녀가 함께 달리기 등 체력단련을 하기도 했다. 올림피아의 제전에서는 선수들이 나체로 경기에 임하는 것이 허용되었다. 고대 그리스인들에게 나체를 드러낸 체육활동은 체력 경합의 편리함과 생동감 넘치는 활력을 위한 것일 뿐 성적 관념과 직접 연관되지는 않았다.

에로틱한 욕망의 다른 분출구는 아주 많았다. 그리스인들은 디오뉘소스 축제를 비롯하여 수확의 축제인 티네니디아 축제, 타르겔리아 축제와 도시국가별 다양한 축제를 통해 에로틱한 춤을 즐기고 술을 마시는 등 질펀하게 어우러졌다고 한다. 술자리의 유희는 지식인도 자주 즐기던 풍습이었다. 플라톤의 《향연》은 '심포시아Symposia', 즉 주연酒宴에서의 토론 장면을 기술한 것이다. 그리스인들의 술자리는 철학하기의 연장이었던 셈이다. 폭탄주를 불사하는 과음, 뒷말과 음담패설이 주된 화제가 되는 우리의 주연 문화와는 사뭇 달랐다.

고대 그리스인들의 결혼 풍습 또한 흥미롭다. 가문과 지참금이 중요한 비중을 차지했던 약혼에서는 지참금의 액수를 합의하고 쌍방의 혼인 의사를 공증했다. 가난하지만 건전한 시민으로 인정받은 사람의 딸에게 나라에서 지참금을 지원하는 흥미로운 제도도 있었다.

그들의 결혼식은 소박하지만 낭만적이었다. 하객들의 축하 횃불 행렬, 축시 낭송과 축하연의 노래, 신랑 신부의 젊은 친구들이 밤새 벌이는 축가와 게임 대결은 실로 낭만적이었다. 지나치게 형식적으로 변한 요즘 우리네 결혼식에서는 사랑의 결실을 본 선남선녀를 축하하는 자리에 걸맞은 낭만적 분위기를 느끼기 어려운데 말이다.

| 영혼의 사랑과 도착倒着된 사랑 |

그리스인들은 아폴론적 기질과 디오뉘소스의 기질을 함께 갖고 있었다. 그리고 삶의 다양한 과정에서 이 두 기질을 균형 있게 녹여낼 수 있었던 것 같다. 그들은 아프로디테Aphrodite를 쾌락의 여신인 '아프로디테 판데모스pandemos'와 순수한 사랑의 여신인 '아프로디테 우라니아Urania'로 구분해서 불렀다. 이는 곧 지고지순한 천상의 사랑과 육욕에 물든 지상의 사랑에 대한 구별이다. 이는 사랑의 양면성에 대한 저들의 시각을 상징하는 것이리라. 그리스인들은 순수한 영혼의 사랑을 권장하는 사회적 환경 속에서도 육체적 사랑 또한 절대 경시하지 않았던 것 같다.

그렇다면 그리스인들의 실제 성생활은 어떠했을까? 인간의 성생활 패턴은 정도의 차이만 있을 뿐 시대와 민족을 불문하고 대동소이한 것 같다. 그리스인들 역시 현대인과 마찬가지로 남녀 간의 관능적 사랑의 환희를 즐길 줄 알았다. 자위행위도 알았고 인류 역사상 가장 오래된 직업이라는 매춘 역시 존재했다.

그리스인들은 유달리 육체의 아름다움을 소중하게 생각하고 사랑했다. 그들은 건강한 육체의 매력을 체육 활동에서 한껏 발산했다. 또 강건한 체력은 훌륭한 전사가 갖추어야 할 기본 덕목이기도 했다. 이들은 육체적 사랑을 당당하게

'디오뉘소스' 대리석상. 헬레니즘 시대 그리
스 원작의 로마 시대 복제품. 나폴리 국립 고
고학 박물관

에로스의 동생인 애욕과 갈망의 신 포토
스Pothos. 사랑의 응답을 요구하는 신 히
메로스Himeros와 통제될 수 없는 욕망
의 신 안테로스Anteros와 함께 '에로테스
Erotes'라 불린다. 모두 사랑과 성을 관장
하는 정령들로 아프로디테와 관련된다. 그
리스 최고의 조각가 중 한 사람인 파로스
섬 출신 스코파스Skopas가 기원전 4세기
에 만든 원작을 로마시대인 2세기에 복제
한 작품. 나폴리 국립 고고학 박물관

표현했지만, 결코 문란하지는 않았다.

흥미롭게도 그들은 현대의 다양한 사랑의 형태를 이미 경험하고 자연스럽게 누렸다. 매춘, 남성의 동성애, 여성의 동성애, 남창의 형태가 모두 나타났다. 에로스가 안겨주는 사랑의 환희를 그리스인들은 거부하지 않고 다양한 형태로 표현해냈을 뿐이다.

여성 사이의 동성애 사례는 최고의 여류시인 사포가 보여준다. 그녀는 순수한 영혼을 가진 예술가였다. 하지만 그녀의 시詩 세계에서 영감의 원천은 동성애적 관능과 갈망이었다. 레스보스Lesbos 섬 출신인 그녀의 행태에서 '레즈비언lesbian'이란 용어가 만들어졌다.

남성의 동성애도 그리스적 사랑법의 독특한 특징이다. 하지만 오해하지 마시라. 그리스의 남색은 육체적 성애가 중심이 되는 지금의 성인 남성 동성애와는 본질에서 큰 차이가 있다. 그리스의 남성애는 성인 대 성인의 사랑이라기보다, 성인과 소년과의 사랑이라는 형태다. 이런 관계는 기본적으로 그리스인들의 지적 활동의 연장인 측면이 강했다.

성인들은 소년들을 훌륭한 전사이자 시민으로 길러낼 책무를 갖고 있었다. 그들은 소년에게 남자다운 덕성을 제시해주어야 했고, 그들의 인생 상담자이자 친구가 돼주어야 했다. 자연스럽게 소년을 훌륭하게 육성하는 개인 교사 성격을

띤 것이다. 남성 중심의 공동체 사회에서 한 사람의 소년을 사회의 당당한 남성으로, 탁월한 전사로 성장시키는 것은 공동체 전체에게 매우 중요한 일이었다. 그 일을 기성세대가 각자 책임지고 분담했다.

이에 따라 자연스럽게 소년애를 사회적으로 권장하는 관습이 생긴 것이다. 이런 문화 속에서 성인의 선택을 받지 못하는 소년은 어떤 결함이 있는 것으로 여겨졌고, 소년 자신도 수치스럽게 생각했던 것이 일반적 관념이었다.

그리스 세계에서 보편화되었던 소년애를 현대인들이 제대로 이해하기는 어려운 측면이 있다. 따라서 현대적 동성애와 동일시하여 그리스 남성의 동성애를 비난한다면 이는 큰 잘못이다. 그리스인에게 소년이 육체적 갈망의 대상이 되기도 했지만, 더욱 중요한 것은 공동체의 선임과 후임 사이의 교육적 결합이라는 성격이 더 컸기 때문이다. 그러나 선임과 후임의 관계가 육체적 관계로 진전되는 것은 사회적으로도 경멸되었다는 것을 알아야 한다. 우리는 고대 그리스 세계에서 소년에 대한 사랑이 박해받은 것이 아니라 장려되었고, 이것은 국가를 지탱하고, 그리스 윤리의 근본을 유지하는 힘이 되었다는 점을 이해해야만 한다.

제우스가 소년 가뉘메데Ganymede를 납치하여 술을 따르는 미동美童으로 삼은 것도 소년애

316

의 한 양태였다. 신이 행한 방식을 인간이 모방하는 게 이상한 일인가. 육체적 수련과 정신적 강인함을 가르치는 것은 바로 소년을 맡은 성인의 책무였다. 성인과 소년은 공동체의 같은 목적을 추구하는 연장자와 어린 동지의 관계로 봐야 한다. 즉 멘토mentor와 멘티mentee의 관계인 것이다. 한스 리히트가 "그리스인들의 소년에 대한 사랑은 미학적이며, 종교적 원리에 기초한 독특한 성질의 사랑"으로 규정한 것은 정확한 통찰이다.

동성애적 관계는 전장에서도 빛을 발하는 경우가 많았다. 아킬레우스와 파트로클로스의 관계가 대표적이다. 친구 파트로클로스가 헥토르에게 죽임을 당하자 아킬레우스의 분노는 극에 달했다. 아가멤논과의 갈등으로 칩거하고 있던 아킬레우스를 전장으로 달려나가게 만들었다. 그가 헥토르를 죽인 후 죽은 시신을 마차에 매달아 내달리며 분풀이를 한 것은 전사적 증오를 뛰어넘는 행위였을 것이다. 파트로클로스에 대한 절절한 사랑이 헥토르의 시신을 욕보이는 과도한 행위까지 서슴지 않게 한 것은 아닐까.

그리스의 문학작품은 수많은 사랑의 모습들을 묘사하고 있다. 오르페우스Orpheus와 에우뤼디케Eurydice의 애절한 사랑도 있고, 아테나이 최고의 추남 소크라테스에게 번번이 퇴짜를 당하는 꽃미남 알키비아데스Alkibiades의 짝사랑도 있다. 불세출의 영웅 헤라클레스도 숱한 남성과 여성을 사랑했다. 결국 한 여인의 질투심으로 무적의 헤라클레스가 스스로 장작더미 위에서 불타 죽게 되지만 말

'참주 살해자Tyrannoktonoi'라는 이름이 붙은 대리석 입상. 기원전 5세기 그리스 청동 원작을 로마 시대인 2세기에 복제한 작품이다. 나이 든 아리스토게이톤Aristogeiton과 젊은 하르모디오스Harmodios는 기원전 514년 판아테나이 축제에서 참석한 2대 참주 히파르코스를 살해했다. 이 두 사람은 동성애 관계였던 것으로 알려진다. 아테나이 시민들은 이들이 참주제를 무너뜨리고 민주주의의 기초를 다지는 데 공헌했다고 여겨 아고라에 이들의 청동상을 세우고 영웅적 사건을 기렸다. 나폴리 국립 고고학 박물관

이다. 인간을 사랑한 신들의 구애도 많았다. 들판의 신인 판은 아프로디테에게 구애했지만, 에로스의 방해로 뜻을 이루지 못했다. 디오뉘소스는 아킬레우스를 사랑했고, 헤르메스는 페르세우스를 사랑했다.

제우스는 올륌포스의 12신 가운데 최고의 난봉꾼이었다. 그는 정실 부인 헤라의 눈을 피해 교묘하게 숱한 인간 여인을 취했다. 그는 사랑을 성취하는 데 집요했다. 납치하거나 갖가지 변신술을 써서라도 한번 마음에 품은 여인은 기어코 정복했다. 소로 변신한 후에우로페를 납치해서 욕망을 채우고 백조로 변신하여 레다를 겁탈했다. 또 밀폐된 청동 탑에 갇힌 다나에에게 황금 빗줄기로 스며들어 페르세우스를 잉태시켰다.

반면에 아폴론은 사랑에 서툴렀다. 아니 운이 없었는지도 모른다. 그는 매력적인 여인 다프네에게 푹 빠져 구애했지만, 사랑을 얻지는 못했다. 에로스가 아폴론에게는 애욕을 일으키는 황금 화살을 날렸지만, 다프네에겐 사랑을 거부하는 납 화살을 날렸기 때문이다. 아폴론이 평소 에로스를 어린아이로 업신여긴 까닭에 에로스가 심술을 부린 것이다. 에로스는 사랑을 좌지우지하는 자신의 위력을 아폴론에게 확실하게 보여주고자 했다. 이로 인해 아폴론은 타오르는 정열을 안고 다프네를 쫓아다녔지만, 다프네는 차가운 마음으로 도망 다녀야 했다.

어느 날 다프네를 붙잡아 사랑을 이루려는 순간 그녀는 강의 신인 아버지 페네이오스에게 도움을 요청하여 월계수 나무로 변해버리고 말았다. 평생 처녀로 살고자 했던 다프네는 원치 않는 아폴론의 구애를 피하려다 이승을 떠나야 했다. 사랑의 엇박자가 낳은 슬픈 이야기다.

17세기 천재 조각가 베르니니(Gian Lorenzo Bernini, 1598~1680)는 이

가뉘메데를 납치하는 제우스
기원전 5세기 테라코타 작품. 올림피아 고고학 박물관

가뉘메데와 독수리
독수리는 제우스를 상징한다. 기원전 4세기경 그리스 원작을 헬레니즘 시대인 2세기에 복제한 대리석 작품. 나폴리 국립 고고학 박물관

아폴론과 다프네 상의 세부
다프네를 뒤쫓는 아폴론이 가까스로 그녀를 붙잡으려는 순간 뿌리치고 달아나는 다프네가 월계수나무로 변했다는 신화를 생동감 있는 조각으로 표현하고 있다. 머리칼은 월계수 잎으로, 다리는 줄기로 변하고 있다. 17세기 바로크 조각의 최고 걸작 가운데 하나다. 베르니니(1598~1680)의 1622~1625년 작. 로마 보르게세 미술관

신화를 절묘한 작품으로 표현했다. 불멸의 조각 '아폴론과 다프네'는 그렇게 태어났다. 이렇듯 어떤 신도, 인간도 에로스의 화살을 피해 갈 수 없었다.

그리스인들의 사랑에는 도착倒錯된 사랑의 양태도 있었다. 아테나이의 코티티아Cotytia 축제에서는 여장女裝을 한 남성들의 열광적인 춤으로 대변되는 성도착증적 행태가 있었다. 키프로스의 왕 피그말리온Pygmalion은 자신이 상아로 조각한 여인상 갈라테이아Galatea의 아름다움에 미혹되어 사랑의 열병을 앓았다. 프락시텔레스의 '크니도스의 아프로디테' 여신상에 사랑을 바친 청년의 이야기도 흥미를 끄는 사례다.

도착된 사랑의 압권은 파시파에Pasiphae의 사례다. 그녀는 크레테 왕 미노스의 왕비였다. 그녀는 불행하게도 황소에게 비정상적인 욕정을 품는다. 미노스 왕은 포세이돈의 도움을 받아 크레테의 왕이 되었지만, 포세이돈이 보낸 황소를 탐내 제물로 바치지 않았다. 이에 화가 난 포세이돈은 파시파에가 황소에게 욕정을 품게 하였던 것이다. 맺어져서는 안 될 사랑으로 가슴앓이를 하도록 벌을 내린 것이다. 파시파에의 도착된 욕정은 천재 발명가 다이달로스의 도움으로 해소된다. 왕비의 간곡한 부탁을 받은 다이달로스는 실제와 똑 닮은 나무 암소를 만들고, 파시파에가 그 안에 들어가 황소와 교접하게 했다. 그러나 인륜을 어긴 일탈의 결과 반인반우半人半牛인 괴물 미노타우로스가 탄생한다. 훗날 아테나이의 영웅 테세우스는 크레테 섬의 미궁에 갇혀 살던 미노타우로스를 처치하고 제물로 바쳐졌던 아테나이의 일곱 소년 소녀들을 구하게 된다.

그리스의 성 풍속사는 그리스 문화의 또 다른 단면이다. 그리

아프로디테의 손목을 잡으며 유혹하고 있는 판. 아프로디테가 왼발의 샌들을 벗어 판의 따귀라도 때릴 태세다. 게다가 '미녀와 야수'의 결합을 원치 않는 에로스가 판의 뿔을 밀치며 둘 사이를 떼어놓으려고 안간힘을 쓰고 있다. 이 작품의 해학적 분위기 때문에 늘 많은 관람객의 주목을 받는다. 기원전 100년경 작품으로 델로스 섬에서 발굴되었다. 아테네 국립 고고학 박물관

미노타우로스
파시파에와 황소의 비정상적인 교접의 결과 괴물 미노타우로스가 탄생했다. 그리스 원작을 로마시대에 복제한 작품. 아테네 국립 고고학 박물관

스 문명을 이해하기 위해선 그들의 일상 뒤에 가려진 은밀한 사랑의 패턴을 살펴보는 것도 필요하다.

　그리스인들은 현실의 삶을 지극히 소중하게 생각했던 사람들이다. 그들에게 내세來世는 그다지 중요하지 않았다. 그들이 건강성을 잃지 않으면서 사랑의 환희를 마음껏 누릴 수 있었던 것도 그런 사유방식에서 우러나온 것 같다. 그리스인들의 자연스러운 성 풍속도를 보면서 갖가지 사회적, 도덕적 관념에 의해 지나치게 억압된 성에 갇힌 현대인의 삶이 왠지 왜소하게 느껴진다.

02

델포이 신탁,
신의 계시인가

그리스 문명 가운데 가장 신비로운 부분은 델포이의 신탁(神託, Oracle)이다. 그리스인들은 알 수 없는 미래에 대한 불안감을 해소하기 위해 신의 뜻을 묻고 신의 뜻에 따라 행동방향을 결정하는 관습을 만들어냈다. 그리스의 여러 곳에 이런 신탁소가 있었다. 에페이로스Epeiros의 도도네dodone에 있던 제우스 신전, 소아시아의 디뒤마didyma에 있던 아폴론 신전, 그리고 델포이의 아폴론 신전이 유명했다. 그 가운데 델포이의 아폴론 신전의 신탁이 신통하기로 명성이 높았다. 델포이의 신탁은 위기에 봉착해 노심초사하는 국가와 개인의 운명에 대해 예언했고, 그 결과에 따라 국가와 개인의 희비가 엇갈리기도 했다.

델포이의 아폴론 신전 유적. 델포이는 세상의 배꼽이다. 예언의 신 아폴론이 이곳에서 여사제 퓌티아를 통해 인간 만사를 예언하고 계시를 주었다. 아폴론 신전은 기원전 6세기경에 건립되었다.

| 델포이 신탁 1 : 아테나이를 멸망에서 구하다 |

기원전 480년 제3차 페르시아전쟁은 아테나이뿐만 아니라 그리스 세계 전체를 공멸의 위기 상황으로 몰아갔다. 페르시아 육군과 해군을 아우르는 엄청난 대군이 에게 해의 섬과 그리스 본토의 여러 나라를 차례로 굴복시키며 파죽지세로 몰려 왔다. 아테나이는 국난을 맞아 델포이에 있는 예언의 신 아폴론의 계시를 기대하며 국가의 방략方略을 물었다. 아테나이인들에게 내려진 여사제 아리스토니케의 신탁은 절망적이었다. 페르시아에 맞서 아예 싸울 꿈도 꾸지 말고 달아나라는 얘기였다.

가련한 자들이여, 왜 여기 앉아 있는가? 그대들은 집과,
그대들의 도시로 둘러싸인 높은 언덕을 떠나 대지의 끝으로
도망쳐라. 머리도 몸도 굳건하게 버티지 못할 것이며,
아래쪽의 두 발과 두 손과 그사이에 있는 어떤 것도
살아남지 못하리라. 불과 쉬리아의 전차를 타고 질주하는
날카로운 아레스가 모든 것을 끌어내리리라.
그는 그대들의 성채뿐 아니라 다른 성채도 수없이
파괴하리라. 그는 수많은 신전을 파괴적인 불에 넘겨줄 것인즉,
신전은 지금 벌써 땀을 비 오듯 흘리며 서서
두려움에 떨고, 지붕에서 검은 피를 쏟고 있으니,
다가오는 피할 수 없는 재앙을 예견했기 때문이니라.
자, 그대들은 이 신전에서 나가 마음속으로 실컷 슬퍼하라!

《역사》 Ⅶ p. 140

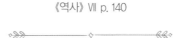

온 도시가 불타고 파괴될 것이라면 이는 곧 아테나이의 멸망을 의미하는 것이 아닌가? 낙담한 아테나이 사절단은 단원자로서 조

국을 구할 수 있는 방책을 다시 내려달라고 애원했다. 두 번째 예언은 이러했다.

> 팔라스(아테나)가 아무리 많은 말을 하고 교묘한 재치로 애원해도
> 올림포스의 주신 제우스의 마음을 누그러뜨리지 못하리라.
> 그래서 나는 재차 그대에게 강철처럼 단단한 말을 하리라.
> 케크롭스 언덕과 신성한 키타이론 산골짜기 사이에 있는
> 모든 것이 적의 수중에 들어가게 되리라.
> 하지만 트리토게네이아(아테나)여, 멀리 보시는 제우스께서는 그대에게
> 나무 성벽을 주실 것인즉, 이 나무 성벽만이 파괴되지 않고
> 그대와 그대들의 자식들을 도와주게 되리라. 그대는 대륙에서
> 기병과 보병의 대군이 다가오기를 가만히 기다리지 말고
> 등을 돌려 도망쳐라. 언젠가는 적군과 맞설 날이 다가오리라.
> 신성한 살라미스 섬이여, 데메테르가 씨를 뿌리거나
> 수확할 때, 너는 여인들의 자식들을 죽이게 되리라.
>
> 《역사》 VII p. 141

깎아지른 절벽 위 산 정상에 사르데이스 성채가 축조되었다.

이 예언에는 그나마 한 가닥 희망이 들어있었다. 나무 성벽이 파괴되지 않고 도와준다는 것이다. 그런데 도대체 '나무 성벽'은 무엇을 의미하는 것인가? 또 죽이게 될 '여인들의 자식들'은 어느 편을 의미하는 것인가? 델포이의 모호한 신탁의 의미 해석을 둘러싸고 아테나이 시민들의 의견이 분분해졌다. 신탁은 늘 이런 식으로 은유하는 구절을 시의 운율로 전했기 때문에 예언의 진의를 정확히 파악하기 어려웠다.

'나무 성벽'이 아크로폴리스를 둘러싼 적이 있는 가시나무 울타리를 의미한다면, 나무 성채를 보강하여 아크로폴리스에서 결사항전하는 것이 최선의 방책이 될 수 있을 것이다. 그런데 이런 해석

에 반기를 든 사람이 있었다. 테미스토클레스는 '나무 성벽'은 곧 함선을 의미하는 것이므로 해전을 준비해야 한다고 주장했다. 특히 '신성한 살라미스 섬이여'라는 구절이 승전을 암시한다고 여겼다. 테미스토클레스의 탁견이었다.

그런데 해전을 하려면 아테나이의 모든 재산과 건물, 농토가 있는 아티케 전체를 포기해야 한다. 즉 전 국토를 적의 수중에 고스란히 내주어야 한다는 의미다. 이는 참으로 괴로운 선택이다. 하지만 현실적으로 페르시아의 대군과 맞서 싸운다는 것은 온 국민을 살생시킬 수 있는 무모

한 방법이었다. 결국 아테나이인들은 눈물을 머금고 아티케 전역을 적에게 내주고, 함대를 동원하여 해전으로 기사회생을 노려보기로 한다. 해전을 위해 전 국토를 비우는 청야淸野 작전은 그야말로 아테나이의 마지막 수단이었다. 아테나이인들은 '나무 성벽'이 아테나이를 구한다는 신탁의 계시를 정확히 해석해 살라미스 해전의 승부수를 띄웠고, 극적인 승리를 통해 멸망 직전의 위기에서 기사회생할 수 있었다. 델포이 신탁을 제대로 해석하여 성공한 케이스다. 반면 신탁을 잘못 해석해서 낭패를 본 사례도 있다. 뤼디아의 크로이소스 왕이 그런 실책을 범했다.

| 델포이 신탁 2 : 뤼디아가 멸망하리라! |

그리스의 신탁을 가장 깊이 신봉했고 가장 많은 봉헌을 바쳤으며, 신탁으로 인해 가장 큰 기쁨과 함께 가장 쓰라린 고통을 받았던 이는 뤼디아의 크로이소스 왕(재위 기원전 560?~546)이다. 뤼디아는 소아시아 지역에서 중계 무역으로 엄청난 부를 축적한 대국이었다. 동서교통의 요충지에 있었기 때문이다. 이들이 세계 최초로 주화를 발명했던 것도 이런 번영의 산물이었다. 또 수도 사르데이스는 난공불락의 험준한 성채로도 유명했다. 산기슭에 있던 아르테미스 신전은 에페

소아시아의 부강한 나라였던 사르데이스의 아르테미스 신전. 그리스 본토에서는 찾아볼 수 없는 거대한 신전이다. 기원전 3세기에 건립되었다.

소스의 아르테미스 신전 못지않게 웅장미를 자랑했다.

크로이소스는 그리스 세계에서 유명했던 여러 신탁소 가운데 어느 곳의 신탁이 가장 영험한지를 직접 비교-시험한 별난 사람이었다. 그는 아폴론 신탁으로 유명했던 델포이, 델포이 인근의 아바에, 소아시아 디뒤마의 신탁, 제우스의 신탁으로 이름이 높았던 그리스 북서부 도도네의 신탁을 비롯한 일곱 곳의 신탁소로 사절단을 보냈다. 그는 사절단에게 100일 동안 신탁소에 머물며 특정한 날에 '왕이 무엇을 하고 있었는가?'라는 간단한 질문을 하게 했다. 그리고 그 답변을 받아오도록 한 후 누가 실제 그 특정한 날에 자신이 한 행동을 정확히 맞추는지를 비교해보고자 했다. 델포이에서 받아온 신탁의 내용은 이러했다.

나는 바닷가 모래알의 수도 알고 바다의 너비도 알며,
벙어리의 마음도 알고 침묵하는 자의 말도 알아듣는다네.
내 코에는 등껍질이 딱딱한 거북을 청동 솥 안에서
새끼 양의 살코기와 함께 삶는 냄새가 솔솔 나는구나.
솥은 바닥이 청동이고, 뚜껑도 청동이구나.

《역사》 I p. 47

신탁의 내용이 이상했다. 왕이 손수 거북이와 양고기 요리를 하고 있었단 말인가? 그런데 이 신탁을 받아 본 크로이소스는 델포이의 신탁이 정확하다며 탄복했다. 기이한 일이긴 하지만 왕은 그 특정한 날에 실제로 그런 요리를 했었던 모양이다. 이것으로 일곱 곳의 신탁 가운데 델포이 신탁이 가장 영험함이 입증되었다. 왕은 가축 3천 마리, 금괴 117개, 금사자 상, 황금 조각과 금과 은으로 만든 대형 그릇, 목걸이 등 엄청난 금은보화를 델포이에 봉헌했다.

개인사에 대한 델포이 신탁 예언의 신통력이 입증되자 그는 이 번에는 국가 대사에 대해 아폴론의 계시를 듣고 싶었다. 당시 뤼디 아는 메디아 지방을 통일하고 욱일승천 세력을 키워가던 퀴로스 2 세(The Great Cyrus, 재위 기원전 559~529)가 뤼디아 지방에까지 힘을 뻗어 나오자, 페르시아인들과 전쟁해야 할지를 놓고 고민하고 있었다. 크로이소스는 과연 전쟁을 해야 할지, 그럴 경우 동맹군을 어디서 구해야 하는지, 델포이 신탁에 묻게 했다.

델포이의 신탁은 이러했다. "크로이소스가 페르시아와 전쟁을 하면 대국大國을 멸하게 될 것이다. 그러니 가장 강력한 헬라스 국 가를 찾아내 동맹을 맺으라!" 크로이소스는 이 신탁을 듣고 자신이 퀴로스의 왕국을 멸망시키게 될 것으로 확신했다. 그는 이번에도 기 쁜 신탁을 내려준 델포이에 감사하는 뜻에서 델포이의 전 주민에게 금괴를 하사했다. 델포이 시민들은 이에 대한 답례로 뤼디아인들에 게 누구보다 먼저 신탁을 물어볼 수 있는 우선권을 부여했다.

뤼디아의 현인 산다니스의 만류에도 불구하고 크로이소스는 델 포이 신탁의 신통함만 믿고 전쟁을 추진했다. 또 신탁의 계시대로 그리스에서 가장 강한 스파르테와 동맹을 맺었다. 크로이소스는 자신만만하게 페르시아 지배 아래에 있던 캅파도키아로 출병하여 퀴로스의 군대와 싸웠다. 하지만 전력이 부족하여 수도 사르데이 스로 퇴각하고 만다. 퀴로스는 뤼디아의 동맹국인 스파르테와 이 집트의 원군이 오기 전에 사르데이스를 기습 공격하여 난공불락이 라 불리던 성채를 함락하고 크로이소스를 사로잡았다.

크로이소스는 전쟁할 경우 파멸하게 될 '대국'이 자신의 대국일 수도 있다는 점을 미처 깨닫지 못했다. 그는 신탁을 아전인수식으 로 해석한 까닭에 당시의 초창기 페르시아보다 훨씬 강성하고 부 유했던 자신의 대국을 스스로 멸망시키게 되었다.

▲디뒤마에 있던 아폴론 신전. 그리스 세계 에서 건립된 아폴론 신전 가운데 가장 규모 가 장대한 곳이다. 그리스 본토에서는 이처 럼 거대한 열주로 받혀진 신전을 볼 수 없 다. 이곳의 신탁은 소아시아(오늘날 터키 에 게 해 연안) 지역에서 가장 이름이 높았다.

크로이소스는 퀴로스의 배려로 목숨을 구하고 그의 참모 역할을 하게 된다. 훗날 크로이소스는 델포이에 사절단을 보내 아폴론 신이 잘못된 신탁으로 자신을 기만했다며 항의했다. 하지만 여사제 퓌티아의 대답은 냉정했다.

록시아스(아폴론)께서는 그가 페르시아를 공격할 경우

대국을 멸하게 될 것이라고 예언하셨느니라. 그런 대답을 들었다면

다시 사절단을 보내 록시아스께서 말씀하시는 것이 퀴로스의 왕국인지

아니면 자신의 왕국인지 물어보는 것이 현명한 처사였을 것이니라.

그러나 크로이소스는 말씀을 오해하고 다시 묻지 않았으니

누구를 나무라겠는가!

《역사》 I p. 91

▼델포이의 아폴론의 신전의 기단. 중앙의 바닥 공간 아래 지하로 샘물이 흘렀다.

| 델포이의 비밀 ―
  영감인가, 신의 계시인가? |

신탁의 위력은 그리스인의 종교성과 결부되어 그들의 생활 전반에 영향을 끼쳤다. 그러니 유달리 영험한 것으로 이름 높은 델포이의 신탁에 대해 당대의 사람들은 물론 후대의 서구 문화 연구자들이 높은 관심을 보였던 것은 당연하다. 특히 고대 델포이의 신탁이 행해지던 비밀스러운 절차와 행위들, 신탁을 전하는 여사제 퓌티아의 행동방식과 예언 과정의 비밀에 대한 호기심이 높았다.

그러나 델포이의 유적은 로마의 기독교 문명에 의해 파괴된 후 오랫동안 매몰되어 사람들의 뇌리에서 잊혔다. 델포이의 아폴론 성역은 2천여 년 가까이 암석과 잔토가 두껍게 덮여 흔적조차 없어졌고, 신만이 머물던 성역 위에는 산촌이 들어서며 사람들이 거주했다.

아폴론 성역은 '카스트리'라는 이름의 마을 아래에서 잠자고 있었다. 이 마을이 이전되고 1892년 프랑스 인들에 의해 처음으로 발굴이 시작되면서 고대 그리스 시대의 "신비와 신성한 공포로 가득 차 있던" 델포이 성역이 서서히 드러났다.

발굴팀이 가장 고대했던 것은 신탁이 행해지는 성소에서 여사제 퓌티아가 신령한 기운을 쐬고 신들린 예언을 말했었다는 전설의 증거를 찾는 것이었다. 즉 퓌티아의 비밀 성소 바닥에서 뿜어 나오는 신령한 기체와 신비한 성수聖水의 존재 여부였다. 프랑스 발굴팀은 신전 밑의 샘을 확인했지만, 신성한 도취를 만들어냈을 것으로 추정되는 기체가 나올만한 흔적은 찾지 못했다. 프네우마pneuma, 즉 성령을 들이마셨다는 전설을 뒷받침할 만한 구조를 발견하지 못한 것이다.

그들은 결국 증기가 나왔음직한 성소 바닥의 "갈라진 틈새"가 없다고 발표한다. 증기 발생 비밀에 대한 세계 고고학자들의 관심은 매우 높았지만, 첫 발굴에서 규명되지 못하고 미궁에 빠졌다. 이를 과학적으로 확인해내는 소임은 호기심 많은 미국의 발굴팀으로 넘어갔다.

지질학자인 웨슬리언 대학의 드 보어Jelle Zeilinga de Boer 교수는 1980년부터 2000년 초까지 불가사의한 델포이 신탁의 수수께끼에 끈질기게 도전했다. 그는 20여 년 동안 연구를 진행하면서 그리스 문화 유적에 관심이 높았던 고고학자 R. 헤일John R. Hale과, 탄화수소 가스의 농도를 정확하게 측정하는 정밀 기술을 보유한 화학자 제프리 챈턴Jeffrey Chanton을 연구에 참여시키며 학제적學際的으로 접근했다.

그들은 델포이 성역의 지하를 관통하는 동서 단층 구조와 남북의 케르나 단층의 존재를 확인해냈다. 특히 델포이의 교차단층이 만들어 낸 교

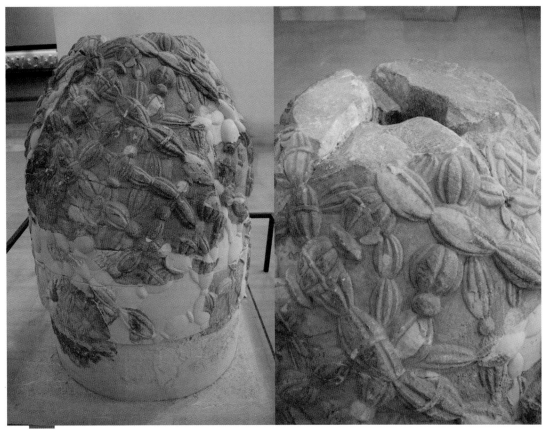

델포이의 아폴론 신전에 놓였던 옴팔로스omphalos와 세부
옴팔로스는 세계의 중심 '배꼽'을 상징한다. 옴팔로스의 상부가 T자 모양으로 갈라져 있고, 내부의 공동이 아래로 연결되어 있었다.
델피 고고학 박물관

차점이 아폴론 신전 지하에서 형성된다는 것을 밝혀냈다. 조사팀은 아폴론 신전 지하층 지성소 아뒤톤Adyton의 현장에서 암석과 물, 흙 등의 채취 허가를 받아 용천 침전물의 성분을 분석했다. 또 그들은 아폴론 신전의 갈라진 틈을 확인하고 지하의 역청 석회암에서 방출되는 증기가 탄화수소와 에틸렌이라는 것을 밝혀냈다. 이를 토대로 실제 인체 실험을 통해 에틸렌이 심리적, 신체적 도취의 상황을 만드는 데 일정한 작용을 했

다는 가설을 확인했다.

결국 균열된 지반에서 새어 나오는 신령한 가스와 성스러운 샘물이 델포이 여사제의 신통력 있는 예언의 비밀이었다는 것을 밝힌 것이다. 바닥의 에틸렌 가스가 세상의 배꼽이라는 옴팔로스의 구멍을 통해 여사제의 밀실로 스며들어 그녀를 도취시키는 한편, 신령한 힘을 불어넣어 주었다는 것이다.

하지만 델포이의 신비한 신탁이 과연 이런 과

델포이의 신탁은 예언의 신 아폴론의 영감의 계시일까?

연회용 술잔인 키릭스 접시Attic white-ground kylix에 그려진 아폴론의 모습. X-자형의 접는 식의 의자인 디프로스 오크라디아스Diphros Okladias에 앉아 오른손으론 헌주를, 왼손에는 키타라 kithara를 잡고 있다. 앞에는 아폴론의 신조神鳥인 까마귀가 앉아 있다. 이 작품은 델포이 사제로 추정되는 무덤에서 발굴되었으며, 기원전 460년경 화가 피스토크세노스Pistoxenos의 작품으로 추정된다. 델피 고고학 박물관

학적 규명에 근거한 가설로 온전하게 설명될 수 있을까? 약간의 흥분과 도취가 아폴론과 여사제의 교감을 높여주고 적중도 높은 예언을 말하게 한 결정적인 근거가 될 수 있을까? 미국의 연구팀이 델포이의 전설로 내려온 이 같은 신비로운 현상을 밝혀냈다고 해서 델포이 여사제의 정신적이고 영적인 측면들까지 명쾌하게 설명해줄 수는 없다.

인간 사회와 자연계의 복잡한 현상을 간단하고 단순한 과학적 요소와 원리로 환원시키는 '환원론적 자연주의'가 인간의 초월적이고 형이상학적인 행위를 설명하기에는 근본적으로 한계가 있기 때문이다. 델포이 신탁의 신비에 대한 과학적 규명도 '생명은 일련의 화학반응에 불과하다'는 극단적인 환원주의 관점의 연장일 수 있다는 점에서 경계할 일이다.

가스의 작용력을 지나치게 강조하는 것은 자칫 여사제 퓌티아의 영적인 측면을 간과하는 것이 된다. 화학적 자극이 종교적 힘이나 영감을 온전하게 설명해낼 수는 없다. 특히 화학적 도취 그 자체만으로 종교적 믿음과 성령의 전수를 갈망하는 여사제

의 영적인 표현을 끌어낼 수는 없을 것이다. 그것은 과학으로 설명할 수 없는 미지의 세계에 속하기 때문이다. 결국 "델포이의 종교적 환경과 여사제와 순례자들의 마음가짐이 증기보다 훨씬 더 중요한 것"일 수 있다.

델포이의 신탁은 하나의 종교적 힘을 가졌었다. 그것은 이미 과학적 규명을 초월하는 영역이다. 환원론적 자연주의를 신봉하는 과학자들의 집념과 노력의 결과로 델포이 신탁의 베일이 일부 벗겨지긴 했다. 하지만 신탁의 불가사의한 신비를 믿었던 그리스인들의 진심과 열정, 숭배의 가치가 어찌 폄하될 수 있겠는가.

오히려 교차단층이 만들어내는 기이한 자연 현상의 토대 위에 정확히 아폴론 신전을 짓고 지하에 신탁의 성소를 만들어 이를 적절하게 활용해낸 그리스인들의 건축 공학적 기술이 놀랍지 않은가. 특히 인간의 영혼을 자극하는 과학적 원리를 신비로운 성령의 영감 발현을 촉진하는 기제로 결합할 줄 알았던 그들의 탁월한 예지가 더욱 경이로울 뿐이다.

03
신과 인간을
찬미한 서정시

| 그리스인의 의식과 감성의 투영 |

사랑하면 누구나 시인이 된다. 아름다운 자연을 볼 때면 누구나 시심詩心이 돋는다. 시는 감성의 언어적 표출에 불과하다. 시를 읊조리고 시를 쓰는 순간에 인간은 자신의 의식에 가장 충실하고 그 속에서 가장 자유로움을 느낄 수 있다.

시는 꾸밈이 없는 자의식의 표현이다. 그래서 누군가의 시를 읽는다는 것은 그의 자의식을 엿보는 것일 수도 있겠다. 그것은 한 인간의 삶의 순간이 만들어낸 고뇌, 환희, 슬픔, 기쁨, 그리고 설렘과 분노, 감탄 등 갖가지 정서의 투영이자

치열한 삶의 흔적일 수 있기 때문이다.

2,500년 이전에 쓰인 고대 그리스 서정시를 읽으며 고대 그리스인들의 삶과 정서, 의식을 엿보는 흥분은 참으로 짜릿하다. 인간의 감성은 한 발짝도 진보하지 않았다. 아니 인간의 감성은 쌓이고 진보하는 게 아니라, 저마다 삶의 다양한 상황 속에서 늘 새로이 겪으며 만들어나가는 것이 아닐까.

그렇다면 어느 시대, 누구에게나 감성의 출발선은 똑같은 셈이다. 고대 그리스의 서정 시인들이 느낀 감성과 자의식이 2,500년을 뛰어넘어 지금 우리의 감성과 의식으로 그대로 치환되는

핀다로스Pindaros 대리석 흉상.
로마 카피톨리누스 박물관

아폴론 신에게 봉헌된 기원전 6세기경의
청동 방패. 델피 고고학 박물관

듯 공감이 되는 이유가 바로 여기에 있는 것 같다.

호메로스의 서사시 《일리아스》나 《오뒷세이아》에서 신화와 영웅담이 웅대하게 전개되는 것과는 달리, 서정 시인들의 시는 인간 본연의 다양한 감성과 개개인의 의식을 여과 없이 보여준다. 이 서정 시인들은 전설과 신화에서 벗어나 개인의 자유로운 인생을 노래했다.

멀리는 기원전 8세기에 호메로스와 비견할만한 명성을 누린 서정시인 아르킬로코스에서부터, 알크만, 사포, 핀다로스, 시모니데스를 비롯하여 기원전 4세기까지 그리스인의 사랑을 받은 숱한 시인들이 이 자유로운 경연의 주인공들이다.

알렉산드로스는 호메로스와 함께 핀다로스를 최고의 시인으로 존경했다고 한다. 그가 테바이의 반란을 진압한 다음, 테바이 시가지를 초토화할 때 유일하게 핀다로스의 집만 보존시켰다는 유명한 일화가 이를 뒷받침한다.

그리스 시인들은 자연과 신과 인간을 찬미하고 인생의 고뇌와 갈등을 노래했다. 이들이 다룬 시의 주제도 다양하다. 공동체의 덕목을 노래한 애국시, 사랑과 갈등을 노래한 애정시, 올림픽 우승의 기쁨을 찬미한 송가, 개인적 삶의 다양한 정서를 노래한 서정시 등 다채롭다. 짧은 어구의 시에서부터 장문의 단락으로 구성된 시도 있다.

인상적인 시 몇 구절을 감상해보자. 대부분의 일생을 전사로 보낸 아르킬로코스는 전쟁터에서 도망치는 자신의 모습을 부끄럼 없이 드러내기도 한다. 〈방패〉라는 제목의 시다.

내가 어쩔 수 없이 숲 속에 버리고 온 그 좋은 방패가
야만족에게는 자랑거리가 되겠지.
그거야 나한테는 대수롭지 않지.

대신 목숨을 구했는걸 뭐.
잘 가져가라 해.
다시 더 좋은 것을 구하면 되지 뭐.
《고대 그리스 서정시선》 p. 42

죽기를 다해 싸워야 할 전사의 영웅적 모습
과는 거리가 멀다. 승리하고 때로 패주하는 일이
다반사인 전쟁터에서 위와 같은 상황이야말로
오히려 때로 빚어질 수 있는 아주 사실적인 모습
이 아닐까. 방패를 잃는 것은 스파르테 병사들에
겐 죽음보다 더 큰 치욕이겠지만, 아르킬로코스
는 전쟁터에서의 영웅적 모습을 숭상하는 그리
스 세계의 통념을 여지없이 무너뜨린다. 풍자시
대가로서의 면모가 여기서 빛난다.

이와 반대로 조국을 위해 헌신해야 할 병사들
의 애국심을 북돋우는 전쟁시도 있다. 티르타이
오스Tyrtaios가 지은 〈전투와 명예〉라는 시의 일
부분이다. 그리스 최강의 군사국가인 스파르테
의 궁정 시인답게 그의 시는 젊은 전사들의 피를
들끓게 한다.

젊은이여, 굳세게 나란히 서서 싸우고
결코 겁먹고 물러서지 마라.
네 가슴속 마음을 용기와 당당함으로 무장하고
적과 전투가 벌어지면 네 생명은 잊어버려라.
그리고 다리가 날렵하지 못한

늙은 병사를 두고 달아나지 말게.
늙은이가 젊은이보다 앞서
최전선에 나가 싸우다 쓰러지는 것은
정말 부끄러운 일이네.
《고대 그리스 서정시선》 p. 47

한편 그의 짧은 시, 〈최전선〉은 전쟁터에서
전사가 직면해야 할 냉혹한 현실을 함축해준다.

그대는 죽음의 영역에 발을 들여놓기 전에
미덕의 경계선에 도달하리라.
《고대 그리스 서정시선》 p. 49

기원전 7세기경에 레스보스 섬에서 귀족 가
문으로 태어난 알카이오스Alkaios의 〈바다 위의
국가〉라는 시는 귀족정치를 개혁하려 정치 운동
에 헌신하던 시인의 진보적 혁명사상을 표현하
는 듯하다.

아폴론 신에게 봉헌된 코린토스 청동 투구.
기원전 6세기경. 델피 고고학 박물관

이번에 밀려온 파도는 지난번 것보다 훨씬 높구나.

파도가 배 안으로 들이쳐

물을 퍼내는 우리의 고역은 말할 수가 없구나.……

어서 서둘러 배 난간을 보강하고

안전한 항구로 달려가자.

그리고 우리 모두 용기없이 망설이지 마라.

우리 눈앞에 거대한 시련이 닥쳐왔다.

지난번의 고난을 상기하라.

그리고 이제 모두 자신의 신뢰성을 증명하자.

우리가 겁쟁이가 되어,

땅 아래 누워있는 고귀한 선조들을

부끄럽게 만들지 말자.……

지금은 한 사람의 명령을 따를 때가 아니다.

각자가 알아서 제 일에 충실할 때다.

《고대 그리스 서정시선》 p. 49

| 사포, 가슴 떨리는 사랑을 읊다 |

서정시의 백미는 역시 사랑의 시다. 인류 역사상 최고의 여류시인으로 꼽히는 사포의 시를 읽노라면, 그의 예민한 감수성과 절묘한 언어 표현과 내면의 격렬한 감정과 솔직함, 절제된 언어의 은유에 감탄이 절로 나온다. 사포의 시 〈질투〉를 읽을 때는 자신이 사랑하던 동성애인 아티스

의 변심을 바라보는 사포의 격렬하고 간절한 애증의 심사가 그대로 느껴져 독자로 하여금 숨이 막히게 한다.

그는 생명을 가진 인간이지만

내게는 신과도 같은 존재.

그가 너와 마주 앉아

달콤한 목소리에 홀리고

너의 매혹적인 웃음이 흩어질 때면

내 심장은 가슴속에서

용기를 잃고 작아지네.

흠칫 너를 훔쳐보는 내 목소린 힘을 잃고

혀는 굳어져

아무 말도 할 수 없네.

내 연약한 피부 아래

뜨겁게 끓어오르는 피는

귀에 들리는 듯

맥박치며 흐르네.

내 눈에는 지금 아무것도 보이지 않네.

온몸엔 땀이 흐르고

나는 마른 잔디보다 창백하게

경련을 일으켜

죽음에 가까이 다가가는 것 같네.

하지만 모든 것을 견뎌야 하지……

《고대 그리스 서정시선》 pp. 108~109

사포의 시 〈처녀〉 또한 감동적인 수작秀作이
다. 현대의 어떤 시인이 저토록 절제된 언어로
처녀의 순결하고 아름다운 모습을 손에 잡힐 듯
말듯 형상화할 수 있을까! 몇 번을 읽어도 가슴
이 뛴다.

여류시인 사포의 청동 흉상. 로마 시대 작품.
나폴리 국립 고고학 박물관

가장 높은 나뭇가지 끝에서 익어가는
달콤한 사과처럼
과일 따는 사람에게서 잊힌
아니, 잊힌 게 아니라
감히 팔이 닿을 수 없는,

양치기 발에 짓밟힌
산속의 히아신스처럼
비록 땅에 쓰러졌어도
보랏빛 꽃을 피우는.
《고대 그리스 서정시선》 p. 112

젊음의 매력은 얼굴에서 사라지고
이빨은 노인처럼 헐렁하네.
달콤했던 인생은 다 지나가고
이제 얼마 남지 않았구나.

서정시의 주제는 인간 삶의 모든 영역과 순간
에 닿아 있다. 기원전 6세기 말에 사모스의 궁정
시인이었던 아나크레온Anakreon의 〈늙음〉이라
는 시에는 필멸의 인간이 겪을 수밖에 없는 허무
와 슬픔이 절절히 배어있다. 왕후장상王侯將相인
들 세월을 거스를 수 있겠는가.

타르타로스의 세계가 두려워
종종 눈물이 나고 슬피 우네.
하데스의 집은 무시무시하고
끔찍한 하강이 있기 때문이지.
한 번 떨어지면
누구도 다시는 돌아올 수 없으니.
《고대 그리스 서정시선》 p. 158

귀밑털은 벌써 희어지고
머리털은 많이 벗겨졌네.

| 철학자의 서정시 |

그리스의 서정시가 오로지 전업 서정시인들의 전유물은 아니었던 듯하다. 아테나이의 정치 개혁을 이끈 걸출한 정치가였던 솔론Solon도 몇 편의 서정시를 남겼다. 그는 늘 바른 정치를 위해 귀족과 평민 사이에서 누구의 편도 들지 않고 중립을 지키며, 공동체의 합리적인 법을 제정하고 집행하려 부심했다. 그의 시 〈지도자를 선출할 때〉는 올바른 정치가를 뽑는 것이 얼마나 중요한지를 환기한다.

만약 그대가 자신의 잘못에 의해
불행과 피해를 겪고 있다면
조금도 신에게 불만을 돌리지 말라
그대가 자질 없는 자에게 권력을 주고 높여주었으니
그대는 스스로 비참한 노예의 운명을 짊어지게 되었다.
그대의 문제는 모두가 여우의 발자국을
따라가다 생긴 것이다.
대중들의 생각은 공기처럼 얄팍한 것이어서
그대는 교활한 자의 혀끝에서 나오는 말만 보았지
그가 숨긴 행동을 보지는 못하였구나.
《고대 그리스 서정시선》 p. 119

그리스 철학의 아버지인 플라톤 역시 몇 편의 시를 남겨 흥미를 끈다. 영국 시인 셸리(Percy Bysshe Shelley, 1792~1822)에 의해 시 〈아도네이스〉에 인용됨으로써 유명해진 시 〈헤스페로스Hesperos〉가 있다. 이 시는 '서양 철학은 플라톤의 각주'라는 말이 주는 연상처럼, 마치 플라톤 자신의 고고한 모습이 정제된 시의 언어로 형상화된 느낌을 준다.

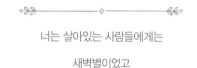

너는 살아있는 사람들에게는
새벽별이었고
죽어서는 저녁별이 되어 죽은 자들을 비추는구나.
《고대 그리스 서정시선》 p. 242

고대 그리스 서정시에 표출된 그리스인들의 솔직한 감정과 시인마다의 독특한 개성에 따른 다양한 정서의 표현들은 2,500년의 시공을 넘어 큰 울림을 준다. 각각의 시들이 표현해낸 인간 내면의 감성들은 현대인에게도 생생하게 전달된다는 점에서 그리스 서정 시인들의 탁월함을 느끼게 한다. 이와 함께 개개인의 자의식이 살아 숨 쉬게 한 그리스의 자유정신과 예술적 환경을 다시 뒤돌아보게 한다. 우리의 감성이 메말라갈 때 그리스의 서정시를 꺼내 다시 읽어보자.

04

그리스 노예제의 진실

| 동서양의 노예제도 |

주인의 심성과 노예의 심성은 타고나는 것일까, 아니면 사회적 제도에 의해 만들어지는 것일까? 자기 인생에서 스스로 주인이 되는 일은 평등권이 법적으로 보장된 오늘날에도 녹록지 않은 노릇이다. 공간과 정도는 다르지만, 인류의 모든 삶에는 주인과 노예 사이의 희비로 점철된 역사가 있었다.

동서양의 노예제도는 그 이름과 모습이 조금씩 다르지만, 약한 자들을 노예적 속성으로 얽어매는 방식에서는 크게 다르지 않았다. 노예제도는 인류의 문명과 함께 동시에 생겨났다고 할 만큼 그 뿌리가 깊다. 이집트, 메소포타미아, 황하 문명 등 국가적 체제가 들어선 곳은 도시와 농촌을 가릴 것 없이 어김없이 주인과 노비라는 신분의 엇갈림이 빚어졌다. 이런 노예제도는 군사적 폭력과 경제적 위력의 산물이며, 노예 제도는 인간의 불평등을 현실적으로 보여주는 고안물이다. 물론 문명화된 현대적 관점에서 볼 때 인류 역사의 한 치부恥部이기도 하다. 하지만 과거의 사회제도와 풍습을 오늘날의 관점에서만 바라보게 되면, 그 제도의 의미와 시대적 맥락을 제대로 파악하지 못하는 우를 범하게 된다. 어떤 제도이든 그것을 낳게 한 당대의 시대적 환경과 결부된 요인을 살필 필요가 있는 것이다.

간간이 노예들의 반란과 부분적 해방이 이루어지긴 했지만, 고대 사회로부터 시작된 노예제도는 중세와 근세 초기까지 용인되었다. 우리나라도 1894년 갑오경장에 의해 혁파되기 전까지 노비제도가 유지되었고, 중국, 일본 등 동양 국가들도 근대화와 더불어 비로소 노예제도를 폐지했다.

우리는 인류 역사에 나타난 여러 민족과 국가들의 노예제도를 당연한 것으로 용인해왔다. 고대 그리스나 로마 시대에도 노예제가 있었다. 인도의 카스트 제도나 중국, 한국, 일본과 같이 특수한 신분제도로 더욱 완벽하게 노예를 통제하던 사회도 있었다. 유럽 중세 및 러시아의 농노나 19세기 미국 남부에 널리 퍼져있던 노동력 제공에 중점을 둔 노예제도도 있었다. 이런 제도들이 저마다 그때 그 사회에서 받아들여졌다는

것은 인간의 평등성에 대한 근본적 회의나 저항이 당시의 사회를 바꿀 만큼 격렬하지 못했다는 의미다.

| 그리스의 노예제도 |

인간의 평등성에 대한 근대적 자각은 프랑스 혁명 이후인 18세기 말에 이르러서야 생겨났다. 따라서 근대의 관점으로 그 이전 시대의 노예제도를 비난한다는 것은 큰 의미가 없을지도 모른다. 그런데도 그리스의 노예제도가 관심을 끄는 건 어쩔 수 없다. 그리스인들은 2,500여 년 전에 이미 인간의 자유와 평등의 가치를 인식했던 사람들이 아닌가! 따라서 그리스인들의 이러한 사유방식에 비추어 볼 때, 이들이 채택한 노예제도가 왠지 모순되지 않은가 하는 의문이 생기기 마련이다.

우리가 근대 이전까지만 해도 그리 생각하였듯이, 고대 그리스인들은 노예제도가 불가피하다고 생각했다. 하지만 그리스의 노예제는 다른 국가들이 20세기 초까지 사회적으로 용인한 사회신분으로서 유지하던 노예제와는 그 적용 대상, 속박의 수준, 해방의 조건은 매우 달랐다. 고대 그리스 노예제도는 전쟁의 부산물인 포로의 획득에서부터 시작되었다. 노예들은 광산노동

또는 농업노동, 기타 미숙련 노동에 활용되었지만, 그리스 사회가 노예들의 노동력에 전적으로 의존하는 체제는 아니었다.

고대 그리스 노예는 신체의 자유, 거주 이전의 자유, 자신이 원하는 일을 할 수 있는 자유가 제한되었고, 법적 소송에서 스스로 주체가 될 수 없었다. 하지만 이러한 제약이 모든 노예에게 같은 방식으로 적용되었던 것은 아니다. '4분의 1 혹은 4분의 3의 자유'를 가진 노예도 많았다고 할 만큼 제한과 속박의 양상이 매우 다양하게 나타난 유연한 노예제도였다고 볼 수 있다.

특히 고대 그리스 노예는 다른 나라의 예와 같은 고정된 신분제도로서의 노예는 아니었다. 언제든지 해방금을 바침으로써 노예의 상태에서 벗어날 수 있는 여지도 있었다. 이는 "자유인에서 노예 신분으로, 노예 신분에서 자유 신분으로, 이렇게 두 방향으로 놀랄 만한 신분의 유동성이 있었다는" 것을 의미한다. 고대 그리스에 노예 반란이 없었다는 사실이 이를 입증해준다. 다른 그리스 국가들은 동족인 그리스 국가의 시민을 노예로 삼지 않는 것을 불문율로 삼았고, 신분적 제약이 극심하지 않았기 때문이었다. 예를 들어 아테나이인들은 같은 시민은 물론 그리스인들도 노예로 삼지 않았다. 다른 도시 국가들도 마찬가지였다. 근대 초까지 자기 나라 백성은 물론 같은 민족까지 노예로 삼았던 중국, 한국,

일본의 노예제도와 근본적으로 다른 점이다.

그러나 숱한 그리스 도시국가 가운데 유일한 예외가 있었다. 스파르테였다. 그들은 같은 그리스 국가인 메세니아를 정벌하고 전 시민을 농노, 즉 헤일로타이heilotai로 삼았다. 스파르테 시민들은 일체의 영농이나 수공업을 노예 헤일로타이와 반자유민半自由民 페리오이코이perioikoi에게 맡기고 자신들은 오로지 전사의 소임만 다하는 병영국가를 만들었다. 그러다보니 다른 그리스 국가들의 비난을 받았다. 비운의 메세니아는 자유 독립을 위해 기원전 7세기경부터 세 차례나 반란을 일으켰지만 실패하고 만다. 그러다 기원전 362년 레욱트라 전투에서 테바이의 에파미논다스(Epaminondas, 기원전 420?~362)가 스파르테를 무너뜨리고서야 메세니아는 230여년 만에 비로소 해방되었다.

| 노예 해방의 조건 |

노예에게 주어진 신분적 제약이나 권리의 범위는 도시국가마다 조금씩 차이가 있었다. 그렇지만 시행되었던 제도들의 상당수가 다른 국가에서도 보편적으로 통용되고 있었으리라고 추정할 수 있다. 아테나이의 경우 노예의 재산은 주인이라도 함부로 몰수할 수 없었고, 만약 주인

스파르테에 정복당해 헤일로타이가 되었던 메세니아인들은 자유를 쟁취하기 위해 기원전 470년경 반란을 일으켰다. 그들이 스파르테에 맞서 싸웠던 이토메 산의 메세네 성벽이다.

에게 다른 상속인이 없는 경우, 노예가 주인 재산을 상속할 권리마저 가지고 있었다.

특히 중요한 것은 대부분의 노예에게 가족을 영위할 권리가 부여되어 있었다는 점이다. 노예의 가정에 대해서 신성불가침성이 인정되었고, 노예의 결혼에도 어떠한 제한도 가해지지 않았다. 결혼에 대해 주인의 동의가 필요하지 않았고, 심지어 노예는 자유인과도 결혼할 수 있었다.

이런 특징들을 보면, 신분이 세습되고 제약이 많았던 동양의 노비제도에 비해 상당히 많은 융통성이 부여된 제도였음을 알 수 있다. 특히 노예에서 자유인으로의 신분 변환에 융통성이 있었다는 점은 특기할 만하다. 자신의 해방을 위해 돈을 벌어 갚는 간단한 절차를 통해 쉽게 해방을 얻을 수 있었다.

노예들의 생활이 어떠했고 그들이 어떻게 변신할 수 있었는지를 생생하게 보여주는 시가 있

다. 아나크레온(Anacreon, 기원전 582?~485?)이 지은 〈노예 아르테몬의 운명〉이라는 시다. 노예의 이름은 익명이다.

한때 그는 불결한 옷을 입고
허리를 질끈 잘록하게 매고
나무로 만든 귀걸이를 했지.
그리고 오래된 방패를 뜯어낸
털 없는 가죽으로 만든 옷으로 갈비뼈를 가렸네.

그는 빵집 여자나 남자에 미친 여자에 빌붙어
살아가야 하는 더러운 신세였어.
빵 덩어리와 빵 사이로 분주히 목을 구부리고
종종 가죽 채찍으로 등허리를 맞았지.
머리털을 더럽히고 수염을 뜯기기 부지기수였네.

그러나 지금 아르테몬은
코이시라의 아들처럼 금목걸이를 걸고
귀부인처럼 상아로 만든 파라솔을 높이 들고
번쩍이는 마차를 유유히 타고 가네.
《고대 그리스 서정시선》 p. 167

고대 그리스인은 민중의 평등한 권리를 전제로 민주정을 창안했지만, 이는 각자의 폴리스에 뿌리를 가진 시민에게 한정했다. 자유 시민에겐 폴리스를 수호할 책무, 즉 병역의 의무를 부여하고 폴리스의 정치적 결정권을 행사할 수 있는 투

메세니아인들은 스파르테에 대항하여 반란을 일으키고 맞서 싸우기 위해 거대한 성을 쌓았다. 기원전 5세기 중반에 축성한 메세니아 성벽의 서쪽 주문으로 아르카디안 성문이다. 거대한 상인방上引枋 돌의 크기를 가늠해 보라. 이 성문의 경우 정방형의 구조물을 안과 밖의 양쪽에 대문을 만들고, 그 안에 지름이 무려 19.36미터에 이르는 타원형의 공간을 둔 독창적 구조로 되어 있다. 이는 바깥쪽 문이 붕괴되어 군사들이 들이닥치더라도 안쪽의 문이 닫힌 상태에서 타원형의 공간 속에서 일시적으로 지체되는 동안 성루의 위에서 침입자들을 공격하기 쉽게 한 것이다. 스파르테인들을 막기 위해 분투한 메세니아인들의 절박함이 어떠했는지 짐작할 수 있다.

메세니아가 스파르테의 압제에서 해방되면서 건설한 신도시 메세네의 스타디온. 보존 상태가 매우 양호하다. 스타디온과 회랑, 체육관 팔라에스트라를 갖춘 대규모 스포츠 콤플렉스의 모양새다. 오랜 식민 생활에 한이 맺혀서인지 대대적인 체육 진흥정책을 펼쳤던 것 같다.

표권을 주었다. 하지만 이방인(외국인과 외국과의 전쟁에서 포로가 되어 노예가 된 자들)에게 폴리스의 운명을 맡길 수는 없었다. 고대 그리스에서 외국인과 노예는 법적으로 같은 국외자였다. 따라서 병역과 조세의 의무를 지우지도 않았던 만큼, 당연히 폴리스의 자유로운 성원과 동일시할 수는 없었다.

이런 맥락에서 플라톤이나 아리스토텔레스 역시 노예제를 당연한 것으로 받아들인 것 같다. 이들은 탁월한 현인이었지만 현대와 같은 인간의 완전한 평등에 대한 신념과 철학을 가질 수는 없었다. 당시 그리스인들은 그리스인이 아닌 적을 노예로 삼는 것은 지극히 정당한 일로 여겼기 때문이다. 사실 이런 시각은 동서양을 막론하고 고대인들이 가졌던 보편적 인식이기도 했다. 현대인이 고대인들의 이러한 인식을 아쉬워하기엔 시대적 틈이 너무나 크다.

고대 그리스인들이 이방인을 노예로 활용했던 정신의 밑바닥에는 그리스인들의 문화적 우월감과 자긍심이 깔려있었다고도 봐야 한다. 이런 기조는 바르바로이, 즉 이방인은 노예 신분에 적합하도록 태어났다고 여기는 그리스인의 선민選民의식과 특권의식과 연관이 있다. 그들은 이런 인식을 강화해 노예제도를 정당하게 여겼다.

물론 5세기의 소피스테스 안티폰은 "그리스인이건 바르바로이건 모든 인간은 평등하게 태어났다"고 주장하며, 노예제의 이론적 근거를 부정하기도 했다. 이처럼 철학자들 사이에서 노예제에 대한 비판적 논의가 전혀 없었던 것은 아니지만, 이런 논의나 의문이 그리스 사회의 보편적 생각을 바꾸는 데 영향을 끼치지는 못했다.

"노예는 영혼이 없는 자이며, 주인의 신체 일부에 불과하다." 인간이 주체적인 영혼을 갖지 못한다면 노예나 다름없다. '영혼이 없

는 사람'들은 바로 우리 주위의 현실에도 적지 않다. 생래의 노예와 생래의 자유인이라는 구분이 어디에 있겠는가. 누군가의 '입안의 혀'가 되어 있는 사람이라면, 그는 이미 누군가의 '노예'이지 않을까. 고대 노예제의 본질을 다각적으로 살펴면서 인간 본연의 자유와 노예적 속성을 함께 생각해 보는 것도 의미 있는 일인 듯싶다.

05

올림피아,
영웅들의 경연장

고대 그리스 문명에서 발원하여 현대 문명까지 그대로 전승되어 내려온 유산들은 상당히 많다. 그 가운데 가장 대표적인 것이 올림픽이다. 지구촌의 축제인 올림픽의 기원은 바로 고대 그리스의 올림피아 제전이다. 이 인류 최초의 스포츠 제전은 기원전 776년에 그리스에서 시작되었다. 그리스 펠로폰네소스 반도의 서북쪽에 있는 올림피아에서 처음 개최된 이 제전은 로마제국에 의해 강제로 금지된 서기 395년까지 무려 1천여 년 동안 계속 열렸다. 올림피아 제전이 시작된 시기는 중국의 춘추시대(기원전 770년~403), 우리나라의 경우 고조선 시대에 해당한다.

무려 2천8백 년에 달하는 먼 과거, 그리스인들은 왜 스포츠 제전을 창안해냈던 것일까? 예나 지금이나 스포츠 시합은 흥분과 환희가 넘치는 잔치의 한 마당이다. 그리스인의 땀과 열정이 부딪히던 그곳, 당시 세계인을 달구던 올림피아 들판으로, 과거로 여행을 떠나보자.

| 올림픽의 창설자는 누구인가 1: 펠롭스 |

올림피아 제전은 그리스 민족 최대의 스포츠 축제였다. 올림피아가 왜 이곳 제우스 신앙의 중심지였던 올림피아 성역에서 시작되었는지에 대해서는 두 가지 이야기가 전해진다. 하나는 펠롭스Pelops의 신화이고 다른 하나는 헤라클레스와 관계된다. 두 이야기 모두 각자의 승리를 제우스신에게 감사드리고 기념하기 위해 인간들의 경주를 시작한 것을 올림피아 경기의 기원으로 연결 짓고 있다.

펠롭스는 프리지아의 왕 탄탈로스의 아들이다. 그는 신들을 시험하고자 한 아버지에 의해 희생되었다가 신들에 가호 때문에 다시 살아난 기이한 사연을 지닌 인간이다. 제우스신의 총애를 받았던 탄탈로스 왕은 신들의 전지전능함을 시험해보고 싶었다. 그는 신들을 초대하여 자기 아들 펠롭스를 죽여 만든 요리를 대접한다. 신들은 이를 눈치 채고 먹지 않았다. 하지만 딸 페르세포네를 잃고 슬픔에 빠져있던 데메테르 여신이 얼떨결에 어깨살을 먹게 된다. 전모를 알게 된 신들은 탄탈로스에게 크게 노했다. 결국, 그 벌로 탄탈로스는 영원한 갈증에 시달리는 벌을 받게 되고, 펠롭스는 다시 인간으로 소생한다. 다만 어깨 부분은 상아로 채워 넣어진 채.

훗날 펠롭스는 그리스 펠로폰네소스 반도 서쪽 피사의 왕 오이노마오스Oinomaos의 딸 힙포다메이아Hippodameia에게 청혼하게 된다. 하지만 오이노마오스 왕은 자신이 사위의 손에 죽게 된다는 신

올림피아의 제우스 신전 동쪽 페디먼트 왼쪽 부분 조각. 왼쪽부터 왕의
마부 미르틸로스, 왕비 스테로페, 오이노마오스 왕 순으로 묘사되었
다. 올림피아 고고학 박물관

제우스 신전 동쪽 페디먼트 오른쪽 부분 조각. 중앙에 제우스신이 서
있고, 그 오른쪽으로 펠롭스, 힙포다메이아 공주, 그녀의 시녀가 시종
하고 있는 모습이 묘사되었다. 올림피아 고고학 박물관

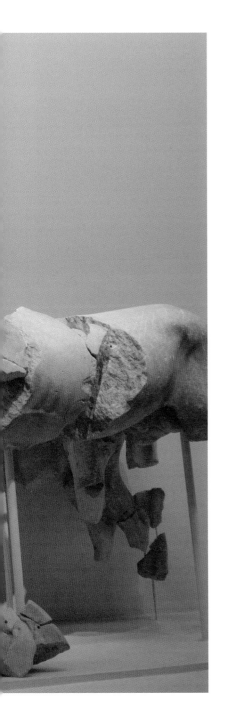

탁이 두려워 딸에게 청혼하는 자는 누구든 전차 경기에서 자신을 이겨야 한다는 조건을 내건다. 오이노마오스 왕은 당대 최고의 전차 경주자였고 경기를 청하는 청년들이 모두 왕에게 져서 죽임을 당했다. 그는 청년과 딸 힙포다메이아를 한 전차에 태워 정신을 교란하는 심리전까지 썼다.

목숨을 걸어야 하는 청혼에 펠롭스가 도전했다. 하지만 그는 전차 경주의 절대 강자와 정면 대결을 벌여서는 결코 이길 수 없다고 판단했다. 자신의 능력으로 할 수 없는 일에 과욕을 부리면 반드시 파멸이 따르기 마련이다. 펠롭스는 결국 꼼수를 쓴다. 그는 왕의 마부 미르틸로스Myrtilos를 사전에 매수하여 왕의 전차 수레바퀴가 빠져나가도록 손을 써놓고 전차 경기 중 왕이 자신을 추격하다 전차에서 떨어져 죽게 한다.

전차경기에서 이긴 그는 공주를 차지했지만, 왕이 사위에 의해 죽게 되다던 저주의 신탁은 불행하게도 이루어졌다. 펠롭스는 경기에서 승리한 후 결정적으로 자신을 도운 마부 미르틸로스를 배신한다. 그는 미르틸로스에게 자신이 공주와 결혼하게 되면 첫날밤에 공주와 자게 해주겠다고 약속했었지만, 목적을 달성하자 변심한 것이다. 그는 공주를 만나게 해주겠다고 미르틸로스를 유인하여 바다로 던졌다.

펠롭스의 승리는 야비한 승리다. 정정당당한 시합은 아니다. 그는 공주를 차지하겠다는 욕망을 채우기 위해 파렴치한 짓을 서슴지 않았다. 사전에 매수공작을 통해 승리를 가로챈 펠롭스의 행태는 선수나 심판의 담합보다 더 비열한 짓이다. 게다가 자신을 도운 조력자를 속이고 살인까지 했다.

펠롭스의 비열하고 잔인한 죄의 대가는 후손들에게 대대로 이어진다. 아가멤논 가문에서 친족 간의 살인극이 대를 이어 벌어진

것이 바로 그 죄업이었다. 아이스퀼로스의 비극 3부작 〈오레스테이아Oresteia〉에는 친족살해의 비극적 장면이 잘 묘사되어 있다. 사필귀정事必歸正이라고 해야 하나.

이런 사건이 올륌피아 제전의 기원이 되었다고 하니 썩 즐겁지는 않다. 하지만 그리스인들은 올륌피아 경기가 오이노마오스 왕과 펠롭스의 전차 경기에서 유래했다는 신화를 꽤 믿었던 모양이다. 올륌피아 성역의 주신전인 제우스 신전의 동쪽 정면 페디먼트에 이 신화의 줄거리를 부조로 새겨 넣은 것을 보면 더욱 그렇다.

하지만 엘리스인들이 제우스 신전을 지으면서 펠롭스의 부당하고 비열한 행위가 신의 저주로 이어진 사실을 그리스인들에게 영원히 경계하기 위해 이를 각인해놓은 것인지도 모를 일이다. "인간들이여! 부정한 승리자 펠롭스의 업보를 기억하라!" 그렇게 환기하려던 의도는 아니었을까?

| 올림픽의 창설자는 누구인가 2: 헤라클레스 |

올림피아 제전의 또 다른 기원은 헤라클레스의 신화와 연관된다. 테바이 출신인 헤라클레스는 왜 펠로폰네소스 반도의 서쪽인 엘리스 지방까지 왔었을까? 헤라클레스만큼 그리스 전역에 자취를 남긴 영웅도 드물다. 그가 이곳에 오게 된 연유는 그 유명한 12가지 과업 중 하나를 수행하기 위해서였다.

헤라클레스는 테바이의 왕비 알크메네와 제우스신 사이에서 태어난 반신半神이었다. 사실 헤라클레스Hercules라는 이름은 '헤라의 영광'이라는 뜻이지만, 제우스신의 외도로 태어난 헤라클레스는 이름과 달리 끊임없이 헤라의 질투와 시달림을 받아야 했다. 제우스신에 대한 헤라의 애증이 헤라클레스에게로 전이된 셈이다.

아무튼, 헤라의 저주와 질투로 헤라클레스는 잠시 발광하여 아내 메가라가 낳아준 자기 자식들을 모두 죽이는 죄를 저지른다. 이후 헤라클레스는 델포이의 아폴론 신전에 가서 죄를 정화 받기 위해 자신이 무엇을 해야 할지 신탁을 구한다. 그에게 내려진 신탁의 내용은 이러했다. 펠로폰네소스 반도의 튀린스 왕 에우뤼스테우스에게 가서 12년 동안 봉사하며 그가 부과하는 열 가지 과업을 완수하면 불멸의 존재가 될 수 있다는 것이었다. 헤라클레스가 그리스 민족의 영웅으로 불멸하게 된 계기는 바로 자신의 죄를 씻기 위해 수행해 낸 이 열 가지 과업에 두 가지가 추가된 열 두 과업에 있었다.

그 과업 중의 하나가 엘리스, 파사, 올림피아 지역을 아우르던 아우게아스 왕의 외양간을 하루 만에 치우는 일이었다. 수천 마리의 가축을 기르던 왕의 외양간은 수십 년 동안 한 번도 치우지 않아 불결하기로 소문나 있었다. 헤라클레스는 아우게아스 왕에게 외양간에 쌓인 가축 분뇨를 깨끗이 치울 테니 가축의 십 분의 일을 달라고 요청한다. 아우게아스는 외양간 청소가 애초에 불가능한 일이리라 믿고 그렇게 하자고 선선히 약속했다. 이 서약에 왕의 아들 필레우스가 보증을 섰다.

헤라클레스는 축사의 토대를 허물고 인근의 알페이오스 강과 페네이오스 강의 물줄기를 축사로 돌려 하루 만에 말끔히 치워냈다. 헤라클레스는 과업 수행의 대가를 요구했다. 하지만 아우게아스 왕은 헤라클레스의 과업이 에우뤼스테우스의 명령에 따라 이루어진 것이므로 보수를 줄 수 없다고 거절한다. 또 나중에 헤라클레스가 아우게아스 왕에게 보수를 요구했다는 것을 안

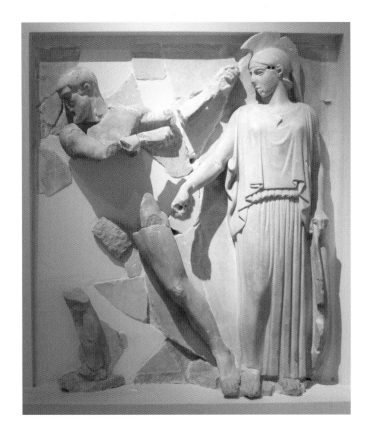

◀올림피아의 제우스 신전 프리즈에 새겨진 헤라클레스의 열 두 과업을 묘사한 대리석 부조 가운데 하나. 외양간을 청소하는 헤라클레스의 모습을 부조했다. 뒤에서 아테나 여신이 격려하고 있다. 기원전 420년경. 올림피아 고고학 박물관

▶알렉산드로스 대왕이 부왕 필리포스 2세를 기리기 위해 세운 필리페이온. 알티스 성역에서 인간을 기려 세워진 유일한 건물이다. 그리스 세계를 굴복시킨 마케도니아의 위세를 세계에 효과적으로 알리기 위해 세계인들이 모여드는 이곳이 선택되었을 것이다. 그리스를 제패한 알렉산드로스의 위세와 욕망이 투영된 곳이다.

에우뤼스테우스도 헤라클레스가 보수를 받고 일을 했다며 과업 수행으로 쳐주지 않았다. 헤라클레스는 양쪽에서 모두 인정받지 못하게 된 셈이다. 처음의 열 가지 과업에 추가 과업이 주어진 이유다. 사실 자신의 의무로 부과된 과업에 대가를 요구한 것은 헤라클레스의 잘못이다.

아무튼, 훗날 헤라클레스는 약속을 지키지 않은 엘리스의 아우게아스 왕을 공격하여 그와 자식들을 죽인다. 헤라클레스는 전쟁의 전리품을 제우스신에게 제물로 바쳐 승리에 감사하고 이를 기념하기 위해 형제들과 달리기 경주를 하였

다. 이것이 훗날 고대 올림피아 경기의 기원이 되었다는 것이다.

헤라클레스는 그리스 전역에서 숭상받던 최고의 역사力士이자 전사였다. 그리스인들이 헤라클레스와 같은 위대한 영웅을 인간의 체력과 기량의 한계를 다투는 올림피아 경기의 창설자로 삼은 것은 자연스러운 일이 아니겠는가. 헤라클레스의 신화는 올림피아 성역에 있는 제우스 신전의 프리즈에 잘 묘사되어 있다. 헤라클레스가 수행한 12가지 고역이 담긴 것들이다.

| 아레테의 경연장, 올림피아 제전 |

　그리스인들은 올림피아 제전을 통해 인간의 탁월한 기량을 신에게 바쳤다. 그리스 각 도시의 영웅들이 기량을 다투는 선의의 경쟁 자체가 신에게 바치는 최상의 봉헌이었다. 당연히 올림피아 경기의 우승자에겐 무한한 영광이 주어졌다. 비록 올리브 관이나 월계관 등 그리스에 흔한 나뭇잎 관이 주어졌지만, 그것이 상징하는 의미는 특별했다. 우승자 자신은 물론, 가문과 국가의 명예를 드높이는 일이기도 했기 때문이다.

　그리스인들은 모든 분야에서 아레테, 즉 탁월함을 추구했다. 이는 인간이 도달할 수 있는 극한의 역량까지 밀고 나가는 의지와 노력으로만 얻어질 수 있었다. 인간의 한계에 도전하는 아름다운 정신은 고귀하게 평가되었다. 모든 경기의 우승자는 아레테를 달성한 전범으로서 열렬한 환호를 받았다. 우승자는 여러 방식으로 정신적, 물질적인 보상을 받고 격려되었다.

　최초의 올림피아 제전이 열린 기원전 각 도시 국가는 평소 잦은 전쟁을 하면서도 제전이 벌어지는 신성한 기간에는 무조건 휴전해야 했다. 그만큼 4년마다 한 번씩 열린 올림피아 제전은 범凡 그리스인들의 민족적 동질성과 정체성, 종교의식

을 공유하게 하는 중요한 의식이었다.

올림피아 경기는 단순히 체육경기로서만 의미가 있는 것은 아니었다. 제전에 모이는 사람들 간의 소통 장이 되기도 했고, 문화와 예술의 창의적 활동을 자극하는 역할도 했다. 또 다양한 도시국가의 정보가 유통되고, 보이지 않는 외교전이 벌어지는 장이기도 했다.

올림피아 제전이 벌어지는 기간이면 그리스 본토는 물론, 멀리 에게 해 연안의 이오니아 도시들과 흑해, 이집트, 시켈리아(지금의 시칠리아), 리뷔에(지금의 리비아) 등 지중해를 둘러싼 그리스 식민지 도시국가들도 모두 참여할 수 있었다. 자연스럽게 상거래가 촉진되고 우승자를 기념하기 위한 도기, 조각, 동상, 기념주화 발행, 각종 기념물 제작도 활발했다. 올림피아에만 우승 선수들의 조각상이 수백 개가 있었다니 올림피아의 화려하고 뜨거웠던 열기를 느낄

펠로폰네소스 반도에서 가장 웅장하고 성스
러운 공간이었던 제우스 신전은 아테나이의
파르테논 신전과 같이 간결한 도리아식 양식
으로 지어졌다. 규모도 비슷한 대건축물이
었다. 파르테논 신전은 길이 69.50m, 폭
30.80m이었는데, 제우스 신전 역시 비슷
한 규모인 길이 64.12m, 폭 27.68m였
다. 지금은 이 거대했던 신전의 위세를 확인
하기 어렵다. 다만 2004년 아테네 올림픽
개최를 기념하기 위해 독일 고고학 연구소의
후원으로 세워진 온전한 기둥 하나가 당시의
규모를 짐작하게 해준다. 제우스 신전은 그
리스 신앙을 이교도로 탄압하던 기독교도와
로마인들에게 완전히 파괴되었다.

수 있었을 것 같다.

| 민족의 정체성을 공유한 고대 올림픽 |

올림피아 성역에서 최고의 성전인 제우스 신전과 헤라 신전은
모든 그리스인에게 성지 순례와 참배의 대상이 되기도 했다. 이는
체육 제전이 제우스를 숭배하는 종교의식으로부터 시작되었기 때
문이었다. 선수들의 공정한 경쟁을 위한 선서는 제우스 신전 옆의
올림픽평의회 회의장인 블레우테리온에서 이루어졌다. 올림피아
제전은 이러한 여러 종교적 의식의 수행을 통해 그리스인들의 종
교적 일체감을 형성하는 데 큰 도움이 되었을 것이다.

▲아르고스 지방에서 열리던 네메아 제전의 스타디온

◀델포이 성역에서 열리던 퓌티아 제전의 스타디온. 깎아지른 파르나소스 산정 아래에 있다. 4대 제전 가운데 가장 고지대에 조성된 경기장이었다.

전차경기의 출발을 기다리는 기수. 기원전 510년. 로데스 섬에서 발굴되었다. 아테네 국립 고고학 박물관

술잔 킬릭스kylix에 그려진 레슬링 장면. 기원전 500년경. 올림피아 올림픽 경기 박물관

화병에 그려진 복싱 장면. 기원전 500년경. 올림피아 올림픽 경기 박물관

올림피아 제전 이외에도 그리스인들에겐 적잖은 체육 제전이 있었다. 델포이의 퓌티아 제전, 아르고스의 네메아 제전, 코린토스의 이스트미아 제전까지 모두 4대 제전이 있었으며, 도시마다 크고 작은 축제와 병행한 체육 제전이 무수하게 창설되었다. 아테나이의 판아테나이아 제전도 그런 유형 중의 하나였다. 각각의 제전이 모시는 주신主神들은 달랐지만, 달리기, 창던지기, 레슬링, 권투, 멀리뛰기, 원반던지기, 전차 경주, 판크라티온(오늘날의 격투기) 등 체육 종목들은 비슷했다. 퓌티아 제전은 음악 경연을 병행하기도 했다. 델포이가 음악의 신 아폴론이 주재하는 곳이었기 때문이다.

달리기 경주를 하는 고대 그리스 청년들, 올림피아 제전 등 다양한 체육 제전에서 기량을 겨루던 그리스 청년들의 장면은 당대의 도기를 통해 살펴볼 수 있다. 체육 경기 장면을 묘사한 도기들은 여기저기서 제작되어 여러 지역으로 전파되었다.

체육 활동을 통해 신체를 강건하게 단련하는 것은 육체의 균형을 갖추기 위한 필수적인 활동이었다. 또한, 전사로서의 강인한 체력을 닦는 효과적인 수단이기도 했다. 체육 제전을 통해 영웅이 되고자 했던 그리스인들의 경쟁의식은 불꽃처럼 타올랐다. 이를 통해 매회 올림피아 제전에서 새로운 스타들이 탄생했다.

우승자에게 바치는 승리의 찬가가 울려 퍼지며 흥분과 열광의 도가니가 된 올림피아의 알티스Altis 성역을 상상하는 일은 그래서 즐겁다. 그리스 세계에서 합창 서정시의 일인자로 널리 알려진 핀다로스는 올림픽 승리자를 찬양하는 송가를 많이 지었다. 그의 찬가는 올림픽 우승자뿐만 아니라, 그를 배출한 가문과 국가의 영예를 드높였다. 기원전 476년 권투 경기에서 우승한 로크리아의 하게시다모스를 위한 송가를 감상해보자.

그리스인들에게 올림피아 제전 승리자에 대한 찬탄과 동경은 올림피아 제전의 우승자들을 묘사한 다양한 예술작품에서도 엿볼 수 있다. 그리스인들은 우승자의 등신상等身像이나 흉상을 올림피아 성역이나 자기 나라의 중요한 거리에 설치해서 이들의 업적을 널리 알리고 기렸다. 이들의 조각상을 접하며 자라는 소년들은 자연스럽게 올리브 관의 영광을 꿈꾸었을 것이다.

그리스인들이 추구하던 최고의 가치는 '아레테'였다. 뛰어남과 탁월한 기량을 의미하는 아레테의 정신은, 학문과 문화 예술 분야뿐만 아니라 스포츠 영역에서도 자신의 기량을 최고로 발휘하도록 그리스 청년들을 끊임없이 자극하는 원동력이 되었다. 아름답고 균형 잡힌 육체와 각종 스포츠의 기량을 갖춘 청년으로 성장하는 것에 대한 열망을 펼칠 수 있는 장을 국가대항전 형태로 열린 올림피아 제전이 만들어주었다. 이런 환경 속에서 자라는 그리스의 청년 가운데에는 올림피아 제전에 출전하여 자신과 조국에 영광을 안기고 싶어 한 사람들이 많았던 모양이다. 하지

◀ 멀리뛰기 선수들이 사용하던 손잡이 돌.
기원전 500년경. 올림피아 올림픽 경기
박물관

올림피아 출전 선수들이 몸에 바를 기름을
넣어 다니던 올리브 병과 몸의 먼지와 때를
긁어내던 스트리길strigil. 기원전 500년경.
올림피아 올림픽 경기 박물관

만 지중해 연안에 있는 수많은 도시국가 출신들이 모두 출전하는 올림피아 제전에서 승리자가 되는 일은 결코 쉬운 일은 아니었을 터이다.

철학자 에픽테토스(Epictetos, 55~135)가 스포츠 선수로 입문하고 싶어 하는 청춘들의 열망에 대해 출전할 선수들이 겪어야 할 고충을 열거하면서 신중히 생각하라고 조언하고 있는 것도 흥미롭다. 요즘처럼 당시에도 세상 사람들에게 인정받고 명성을 날리는 스포츠 선수가 되고 싶은 사람들이 적지 않았나 보다.

누구나 올림픽 경기에 나가 우승을 하고 올리브 관을 쓰고 싶을 것입니다. 저 또한 마찬가지입니다. 얼마나 멋진 일입니까? 그렇다면 먼저 어떤 일을 해야 하는지, 그리고 그다음 단계에서는 무엇을 해야 하는지를 따져봐야 합니다. 그런 다음에 행동에 들어가는 것입니다.

우선 모든 것을 규칙에 따라 해야 합니다. 먹는 것도 엄격하게 가려야 하며, 때로는 맛있는 것도 못 본 척해야 합니다. 아무리 덥거나 추워도 지정된 시간에는 열심히 훈련하고, 찬물이나 포도주도 마음대로 마실 수 없습니다. 의사의 처방에 따르듯 트레이너의 말에 완전히 몸을 맡겨야 합니다. 그뿐만이 아닙니다. 손을 다칠 수도 있고, 발을 삘 수도 있습니다. 흙먼지를 많이 마셔 기진맥진할 때도 있을 것입니다. 그리고 이 모든 혹독한 훈련에도 불구하고 경기에서 질 수도 있습니다.

이 모든 것을 생각하고 난 후에도 여전히 경기에 나가고 싶다면 그렇게 해야 할 것입니다. 생각 없이 행동하는 것은 철없는 어린애와 다를 바 없습니다.

《삶의 기술》 pp. 58~59

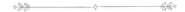

그래서 이런 말도 있는가 보다. "왕관을 쓰려는 자, 그 무게를 견

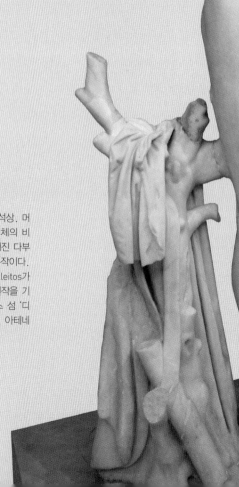

려라!" 고대 올림픽 선수들이나 현대의 올림픽 출전 선수들이 겪는 각고의 노력과 고통은 비슷해 보인다. 에픽테토스는 올림피아 제전의 영광을 갈망하던 그리스 청년들에게 바로 이 점을 충고하고 있는 듯하다.

하지만 그리스인들을 열정에 사로잡히게 하던 올림피아 제전은 그리스의 쇠락과 그 운명을 같이 했다. 로마 시대에 들어 기독교가 공인되면서 그리스 신전들이 파괴되고 신을 경배하는 모든 축제가 금지되기 때문이다. 결국, 올림피아 제전도 393년 로마 황제 테오도시우스 1세에 의해 금지된다. 기독교도와 로마인들의 무자비한 파괴행위로 인류의 위대한 유산이 사라진 것이다.

디아도우메노스Diadoumenos 대리석상. 머리띠가 운동선수임을 나타낸다. 인체의 비례가 조화를 이루며, 운동으로 다져진 다부지고 균형 잡힌 몸매가 잘 표현된 수작이다. 그리스 조각가 폴리클레이토스Polykleitos가 기원전 450~425년경에 제작한 원작을 기원전 100년에 복제한 작품. 델로스 섬 '디아도우메노스의 집'에서 발굴되었다. 아테네 국립 고고학 박물관

06

천하무적
스파르테의 비밀

고대 그리스에는 무수히 많은 도시국가가 명멸했다. 그 가운데 가장 주목을 많이 받는 국가는 막강한 국력으로 주도권을 행사했던 아테나이와 스파르테다. 물론 이 두 도시국가 이외의 다른 도시국가들이 미미했기 때문이 아니라, 정치체계나 사회문화의 전형적인 특징을 아테나이와 스파르테가 서로 대조적으로 잘 보여주기 때문일 뿐이다.

사실 고유한 문화와 역사를 가진 공동체로서의 도시국가들은 무수히 많았지만 제대로 조명을 받지 못한 측면이 있다. 먼저 학문과 철학을 발전시킨 밀레토스, 에페수스, 이즈미르, 페르가몬 등 소아시아의 도시들을 들 수 있다. 에게 해의 섬나라 도시 사모스, 로도스, 낙소스, 크레테도 영광을 누리던 시대가 있었다. 펠로폰네소스 반도 코린토스와 아르고스, 그리스 중부지방의 테바이와 델포

이도 한때 번성했었다. 소아시아의 반대쪽 지중해 서쪽에는 시켈리아의 그리스 식민도시 시라쿠사Siracusa, 아크라가스Akragas를 포함한 그리스 식민도시도 여럿 있었다. 또 이탈리아 남부 지방에는 타렌툼Tarentum, 파에스툼Paestum 등 여러 그리스 식민도시들이 산재해 있어서 그 영역을 일러 마그나 그라에키아Magna Graecia, 즉 대 大그리스로 부를 정도였다.

그렇다고 해도 인류 문명의 산실이 된 고대 그리스 문화의 상당 부분은 역시 아테나이의 유산에 크게 힘입었다는 점을 부인하기 어렵다. 아테나이는 인류에게 가장 큰 영향을 미친 독창적 정치체제인 민주정을 꽃 피웠다. 또한 문화, 예술, 종교, 철학 등 학문의 토

시켈리아의 아크라가스의 콩코르디아 신전. 기원전 430년에 건립되었고 보존 상태가 매우 양호하다. 아크라가스는 그리스 세계에서 아테나이, 시라쿠사와 함께 3대 도시로 손꼽힐 만큼 큰 도시였다. 시인 핀다로스가 가장 아름다운 도시라고 찬양한 곳이기도 하다. 200여 년 동안 번성하다 기원전 405년 카르타고에 의해 점령되었고, 후에 로마에 복속되었다.

대를 만들어 인류 문명의 마르지 않는 시원이 되고 있다.

| 독특한 뤼쿠르고스 체제 |

아테나이의 찬란한 위광에 비추어보면 스파르테는 군사적 부문의 탁월성 이외에 별로 주목을 받지 못한 측면도 있다. 하지만 스파르테야말로 긍정적인 면과 부정적인 면을 동시에 가진 독특한 매력을 가진 도시국가였다.

스파르테에는 그리스의 다른 국가와 다른 독특한 제도들이 많았다. 그 기원의 중심을 이루는 것 중의 하나가 '뤼쿠르고스Lykurgos 체제'다. 실존인물인지에 대한 논란이 있지만, 뤼쿠르고스는 기원전 8세기 혹은 그 이전에 스파르테의 국가 정치체제와 법률을 설계했다고 알려진다. 그가 만든 스파르테의 법전,《그레이트 레트라Great Rhetra》는 델포이의 신탁에 의한 것으로 신성시되었고 오랫동안 스파르테 국가 운영체계의 근간이 된다.

스파르테는 두 명의 왕을 두었다. 또 왕을 포함하여 삼십 명으로 구성된 게루시아gerousia는 60세 이상의 장로들로 선발하여 원로원 역할을 하게 했다. 게루시아가 안건을 발의하고, 최종 판단을 내릴 권리는 다모스damos, 즉 민회가 갖도록 했다. 하지만 다모스가 잘못된 결정을 내리면 게루시아와 왕들이 결정을 취소할 수 있도록 거부권을 부여해 견제할 수 있도록 했다. 또 다섯 명의 에포로이ephoroi, 즉 행정장관을 두어 왕권을 견제하고 감독할 수 있도록 했다.

태양이 하나이듯 인류 역사에 명멸했던 수많은 군주국가에서는 오직 한 명의 최고 권력자가 권력의 영광을 독점했다. 그런 점에서 두 명의 왕을 둔 스파르테의 왕정은 매우 독특했다. 두 명의 왕은 서로 원만하게 협력하고 견제하며 국가를 합리적으로 이끌었다. 그러나 서로 더 많은 권력을 갖기 위한 경쟁과 반목이 과열될 때는 서로 억압하고 음해하거나 심지어 추방하고, 여러 방식을 동원해 죽음으로 내몰기도 했다. 그럴 때 국가는 늘 위기상황으로 치달았다. 그런데도 전반적으로 공동 왕 제도는 순기능이 더 많았다. 특히 왕은 전쟁의 최고사령관으로 직접 전투에 참여하는 것이 의무이자 권한이었기 때문에 한 사람의 유고 시 국정의 혼란을 최소화하는 장치로 작용하기도 했다.

이러한 기본체제는 스파르테가 쇠퇴할 때까지 존속했다. 스파르테는 왕정을 바탕으로 했지만 실질적으론 게루시아와 에포로이가 막강한 권력을 함께 행사한 전제과두정의 성격을 띠었다. 따라서 스파르테 정치체제의 지향은 숙명적으로 아테나이와 늘 부딪힐 수밖에 없었다. 펠로

폰네소스 전쟁 기간 중 스파르테는 아테나이가 주도적으로 전파한 민주정과 첨예하게 대립했다. 스파르테가 그리스에서 패권을 갖게 되었을 때 다른 연맹의 도시국가들에게 과두정을 전파하는 데 앞장섰던 것도 그 때문이다. 또 스파르테가 기원전 404년에 아테나이를 굴복시켰을 때 제일 먼저 취한 조치로, 아테나이 민주정을 무너뜨리고 30인 참주정을 꼭두각시로 내세운 것도 같은 맥락으로 볼 수 있다. 당시 30인 독재 과두정을 이끈 대표적인 인물은 크리티아스였다. 그는 정적을 살육하는 등 만행을 많이 저질러 아테나이인들의 증오를 받아 결국 트라시불로스(Thrasybulos, ?~388) 등이 주도한 민주파에 의해 전복되었다.

고대 스파르테의 원형극장 유적지에서 바라본 현대 스파르타 시내 전경. 뒤로 보이는 흰눈이 쌓여있는 곳이 타이게토스 산맥이다. 극장 터 앞쪽으로 올리브 나무가 가득하다.

| 병영국가의 강점과 취약점 |

스파르테의 가장 독특한 점은 병영 국가적 특성을 가졌다는 점이다. 스파르테는 모든 국가 운영의 전략 초점을 군사력 유지에 맞췄다. 청소년들의 공교육인 아고게agoge도 강한 체력과 애국심을 길러 미래의 전사로 성장하는 데 기여하도록 했다.

또한, 여느 그리스 도시국가들과 달리 여성들에게도 공교육을 실시했다. 이 또한 훌륭한 자녀를 낳고 기를 수 있는 기반을 조성하는 차원이었다고 볼 수 있다. 아고게 교육과정은 스파르테 시민만의 특권이자 의무였고, 이를 무사히 마칠 경우 당당한 스파르테 시민으로 인정받을 수 있었다.

특히 성인 시민의 경우 집단 병영생활을 통해 공동식사, 공동기숙을 함으로써 일체감과 단결심을 고양할 수 있었다. 스파르테 시민들이 오로지 군사적 훈련에 집중하고 전투력 배양을 통해 최강의 군사력을 유지할 수 있었던 것은 경제적 활동에서 해방되었기에 가능했다.

스파르테의 경제활동은 그들이 노예로 삼은 인근 지역의 메세니아인으로 구성된 헤일로타이와 외곽 촌락 지역 거주자인 페리오이코이가 주도하도록 했다. 스파르테는 헤일로타이들로 하여금 농업을 감당하게 하고, 상공업과 무역 부문은 페리오이코이에게 맡겼다.

스파르테가 당시 그리스 도시국가들의 손가락질 받은 대목은 같은 그리스인인 메세니아Messinia인 전체를 노예로 삼았다는 점이다. 다른 도시국가들이 특별한 경우가 아니면 같은 민족인 그리스인을 노예로 삼지 않는 것을 원칙으로 했고, 이민족과의 전쟁 포로를 노예로 충당했던 것과는 크게 달랐기 때문이다. 이로 인해 스파르테는 메세니아인들과 매년 전쟁을 선포하는 방식으로 그들과의 긴장을 조성하고 때때로 살육을 통한 억압체제를 유지했다. 그로 인해 메세니아인들의 끊임없는 반란으로 국가적 위기를 자초한 경우가 자주 있었다.

스파르테인들은 유난히 종교적 신앙심이 강했다. 모든 군사적, 정치적 활동에서 신의 신탁에 의존하는 정도가 다른 도시국가에 비해 심했다. 신탁 이외에도 동물을 희생시켜 나타나는 전조에서 점괘를 얻어 전쟁의 진퇴를 결정하는 것도 상례였다. 페르시아와 그리스가 운명의 일전을 벌인 마라톤 전투에 스파르테 지원군은 전투가 끝난 뒤에야 도착한 것도 보름달이 될 때까지 기다리느라 늦었다는 종교적인 이유였다. 물론 "인간의 명령보다 신들의 명령을 우선시"했던 스파르테의 관행이 과연 실제적 이유 때문이었는지 의구심이 들기도 한다. 때로는 자신들의 행동을 합리화하기 위해 종교적 이유를 명분으로

고대 그리스에서 가장 슬픈 역사를 가진 도시 메세네 유적지. 그리스 최강국가 스파르테는
이웃에 있던 같은 그리스 민족의 도시 메세니아를 정복하여 230여 년 동안 이곳 시민들을
농노로 부렸다.

삼았을 수도 있기 때문이다.

스파르테는 전사의 나라였지만 여인천하이기도 했다. 스파르테의 사회문화에서 흥미로운 것은 여성들의 권한과 역할이 그리스의 다른 도시국가들에 비해 상당히 컸다는 점이다. 소녀들을 위한 공교육 프로그램이 있었고, 합창 경연에 참가하거나 아폴론과 히아킨토스를 기리는 히아킨티아Hyakinthia 제전에서도 중요한 역할을 했다. 스파르테 여인들은 일상생활에서도 꽤 자유로웠다. 농작물 재배, 가축을 기르는 일, 육아와 식사 준비 등 가사노동을 노예인 헤일로타이가 감당해주었기 때문이다. 오늘날에도 여성이 자유롭기 위해 전제되어야 할 것이 무엇인지 시사해준다.

스파르테가 미인의 나라로 유명했던 것도 여성들의 자유로운 생활과 무관하지 않을 듯싶다. 절세미인 헬레네는 두 번이나 납치되었다. 어릴 적에 아테나이의 테세우스에게 납치되었다가 쌍둥이 남동생 디오스쿠리에 의해 구출된 것이 첫 번째였다. 성장하여 메넬라오스의 왕비가 되었을 땐 트로이아의 왕자 파리스에게 납치되는 바람에 트로이아 전쟁이 발발된 사연은 이미 널리 알려진 이야기다.

여성들의 활동은 아주 자유로웠고 가정에서나 사회에서 중요한 역할을 수행할 때가 많았다. 외부 사람들이 보기에 어떤 측면에서는 스파르테 여인들이 남자들 위에 군림하는 것으로 비칠 정도였다. 여성들이 군림할 수 있었던 이유는 무엇일까? 플루타르코스가 인용한 레오니다스 왕의 왕비 고르고gorgo의 말에 그 대답이 함축되어 있다. "왜냐하면, 우리만이 진짜 사나이를 낳기 때문이다." 스파르테의 여인들은 그만큼 당당할 수 있었다.

또 스파르테 여성들은 병영국가의 지향에 맞는 역할도 충실히 해냈다. 스파르테 여성들은 가족이 죽었을 때 울거나 통곡하지 않

헬레네와 쌍둥이 남동생 디오스쿠리Dioscuri
가 묘사된 부조. 가운데 헬레네를 중심으로
좌우에 쌍둥이 동생 카스토르Castor와 폴뤼
데우케스Polydeuces가 서 있다. 디오스쿠리
는 고대 스파르테에서 최고로 숭배된 영웅이었
다. 기원전 1세기경. 스파르타 고고학 박물관

스파르테 전사의 영웅적 죽음을 기리는 한 부
조. 기원전 550~525경. 옥좌와 불사不死
를 상징하는 뱀이 전사의 영예를 빛내고 있
다. 스파르테의 묘비에는 유난히 불사를 상징
하는 뱀이 자주 등장한다. 용감하게 싸우다
죽은 전사는 영생한다는 믿음을 표현한 것이
다. 스파르타 고고학 박물관

도록 교육받았다. 오히려 상중喪中임을 나타내는 어떤 장식도 달지 않았고, 따로 애도하는 시간을 갖지도 않았다. 수백 년 동안 이어온 이런 전통은 실제 일상생활로 정착되어 스파르테 여성들의 사유와 행동방식을 제약했다.

이는 죽음을 무서워하지 않은 용맹을 최고의 가치로 숭상하던 상무적尚武的 문화의 소산인 듯하다. 이런 영향으로 스파르테의 어머니들은 전쟁에 출정하는 아들을 배웅하면서 이런 말로 격려했다. "네 손으로 방패를 들고 돌아오든지 아니면 그 위에 누여 오너라!" 국가의 이익 앞에 개인을 초개草芥와 같이 희생하는 것을 장려하는 이런 강인한 어머니상이 최고의 존경을 받았던 것. 스파르테인들이 전쟁터에서 죽지 않은 사람에게는 묘비를 세우지 않는 전통을 만들어낸 것도 이들만의 독특한 상무문화의 유산으로 볼 수 있다.

| 스파르테의 영광과 몰락 |

스파르테는 페르시아와 그리스 세계가 운명을 건 일전에서 중요한 역할을 했다. 바로 기원전 480년에 벌어진 테르모필라이 전투이다. 유명한 스파르테의 왕 레오니다스와 그의 최정예 친위대 전사 300명은 그리스 세계를 굴복시키려는 페르시아의 대군에 맞서 테르모필라이 협곡에서 분투하다가 전원이 전사했다. 그들은 극소수의 병력으로 초인적인 전투를 수행했지만 패배했다. 그러나 오히려 죽음을 불사한 불굴의 정신은 그리스 연합군을 격동시켜 종국에는 페르시아를 물리칠 수 있는 원동력이 되었다.

사실 300명의 결사대가 구성되었지만, 실제 전투에 참여한 사람은 정확하게 298명이었다. 그러나 당시 눈병으로 쉬거나 전령 임무를 수행하느라 전투에 참여하지 못했던 두 명도 이후에 장렬한 최후를 마쳤다. 한 명은 동료들과 함께하지 못했던 수치심을 못 견뎌 자살했고, 다른 한 명은 플라타이아 전투에 참전하여 맨 앞에서 페르시아 병사와 싸우다 전사한 것이다. 붉은 망토를 두른 레오니다스 왕과 300의 전사. 그들의 신화는 죽음을 불사하고 끝까지 싸운 스파르테 전사의 결연한 의지와 상무 정신을 대변하고, 이들의 영웅적 행동에 대한 칭송과 숭배는 끊이지 않았다. 결국, 이들의 영웅적 행위는 신화가 되었다. 그리고 오늘날에 이르기까지 수많은 문학작품, 조각, 음악, 영화의 소재가 되기도 했다. 2007년에 개봉된 영화 〈300〉도 이들의 영웅담을 더욱 극적으로 표현한 예 가운데 하나다.

그러나 스파르테가 저지른 실책과 해악도 작지 않다. 아테나이가 전성기의 패권적 행태로 동맹국들의 비난을 받기도 했지만, 정작 스파르테가 패권을 잡았을 때는 아테나이보다 훨씬 극단적인 제국주의 노선을 강행했다. 스파르테는 동맹국들의 민주정을 전복시키고 독재정이나 과두정을 세우도록 조장하거나 지원했다.

나아가 동맹국들의 자치를 보장한다는 명분을 내세웠지만, 군사주둔을 통한 군정軍政적 지배형태를 보여주기까지 했다.

스파르테가 제국화하면서 반민주, 친독재 정책을 펼치는 것을 주도한 이는 리산드로스(Lysandros, ?~기원전 395) 장군이다. 그는 막강한 해군 통솔력을 바탕으로 왕 못지않은 권력을 행사하면서 에게해 전역에서 정치적, 군사적 영향력을 행사했다.

전체의 그리스 세계 차원에서 볼 때 스파르테가 끼친 해악은 아테나이가 제국화 하면서 저지른 오류에 못지않았다. 특히 펠로폰네소스 전쟁을 일으키고 페르시아의 재정 지원을 받아 아테나이의 제해권을 파괴했던 것은 페르시아의 이간질에 이용당한 측면이 있었다. 결국 그리스 세계의 총체적인 역량을 약화시켜 후일 그리스 세계가 마케도니아와 로마의 먹잇감이 되는 데 일조했다고도 볼수 있기 때문이다.

리산드로스가 주도하여 기원전 5세기 말에서 4세기 초에 진행된 스파르테의 과격한 제국주의 노선은 그리스 세계가 공통으로 지향하던 자유와 자치의 철학을 거스르는 것이었다. 민주주의에 대한 깊은 반감에서 비롯된 스파르테의 제국주의는 아테나이 지배로부터의 '해방'이라는 명분과는 달리 자신들의 편의를 위해 독재정 형태의 자치권을 강요했다. 당시 많은 그리스인으로부터 증오와 비난을 받은 이유다.

스파르테는 오랜 세월 동안 수많은 전쟁영웅을 탄생시켰다. 왕들은 거의 예외 없이 죽은 후에는 신과 같은 숭배를 받았다. 스파르테의 왕은 "제우스의 반신반인의 아들, 헤라클레스의 후손"이라고

테르모필라이 전적지의 기념 조형물. 창을 든 레오니다스의 동상이 서 있고, 벽면에는 스파르테 전사들의 전투 장면이 부조되어 있다.

여겼으니 그럴 만도 하다. 반면에 조국을 등지고 적국에 귀순한 반역자도 있었다. 아테나이의 테미스토클레스나 알키비아데스처럼 스파르테의 데마라토스(Demaratos, 기원전 510~491)가 그랬다. 그는 한때 스파르테의 왕이었지만, 공동 왕 클레오메네스 1세의 계략에 빠져 왕위에서 쫓겨나자 적국이었던 페르시아의 크세르크세스 대왕의 측근이 되었다. 그는 기원전 480년 페르시아 원정군의 향도가 되어 그리스 침공에 앞장섰다.

한편 아테나이와의 전쟁에 반대하던 현명한 아르키다모스 2세도 있었다. 또 아테나이를 굴복시킨 리산드로스 장군도 왕에 버금간 위세를 누린 영웅이었다. 특히 기원전 4세기 말부터 기원전 1세기까지 소아시아 도시국가 해방을 명분으로 페르시아의 소아시아

▼테르모필라이 전적 기념물에 새겨진 스파르테 전사들의 전투 장면

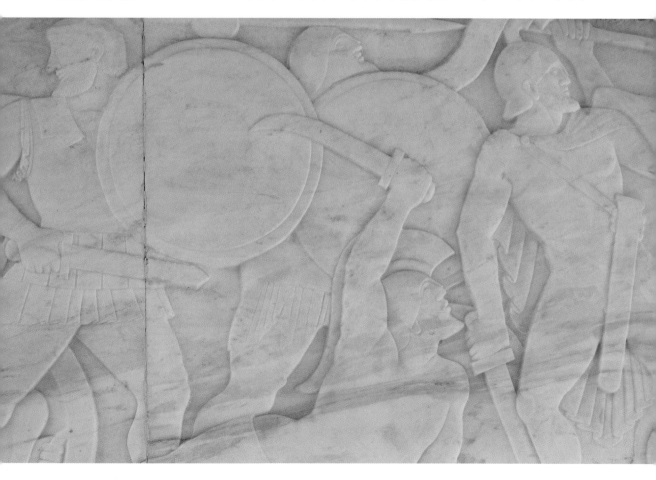

총독들과 일전을 벌였던 절름발이 왕 아게실라 오스, 스파르테의 쇠퇴기에 과거의 영광을 재현하려 분투한 아레오스 1세, 클레오메네스 3세도 주목할 만하다. 하지만 절름발이 왕이 스파르테를 쇠퇴시킬 것이라는 신탁이 맞기라도 하는 듯 그의 무리한 외부 원정으로 인해 스파르테의 국력은 쇠약해져 갔다.

스파르테의 국력이 약해지는 시기에 '뤼코르고스의 관습'들도 총체적으로 붕괴할 위기에 처했다. 또 중무장 보병이 될 수 있는 '동등한' 스파르테 시민의 수가 급감하기 시작했고, 이는 스파르테 군사력의 급속한 쇠퇴를 촉진했다. 이런 상황에서 스파르테가 신흥 군사강국 테바이에게 패배하는 초유의 사태가 일어났다.

기단만 남아있는 레욱트라 전투의 승전을 기념하는 테바이군의 승전탑. 플라타이아 평원에 있다.

　　기원전 371년 에파미논다스와 펠로피다스가 이끈 테바이군과 스파르테군 간에 벌어진 레욱트라 전투에서 스파르테군은 완패하고 만다. 그리스 세계를 놀라게 한 일대 사건이었다. 병력의 급감이 패배의 요인이었는데, 당시 스파르테의 성인 남자 시민은 불과 1천 명 정도에 불과했다. 더구나 테바이의 새로운 전투 대형과 전술에 적절히 대응하지도 못했다. 스파르테가 8열 횡대의 중무장 전열을 취한 데 비해, 테바이는 50열 횡대로 전열의 종심縱深을 깊게 만들었고, 군대를 정면이 아니라 비스듬히 전진시키는 새로운 전술을 구사했기 때문이다.

　　이렇게 스파르테가 최강국의 위치에서 추락하게 된 것은 뤼코르고스 체제의 한계가 컸다. 참정권과 병역의무를 진 시민, 농노인 헤일로타이, 참정권이 없던 준準시민 페리오이코이, 이렇게 세 계급 체계로 국가 구성원을 엄격하게 유지한 게 패착으로 이어진 것이다. 이로 인해 근본적으로 시민의 지속적 충원도 어려웠다.

　　스파르테의 총체적 위기는 계속되었다. 급기야 기원전 192년에 아카이아 동맹의 일개 동맹국으로 전락하는 사상 초유의 굴욕으로 이어졌다. 스파르테는 아테나이나 코린토스와는 달리 그 쇠망을 늦추어줄 상업이나 수공업이 없었기 때문에 급격한 양상으로 몰락의 과정을 겪었다고 볼 수 있다. 더 나아가 기원전 1세기에는 로마의 지배 아래 놓인 수많은 옛 그리스 도시국가 중 하나에 지나지 않게 된다. 스파르테의 영광과 몰락은 영원한 강자가 존재할 수 없다는 평범한 진리를 다시 확인시켜 준다.

07

비잔틴 제국으로
부활한 그리스

인류 역사상 가장 오랫동안 존속했던 제국은 어느 나라일까? 신라가 992년 동안 존속했으니 극동에선 가장 오래 존속한 국가였던 듯하다. 3백 년을 넘은 국가가 없었던 중국의 왕조에 비하면 끈질긴 생명력을 보여주었다. 물론 왕조의 존속 기간이 그 탁월성을 입증하는 것은 아니다. 하지만 약육강식의 시대에 왕조를 지탱하게 한 유형무형의 힘이 존재했었다고 볼 때, 왕조의 존속 기간은 무시할 수 없는 요소다.

천 년을 넘은 제국은 없었을까? 이집트 문명 등 상고시대를 제외하고 역사 시대를 기준으로 본다면, 천 년을 넘어 존속한 국가는 '로마제국'이 유일할 것이다. 기원전 753년에 건국되어 476년에 멸망한 '서쪽의 로마'는 1,229년간 영화를 누렸다. '동쪽의 로마'는 330년부터 1453년까지 무려 1,123년간 존속했다. 물론 중간에

56년간 나라가 양분된 적은 있었다. 어떻든 유럽과 아시아 양 대륙에 걸쳐 존재했던 '로마'를 '로마의 정통성'을 함께 공유한 연속체적 제국으로 본다면, 로마는 기원전 753년부터 1453년까지 무려 2,206년 동안 존속했던 것으로 간주할 수 있다.

하나였던 로마가 '서로마'와 '동로마'로 분열된 후 서로마는 게르만 용병대장 오도아케르에게 먼저 멸망당하고, 동로마는 이후 977년이나 더 오래 유지되었다. 물론 로마가 분열된 정확한 시기에 대해서 학자 간에 완전하게 합의된 의견은 없다. 보통 '비잔틴 제국'이라 일컫는 국가가 동쪽의 로마, '동로마'다. 내가 '서쪽의 로마'와 '동쪽의 로마'로 굳이 나누는 이유는 이들 양쪽이 모두 당시 공식적으로 로마제국의 정통성을 계승하고 있다고 천명하고 있었고, 각각 유일한 '로마황제'를 자처했기 때문이다. 이들은 각자 정치적 차원을 넘어 사회 심리적으로도 '로마제국'이고자 했다. 특히 그렇게 불리기를 희구했다는 점을 후대인들은 분명히 인식할 필요가 있다.

이런 맥락에서 보면 '서로마'와 '동로마'로 구분하여 부르는 것조차 올바른 명칭은 아니다. 더구나 엄밀히 말해 당시 '비잔틴 제국'이라는 이름으로 존재한 국가는 더더욱 없었다. 그땐 그저 '로마제국'만이 있었을 뿐이다. 나라의 공식 명칭은 그리스어로 'Politeia ton Rhomaion로마 제국', 라틴어로 'Res Publica Romana로마 공화국'이다. '비잔틴 제국Byzantium Empir'은 후세의 사가들이 서쪽의 로마와 구분하기 위해 편의상 붙인 이름일 뿐이다. '비잔틴 제국'이라는 명칭은 1557년 독일인 역사학자 히에로니무스 볼프Hieronymus Wolf가 처음으로 사용했다. 이후 몽테스키외(Montesquieu, 1689~1755) 등의 언급을 통해 서구사회에 일반화된 이름으로 유포되었다.

만약 당시의 '동로마인'들이 자신의 국가가 후대 역사가들에 의해 '비잔틴 제국'이라 명명되었다는 사실은 안다면 아마 크게 분노하며 절대 동의하지 않을 듯싶다. 물론 현대인들이 편의상 '동로마'로 호칭하는 것까지는 양해할 수 있을 듯하지만. 아무튼, 한 국가를 어떤 이름으로 부르느냐는 결코 가벼운 문제가 아니다. 국가의 정식명칭이 아닌 편의상 명칭은 호칭하는 사람들이 떠올리는 특정한 이미지와 인식의 편향을 담고 있다고 볼 수 있기 때문이다. 이럴 경우 당해 국가의 정체성과 본질을 가릴 수 있다. 정명正名이 중요한 이유다. '비잔틴 제국'이라는 규정 속에는 이미 '서로마'를 정통으로 인정하고, '동로마'를 로마의 아류로 분리해 내려는 의도와 편견이 개입되어 있다고 보아야 할 것 같다.

| 그리스 문명의 계승자 비잔틴 제국 |

서론이 길었다. 아무튼, 동로마의 역사를 대할 때, 잘못된 명칭에 수반되는 불가피한 편견을 제거하지 않으면 동로마의 실체에 접근하기 어렵다. '동로마 제국'이야 말로 역사상 가장 오래 존속했던 국가이면서 가장 저평가된 국가다. 16세기 이후 서구사회가 덧씌운 부정적 이미지를 거둬내고 이면의 매력을 정확히 파악해내야 할 나라다.

이런 관점에서 동로마 제국 천 년의 역사를 깎아내리는 서구 중심 사관을 구체적으로 비판한 이가 이노우에 고이치井上浩一다. 그는 자신의 저서《살아남은 로마, 비잔틴 제국》에서, 비잔틴 제국이 "아랍과 투르크로부터 유럽을 지키는 방파제" 역할을 했다거나, "고대 그리스, 로마의 문화를 보존하고 유럽으로 전해 르네상스에 공헌하였다"는 정도의 역사적 의미 부여로 한정하는 것에 반기를 들고 '비잔틴 역사 바로 보기'를 시도한 바 있다.

서유럽인은 유난히 '비잔틴 콤플렉스'가 강했다. 962년에 독일의 오토 1세가 황제로 대관하면서 정식 국가 명칭을 '신성로마제국'이라 명명한 것도 로마의 이념을 계승하고자 하는 열망의 표현이었다. 오토 1세가 로마의 정통 계승자인 동로마 황제 니케포루스 2세(Nicephorus II,

913~969)에게 자신도 로마 황제라는 호칭을 사용해도 좋은지 물었던 이유가 거기에 있었다. 물론 그는 로마 교황의 중재를 통해 비잔틴 황제의 '윤허'를 받고자 애썼지만 실패했다. 이름만 내건 신성로마제국으로서는 로마의 전통과 문화를 계승하고 있는 동로마에 대해 강한 콤플렉스를 느낄 수밖에 없었을 것이다.

동로마인들을 믿을 수 없는 사람들이라 부르거나, 그들의 궁정 음모와 암투를 지나치게 강조하는 방식으로 동로마에 대한 부정적 인식을 의도적으로 유포한 것도 이와 무관하지 않다. 또 투르크를 정복하려는 십자군 장병들은 다양한 이민족을 포용해야 했던 동로마제국이 비협조적으로 나오자 비잔틴 사람들에 대해 '교활한 그리스인'의 이미지를 덧씌우기도 했다.

'비잔틴 제국'은 로마의 정치적 이념과 그리스의 문화적 유산, 그리스도교라는 종교가 삼위일체가 되어 만들어낸 독특한 통치체제를 가진 신비적 요소와 매력을 품은 제국이었다. 이들은 동양적 전제군주 성격인 황제의 지배 속에서도 로마의 법체계를 고수했고 유능한 관료체계를 만들었다. 트리보니아누스가 편찬한《로마법대전》은 비잔틴 제국의 기본법이 되었을 뿐만 아니라 서구 여러 나라의 법률 체계에 큰 영향을 끼쳤다.

'동로마 제국'은 아랍 쪽, 슬라브족 등 외적의

비잔틴 제국의 수도였던 콘스탄티노플(지금의 이스탄불)의 경마장 히포드로모스hippodromos 광장. 경기장 가운데 설치되었던 오벨리스크 2개가 남아 있다. 현재는 시민 공원으로 관광객이 붐비는 광장이다.

잦은 침입 속에서도 드넓은 제국의 영토를 경영했고, 수도 콘스탄티노플은 국제 상업의 중심지로 부상하기도 했다. 비잔틴 제국이 발행한 '노미스마 금화Nomisma Gold Coin'가 국제 통화로 사용된 예가 이를 입증한다.

비잔틴 제국의 번영을 뒷받침한 또 하나의 보이지 않는 문화적 특징은 유연성이다. 세습 황제가 권력을 철저히 독점한 것이 아니라 군벌 귀족과 권력을 나눴다. 또 미천한 신분에서도 황제와 귀족에 오를 수 있는 길이 열려 있었다. 이런 예는 가축을 치는 농민에서 황제의 근위대장에 오르고, 이어 황제가 된 유스티누스Justinus 이외에도 여럿이 있었다. 이렇듯 비잔틴 제국은 혈통과 집안 배경이 한미寒微한 자에게도 실력과 운만 있으면 황제나 고위직이 될 수 있는 열린 사회였다.

또 국가 멸망의 위기가 닥칠 때마다 과감한 개혁으로 위기를 돌파해나갈 수 있었기에 천년의 역사를 유지할 수 있었다. 물론 수도 콘스탄티노플의 난공불락인 대성벽과 함께 '그리스의 불'로 일컬어지는 화염방사 비밀병기도 동로마 제국이 천 년을 넘어 생존하게 만든 힘이 되었다.

동로마 제국은 비록 로마의 계승자임을 자처했지만, 사회-문화적 자산은 그리스 문명에서 이어받은 것들이었다. 따라서 동로마 제국은 '살아남은 로마'가 아니라 실은 '살아남은 그리스'였다. 동로마 제국의 그리스적 요소는 상당히 많다. 동로마가 다민족 국가였음에도 제국의 황제와 고위 관료들의 대부분은 그리스인이었다. 공식 언어도 처음엔 라틴어였지만, 나중에 그리스어로 바뀌었다.

교육 과목과 체계 역시 그리스의 전통 교과목인 그리스어 문법, 수사학, 기하학, 철학 중심이었다. 특히 중등 교육 및 교양인들을 위한 교육의 핵심 텍스트는 호메로스의 서사시였다. 《일리아스》, 《오뒷세이아》를 읽고 거기에 나오는 신화와 전설, 영웅들의 이야기에서 교훈을 배웠다. 이런 교육과정을 통해 그리스 문명의 계승과 전수가 이루어졌다. 비잔틴 제국이 높은 교육과 문화 수준을 유지할 수 있었던 데에는 이렇듯 오랜 역사와 전통을 자랑하는 그리스 교육체계에 빚진 바가 크다. 비잔틴 제국은 부활한 그리스 제국이었다.

| 비잔틴 제국의 마지막 보루, 미스트라스 |

비잔틴 제국은 그리스인들에게 특별했다. 비잔틴 제국은 그리스인들의 신화와 역사, 정신과 관습을 그대로 물려받았다. 최후의 황제가 대관식을 치른 곳도 콘스탄티노플의 황궁이 아니라 그리스 정신이 충만하게 깃든 스파르테의 미스트라스 지역에 있는 황제의 별궁이었다. 미스트라스의 지형은 천혜의 요새다. 타이게토스 산맥 기슭에 약 600m의 산봉우리가 외따로 떨어져 우뚝 솟아있다. 남쪽과 서쪽은 수백 미터 깎아지른 절벽이고 동쪽과 북쪽 역시 가파르다. 산봉우리에 빌라르두앵 성채가 있다. 성채는 '암석의 왕관'으로 불릴 만큼 암산의 절벽 위에 고고하게 버티고 있다. 이 성채는 1249년에 아카이아의 군주 기욤 드 빌라르두앵Guillaume de Villehardoulin이 건설했다. 이후 주인은 비잔틴 제국, 오스만 투르크, 베네치아 공화국으로 바뀌었다. 동쪽과 북쪽의 경사면에는 비잔틴 제국의 황궁과 수도원들이 자리 잡고 있다. 비잔틴 시대에는 산 전체를 성벽으로 두른 하나의 성채 도시였다.

콘스탄티누스 11세 팔라이올로구스(Konstantinos Palaiologos, 재위 1448~1453)는 비잔틴 제국의 마지막 황제였다. 그는 미스트라스의 미트로폴리스에 있는 성 데메트리오스 아기오스 디미트리오스 교회의 황제 문장 위에 서서 비잔틴 제국의 황제관을 받았다. 1449년 1월 6일의 일이다.

이 교회를 방문했던 니코스 카잔차키스는 교회 벽면의 〈그리스도의 갈릴레아 기적〉이라는 그림을 보면서 "콘스탄티노플이 함락되기 직전, 펠로폰네소스의 한구석에서 영원한 그리스의 정신이 되살아났던 것"이라고 평한 바 있다. 이렇듯 비잔틴 제국의 황혼기 예술의 자취는 스파르테 미스트라스 지역의 여러 교회와 수도원, 황궁에 애잔하게 남아있다.

▲미스트라스 전경. 오른쪽 산 중턱의 건물이 황궁, 왼쪽은 판타나사 수도원. 산 정상은 빌라르두앵 성채다.

▶비잔틴 제국의 마지막 황제 콘스탄티누스 팔라이올로구스는 황제 문장紋章인 쌍독수리가 새겨진 바닥돌 위에 서서 황제관을 받았다.

| 제국의 부활을 꿈꾼 우국지사 |

　미스트라스에서는 비잔틴 제국의 황궁과 수도원을 중심으로 미술과 조각예술이 다시 꽃을 피웠다. 또 14세기 들어 급격하게 쇠퇴하기 시작한 비잔틴 제국을 살려보고자 하는 마지막 시도도 이곳 미스트라스에서 일어났다. 기오르기오스 게미스토스 플레톤(Giorgios Gemistos Plethon, 1355~1452)이 이를 주도했다.

　그는 그리스 제국의 부활을 위해 바쳐진 최후의 희생양이었다. 게미스토스는 비잔틴 제국의 곳곳에서 몰려든 우국지사들을 격려

미스트라스 지역의 정상에 있는 빌라르두앵 성채

하면서 새로운 그리스 제국을 세우기 위한 방책을 궁구했다. 그가 마지막 황제 테오도로스 팔라이올로구스에게 올린 시무책에서 쓰러져가는 비잔틴 제국을 다시 일으켜 세우기 위해 그가 얼마나 노심초사했는지 절절히 느낄 수 있다.

개인이나 민족이 그들의 마지막 희망을 잃도록 해서는 절대로 안 됩니다. 세상 사람들이 죽었다고 생각했던 많은 나라나 민족들이 부

활했습니다. 위험이 우리를 둘러싸고 있을 때 망설이는 태도는 절대로 허용될 수 없습니다.

폐하가 동의하신다면 이 국가 회복의 사업을 저에게 맡겨주십시오. 저는 그 일을 정말로 간절히 바랍니다. 특히 다른 사람은 감히 이 일을 해보겠다고 나서지 못한다는 것을 확신하므로 더욱 간절하게 청원 드리는 것입니다.

《모레아 기행》 p. 132

스파르타의 미스트라스 지역에 있는 비잔틴 제국의 황궁 유적지. 2015년 5월 현재 보수 중으로 관람할 수 없었다.

촉의 2대 황제 유선에게 북벌北伐의 출사표를 제출했던 제갈량과 같은 충성심과 비장함을 엿볼 수 있다. 게미스토스는 강력하고 공정한 새로운 국가를 구상했다. 그의 정치적 이상은 참주로 흐를 수밖에 없는 절대군주제도도 아니고, 실패했던 고대 아테나이의 민주주의도 아니었다. 그는 미덕과 지식을 갖춘 귀족들이 왕의 자문으로 폭넓게 정치에 참여하는 과두제가 가미된 군주제였다.

그는 귀족들과 황제가 서로 등을 돌리는 사이가 아니라, 시혜와 협력 속에서 충심으로 국가를 함께 경영해 가는 체제를 꿈꾸었다. 특히 그는 여러 나라의 용병에 의존하지 말고 국민군을 구성하여 자발적인 충성심으로 국가를 호위할 수 있도록 해야 한다고 주장했다. 16세기에 사분오열되었던 이탈리아를 통일하기 위해 피렌체의 메디치 가문에게 국민군 결성이 긴요하다고 주청하던 마키아벨리(Niccolo Machiavelli, 1469~1527)가 연상되지 않는가.

게미스토스는 대부분 농노로 전락해버린 농민들의 피폐한 삶을 복원하기 위해 경자유전耕者有田의 정책도 역설했다. 하지만 게미스토스의 충정은 조금도 받아들여지지 않았다. 팔라이올로구스 황가는 게미스토스의 시책들이 너무 이상적이라고 생각했다. 비잔틴 제국의 황가와 기득권층은 그의 혁신적인 민족중흥 시책을 차분히 검토해볼 만큼 절박감도, 국가에 대한 진정한 애국심도, 갖고 있지 않았다.

게미스토스는 콘스탄티노플이 함락되기 1년 전에 98세의 나이로 여한을 남기고 세상을 떠났다. 세상 사람들은 그의 충심과 노고를 기리며 슬퍼했다.

모든 것을 포용하는 아주 거룩한 정신, 창공에서 가장 영롱하게 빛나는 별, 신성이 가득한 나팔을 소지한 자, 부드럽게 울음을 우는 나이팅

미스트라스에 있는 성 데메트리오스 아기오스 디미트리오스
교회. 이곳에서 비잔틴 제국 마지막 황제의 대관식이 열렸다.

판타나사 수도원 내부의 성화. 미스트라스의 수도원과
교회에는 비잔틴 양식의 성화들이 가득하다.

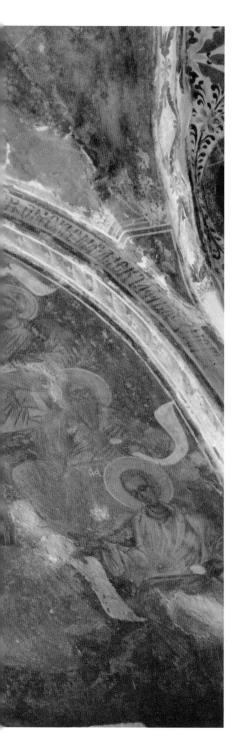

게일, 커다란 기쁨을 주는 가정의 기둥이 여기 잠든 채 누워 있도다.

《모레아 기행》 p. 135

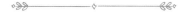

하지만 이것도 말뿐인 칭송이었다. 나라를 혁신하려던 그를 조롱하고 비판하던 권력자들은 그가 죽은 후에도 박해를 가해 교회에서 파문하도록 만들었다. 게다가 그의 혁신적 시무책이 담긴 저작들도 불태워졌다. 그는 비잔틴 제국의 마지막 불꽃을 살리려던 미스트라스에 묻히지도 못했다. 꺼져가는 제국의 등불을 다시 살려보려던 게미스토스의 열정과 고뇌만이 미스트라스 지역에 남아있다.

콘스탄티누스 황제는 그리스에 평안하게 머물 수 없었다. 오스만 투르크의 마호메트 2세가 비잔티움을 함락하기 위해 군사력을 턱밑인 마르마라 해협 쪽으로 증강하고 있었기 때문이다. 황제는 죽음을 두려워하지 않고 전쟁터로 나아갔던 스파르테의 전사처럼 미스트라스 황궁을 떠나 비잔티움으로 향했다.

비잔틴 제국은 베네치아와 제노바의 지원군을 포함하여 불과 7천여 명의 병사로 마호메트 휘하 8만 대군의 총공세에 맞서야 했다. 결국 중과부적衆寡不敵인 상태로 버티던 철옹성 비잔티움은 1453년 5월 30일 함락되고 콘스탄티누스 11세는 분전하다 죽었다. 비잔틴 제국은 이렇게 막을 내렸다.

그리스인들이 지배계층을 이루고 그리스 문화 자산과 로마의 정치 사회적 자산을 바탕으로 천 년 이상 존속했던 비잔틴 제국은 회복할 수 없을 만큼 쇠약해진 끝에 문을 닫아야 했다. 이후 그리스 세계는 1830년대에 독립이 이루어지기까지 오스만 제국의 기나긴 식민지배 아래에서 신음해야 했다.

08
인문정신의 부활, 르네상스

　르네상스는 14세기부터 씨앗이 잉태되어, 15~16세기에 싹을 틔우고 만개했다. 이탈리아에서 시작된 르네상스는 문학, 예술, 종교, 기술 등 전 영역에 걸쳐 다양한 사회 변화를 가져왔다. 폴 포르Paul Fort는 《르네상스》에서 르네상스가 전개된 시대의 경제적, 사회적 요인, 그리고 기술적 진보와 예술 분야의 만개 상황을 스케치한 바 있다.

　르네상스 시대의 특징은 여러 측면에서 고찰할 수 있지만, 당대의 인간들에게 도덕적, 정신적으로 근대성을 일깨웠다는 점을 가장 큰 영향으로 꼽을 수 있다. 개인의 자각과 인문주의의 소생을 통해 문명의 모든 분야에서 진보를 촉진했다.

　르네상스를 발아시킨 환경은 무엇보다도 경제적 번성이었다. 폴 포르는 이탈리아가 르네상스의 진원지가 될 수 있었던 요인으로 시에나, 제노바, 피렌체의 상업적 번영을 들었다. 바르디, 알베르티, 메디치 등 "역사상 세계에서 가장 강력한 상업 가문"이 이탈리아의 경제력을 주도하면서 예술과 학문의 진흥으로 이어질 수 있었다고 보았다.

이들 상업가문의 성장 산업은 금융·대부업이었다. 이들은 국제교역이 늘어나면서 축적되는 자본의 유통과정에서 고리高利의 대부로 부를 쌓았고, 여러 국가의 황실과도 교류하면서 그들의 재정 자문 역할까지 했다. 이런 영향력과 축적 자본을 토대로 왕립 광산을 임차하거나, 염색 공장, 제지공장 등에 투자하기도 했다. 전반적으로 유럽의 도시단계 경제권에서 민족경제 단계로 나아가는 과정에서 유력 상업가문들의 영향력이 극대화되었다.

르네상스 시기엔 인구가 급증하는 등 사회적 격변이 동반되었다. 백년전쟁을 치르고 페스트가 창궐했던 14세기에 영국과 프랑스 등 서유럽과 동유럽에서 인구가 급감했다. 반면 이탈리아, 스위스, 독일 등의 영토에서는 위생 수준이 높은 몇몇 도시국가들이 번성했다. 공화국, 공국, 자유도시 형태를 띤 소국들이 상대적으로 안정적인 평화와 번영을 누렸다. 특히 베네치아, 피렌체, 밀라노 등 이탈리아 북부 도시국가들이 대표주자였다. 이들 도시국가가 르네상스의 진원지가 될 수 있었던 배경이다.

| 그리스 인문정신, 되살아나다 |

이탈리아 신흥 강소국의 "신흥 부르주아지는 예술, 과학, 철학을 피상적인 장식물이 아니라 행동과 권력의 보충수단으로 간주했다." 상업가문의 예술 후원은 부유한 고객들의 환영을 받았다. 특히 피렌체의 로렌초 데 메디치(Lorenzo de' Medici, 1469~1492)는 예술 후원에 적극적이었다. 이들의 후원은 각 분야의 뛰어난 천재 예술가와 탁월한 예술품을 만들어내는 데 크게 기여했다.

르네상스는 문화-예술 분야를 넘어 과학기술 분야에도 퍼졌다. 레오나르도 다 빈치, 아그리콜라, 발켄보르히 등은 기중기, 금속 용수철, 완충 스프링, 마찰 저항에 견딜 수 있는 권양卷揚 기술을 크게 발전시켰다. 광산에서는 '철을 용해하는 용광로'가 쓰였고 석탄 사용도 확대되었다. 인쇄술이 발달하고 대도시를 잇는 정규 승합마차 서비스도 시행되었다. 이런 기술적 진보들은 인간의 생활 습관과 정신적 차원에까지 영향을 미쳤다. 기술 문명을 이용하고 더욱 많은 사람들이 책을 읽을 수 있게 된 점도 문화예술의 진흥을 촉진한 요인이었다.

15~16세기에 회화, 조각, 건축 등에서 예술성이 뛰어난 작품들이 산출된 것은 르네상스의 두드러진 성과다. 프레스코화의 경쟁이 높아지고 유화 기술이 발전했다. 15세기 전반을 주도했던

반 아이크 형제는 초상화, 풍경화, 원근법 등의 새로운 법칙을 창안했다. 도나텔로(Donatello, 1386~1466)는 청동과 대리석의 뛰어난 조각 작품을 만들어냈다. 레오나르도 다 빈치, 미켈란젤로, 라파엘로는 조각, 회화, 건축 분야에서 천재적인 작품을 선보인 독보적인 존재였다. 미켈란젤로는 시스티나 성당의 천장을 〈최후의 심판〉으로 장식했으며, 성 베드로 대성당의 건축까지 맡았다.

이탈리아에서 회화, 건축의 걸작들이 양산되면서, 프랑스, 독일, 영국으로 그 영향이 퍼졌다. 멀리 러시아에서도 교회 건축에서 비잔틴식 둥근 지붕 대신 석제 성당이 들어설 정도였다. 문화 예술적 혁신이 전 유럽으로 전파되었던 셈이다.

르네상스가 창출한 가장 큰 변혁은 역시 교회 권력이 지배하던 중세의 그림자를 걷어내고 인문주의가 광범위하게 공유되고 퍼졌다는 점이다. 이로 인해 교회의 정신적인 권력은 감소하게 된다. 고대 그리스 연구가인 헬레니스트Hellenist들이 환대받고 로렌초 데 메디치의 후원하에 플라톤 아카데미가 형성되었다. 플라톤의 대화편이 번역되고 다양한 헬레니즘 철학의 텍스트들이 널리 전파되었다.

르네상스는 고대 그리스와 로마의 사상과 예술, 인문적 관습의 대대적인 부활이었다. 고대의 자유정신, 개인주의가 중세 암흑기의 어둠을 걷어내는 거대한 예술 사상의 혁신이자, 종교개혁의 밑거름이 된 것이 바로 르네상스였다. 세계 최고의 문화예술 도시 피렌체는 르네상스의 꽃이었다. 안정된 정치체제, 번성한 상업을 바탕으로 최고의 문화 강소국으로 부상한 피렌체는 당대 세계인의 찬탄을 받았다. 메디치 가문의 문화 애호 정책은 이탈리아가 레오나르도 다 빈치, 미켈란젤로, 라파엘로와 같은 천재적 예술가들을 배출하는 토양이 되었다

르네상스의 융성은 그리스 문명의 문화적 · 정치적 유산이라는

도나텔로의 〈다비드〉 청동상. 1386년 작.
피렌체 바르젤로 미술관

뿌리에 닿아있다. 그리스인들이 창안한 민주정의 원리와 이를 발전시킨 로마 공화정이 르네상스 국가들의 정치체제에 막대한 영향을 미쳤음을 알 수 있다. 르네상스의 꽃 피렌체가 그 대표적인 예다.

| 아테나이 민주정을 계승한 피렌체의 공화정 |

이탈리아 르네상스의 한가운데서 활약했던 레오나르도 브루니(Leonardo Bruni, 1370~1444)는 《피렌체 찬가》에서 그리스 민주정의 가치와 제도들이 피렌체 공화국의 자양분이 되었음을 확인하고 있다. 브루니는 자신의 조국 피렌체의 이러한 위대함을 노래했다. 그가 경탄하는 피렌체 공화국의 탁월성은 여러 방면에 걸쳐 있다. 하지만 그는 건축물의 화려함이나 교회의 아름다운 장식, 쾌적한 도시 공간과 같은 외양보다 공화정체의 우수성, 시민들의 공화적 덕성에 대해 더 뜨거운 찬사를 보내고 있다. 그러나 피렌체 번영의 핵심 동인은 자유정신에 기초한 휴머니즘이었다. 브루니는 자유와 평등의 관념에 기초하여 민주주의를 창안했던 고대 그리스 정치체제의 탁월성과 아테나이인들의 자유정신에 주목했다. 그가 아테나이의 웅변가 아리스테네스가 쓴 《아테나이 찬가》를 본떠 《피렌체 찬가》를 쓴 이유다.

브루니는 시민의 동등한 참여가 보장된 자유로운 정치체제의 가치를 간파했다. 작은 도시국가였던 아테나이가 거대한 제국 페르시아에 맞서 승리할 수 있었던 것은 굴종을 거부한 아테나이인들의 자유정신과 민주정체의 힘이 주효했기 때문이라고 보았다. 나아가 그는 피렌체 시민들이 공화정체제를 통해 번영을 구가한 로마인의 정통 계승자임을 자부하고 있다. 피렌체인들이 탁월했던 고대 문명의 적자라는 인식은 피렌체가 전제군주제를 거부하고 공화주의에 전념하게 만든 토대라고 볼 수 있다. 브루니는 피렌체의 융성은 아테나이 민주정의 탁월성과 로마 공화정의 덕성을 발전적으로 계승한 피렌체 공화정의 우수성에서 비롯되었다고 본 것이다.

브루니는 피렌체가 자유 수호를 위해 용감하게 맞서 싸우는 용맹함으로 이탈리아의 평화 수호에 기여했다고 역설한다. 그는 밀라노 공국의 전제에 맞섰던 것을 피렌체의 자랑으로 여겼다. 민주정의 아테나이가 전제정의 페르시아의 침략으로부터 그리스 세계를 구해낸 방파제 역할을 했듯이, 피렌체 역시 이탈리아의 자유 공화국들의 보호자 역할을 했다는 자부심을 드러낸 것이다. 이처럼 그리스 문명은 르네상스를 만개시킨 문명의 수원지였다.

미켈란젤로 광장에서 내려다 본 피렌체 시내 전경. 시내 가운데를
아르노 강이 흐르고 있다. 중앙의 붉은 돔 건물이 산타마리아 델 피
오레 대성당, 오른쪽 첨탑이 있는 건물은 산타 크로체 성당이다.

VI
그리스 문명의
예찬자들

유럽인들이 그리스 문명에 대한 막연한 동경에 머물고 있을 때, 독일

의 미학자이자 미술사가인 요한 요하임 빈켈만은 그리스 예술작품들을

자세히 관찰하고 왜 이들 작품이 고전주의 미학의 원천이 되는지 통찰

해냈다. 그가 쓴 《그리스 미술 모방론》은 고대 그리스 미술의 위대함을

새롭게 발견하고 부각해준 미술 역사상 위대한 저작 가운데 하나다.

그가 규명한 "고귀한 단순, 고요한 위대"라는 말로 함축된 그리스 예술

의 특징은 서양 예술의 고전적 이상으로 제시되어 서구 예술 창작에 지

대한 영향을 미쳤다. 고대 그리스 예술에 대한 그의 지극한 심취와 찬

탄은 당시 많은 예술가와 전문가들의 공감을 받으며 그리스 예술에 대

한 관심을 극대화했다.

원반 던지는 사람
그리스 조각가 뮈론Myron의 원작을 로마 시대에 복제한 작품. 기원전 450년 경.
로마 국립 고대 미술관

01

빈켈만 :
'고귀한 단순'과 '고요한 위대'

| 인간과 자연의 탁월한 묘사 |

빈켈만은 고대 그리스의 조각 작품과 회화를 집요하게 관찰하고 탐색함으로써 그리스 예술품들이 발산하는 오묘한 아름다움의 실체와 본질적 요소를 찾아냈다. 그는 그리스 조각의 탁월성을 만드는 요소를 크게 5가지 요소로 나누어 분석했다. 아름다운 자연, 윤곽, 옷 주름, 고귀한 단순과 고요한 위대, 제작 방법이 그것이다. 자연에 대한 그리스 작가들의 모방은 남달랐다. 근대 조각 작가들이 상업적 모델에게서 조각의 심상을 얻었다면 그리스 작가들은 나체로 운동하는 선수들, 그리고 아름다운 육체를 가꾸던 그리스인들의 일상을 관찰하며 자연스럽고도 생생한 조각을 만들어냈다.

특히 그리스 예술가들은 "인물을 닮게 그리되 동시에 더욱 아름

▶그리스 최고의 거장 페이디아스가 총감독이 되어 건축한 파르테논 신전의 부조 〈셀레네의 전차마〉 대리석상. 셀레네는 달의 여신이다. 여신의 말은 밤새 달려서인지 눈알이 튀어나올 듯하며, 숨을 가쁘게 몰아쉬는 듯 콧방울이 한껏 부풀었고 입을 벌려 숨을 토해내고 있다. 먼 길을 질주해 온 말의 상황을 탁월하게 묘사했다. 아테네 파르테논 신전의 동쪽 페디먼트에 부조되었다. 기원전 448~432년경. 런던 대영 박물관

답게 만드는 것"을 최고의 예술 규칙으로 삼았다. 이를 통해 물결무늬 옷 주름의 부드러운 곡선을 만들어 낼 수 있었다. 그들의 작품은 "근대의 작품에서 볼 수 있는 육체처럼 이상하거나 육체에서 분리된 것처럼 보이는 뚜렷한 주름을 만들지 않았던" 것이다.

빈켈만은 완벽한 자연을 그대로 모방하되 "지혜롭게 절제된 형태로 부드럽게" 나타낼 수 있는 그리스 작가들의 탁월한 능력을 근대 작가들이 배워야 한다고 역설했다. 그리스 거장의 작품에는 "전체 구조의 통일, 부분들의 고귀한 결합, 꽉 차 있으면서도 한도를 넘지 않는 절제"가 있었다는 것이다.

그리스 조각가들의 정확한 윤곽 표현 능력 또한 찬미의 대상이다. 빈켈만은 근대 예술가 중 그리스인의 윤곽 묘사를 제대로 모방해낸 사람이 없다고 말한다. "루벤스도 결코 그리스인의 윤곽에 도달하지 못했다"는 것이다. 빈켈만의 말마따나, 고대 그리스의 위대한 조각가들, 페이디아스, 프락시텔레스, 파라시오스, 에우프라노

This is the head of a horse from the chariot of the moon-goddess Selene. She balanced the group of Helios in the other corner of the pediment. The horse is weary from its night-long labour: the eye bulges, the nostrils flare and the mouth gapes.

EAST PEDIMENT O

267

르, 테우크로스 등이 만들어낸 숭고한 작품들은 인류 최고의 예술
품들이다.

| 유일한 천재 미켈란젤로 |

빈켈만이 근대 조각가 중 고대의 경지에 이르렀다고 인정한 유
일한 사람은 미켈란젤로뿐이다. 하지만 그 역시 영웅의 육체 묘사
에서만 고대의 경지에 이르렀을 뿐, "섬세한 소년상이나 여성상에
서는 그에 미치지 못했다. 심지어 여성상은 그의 손에서는 전부 아
마존족이 되어버린다"고 안타까워한다. 근대 조각가들이 그리스
조각의 예술미에 접근하려고 했을 때 그들은 넘을 수 없는 벽과 맞
닥뜨려야 했다.

그리스 예술가들이 그토록 위대했던 이유는 무엇일까? 빈켈만
은 그리스 예술가들이 조각가인 동시에 철학자적 역량까지 갖고
있었다고 생각했다. 그들의 "지혜가 예술에 손을 뻗어 조상彫像에
평범한 영혼 이상의 것을 불어넣기" 때문에 걸작을 만들 수 있었다
는 얘기다. "그리스 조상들은 휘몰아치는 격정 속에서도 침착함을
잃지 않는 위대한 영혼"을 나타낸다는 것이다. 고대 그리스 조각 작
품의 특징을 "고귀한 단순과 고요한 위대"로 규정하는 이유다. 이
말은 고대 그리스 예술품의 탁월성의 요체를 압축적으로 묘사한
트레이드마크가 되었다.

빈켈만은 강조한다. "예술가란 단순히 눈에 보이는 것 이상으로
사색의 양식糧食이 되는 것을 남겨야만 한다." 그리고 예술가가 "자
신의 사상에 우의寓意의 옷을 입히는 법을 체득했을 때에만" 이런
목적에 도달할 수 있다고 보았다.

〈헤르메스〉 대리석상의 세부. 현존하는 헤르
메스 상 가운데 최고의 걸작으로 꼽힌다. 그
리스가 낳은 최고의 조각가 프락시텔레스가
기원전 340~330년경에 만든 작품.
프락시텔레스는 인체의 아름다운 S자 몸매
를 조각 작품에 최초로 구현한 거장이다. 어
린 디오뉘소스를 어르고 있는 헤르메스의 나
신裸身은 군살 없는 육체를 매혹적으로 표현
해 완벽한 육체미를 보여주고 있다. 대리석
표면을 부드럽고 우아하게 다듬는 프락시텔
레스 작품의 특징이 생생하게 살아있다. 올
림피아 고고학 박물관

그는 고대의 위대한 조각과 회화를 근대 예술가들이 제대로 모방해낼 수 있기를 희구했다. 그가 근대 예술가들의 작품에 혹독한 비판과 질책을 하는 이유는 고대 그리스 거장들의 표현 양식과 혼을 불어넣는 열정, 섬세한 관찰력을 모방하고 계승함으로써 근대 예술의 새로운 활로를 열어보고자 했던 충정이었다.

빈켈만의 《그리스 미술 모방론》은 유럽 문화계에 엄청난 충격이었다. 그의 저작은 당시 폴란드 왕까지 겸하고 있던 강력한 군주 작센 선제후選帝侯 프리드리히 아우구스트 대공에게 헌정되었다. 그의 고대 예술에 대한 해박한 지식과 열정은 당시 독일 예술가들을 자극하며 찬탄을 불러 일으켰다. 다만 드레스덴을 중심으로 형성된 색채주의 미술가들의 일부 반발이 있었을 뿐이다. 빈켈만도 이런 분위기를 의식한 듯 초고보다 출판본에서는 독일 회화의 우수성을 어느 정도 평가해주고 있다.

그럼에도 불구하고 빈켈만이 고대 그리스 예술에 대해 전반적으로 일으킨 찬미의 분위기는 압도적이었다. 그의 분석은 이미 그리스 예술의 가치를 알고 많은 작품을 소장하고 있던 이탈리아의 예술 애호가들의 찬탄을 받았다. 이를 계기로 그는 이탈리아로 초대되어 고대 미술 연구자로 활발한 활동을 전개하기도 했다. 빈켈만의 학식과 열정은 당대의 예술품 수집가, 지식인, 장서가들의 열렬한 환영을 받았다. 이런 분위기 속에서 그는 고대 그리스 예술품들이 모인 이탈리아 각지를 여행하기도 했다. 또 강력한 후원자였던 알바니의 저택에서 생활하며 예술품의 수집과 전시, 감정 등의 미술 고문 역할을 했다.

빈켈만은 '고대 정신의 사도', '그리스 미의 발견자'라는 칭호를 얻게 된다. 그의 고대 그리스 예술론은 후일 괴테와 헤겔의 미학 연구에도 절대적 영향을 미친다. 괴테는 빈켈만이 새롭게 조명한 고대 그리스 예술품의 가치에 매료되어 그 역시 그리스 작품들을 수집하고, 자신의 《예술론》에서 그 예술성을 규명하는 데 심취했다.

예술품은 분석 대상이 아니라 그저 느끼면 된다. 빈켈만의 재발견이 아니었더라도 누구든 고대 그리스 예술품을 접하면 무언가 말할 수 없는 감동과 찬탄의 정감을 느끼지 않을 수 없다. 하물며 현재 남아있는 수많은 로마 시대의 그리스 복제 조각에서도 우리는 오래도록 기억될 가슴 뛰는 감동을 느낀다. 만약 고대 그리스 시대의 진품 예술품을 마주할 수 있다면 더 말할 나위가 없을 것이다. 빈켈만은 고대 그리스 예술의 가치를 만들어낸 것이 아니라, 우리가 이미 오랫동안 느껴왔던 예술적 감흥의 본질을 명료하게 재인식시켜준 것뿐이다.

02

괴테 : 그리스의
위대한 예술적 진실

나는 중학생 때 괴테에 푹 빠졌었다. 국어 선생님이 선물한《괴테의 시집》과《젊은 베르테르의 슬픔》을 끼고 살다시피 했다. 2010년에 연구차 홀로 독일을 방문하여 프랑크푸르트에 있는 그의 생가를 찾았을 때 느꼈던 감동은 아직도 생생하다. 요즘 하는 '괴테 다시 읽기'는 그리스 고전 읽기와 문명 탐색의 또 다른 일환이다. 괴테만큼 그리스 문명에 대한 존숭과 찬탄을 보낸 이도 드물기 때문이다.

요한 볼프강 폰 괴테(Johann Wolfgang von Goethe, 1749~1832)는 23살에 쓴《젊은 베르테르의 슬픔》으로 하루아침에 유명 소설가로 떠올랐다. 또 일생의 역작《파우스트》또한 그의 작가적 명성을 높여주었다. 하지만 그가 시와 소설뿐만 아니라, 식물학, 해부학, 지질학, 색채론, 예술론 등 다양한 학술과 예술 영역에 대해 깊은 관심과 식견을 보여주었다는 사실을 아는 사람은 그리 많지 않다.

▶ 괴테가 생전에 쓰던 책상. 프랑크푸르트 괴테 박물관

| 독일의 시성, 그리스 예술에 빠지다 |

특히 괴테는 그리스와 로마의 고전주의 예술 작품에 매료되어 열성적으로 미술품을 수집했다. 나아가 그리스 예술이 성취한 예술의 본질에 대해 파고들어 자신만의 미학과 예술 철학을 정립했다. 그 결과물이 《예술론》이다. 괴테는 조각, 부조 등 그리스의 조형 예술에 경탄하며, 인간을 사로잡는 그리스 예술의 특징과 본질에 대해 열정적으로 숙고했다. 그는 "특징적 예술

charakteristische Kunst만이 유일하게 진정한 예술"이라고 생각했다.

그리고 예술이 단순한 자연의 모방이거나, 예술가 자신의 주관에 따라 스스로 만들어내는 스타일, 즉, 마니어Manier에 그쳐서는 최고의 예술적 완성을 이룰 수 없다고 보았다. 단순한 모방이 아닌 차분한 모방적 관조를 통해 사물의 본질을 파악하고, 자연에 내재하는 보편적인 형태와 법칙, 특정한 양식Stil을 형상화해야만, 지고至高의 예술이 될 수 있다는 생각이었다. 단순하게 자연을 모방하며 지엽적이거나 우연적인 것의 재현에 그치거나, 마니어가 주관적인 자의성으로 흐를 가능성을 경계한 것이다. 괴테의 '양식' 개념은 사물의 본질을 감각적으로 직관할 때 얻어질 수 있다. 예술가의 민감한 감수성과 통찰이 요구되는 것이다.

괴테는 고대 그리스인들이 그들만의 예술적 '양식'을 제대로 구현했기 때문에, 세계 최고의 예술작품을 만들 수 있었던 것으로 파악했다. 특히 자연에 대한 통찰을 통해 질서, 비례, 대칭, 조화와 같은 예술 고유의 규칙을 예술작품으로 나타냄으로써 '자연적 진실'을 넘는 '예술적 진실'을 달성했다고 보았다.

괴테는 자연과의 유사성을 넘어 예술작품이 스스로 구현한 규칙을 통해 예술적 자기 완결성을 갖게 될 때 조화로운 미학이 창조될 수 있다고 생각한 것이다. 그는 이런 예술적 성취를 가장 잘 드러낸 작품의 한 예로 〈라오콘 군상〉을 분석하고 있다. 이 작품에 대한 괴테의 해석은 그의 예술철학을 잘 드러낸다. 라오콘 군상은 뱀에 휘감겨 고통당하는 아버지 라오콘과 두 아들의 절망 섞인 위기 상황을 표현한 그리스 조각 예술의 백미다. 미켈란젤로가 '예술의 기적'이라고 감탄한 바로 그 작품이다.

괴테는 〈라오콘 군상〉이 감각적 고통과 정신적 고통이 격정적으로 표현되었으면서도 세 사람의 각기 다른 상황을 이중적으로 표현하고 있다는 점에서, 공포와 동정, 두려움의 감성을 서로 상승시키거나 완화하는 "정신적이고 감각적인 전체를 완성했다"고 평가했다. 그렇게 라오콘 군상이 표현해낸 대칭과 다양성, 정지와 운동, 대립과 점층의 양식을 예찬하고 있다.

괴테는 이 조각이 "육체적 고통의 직접적 표출을 억제하는 그리스인의 위대한 정신력과 절제력"을 표현한 것으로 보았다. 빈켈만이 규정한 '고귀한 단순, 고요한 위대', 즉 '그리스적 이상미의 정화'로 간주한 것이다. 괴테는 그리스 조각가 뮈론이 창작한 청동 조각 〈암소〉 또한 최고의 걸작으로 평가했다. 그는 뮈론이 새끼에게 젖을 먹이는 암소의 모습을 가장 자연스럽고 우아하게 묘사함으로써, 인간의 모성적 감성을 자극하여 "인간이 야수와 가장 다정한 방법으로

트로이아의 사제 라오콘과 두 아들이 뱀에 물려 고통 받는 모습을 묘사한 〈라오콘 군상〉
라오콘은 그리스 연합군이 철군하면서 트로이아 성 밖에 남기고 간 목마를 성 안에 들여서는 안 된다고 주장했다. 그 과정에서 갑자기 나타난 거대한 뱀이 라오콘과 두 아들을 공격하여 죽게 된다. 트로이아 사람들은 라오콘이 신의 노여움을 사서 벌을 받은 것으로 여기고 목마를 성 안으로 끌어들였다. 뱀에 물린 고통 속에 이를 이겨내려는 라오콘의 저항과 아픔을 절제하는 내면이 절묘하게 표현되었다. 기원전 175~150년경 로데스의 아테노도로스, 하게산드로스, 폴리도로스가 공동 제작. 로마 바티칸 박물관

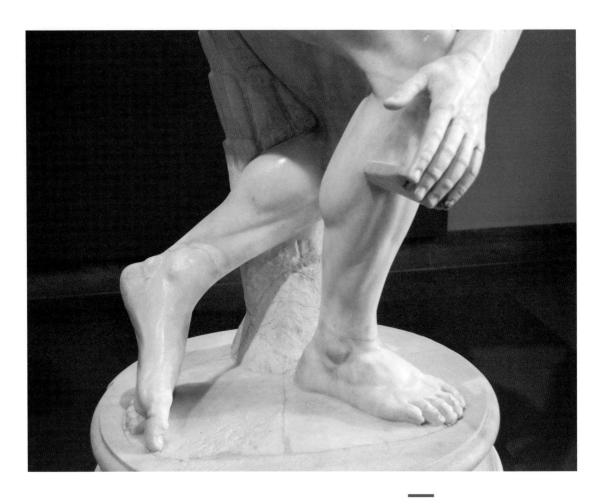

관계를 맺게하는 기적적 효과"를 만들어 냈다고 극찬한다.

　그는 이런 조형 예술의 구현은 그리스인들이 '고차원적인 예술
감각으로 거기에서 기쁨을 느끼도록 동물의 인간적인 측면이 강조
된 것'이라며, 인간을 신에 버금가도록 신격화하려 애쓰던 그리스
인들의 공유 관념이기도 했던 인신동형론(人神同形論, Theomorphism)의
맥락과 연관 지어 해석하고 있다. 뮈론의 〈암소〉는 남아 있지 않아
그 아름다움을 감상할 길이 없어 아쉽다. 다행히 뮈론의 또 다른 대
표작 〈원반 던지는 사람〉 대리석상이 남아 그의 탁월한 조각술을
가늠하게 해준다.

　괴테의 예술론은 그리스 조형 예술에만 머물지 않는다. 그는 독

일 건축의 백미 슈트라스부르크 대성당 건축의 탁월함을 강조하고, 레오나르도 다 빈치의 〈최후의 만찬〉과 같은 회화작품에 대해서도 자신의 미학적 견해를 심도 있게 전개하고 있다. 최후의 만찬은 수백 년 동안 수많은 작가에 의해 여러 모습으로 그려진 유럽 회화 작품의 단골 소재이기도 하다. 그 가운데 괴테가 관찰한 레오나르도 다 빈치의 작품이 최고의 걸작임은 두말할 나위가 없다.

"너희 중에 한 사람이 나를 팔리라!" 신성한 식탁에서 예수의 청천 벽력같은 선언은 열두 제자를 격동시킨다. 괴테는 열두 제자의 성품과 감성이 육체의 동작으로 그대로 나타난 작품 속 팔과 손의 운동, 자세의 양태를 치밀하게 분석하고 그 의미를 설득력 있게 해설한다. 한 사람 한 사람의 움직임이 어떤 감정으로 무슨 말을 하려는 것인지, 무엇을 표현하려고 했는지, 몸짓의 의미가 무엇인지, 열두 제자를 네 그룹으로 나누어 섬세하게 해독해냈다. 작가적 이해력과 상상력으로 이들의 행태를 정밀하게 묘사하고 있는 것이다.

이들을 관찰할 때 '손의 움직임'에 주목한 통찰도 뛰어나다. "육체 전체에 정신이 스며있다. 감정, 정열, 생각의 표현 하나하나에 사지가 참여하고 있다." 그렇게 간파한 것이다. 무려 여섯 페이지에 이르는 괴테의 '최후의 만찬 읽기'에

탄성을 지르지 않을 수 없다. 그는 제자 가운데 배신자가 있다는 예언이 일으킨 동요와 격동, 흥분과 경악, 의심과 분노를 혼재시켜 모든 움직임을 조화와 대조 속에 형상화한 다 빈치의 천재성을 날카로운 시선으로 읽어내고 있다.

괴테의 예술론을 관통하는 예술철학은 빈켈만의 '고전주의적 이상이론'이라는 전통의 맥을 잇고 있다. 괴테가 고대 그리스 예술작품의 천재성과 압도적인 예술미에 매료되어, 고대 예술사를 유럽 당대 예술의 전범으로 삼고자 했던 빈켈만의 짧은 예술적 전기를 자신의 《예술론》에 담은 이유도 이와 무관하지 않다.

괴테는 고대 그리스 예술이 이룩한 순수한 미의 이상이 당대에 진정한 예술 양식으로 부활하기를 희구했다. 비록 실패로 돌아갔지만, 그가 1798년 정기 간행물 〈프로필레언Propyläen〉을 창간하여 고전주의 예술 이론의 보루로 만들려 한 것도 그런 노력의 일환이었다. 그런데도 그의 예술철학은 지나친 의고주의(擬古主義, Archaism) 경향이라는 비판과 함께 당시 유럽과 독일에서 유행하던 낭만주의 사조에 밀려 제대로 빛을 보지 못했다. 하지만 괴테의 양식이론은 마르크스주의 미학자 죄르지 루카치(György Lukács, 1885-1971)와 현대 분석 미학자 아서 단토Arthur C. Danto에게 영향을 끼치면서 여전히 우리 곁에 살아있다.

| 괴테가 이탈리아에 간 이유 |

어디를 가든 여행은 설레고 즐거운 일이다. 특히 17~18세기 유럽의 지성들이 이탈리아로 몰려가던 그랜드 투어Grand tour 시대에 이탈리아 여행은 유럽인에게 선망의 대상이었다. 독일의 대문호 괴테 역시 37세가 되던 젊은 시절 이탈리아 여행을 다니며 그리스·로마 문화에 심취하고, 예술에 대한 이해와 식견을 높일 수 있었다. 그의 이탈리아 여행은 실은 고대 그리스 문화유산 답사였던 셈이다.

1789년 9월 3일, 괴테는 자신의 생일을 축하하러 온 많은 친구를 두고 몰래 집을 빠져나와 1년 9개월의 긴 시간 동안 이탈리아 곳곳을 여행했다. 그는 자신의 고향 독일 바이마르 공화국에서 마차로 출발하여 이탈리아 북부지방 볼차노부터 베네치아, 피렌체, 로마, 나폴리, 시칠리아 섬까지 주유했다. 괴테는 자신을 붙잡아두려는 친구들의 등쌀을 피해 여행 가방과 가죽 배낭만을 꾸린 채 마차 여행을 떠났다. 그리고 곳곳마다 자신이 감명 깊게 본 이탈리아의 풍광과 유적, 유물, 생활상을 직접 스케치했다. 그의 소묘는 전문화가 못지않은 수준을 보인다. 괴테의 이탈리아 여행기를 읽는 또 다른 재미가 바로 그의 다양한 소묘와 수채화 작품을 함께 보는 것이다. 사진기가 없었으니 그의 그림은 당시의 이탈리아의 풍광과 유물을 아름답게 포착해낸 의미 있는 삽화 역할을 한다.

그의 이탈리아 여행은 고대의 찬란한 문화유산을 직접 보고 느끼는 문명답사인 동시에 현실의 다양한 사람들을 만나고 교류하는 소통과 배움의 길이기도 했다. 두 권으로 나뉜 적지 않은 분량의 여행기는 그의 예술적 관심과 통찰, 인간 사회에 대한 이해가 성숙해가는 것을 담담하게 기록한 수상록이라 보아도 될 것 같다.

괴테는 자신에게 더욱 침잠할 수 있는 여행을 하기 위해 신분을 숨긴다. 사실 그는 바이마르 공화국의 추밀 고문관이라는 고위 공직을 역임했다. 또 《젊은 베르테르의 슬픔》의 작가로서 유럽에서 문명文名을 날리고 있었다. 그런 자신의 신분을 활용하여 이탈리아 고관들과의 관계를 통해 더욱 편한 여행이나 인적 교류도 가능했지만, 그는 고대 그리스 로마 문화에 조용히 심취하고자 일반 여행객인 듯 자신의 신분을 감췄다. 물론 그로 인해 여행 과정에서 인상 깊은 자연과 성곽을 스케치하다 외국의 첩자로 오인당하여 잠시 곤경에 처하기도 한다. 그런데도 그는 이탈리아의 현지 문화를 존중하면서 되도록 여행자로서의 자유를 즐기고자 했다.

괴테가 본 개별적인 유적과 유물 자체에 대한 평론은 그다지 많지 않다. 오히려 그가 이탈리아에서 보고 느낀 예술적 감흥은 훗날 그의 《예

캄파냐 로마나의 괴테
이탈리라를 여행 중인 괴테의 모습이다.
티슈바인의 1787년 작. 독일 슈테델 미술관

술론》에 상세히 담겼다. 그는 고대 문화유산에 대한 관찰과 평론에
치중하지는 않았다. 괴테는 음울한 날씨의 북국에서 내려온 여행
객으로서 남국의 강렬한 햇볕과 풍요로운 자연을 가진 이탈리아의
전원 풍경에 매료된다. 또 가는 곳마다 문화적 소양을 가진 사람은
물론 일반 소시민들과도 편하게 사귀었다.

　괴테는 이탈리아의 곳곳에서 만나는 고대 그리스 예술작품들
을 높게 평가했다. 그들에 대한 사랑이 깊어져 고대 그리스 작품들
을 모방한 복제품을 수백 개나 사들이기도 했다. 괴테가 최고의 고
대 예술품으로 꼽은 것은 〈벨베데르의 아폴론〉과 〈라오콘 군상〉이
다. 괴테는 빈켈만의 고대 그리스 예술 평론의 영향을 크게 받은 듯

고대 그리스 작품들의 '고귀한 단순과 고요한 위대'를 만끽하며 찬탄했다.

특히 그는 당시 벽감에 놓여 있던 〈라오콘 군상〉을 제대로 감상하기 위해서 횃불을 사용했다. 고대 예술작품들은 횃불로 비출 때 그 훌륭함이 가장 잘 드러난다는 게 그의 지론이었다. "보통의 빛으로는 옷 밖으로 신비에 가까울 정도로 부드럽게 내비치는 신체의 각 부분을 감지해낼 수 없기 때문"이라는 것이다. 횃불 조명을 통해 작품의 질감과 들어가고 튀어나온 부분들을 섬세하게 감상할 수 있다며 이 방법을 예찬하고 있다.

나 역시 2014년 5월 초에 바티칸 박물관을 방문하고 '라오콘 군상'을 눈앞에 마주하면서 세 인물과 두 마리 뱀의 용틀임, 고통과 절제의 표정과 온몸의 섬세한 근육이 표현된 작품의 예술성에 넋을 놓고 바라본 적이 있다. 한낮의 밝은 태양 빛 아래의 감상이어서인지 괴테가 횃불 조명을 통해 느꼈을 벅차오르는 감동이 어떤 것일지 상상하기는 어려웠다. 횃불 조명을 통해 작품 감상을 해볼 수 있다면 얼마나 좋았으랴.

괴테는 여행 중에도 새 작품을 구상하고 이미 쓰고 있던 희곡, 소설 작품도 계속 써나갔다. 그 가운데서도 자신의 회화 공부를 위해 스위스 여류화가 카우프만(Angelika Kaufmann, 1741~1807)과도 교류하고 페에샤펠트에게서 원근법도 배웠

다. 인체 형상 연구에도 매진해 인간 형상의 소묘 실력은 자신의 표현대로 "비약적으로" 발전했다. "미술이 저에게 제2의 자연이 되고 있다"고 고백할 만큼 그는 미술공부에 푹 빠진다. 심지어 조형예술까지 도전하려고 했다.

괴테는 스스로 골상학과 인체 형상 연구에 매진함으로써 인체의 표현에 대해 깊은 이해를 하게 되자 고대 그리스인들이 남겨준 최고의 유산인 조각의 근원적 아름다움을 제대로 만끽하게 되었다. "이제야 보입니다. 이제야 비로소 만끽합니다!" 그는 당당하게 외치고 싶었다.

그 깨달음의 환희를 이해할 것 같다. 스스로 신체의 미묘한 근육의 움직임을 포착하여 소묘하다 보니 고대 그리스 조각품이 표현한 인체 형상의 아름다움이 얼마나 위대한 것인지 절실하게 이해하게 되었으리라. 괴테는 자신의 역량을 키움으로써 미술작품을 보는 '새로운 눈'을 얻었다.

보통 사람들도 고대 그리스 조각 작품들을 보면 누구나 탄성을 지른다. 하물며 괴테처럼 인간 형상의 표현 방식을 스스로 터득한 사람이 한 차원 높은 감상을 할 수 있게 되는 것, 당연하지 않겠는가! 그가 〈벨데레의 아폴론〉이나 〈라오콘 군상〉의 예술성을 더욱 절실하게 느꼈던 것도 골상학과 인체 형상 연구에 관한 자신의 성숙이 가져다준 선물이었는지도 모른다.

벨베데레의 아폴론
기원전 4세기 중엽에 활동한 아테나이의 레오카레스Leochares의 청동상을 로마 시대에 모작한 작품으로 보인다. 이 아폴론 상은 왼손에 궁시弓矢, 오른손에는 월계수의 가지를 갖고 있었다고 추정된다. 로마 바티칸 박물관

그는 이탈리아 건축에도 관심을 가졌다. 특히 건축가로서의 미켈란젤로에 주목한다. 성 베드로 성당을 건축한 미켈란젤로는 두말할 것 없이 조각과 건축의 예술성을 최고로 끌어올린 거장이다. 이 이외에도 괴테는 16세기 세계 최고의 건축가였던 팔라디오(Andrea Palladio, 1508~1580)의 가치를 새롭게 조명했다. 팔라디오가 건축의 거장이 될 수 있었던 이유는 건축물 전체의 아름다운 조화를 창조해냈기 때문이라는 것이다. 그는 팔라디오를 로마 시대의 비트루비우스의 뒤를 잇는 대 건축가로 보았다. 그는 팔라디오를 "내적인 구상력과 외적인 실행력 양면 모두에서 위대한 인물이었다"고 생각했다. 팔라디오가 남긴 걸작 건축물은 수없이 많다. 그의 고향 비첸차의 올림피코 극장, 근교의 로톤도 별장 등이 대표적이다. 그의 건축 기법은 팔라디아니즘Palladianism 양식으로 정립되었고, 전 유럽으로 전파되어 유행했다.

괴테는 이탈리아에 머무는 동안 연극 공연이나 음악회도 자주 관람했다. 그는 당대 유럽에서 최고 수준을 자랑하던 이탈리아의 연극과 성악에 매료되었다. 그는 《이탈리아 여행》에서 로마의 화려한 사육제에 대해 르포기사를 쓰듯 40여 페이지에 걸쳐 상세하게 묘사하고 있다. 이국적인 축제의 모습이 그토록 눈길을 끌었던 모양이다.

괴테는 사회적 신분과 무관하게 모든 시민이 축제의 즐거움을 만끽하면서 때로 광기를 발산하고 이를 허용하는 모습에 크게 감명을 받았다. 특히 여성이 살롱에서 사교계의 구심점이 되며 존중받는 문화를 매우 흥미롭게 관찰했다.

그는 여행 중 고대 그리스와 로마 예술에 조예가 깊은 화가들과 교류했다. 또한, 살롱에서 만나는 교양인들과의 사교를 통해 고대 그리스와 로마 예술의 본질을 점점 더 잘 이해할 수 있게 되었다.

미켈란젤로가 돔을 건축한 성 베드로 대성당. 1506년, 교황 율리오 2세의 명령 때문에 저명한 건축가 도나토 브라만테가 본격적인 공사에 착수한 이래 발다사레 페루치와 안토니오 다 상갈로 등 여러 명의 유명 건축가가 이어받아 참여했다. 미켈란젤로 역시 1563년 세상을 떠날 때까지 말년의 생애를 성당 건축에 매달렸다. 1593년 자코모 델라 포르타와 도메니코 폰타나에 의해 마침내 본당 건축이 완성되고, 이후 명장 잔 로렌초 베르니니가 1655년부터 1667년에 걸쳐 원주 회랑으로 에워싸인 정면 광장을 완성했다.

그 과정은 그의 예술적 안목과 식견을 높여주는 소중한 기회이기도 했다.

그는 이렇게 말한다. "시스티나 성당을 보지 않고서는, 한 인간이 무엇을 할 수 있는가 제대로 파악할 수 없다." 괴테는 미켈란젤로가 그린 천장화 〈천지창조〉와 〈최후의 심판〉에 나타난 인물의 면밀한 형상과 채색의 아름다움에 경탄한다. 반

면 라파엘로의 작품 역시 천재성이 드러나지만, 미켈란젤로에 비견될 수 없다고 평가한다.

그의 관심 분야는 실로 다양했다. 식물학, 지질학에도 큰 관심을 보였다. 가는 곳마다 특이한 식물을 유심하게 관찰하고, 광석이나 지질의 특이성도 치밀하게 관찰하고 분석했다. 특히 식물학에 대한 애정과 전문적 지식의 수준은 매우 높

았다. 그는 모든 식물을 관통하는 어떤 원리를 발견하고자 했다. '원형식물' 개념을 사용한 것이 그 예다. 그는 자연을 단순히 관조의 대상으로만 본 것이 아니라, 섭리에 따라 이루어지는 식물의 식생의 원리까지 궁구하였다.

괴테의 이탈리아 여행은 그가 자신의 주 전공인 문학 이외에 다방면에 걸친 관심사와 그 많은 분야에서 전문가에 버금가는 지식과 안목을 갖추고 있었음을 잘 보여준다. 또 끊임없이 새로운 지식과 통찰을 배우고자 하는 노력과 열정을 드러낸다.

그는 여행 중에도 독서를 게을리하지 않았다. 특히 레오나르도 다빈치(Leonardo da Vinci, 1452~1519)의 《회화론》, 요하임 빈켈만의 《그리스 미술 모방론》, 헤르더(Johann Gottfried von Herder 1744~1803)의 《언어의 기원에 대하여》, 《고찰》 등을 탐독했다.

괴테는 여행 과정에서 이국 여인과의 러브스토리를 만들 뻔했다. 그는 학교 교육을 제대로 받지 못했지만 총명하고 지혜로웠던 밀라노 출신의 한 여성에게 사랑을 느낀다. 그녀에게 이탈리아어를 배우고, 여러 활동을 함께하면서 풋풋한 사랑의 감정을 느끼지만, 그녀의 약혼 사실을 알게 되면서 격정을 접는다. 청년기 괴테의 솔직하고 낭만적이던 성품을 짐작하게 해주는 일화다.

이탈리아 여행과 로마 방문은 괴테가 스스로 말했듯 그에게 '제2의 인생'을 열어주었다. 고대 그리스 문화예술에 대해 눈을 뜨게 해주었고, 인생을 더욱 깊이 있게 바라볼 수 있는 통찰력을 갖게 해주었다. 그의 여행은 정신적, 예술적 감각과 안목을 놀라울 만큼 성숙시켰다. 이러한 경험이 그가 훗날 필생의 대작 《파우스트》를 집필할 수 있었던 근원적 힘이 되었다고 볼 수 있다.

03

바이런 : 그리스 자유
정신을 이어받다

19세기 초반 영국의 후기 낭만주의를 이끈 3대 시인의 공통점은 젊은 나이에 요절했다는 점이다. 바이런(George Gordon Byron, 1788~1824)은 36세, 셸리(Percy Bysshe Shelley, 1792~1822)는 29세, 키츠(John Keats, 1795~1821)는 26세의 혈기 넘치는 나이로 세상을 떠났다. 모두 1820년대 초반의 일이다. 이들은 극적인 짧은 인생만큼이나 영국 시단에 강렬한 자취를 남겼다. 이들이 남긴 시는 낭만과 열정이 넘치는 아름다움으로 전기 낭만주의의 대가인 워즈워드(William Wordsworth, 1770~1850)나 코울리지(Samuel Taylor Coleridge, 1772~1834) 못지않은 사랑을 받았다.

이들 가운데 특히 나의 관심을 끄는 사람은 바이런이다. 바이런만큼 몸과 마음을 바쳐 그리스 문명에 심취하고 찬미했던 사람도 드물다. 그는 단순히 그리스 문화에 탐닉하는 정도를 넘어 19세

아테네 국립정원에 있는 바이런 기념 대리
석상. 뮤즈의 여신이 바이런에게 시인의
재능을 불어넣어 주고 있는 모습이다.

INVENIT CHAPU
SCULPSIT A FALCUIERE

기 초 오스만 제국의 지배에서 벗어나려는 그리스 무장독립운동에 직접 참전했다가 열병에 걸려 객사했다. 그리스에 대한 지독한 사랑을 안고 생을 마감할 정도로 격정적인 삶을 살았다. 그가 타국인 그리스에서 국가적 영웅으로 기림을 받게 된 것은 바로 자유와 정의를 추구하다 목숨을 바친 그의 고귀한 정신 때문이다.

'조각 같은 외모'로 뭇 여성들의 사랑을 한몸에 받았던 바이런, 천재이자 미남이던 귀족 바이런은 자유분방한 생활과 지나친 쾌락의 추구로 귀족계급과 사교계의 손가락질을 받기도 했다. 하지만 그의 시는 그의 자유로운 정신만큼이나 당시 유럽 사회의 부조리와 위선에 대한 풍자적인 공격을 마음껏 펼치는 한편, 방황하는 영혼의 쓰라림과 달콤한 사랑을 노래했다. 《바이런 시선》에는 그런 그의 주옥같은 시들이 가득하다.

바이런의 다양한 작품이 우리나라에 완역되어 소개된 것은 아직 없다. 소위 "어느 날 아침에 눈을 뜨니 유명해졌다"는 문명文名을 날리게 하여준 《차일드 해럴드의 순례》(1812)조차 완역 소개되지 못했다. 그나마 시중에 출판된 《바이런 시선》에는 《차일드 해럴드의 순례》와 《돈 주앙》 등 그의 대표작에서 뽑은 50편의 시가 담겼다. 이로써 그나마 아쉬움을 달래야 한다.

| 그리스 문명에 속절없이 심취하다 |

바이런은 무모하리만큼 열정적인 기행奇行을 만들어내기도 했다. 유럽과 아시아의 교차로인 콘스탄티노플을 여행하던 중 바람이 자서 배가 나아갈 수 없게 되자, 그는 헬레스폰투스 해협을 헤엄쳐서 건넜다. 이 해협은 가장 좁은 곳의 너비도 1km가 넘는다고 하니 그의 바다 수영 실력이 경이롭기만 하다. 한쪽 발의 장애를 안고 살았던 그가 자신의 콤플렉스를 극복하기 위해 남달리 체력을 강인하게 단련한 덕분이었을 것 같다.

그가 그토록 위험을 감내하는 모험을 한 것은 그리스 신화에 나오는 레안드로스Leandros와 경쟁하기 위해서였으니 바이런의 충동적 격정을 잘 말해준다. 레안드로스가 유럽 쪽 아비도스에서 아시아 쪽 세스토스로 해협을 헤엄쳐 건너가 아프로디테의 여사제인 자신의 애인 헤로Hero를 만났다는 고사를 자신도 똑같이 실행해보기 위해서였다.

레안드로스에 대한 질투심이었을까? 유럽의 여성들에게 자신의 사랑에 대한 열정을 보여주려 한 것이었을까? 자신의 강인한 체력의 과시였을까? 어떻든 바이런의 격정이 못 말리는 성정이었던 것은 틀림없다. 이런 일화는 바이런에게 애모의 마음을 품었던 수많은 여성을 끌어당기는 또 하나의 요인이 아니었을까.

만일, 어두운 12월에,
레안드로스가 밤마다(어느 처녀가 이 이야기를 모르랴?)
그대의 시냇물이 널따란 헬레스폰투스를 건넜다면.
만일 겨울 폭풍우가 포효할 때,
그가 헤로에게로, 기꺼이 서둘러 헤엄쳐 갔다면,
그리고 이처럼 옛날에도 그대의 파도가 거셌다면,
아름다운 비너스여! 나는 이 두 사람이 어찌나 가엾은지!
현대의 타락한 자식인 나로 말하면,
5월의 온화한 날이었는데도,
물방울이 뚝뚝 떨어지는 내 사지를 맥없이 뻗으며,
오늘 내가 공적을 세웠다고 생각하노라.

그러나 확인되지 않은 전설에 따르면,
레안드로스는 급류를 거슬러 강을 건넜다는데,
구애하기 위해서. 그 밖의 일이야 주님만이 아시리,
그는 '사랑'을 위해 헤엄쳤으나,
나는 '영광'을 위해 헤엄쳤으니.

누가 더 나은 일을 했는지는 말하기 어려우리,
죽어야만 하는 슬픈 인간들이여!
이렇게 신들은 여전히 그대들을 괴롭히니!
레안드로스는 그의 노고를 잃었고,
나는 나의 장난기를 잃었으니,
왜냐하면 그는 익사했고, 나는 학질을 앓게 되었으니.
《바이런 시선》 pp. 29~31

《바이런 시선》에는 바이런 특유의 풍부한 감

성이 넘치는 연애시도 많지만, 그리스의 자연과 역사 문화에 대한 회억과 찬탄이 담긴 시도 여럿 담겨 있다. 《돈 주앙》에 나오는 '그리스의 섬들'이라는 시가 대표적이다. 이 시에는 그리스 문명에 대한 바이런의 애탄이 그대로 드러난다.

바이런이 페르시아를 물리치고 자유를 지켜낸 마라톤 평원과 살라미스 바다에서 그리스의 과거의 영광을 찬미하는 것도, 오스만 제국에 압제당하고 있던 그리스의 '노예적 삶'의 현실에 대한 비탄과 분노 때문이었을 것이다. 자유를 추구하는 인간 정신이 마음껏 발현될 수 있었던 그리스 문명의 진수야말로 방황하던 그의 영혼의 안식처가 될 수 있었을 것이기 때문이다.

그리스의 섬들, 그리스의 섬들이여!
불타듯 열렬한 사포가 사랑하고 노래했던 곳,

전쟁과 평화의 기예가 성장했던 곳,
델로스가 솟아오르고 아폴론이 태어났던 곳!
영원한 여름이 그들을 아직 금빛으로 도금하고 있으나,
태양을 빼고는, 모두가 저물어버렸네.

스키오스인과 테오스인의 시의 신,
영웅의 하프, 연인의 류트는
그대들의 해안이 거절한 명성을 발견했다네.
그들의 출생지만이, 그대들의 선조들의
"축복받은 자들의 섬들"보다 더 멀리

바이런의 초상. 아테네 시립 박물관

서쪽으로 메아리치는 소리에 아무런 응답이 없다네.

산들은 마라톤 평원을 바라보고

마라톤 평원은 바다를 바라본다네.

거기서 한 시간 홀로 명상에 잠겨, 나는

그리스가 아직도 자유로울 수 있으리라고 꿈꾸었다네.

왜냐하면 페르시아 사람들의 무덤 위에 서서,

나는 나 자신이 노예라고 생각할 수가 없기에.

왕이 바다에서 태어난 살라미스를 내려다보며

바위 벼랑 끝에 앉아 있고, 수천 척이나 되는

배들이 그 아래에 있고, 그리고 수많은 국가의

백성들이 있다네. 이 모두가 그의 것이었다네!

그는 새벽에 그들을 헤아렸다네.

그런데 해가 졌을 때 그들은 어디로 가버렸단 말인가?

그들은 어디에 있는가? 그대는 어디에 있는가?

나의 나라여? 그대의 목소리 없는 해안에서,

이제 영웅서사시는 고요하고

영웅의 가슴은 이제 더는 고동치지 않는구나!

그렇게 오래도록 성스러웠던, 그대 수금竪琴은

내 손과 같은 손안으로 퇴보해 가야 하는가?

수니온의 대리석 절벽 위에 나를 올려놓아다오.

파도와 나 이외에는 아무것도 없어, 우리 서로의

속삭임이 서로 휩쓸려 가는 것을 들을 수 있는 그곳에

거기서, 백조처럼, 노래하면서 죽게 해다오.

노예들의 나라가 결코 나의 나라가 될 수 없으리.

사모스 포도주의 저 술잔을 내팽개쳐라.

《바이런 시선》 pp. 143~152

그리스 문명의 예찬자들

| 그리스의 자유 독립에 목숨 바친 시인 |

자유로운 삶을 최고의 가치로 생각한 바이런은 그리스의 노예적 상황을 참을 수 없었다. 그가 직접 그리스 독립전쟁에 뛰어든 이유다. 그는 자신의 시에서 죽을 운명을 예견이라도 한 것처럼 그리스의 자유를 갈구하면서 죽었다. 전쟁터인 미솔롱기에서 1824년 1월 22일 쓴 시 〈오늘 내 나이 서른여섯 살이 끝난다네〉처럼 그는 얼마 지나지 않은 4월 19일에 숨을 거두었다. 그는 죽음의 막바지까지 자유에 대한 갈망의 끈을 놓지 않았고, 세상 사람들을 향해 그리스 자유의 회복을 위해 동참할 것을 호소했다.

———————◇———————

지금은 이 마음이 감동하지 못하는 때,
내 마음이 다른 마음들을 감동하게 하지 못하니.
하지만, 내가 사랑받지 못하더라도,
나는 여전히 사랑하리!
……
칼, 깃발, 전쟁터,
영광과 그리스를, 내 주위에서 보라!
자기의 방패 위에 실려 가는 스파르테인보다
더 자유로운 자는 없다네.
……
그대가 그대의 청춘을 후회한다며, 왜 사는가?
명예로운 죽음의 땅이
여기 있다. 전쟁터로 달려가,

그대의 목숨을 바쳐라!

찾아내라. 찾는 이가 없고 어쩌다 눈에 띄는
그대에게 가장 잘 맞는 병사의 무덤을.
그런 다음 주위를 둘러보고 그대의 땅을 선택해,
영원한 휴식을 취하라.
《바이런 시선》pp.153~155

젊은 날의 무절제한 여성편력과 방탕한 생활로 손가락질을 받았던 바이런은 삶의 마지막 부분에서 그리스 독립전쟁에 투신함으로써 명예를 회복했다. 그는 자유분방한 사랑 못지않게 자유와 정의에 대한 찬미와 열정 또한 넘쳤다. 그리스는 그에게 제2의 조국이자 자유정신의 이상향이었다. 그가 그리스의 전쟁터에서 기꺼이 명예로운 죽음을 택한 이유다.

고대 그리스 시대에도 조국을 위해 헌신해야 할 병사들의 애국심을 북돋우는 전쟁 시는 적지 않았다. 그리스 최강의 군사국가이던 스파르테의 궁정 시인이던 티르타이오스Tyrtaios의 시 또한 젊은 전사들의 용기를 격동시켰다. 하지만 바이런의 시가 더 울림이 큰 이유는 바로 그의 시가 전쟁터에 직접 뛰어든 자신의 생생한 염원과 격정의 산물이었기 때문이다. 그는 그리스의 자유를 위해 뛰어든 '행동하는 양심'이었다. 우리는 타국은 차치하고 조국의 자유가 침탈당할 때 아낌없이 목숨을 바칠 수 있을까?

04

슐리만 : 트로이아 신화에서 역사를 캐내다

하인리히 슐리만. 그가 없었다면 호메로스의《일리아스》와《오뒷세이아》는 영원히 허구적 전설과 신화로 치부되고 말았을 것이다. 트로이아 전쟁을 담은 한 장의 삽화가 어린 슐리만에게 큰 감동과 상상력을 안겨주었고, 필생의 도전을 부추기는 결정적 동인이 되었다. 하인리히 슐리만이 여덟 살이 될 무렵이다. 그의 아버지는 크리스마스 선물로 게오르크 풀트비히 예러스의《어린이를 위한 세계사》를 사준다. 슐리만은 그 책에 나오는 한 삽화에 강렬한 인상을 받는다. 아이네아스가 불타는 트로이아로부터 아버지 앙키세스를 등에 둘러업은 채 어린 아들 아스카니우스의 손을 잡고 탈출하는 매우 다급한 모습을 그린 삽화였다.

| 인생을 바꾼 트로이아 전쟁의 영감 |

이후 슐리만은 트로이아 전쟁과 얽힌 이야기가 실제 이야기이며 튼튼한 성벽을 갖춘 트로이아가 실존했던 도시라고 확신했다. 그리고 언젠가는 반드시 그 트로이아를 발굴해내리라 결심한다. 그는 이 삽화를 단순한 상상화가 아니라 역사적 현장에 대한 생생한 사생화寫生畵로 여긴 것이다. 이 한 장의 삽화가 한 인간의 운명을 바꿨고, 그리스 고대 문명의 찬란한 역사를 되살려내는 계기를 만들었다.

하인리히 슐리만은 1822년 1월 6일 독일 북부의 작은 도시 노이부코프에서 태어났다. 목사였던 그의 아버지는 고대 역사에 흥미를 갖고 있었다. 가난한 생활 속에서도 역사 유적에 대한 슐리만의 남다른 호기심과 열정을 이해해주고, 트로이아를 발굴하겠다는 어린 아들의 맹랑한 꿈을 허투루 여기지 않았다.

그는 어려운 가정환경에서도 슐리만이 라틴어를 배울 수 있게 해준다. 덕분에 슐리만은 10살이 되던 해에 트로이아 전쟁의 주요 사건과 오뒷세우스의 방랑이나 아가멤논의 이야기를 라틴어로 적어서 아버지에게 크리스마스 선물로 보낼 정도로 그리스 고대 역사에 푹 빠져 지냈다. 또 어린 시절, 이웃마을의 동년배 소녀 민나와 〈소나기〉 같은 애틋한 사랑의 감정을 키우고 전설의 도시 트로이아를 함께 발굴하자는 언약까지 나누며 꿈을 키웠다.

하지만 슐리만의 꿈은 그렇게 쉽게 다가오지 않았다. 그는 어려운 가정형편 때문에 고등학교와 대학에 진학할 수 없었다. 그 대신 실업학교에 입학하여 14살에 졸업한 이후 끼니를 때우기 위해 소매점 점원과 선실 급사 등 험한 일을 하는 직장들을 전전해야 했다. 게다가 가슴 통증으로 중노동은 할 수도 없게 되어 일자리 구하기가 더욱 어려웠다.

트로이아의 장군 아이네아스가 아버지 앙키세스를 어깨에 메고 아들 아스카니우스와 함께 트로이를 탈출하는 장면을 묘사한 대리석 조각. 이탈리아로 이주한 그는 로마를 건국한 로물루스의 먼 조상이 된다. 조반니 로렌초 베르니니(Giovanni Lorenzo Bernini, 1598~1680)의 1618~1620년 작. 로마 보르게세 미술관

그는 고난의 소년기, 청년기를 보내면서도 독학으로 고대 그리스어, 라틴어, 네덜란드어, 이탈리아어, 포르투갈어 등 수개 국어를 유창하게 구사할 정도로 어학에 탁월한 능력을 보였다. 특히 호메로스 서사시의 선율에 담긴 그리스어 리듬에 매료되었다. 훗날 그는 아가멤논의 왕궁을 발굴할 때 그 주변 마을 사람들을 상대로 오뒷세우스가 귀환하여 그의 아버지를 만나는 감격스러운 대목을 그리스어로 낭송했다. 마을 사람은 이에 깊이 감동하여 눈물을 흘렸다. 발굴 작업에 인근 주민들의 적극적인 협조를 얻어낼 수 있었던 것도 그리스에 대한 그의 사랑과 열정이 현지인들의 공감을 얻었기 때문이다.

슐리만은 20세에 암스테르담의 슈뢰더 상사에서 경리로 일하기 시작한다. 그는 성실히 근무하여 곧 지점장이 되고 25세에는 독립하여 자신의 상사를 개업한다. 또 그는 뛰어난 어학 실력을 바탕으로 물감 도매업에 뛰어들어 독일, 러시아 등지에서 크게 성공하고 미국으로 건너가 시민권을 취득한다. 이미 큰돈을 번 그는 사업을 정리하고 학문으로 방향을 전환한다. 그때 나이가 42세였다. 이후 만학도인 그는 파리 소르본 대학에서 언어, 문학, 철학을 공부하며 마흔일곱이란 늦은 나이에 고고학자가 되기로 결심한다. 그리스 여성과 재혼하며 아예 아테네로 이주하고 트로이아 발굴을 본격적으로 준비하게 된다.

| 프리아모스의 보물과 황금가면 |

슐리만은 트로이아를 6차례나 발굴했고, 아가멤논의 성채가 있었던 뮈케나이, 오뒷세우스의 왕궁이 있던 이타카 섬, 보이오티아 지방의 오르코메노스Orchomenos, 뮈케나이와 함께 뮈케나이 문명의 절정을 보여준 티륀스, 이집트의 알렉산드리아 등을 발굴했다. 이 가운데 그의 가장 뛰어난 업적은 세계 고고학계를 발칵 뒤집은 트로이아 발굴과 뮈케나이 발굴이었다.

트로이아 발굴은 1871년부터 1879년까지 계속되었다. 그는 트로이아 지역을 지배하고 있던 오스만 제국 정부의 비협조적 태도와 어려운 작업 환경에도 불구하고, 탁월한 통솔력과 인품으로 수많은 인부를 원만하게 이끌며 발굴에 성공했다. 그는 트로이아 발굴에서 황금 왕관, 황금 술잔, 은 항아리, 팔찌와 황금 목걸이 등, '프리아모스의 보물'이라 불린 수많은 유물을 발굴하고 트로이아 고대 성곽의 윤곽을 확인해냈다. 이 유물들은 현재 대부분 독일 베를린 박물관에 보관되어 있다.

트로이아의 왕 프리아모스가 전쟁의 불씨였던 헬레네, 그리고 귀족들과 함께 영웅들의 전투 장면을 내려다보던 트로이아의 성벽과 성문 스카이아 문을 발견했을 때, 슐리만은 일생의 꿈이 이루어지는 감격과 흥분에 휩싸였다.

트로이아 성벽의 유허. 높았던 성벽은 거의
다 사라졌고, 하단의 일부만 남았다. 오른쪽
길이 스카이아 문으로 들어가는 길이다. 현
재 터키의 에게 해 서북부 연안에 있다.

이 신성하고 숭고한 기념물은 그리스 민족의 영웅적인 영예를 말해주는 것이다.
이는 앞으로 오랫동안 헬레스폰투스 해협을 항해하는 사람들의 눈길을 끌고 왕
성한 지식욕을 지닌 미래 젊은이들의 순례지가 될 것이다. 학문 전반, 특히 웅장
하고 아름다운 그리스어와 그리스 문학을 향한 끝없는 감격의 원천이 되기를!

《고대에 대한 열정》 pp. 109~110

슐리만의 가슴에서 용솟음치던 환희의 예견처럼 오늘날 트로이
아 유적지는 고대 신화가 서린 유적을 찾아 전 세계에서 몰려든 관
광객들과 그리스 문명에 심취한 연구자들로 붐비고 있다. 그야말

뮈케나이성 안의 왕족 묘지 유허. 타원형의 돌 벽체 안에 무덤을 조성하여 서클Circle A 라 명명되었다. 이곳에서 황금 가면을 비롯한 다수의 부장 유물이 발굴되었다.

로 트로이아는 "그리스 신화와 그리스 문학을 향한 끝없는 감격의 원천"이 되고 있다. 슐리만이 고통을 이겨내고 얻은 보상을 후세대가 대를 이어가며 누리고 있는 셈이다.

뮈케나이 성채의 발굴에서도 그는 경탄할 만한 성과를 얻었다. 아가멤논 성채의 정문인 '사자 문' 바로 뒤에 있던 왕족 묘지를 발굴했다. 그곳에서 그 유명한 '아가멤논의 황금가면'을 비롯해 황금 홀, 황금 상자 등 왕족들의 호화로운 장식을 확인해주는 유물을 대량으로 발굴했다. 하인리히 슐리만의 고대 그리스 유적 발굴은 그리스 고대 문명에 대한 애정과 호메로스 서사시에 대한 확고한 믿음, 강인한 정신력이 결합하여 일구어낸 개가였다.

그리스 문명의 예찬자들　　425

아테네에 있는 슐리만의 집 내부에 그려진 벽화. 천진한 아이들의 행동을 통해 고대 그리스 문명에 심취했던 그의 지향을 잘 묘사하고 있다. 현재 이 건물은 화폐 박물관으로 쓰이고 있다. 슐리만이 각 지역의 발굴 및 구입을 통해 수집한 수십만 점의 고대 화폐들이 전시되고 있다. 아테네 화폐 박물관

화폐 박물관으로 쓰이고 있는 슐리만 저택의 입구

426

물론 슐리만 혼자만의 힘으로 이룬 성과는 아니었다. 슐리만의 고고학적 부족함을 보충해 준 두 학자, 프랑스의 에밀 뷔르누프(Emile Burnouf, 1821~1907)와 독일의 루돌프 피르호(Rudolf Virchow, 1821~1902)의 헌신적인 원조도 큰 역할을 했다. 발굴이 본격화되면서 이들은 슐리만의 발굴에 직접 동참하고, 발굴 결과의 발표를 통해 고고학계와 소통하는 데 견인차 구실을 했다.

책상물림의 고고학자들이 문헌에 매달리고 있을 때, 슐리만은 고대 서사시에 나타난 영웅들의 활동상과 지리학적 특성들을 역사의 현장과 직접 연결하여 추론하고, 이를 발굴함으로써 증명하려 했다. 만약 슐리만이 정통으로 고고학을 전공했더라면 서사시에 의존하는 이런 무모한 도전은 영영 벌이지 못했을지도 모른다.

하인리히 슐리만의 전기를 읽어 보면, 일생의 모든 것을 고대 그리스 유적 발굴이라는 한 가지 목표에 초점을 맞추고 그 꿈을 실현해나간 그의 집념과 열정에 경탄하지 않을 수 없다. 그는 자주 호메로스의 시구를 아내와 번갈아 암송할 정도로 호메로스의 정서를 안고 살았다. 딸과 아들의 이름을 안드로마케(헥토르의 아내)와 아가멤논(뮈케나이의 왕)으로 지을 정도였다. 아테네 시내에 있는 자신의 저택 입구를 트로이아의 상징인 올빼미와 '만卍'자 표시로 장식하고, 벽체에는 호메로스의 시구를 금빛 문자로 채웠다. 두

하인을 벨레로폰(페가수스를 타고 키메라를 죽인 코린토스의 왕자)과 텔라몬(펠레우스 형제)으로 불렀고, 방문객들과는 호메로스의 풍부한 시구를 인용하여 담화를 나눴다. 이 정도는 되어야 무언가에 '미쳤다'는 말을 들을 정도로 몰두했다고 할 수 있지 않을까.

슐리만의 강인한 정신력은 일상인의 한계를 넘어선다. 그는 극심한 가난과 고학의 과정을 이겨내며 사업에 성공했다. 또 고대 그리스 문명과 서사시에 심취했던 낭만적 꿈을 늘 도전적 과제로 품고 자신을 독려하며 성취해나갔다. 이런 그의 집념과 정신력에 견주어보면, 그가 이룬 고고학적 연구와 로스토크 대학의 철학 박사 학위, 트로이아와 뮈케나이 등에서 이룬 빛나는 발굴 업적은 오히려 외형적 허명에 불과할지도 모른다. 슐리만의 인생 자체가 그리스 고대 문명을 향한 지난한 '오뒷세이아'였으니까.

세계의 관광객을 끌어들여 막대한 관광수입을 올리는 현대 터키와 그리스는 전설 같은 이야기를 역사적 실제로 확인시켜 준 슐리만의 은덕에 진 빚이 적지 않다. 무엇보다도 큰 성과는 《일리아스》, 《오뒷세이아》 등 호메로스의 작품에 묘사된 수많은 신과 영웅, 인간들의 희로애락, 그리고 풍물과 습속이 고대 그리스인들의 생생한 삶의 흔적들이었다는 점을 재확인한 일이 아닐까.

로댕 : 그리스 조각에
빠지다

오귀스트 로댕(Auguste Rodin, 1840~1917)이라는 이름은 우리에게 그의 대표작인 청동 조각 〈생각하는 사람The thinker〉을 떠올리게 한다. 하지만 예술적 가치로 본다면, 〈청동시대The Age of Bronze〉나 〈칼레의 시민The Burghers of Calais〉이 더 뛰어나다는 평가가 많다. 또 로댕하면 꼭 함께 생각나는 사람이 있다. 시대를 앞서 간 천재 여성 조각가 카미유 클로델(Camille Claudel, 1864~1943)이다. 그녀는 열아홉 나이에 43세의 로댕을 만나 열정적인 사랑에 빠지고 제자이자 연인이 되었다. 하지만 사랑의 결실을 거두지 못하고 로댕의 제자라는 굴레를 벗어나기 위해 강박관념에 시달리다가 정신병동에서 숨을 거둔 비

극의 주인공이었다. 이 두 사람의 애증 관계는 영화로 만들어져 화제가 되기도 했다. 여기서는 세간의 관심을 끄는 두 사람의 예술과 사랑에 대한 얘기는 잠시 접어두고, 로댕이 그리스 조각에 심취하여 그 자신 역시 탁월한 조각가로 거듭날 수 있었던 이야기에 주목해보자.

| 고대 그리스 예술인들이 간파한 '선의 진실' |

로댕은 19세기가 낳은 가장 위대한 조각가이자 근대 조각의 새로운 장을 연 거장으로 평가된

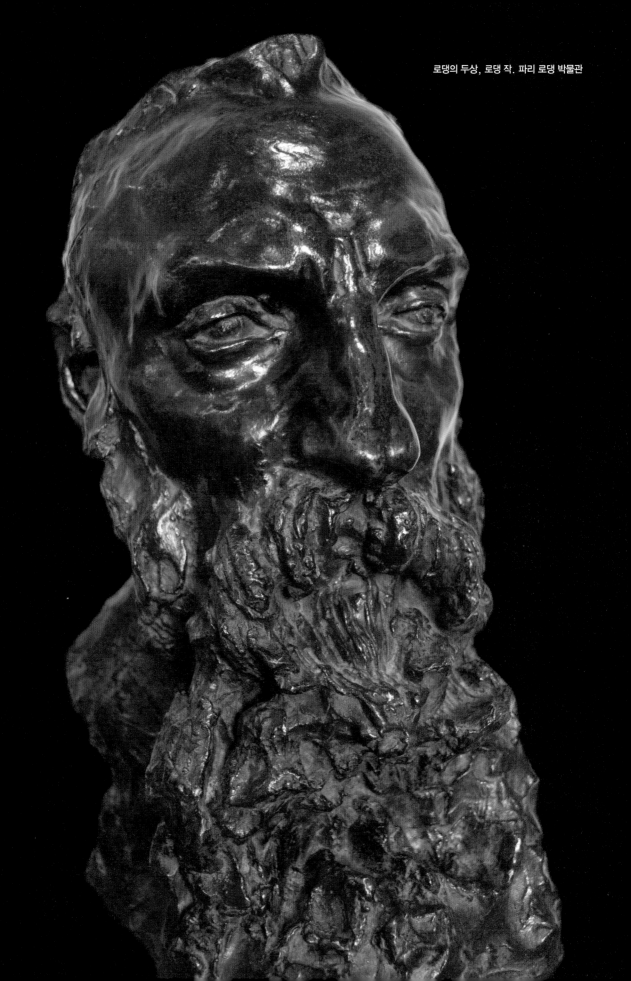

로댕의 두상, 로댕 작. 파리 로댕 박물관

다. 그는 역사상 조각의 최고 장인으로 고대 그리스 조각가이자 건축가인 페이디아스를 꼽았다. 또 르네상스가 낳은 최고의 조각가인 미켈란젤로의 작품을 찬탄했다. 로댕은 이 예술의 천재들이 공통으로 '자연을 사랑하는 마음'과 '성실'에 바탕을 두고 있음을 발견한다. 로댕이 평생 구현하려고 노력했던 조각예술의 정수精髓가 바로 그것이었다. 예술가에게 정직함, 성실함이란 자연에 대한 존경과 애정의 마음을 갖고 본 대로 느낀 대로 재현해내는 것을 의미한다. '성실과 양심'이 "예술가의 작업에 있어 그 사상의 진정한 토대"라는 것이다. "자연에는 오류가 없다. 유기체인 자연에 변형과 시정을 가하려 한다면 이는 실존을 파괴하는 것이다. 이런 예술가의 오만은 예술을 파산시킨다." 로댕은 이런 인식 아래 근대 예술인에게 자연에 내재한 법칙과 아름다움을 만들어내는 이치를 발견하라고 주문한다.

로댕이 고대 그리스 예술을 극찬하는 이유가 바로 여기에 있다. 고대 그리스 조각가들은 만물에 대한 성실한 애정과 존경을 예술작품으로 표현해냈다. 그들은 '숭고한 단순성'을 만들어낸 것이다. 사물을 세밀하게 보지 못하고 대충 보는 근대 예술인들은 결코 "활발한 질감, 형체의 현실성 및 운동감의 정확성" 등 숭고한 단순성을 창조하지 못하고 있다고 자탄한다.

고대 그리스 예술인들은 '선의 진실'을 간파하고 있었다는 것이다. 자연을 진실하게 관찰하면 형체와 윤곽을 만드는 본연의 '선'이 떠오른다는 것이다. 고대 그리스 조각가들은 자신들이 파악한 윤곽과 선을 바탕으로 "무한한 아름다움을 포함한 '유용성'의 리듬을 지닌 조각상"을 만들어냈다. 그들은 인위적인 노력보다 자연 본연의 아름다움을 포착하는 데 더 탁월했다. 고대 그리스 조각의 자연스러운 예술성, 표현양식에 대한 로댕의 찬탄은 그가 얼마나 고대적 사실주의의 영향을 많이 받았는지를 말해준다.

로댕이 스스로 탐구하여 깨달은 고대 그리스 조각의 진실과 미켈란젤로 작품의 비법은 자신의 작품에 그대로 투영되었다. '청동시대'가 대표적인 예다. 이 작품은 파리의 살롱 전시회에 출품되었다. 하지만 실제 살아있는 인물을 석고형으로 떠서 옮긴 것 같다는 오해를 사서 심사를 거부당하게 된다. 이는 거꾸로 보면, 로댕 작품의 사실적 표현이 정점에 이르렀음을 방증해주는 사례다. 크게 실망한 로댕은 이 작품을 없앴다가 주변의 재평가를 계기로 복제품을 다시 만들어냈다. 현재 우리가 감상하는 작품은 바로 로댕의 좌절과 거장으로서의 부활을 증명해준다.

고대 그리스 조각에 못지않게 로댕이 찬탄하는 조형예술은 프랑스의 고딕 건축이다. 그는 노트르담 대성당을 고딕 예술의 극치로 평가하면서, 동그란 대리석 천장을 가볍게 떠받치는 "불

아프로디테 대리석상
상대의 시선을 피해 앉은 채로 전신을 돌리며 움츠리는 몸의 균형을 잡기 위한 양쪽 발의 힘의 분배가 자연스럽다. 또 상체의 굴신과 치부를 가리는 손의 움직임을 살아있는 듯 탁월하게 표현했다. 기원전 2세기 그리스 원작을 1~2세기 로마 시대에 복제한 작품. 런던 대영 박물관

가사의한 균형과 힘, 경탄할 만큼 지혜로운 계산"에 의해 세워진 건축미를 찬미한다. 로댕은 고딕 건축의 프랑스 성당들이 파르테논 신전만큼 아름답다고 자부한다. 그는 고딕 양식을 프랑스 예술의 본류로 보는 것이다.

로댕은 조각 작품의 예술성을 좌우하는 중요한 요소로 동세(動勢, le mouvement)를 강조한다. 이 '르 무브망'은 예술작품의 생명의 느낌을 좌우한다. '르 무브망'은 "하나의 자세에서 다른 자세로 옮겨가는 경과를 나타내는 것"이다. 이런 동세를 제대로 표현하는 조각 작품만이 생명력과 감동을 불러일으킨다는 것이다.

또 하나의 요소는 "느낀 대로 사실대로 표현하는 것"이다. 사진의 과학적 영상보다 예술가의 작품이 더 '사실적'일 수 있는 이유는 바로 예술가가 순간에 일어나는 인상을 제대로 포착할 수 있기 때문이라는 것이다. 예술가는 "느낀 대로 사실대로 솔직하게 표현"하는 것을 창작의 정칙定則으로 삼아야 한다고 로댕은 역설한다. 그는 박제된 사실성보다 본능적 사실성을 중시하는 것 같다.

| 내 스승은 바로 고대 그리스 조각 |

고대 그리스 조각은 로댕의 스승이었다. 그는 고대 그리스 조각에 영혼이 깃들어 있는 것 같다고 말한다. 생명의 영원한 진실이 거기에 담겨 있었다. 고대 그리스 최고의 조각 작품인 '밀로의 비너스', '사모트라케의 니케' 상이 만들어내는 조화된 균형미에 로댕은 경탄했다. 미켈란젤로의 걸작인 '피에타', '노예'에 담긴 인간의 고뇌와 우수에서도 무한한 감동을 얻는다. 이 역시 고대 그리스 조각의 영감이 깃들어 있기 때문이리라.

아프로디테 대리석상. 그리스 원작을 기원전 2세기경 로마 시대에 복제한 작품. 나폴리 국립 고고학 박물관이 거장들의 작품에서 로댕은 끊임없이 고대 예술가와 무언의 대화를 나누며 영감과 자극을 받았다. 로댕은 '근대 조각의 구도자'라 불릴 만큼 예술의 본질에 대해 끊임없이 자문하고 궁구했다. 고대 및 르네상스기의 위대한 작품들의 창조성, 예술성의 비밀을 탐구하되, 그들을 그대로 모방하는 것이 아니라 자연과 사물을 대하는 그들의 태도와 천성, 그 자체를 본받고자 했다. 그러기에 그 역시 창조적인 위대한 조각가로 자리매김할 수 있었다.

로댕의 작업실에는 늘 아프로디테 조각상이 있었다. 그는 하루에도 수십 번씩 그 앞을 서성거렸다. 로댕은 그리스 조각의 완벽한 아름다움에 견주어 자신의 조각은 "차갑게만 느껴진다"고 고백한다.

멀리 앞을 내다보는 정신의 소유자인 예술가로서 나의 패배를 진심으로 인정할 수밖에 없다. 나의 빈약한 재능은 이처럼 아름다운 고대 작품 앞에서는 소멸하고 만다……
조그마하고도 아름다운 동체여, 나의 눈과 마음은 너를 볼 때마다 기쁨을 느낀다. 걸작이여, 또한 나의 스승이여! 《로댕의 예술론》 pp. 75~77

로댕은 그리스 조각을 모방하는 것조차 두려워하면서도 끊임없이 그리스 조각의 '진실을 향해 나아가는 위대한 진보'에 다가가기 위해 분투

했다. 그는 인체 조각에서 그리스를 능가하는 것은 없다고 단언했다. 나아가 그리스 예술가들이 현세의 생활에 대한 애정을 갖고 자연을 있는 그대로 보는 단순함으로 불후의 작품들을 남겼다고 믿으면서, 당대의 예술인들이 그리스 작품에 담긴 "단순함과 진실"을 체득할 수 있기를 희구했다. 로댕은 말한다. "고대 조각을 만든 예술가들은 근대의 어떤 시인보다도 훨씬 우월한 영감을 지닌 시인들이다." 고대 조각가들이 로댕 시대의 예술가들을 뛰어넘어 더 영원한 생명을 창조해냈기 때문이다.

로댕은 그리스 조각이 아름다움을 넘어 만들어내는 신비스러움에 대해서도 찬탄한다. 파르테논 신전의 박공을 장식했던 세 여신의 상을 예로 든다.

그 조각은 원래 다른 여신을 표현한 것이라고도 합니다마는 그런 건 아무래도 상관없습니다. 어찌 됐든 거기에는 세 여자가 앉아 있을 뿐이지만, 그들의 자세가 너무나 맑고 고귀하며, 뭔지 눈에 보이지 않는 절대적 존재에 관여하고 있는 듯한 느낌이 듭니다. 그들 위에서 어떤 커다란 신비가 통치하고 있음을 알 수 있습니다. 그것을 다시 말하자면 아무런 형체를 띠고 있지 않은 영원한 이치입니다. 그 이치에 '자연' 전체가 복종하고 있습니다. 세 여신은 그 천상계의 시녀들인 것입니다. 《로댕의 예술론》 pp. 118~119

파르테논 신전 박공에 부조된 세 여신상
왼쪽부터 수확의 신 데메테르, 그녀의 딸 페르세포네, 그리고 제우스신에게 술을 따르는 여신 헤베로 추정된다. 기원전 447~438년경. 런던 대영 박물관

　로댕은 고대 그리스 조각이 이룬 예술적 성취와 본질을 따라가기 위해 매진했다. 그는 평생 고대 그리스의 위대한 조각가 페이디아스와 르네상스 조각가 미켈란젤로 방식 사이를 오락가락하고 있었다고 고백한다. 간결하고 단순하면서도 완벽한 균형미와 아름다움을 만들어내는 고대 그리스 조각의 정수와 그것을 모방하면서도 인간의 고통과 우수, 긴장을 절묘하게 표현한 미켈란젤로의 성취를 모방하기 위해 고심했다는 뜻일 것이다.

　로댕이 근대 최고의 조각가가 될 수 있었던 근원적 힘은, 그가 쉼 없이 모방하고자 했던 인간이 만들어낼 수 있는 최상의 작품인 고대 그리스 조각이었다.

06

니체 : 그리스 비극의
부활을 꿈꾸다

인류가 낳은 세계 4대 비극 작가는 아이스퀼로스, 소포클레스, 에우리피데스, 셰익스피어 (William Shakespeare, 1564~1616)다. 16세기 말에서 17세기 초에 활약했던 영국의 셰익스피어를 빼면, 모두 2300년 이전에 활동하던 고대 그리스 작가들이다.

왜 이들은 인류가 낳은 최고 비극작가의 반열을 단단히 지키고 있는 것일까? 왜 이들을 뛰어넘는 탁월한 비극 작가가 더는 탄생하지 않는 것일까? 현대에 이르기까지도 세계 곳곳에서 가장 많이 연극 무대에 오르는 작품은 이들 세 명의 고대 그리스 작가들에게서 나왔다. 그만큼 이들의

작품이 시대와 공간을 초월하여 사람들에게 울림을 주는 보편적 감동요소를 갖고 있다는 방증일 것이다.

| 아폴론적 이성 vs 디오뉘소스적 도취 |

그렇다면 그리스 비극은 어떻게 탄생했고 그 근원적 힘은 어떤 것일까? 프리드리히 니체 (Friedrich Wilhelm Nietzsche, 1844~1900)는 그리스 비극이 담고 있는 그리스인들의 염세주의적 경향과 이를 극복해내는 원초적 힘을 예찬했다. 그의 역

작《비극의 탄생》은 그리스 비극의 위대성을 예술 철학적으로 분석했다. 니체는 그리스 비극이 야말로 그리스 정신의 총화라고 믿었다. 그리스인들의 정신세계를 지배한 두 신의 갈등과 조화가 고스란히 담겨있다고 보기 때문이다. 즉 그리스 비극은 아폴론적 예술과 디오뉘소스적 예술의 혼합과 변용의 결과라는 것이다.

아폴론 신은 이성과 지혜를 상징한다. '아폴론적인 것'은 모든 균형 잡힌 아름다운 형상에 조응한다. 따라서 미학적 형상을 추구하는 조형예술은 대표적으로 '아폴론적인 것'이다. 디오뉘소스는 인간으로서 올림포스 12신의 반열에 오른 유일한 신이다. 그는 주신酒神으로, 인간들에게 도취와 광란을 통해 삶의 고통을 잊게 해주는 신이다. '디오뉘소스적인 것'은 개별화된 인간의 근저에 있는 본능을 일깨워 사람과 사람 사이의 구별을 없애주는 합일과 도취의 힘이다. 디오뉘소스적 힘의 근저에는 음악이 있다. 디오뉘소스 찬가를 통해 숭배자들이 하나가 될 수 있었듯, 음악은 개별화된 인간들을 보편적 쾌감과 도취로 묶어주는 필수적 수단이다.

니체는 그리스 비극이 디오뉘소스 찬가로부터 탄생했다고 본다. 아폴론적 예술 충동이 올림포스 신들의 세계를 탄생시켰다면, 디오뉘소스 축제 때 불렀던 찬가 디튀람보스Dithyrambus의 음악과 춤에 희극적 대사가 어우러져 비극을 만들어냈다는

아폴론 청동상의 세부
고대 그리스 시대에 만들어진 아폴론 상 가운데 청동상으로 만들어진 희귀한 작품이다. 왼손에는 활을 오른손에는 헌주獻酒를 들고 있었다고 한다. 기원전 530~520경. 피레아스 고고학 박물관

것이다. 이후 그리스 비극은 체계적 형식을 갖춘 극으로 발달한다. 비극은 배우들의 대사와 합창단의 노래로 구성되었다. 다만 현존하는 비극 작품만으로는 당시의 비극 공연에 음악이 어떤 방식과 내용으로 연주되었는지 알 수 없다.

니체는 이렇게 말했다. "비극은 비극 합창단으로부터 발생했으며, 비극은 근원적으로 합창이고 그 이외의 아무것도 아니다." 합창단의 성악이 기악의 음악적 기능 이상을 만들어냈을 수도 있다. 니체는 합창단을 단순한 성악 기능자 이상으로 관중들의 정화이자 진수, 즉 '이상적 관객'으

로 보았다. 민중 가운데 뽑힌 합창단은 신들의 이야기를 연기하는 무대 위의 공연자들을 신으로 실재하는 것으로 느끼는 합일을 경험한다. 한편으론 무대 위의 인물들과 관객을 관조하는 또 다른 관객이 되기도 한다. 따라서 합창은 '이상적 관객'으로서의 도덕적 지성의 표현이기도 하다는 것이다.

| 그리스 비극의 근원적 힘, 음악 |

합창단에 의해 비극적 서사가 더 큰 고통으로 확대되기도 하지만, 궁극적으로 관객들은 합창의 장엄한 노래 때문에 비극이 주는 강렬한 고통을 극복할 수 있는 위로를 받게 된다. 이런 차원에서 볼 때 합창은 무대 위와 무대 아래를 하나의 정서로 소통하게 하는 중요한 매개가 된다. 디오뉘소스 축제에서 음악이 참여자들을 합일과 도

취로 이끄는 방식과 비슷하게 말이다. 니체가 합창단을 '디오뉘소스적 인간의 자기반영'이라고 부른 이유도 여기에 있지 않을까.

하지만 디오뉘소스적 양태와 감성을 극명하게 보여주는 것은 비극의 합창보다 사튀로스 Satyros 합창단이다. 인간의 형상과 동물적 본능을 동시에 지닌 사튀로스의 거칠 것 없는 행태는 인간의 억눌린 본능일 수도 있다. "사튀로스 합창단은 무엇보다도 디오뉘소스적 대중이 떠올리는 환영이며, 무대 위의 세계는 사튀로스 합창단이 떠올리는 환영이다." 사튀로스로 분장한 합창단은 점잖은 관객을 무시하며 디오뉘소스 신자들이 광란의 몸짓으로 들과 산골짜기를 쏘다녔듯

438

열광적 대사와 노래를 합창한다. 관객은 사튀로스를 통해 잠재된 자신을 보게 되고 합일의 도취를 느끼는 것이다.

이렇게 비극의 합창단이 만들어내는 디오뉘소스적 충동과 흥분이 그리스 비극의 근원적인 힘이다. 비극의 합창은 디오뉘소스적 열광 속에서 합일되는 배우와 합창단, 관객이 만들어내는 특별한 환영이다. 이때 합창단은 디오뉘소스적으로 흥분된 대중 전체의 상징이 된다. 비극의 카타르시스cathartis 효과도 여기서 발생한다. 니체는 아폴론적 가수 개인의 거대한 고양에 지나지 않는 합창 서정시와 비극의 합창은 이런 차원에서 본질에서 구별된다고 보았다.

니체는 그리스 비극을 "아폴론적 형상 세계 속에 항상 새롭게 거듭해서 자신을 방출하는 디오뉘소스적 합창으로 이해해야" 한다고 강조한다. 비극 합창단의 기능과 상징에 대한 니체의 통찰을 절실하게 느끼려면 우리는 고대의 비극 합창이 울려 퍼지던 원형극장의 한 관객이 되어야만 한다. 하지만 근대인이나 현대인이 그리스 비극 합창의 재현을 체험할 수 없다는 점에서 당대 그리스인들이 느꼈을 디오뉘소스적 감흥을 온전하게 짐작하기는 어렵다.

니체는 그리스 비극에서 음악적 기능을 매우 중시했다. 또 남성적인 절제미를 상징하는 아폴론적 특징과 여성적인 감성을 상징

▶**도기에 그려진 사튀로스의 모습**
손에는 탬버린을 들었고, 꼬리 달린 인간의 모습을 하고 있다. 이탈리아 파에스툼 국립 고고학 박물관

하는 디오뉘소스적 특질이 서로 대립과 조화를 통해 그리스 비극의 예술성을 고양했다고 보았다. 이런 조화와 균형이 깨지는 순간 비극의 근원적 힘은 파괴되고 만다. 소크라테스와 에우리피데스로 대변되는 지성주의와 주지적 경향이 비극에 혼입됨으로써 비극이 소멸해버렸다고 니체가 질타하는 이유도 이와 같은 맥락에서 이해할 수 있다. 예술세계에서 지성적인 말과 수사보다 더 중요한 것은 본능적 충동과 도취 때문에 환영을 볼 수 있는 능력과 열정이다. 이를 고양하는 것은 단연코 디오뉘소스적인 것들이다. 특히 신화와 음악적 요소가 그런 것들이다. 이런 것들을 경시하거나 배제하는 비극은 관객들에게 형이상학적 위로나 카타르시스를 주기 어렵다. 니체가 "음악의 영혼이 비극에서 사라져버리자 엄밀한 의미에서 비극은 죽어버렸다"고 지적하는 이유도 여기에 있다.

▲현존하는 그리스 원형극장 가운데 가장 보존 상태가 우수한 에피다우로스의 암피테아테르Amphitheater. 요즘에도 거의 매주 토요일에 각종 공연이 열린다. 가운데 동그란 영역이 합창단이 노래하던 곳. 이곳의 오케스트라는 원형으로 고대 그리스 극장의 최초의 형식을 그대로 보여주고 있다. 다른 곳에 현존하는 극장들의 반원형 오케스트라는 로마 시대에 개조된 것들이다.

▶**사튀로스와 어린 디오뉘소스의 모습**
디오뉘소스는 포도송이를, 사튀로스는 양손에 심벌즈를 들고 흥겨운 분위기를 연출하고 있다. 헬레니즘 시대의 그리스 청동 원작을 모사한 2세기 대리석 조각품. 나폴리 국립 고고학 박물관

| 그리스 비극을 둘러싼 예술적 담론 |

니체는 단순히 그리스 비극의 기원을 밝히는 데 머물지 않고, 이를 예술-철학적 담론으로 확장했다. 그는 소크라테스를 이론적 낙천주의자의 원형으로 본다. 세계와 자아에 대한 끊임없는 탐구와 인식의 욕구는 예술에 대해 적대적일 수밖에 없다고 생각했다. 그리하여 소크라테스와 그리스 비극의 말기 작가 에우리피데스가 이런 부정적 영향을 끼쳐 비극의 쇠퇴를 촉진했다는 혐의를 두고 있다. 그런데 구체적으로 소크라테스가 어떤 형식과 내용으로 그리스 비극과 예술에 적대적인 지성주의를 혼입시켰는지를 구체적으로 제시하고 있지는 않다. 물론 아이스퀼로스나 소포클레스보다 에우리피데스가 전통적 가치에 대해 비판적 태도를 보이고 이를 비극의 서사에 반영했다는 점에서, 소크라테스의 코치나 영향을 암시하는 몇몇 부분적 전거典據를 거론하고 있다.

아무튼, 니체는 종합예술로서의 음악극의 원형이자 예술적 미학의 총화로 그리스 비극을 예찬한다. 그는 이러한 그리스 비극의 근저에 디오뉘소스적 힘이 가장 중요하게 작용한다고 확신했다. 그리스 신화의 힘이 비극에 가장 잘 녹아들게 만들 수 있는 요소 또한 디오뉘소스적 힘이었을 것이다.

니체의 인식은 분명했다. "음악과 신화는 똑같

배우들이 쓰던 가면을 묘사한 황동 가면 상. 예술성이 뛰어나다. 조각가 시타니온Sitanion의 작품으로 신에게 봉헌된 것으로 보인다. 기원전 4세기 중반. 피레아스 고고학 박물관

이 어떤 민족의 디오뉘소스적 능력의 표현이며 서로 분리될 수 없다. 양자는 아폴론적인 것의 피안에 놓여 있는 예술영역에서 유래한다." 니체는 이런 차원에서 "디오뉘소스적 요소를 비극으로부터 제거하고 비극을 순수하면서도 새롭게 비디오뉘소스적 예술"로 나아가도록 이끌었던 에우리피데스를 비극의 쇠락을 부른 주범으로 지목한 것이다.

니체는 연극에서 디오뉘소스적인 신비를 제거하면 오로지 '극화된 서사시'만 남게 되는데,

이럴 경우 비극적 효과가 존재할 수 없게 된다고 여겼다. 그런데 에우리피데스의 비극에서는 프롤로그prolog를 통해 한 사람이 무대에 나와 자신이 누구인지, 작품이 어떻게 전개될지를 미리 이야기함으로써 극적인 긴장 효과를 포기했다는 것이다.

이런 방식은 아이스퀼로스나 소포클레스의 경우 작품 이해에 필요한 실마리를 최초의 여러 장면을 통해 암시하기 위해 재치 있는 기교를 사용하는 것과 대비된다. 니체는 과거와 미래에 대한 서사시적 조망 사이에 극적-서정적 현재인 본래의 '연극'이 존재한다고 보았다. 그러나 에우리피데스는 프롤로그에서 서사를 통해 비극의 진행 방향을 미리 관객에게 보장하고 나아가 신화의 실재성에 대한 모든 의혹을 제거하는 역할까지 수행하게 했다. 니체는 에우리피데스의 이런 방식이 비극의 극적 효과와 신화적 요소를 축소했다고 여겼다

| 그리스 비극의 부활과 바그너의 음악정신 |

그리스 비극은 디오뉘소스적 음악정신에서 탄생했고, 거기에 신화적 정신이 투영되었을 때 위대한 힘을 발휘했다. 니체는 서사가 음악을 대체하고 신화가 제거될 때 비극이 주는 카타르시스가 반감될 것으로 인식했다. 그는 신화를 형성하는 음악정신이 충일했던 그리스 비극의 시대를 동경했다. 니체는 이러한 그리스 비극의 위대성을 현시적으로 보여줄 수 있는 무언가를 찾았다. 니체는 그리스 비극의 디오뉘소스적 음악성을 바그너의 음악이 부활시키고 있다고 믿었다. 그는 그리스 비극의 재탄생을 희구했다. 아폴론적이면서 동시에 디오뉘소스적인 그리스 비극의 신비스런 힘을 부활시킬 수 있다면 독일 민족에 잠재되어 있는 고귀한 핵심을 일깨울 수 있다고 생각했다.

니체는 바그너의 음악에서 그리스 비극의 근원적 힘이 부활될 가능성을 보았던 것이다. 그가 28세의 젊은 열정으로 쓴《비극의 탄생》을 바그너에게 헌정한 것도 그리스 비극의 부활을 보여주는 바그너 음악에 대한 예찬의 일환이다. 니체는 황폐하고 지쳐버린 당대의 독일 문화에 그리스 비극의 원초적 힘과 같은 활력을 불어넣어줄 예술적 창조를 희구한 것이다. 그는 "민족생활 전체를 자극하고 정화하며 내면을 발산시키는 비극의 거대한 힘을" 그리스 비극에서 얻으려 했다. 나아가 그 비극의 근저를 횡단했던 음악의 본질적 기능이 바그너의 음악을 통해 부활하길 소망했다. 그가 그리스 비극 정신의 회복을 주창한 이유가 거기에 있었다.

G R E 07 E C E

카잔차키스 : 그리스
문명의 부활 꿈꾼 경계인

니코스 카잔차키스(Nikos Kazantzakis, 1883~1957)는 오스만 제국의 지배 아래에 있던 그리스의 크레타 섬에서 태어났다. 카잔차키스는 격동의 20세기 전반기를 뜨겁게 고민한 지식인임과 동시에 절대적 자유와 인류의 진보를 희구한 방랑의 구도자였다. 그는 수도원을 찾아 단식하는 등 직접 가혹한 고행을 체험해보기도 한다. 이 역시 세상의 부조리에 대한 저항과 영원한 평안과 자유를 갈구하는 몸부림이었다. 하지만 그는 스스로 현실을 타파하는 '행동하는 인간' 내지는 민중의 갈구를 현실화시키는 '영웅'이 되지는 못했다. 그래도 그는 신에게 의지하는 것보다 인간의

분투 그 자체를 더 고귀하게 여겼다. 그는 쇠락한 그리스의 현실에서 "평생 고뇌 속에 산 '책벌레형' 지식인"이었다. 그가 '20세기 문학의 구도자'로 불리며 평생 자유를 갈망하는 작품들을 써냈던 것은 조국 그리스의 암울한 현실을 극복하려는 치열한 노력이었는지도 모른다.

카잔차키스는《그리스인 조르바》의 저자로 우리에게도 널리 알려진 세계적인 작가다. 아니, 크레타인들이 꼭 구분해 쓰듯, 크레타 작가Cretan Writer다. 크레타인 니코스 카잔차키스의 작품은 문학성이 매우 높은 것으로 평가받는다. 그가 1951년과 1956년 두 번에 걸쳐 노벨 문학상 후

444

보로 지명되었던 사실이 이를 입증한다. 영국의 문예 비평가 콜린 월슨Colin Henry Wilson은 노벨상 수상에서 두 번이나 탈락한 카잔차키스를 톨스토이와 도스토옙스키에 버금가는 작가로 높이 평가하며 아쉬워했다. 그의 비유가 흥미롭다. "카잔차키스가 그리스인이라는 것은 비극이다. 이름이 '카잔초프스키'였고, 러시아어로 작품을 썼더라면, 그는 톨스토이, 도스토옙스키와 어깨를 나란히 할 수 있었을 텐데."

| 한때 공산주의를 찬양했던 경계인 |

니코스 카잔치키스는 특별한 이력과 그리스인 특유의 열정을 가진 작가였다. 그는 조르바와 함께 잠시 펠로폰네소스 반도에서 갈탄 광산 사업을 하기도 했다. 그때의 체험에서 《그리스인 조르바》가 탄생했다. 물론 작품의 무대는 크레타 섬이다. 그는 이 작품에 그리스 내륙에서 겪은 경험과 자신의 고향 크레타 사람들의 생활과 정경을 혼합했다.

카잔차키스는 열정적인 정치지망생이기도 했다. 크레타 자치정부 총리에서 그리스 총리가 된 베니젤로스와의 인연 덕분에 그의 특별보좌관으로 정치에 입문한다. 이후 그는 총리의 후광으로 36세에 공공복지부 장관에 임명되어 1년여 동안 정치가로 정부 운영에 참여하기도 했다.

카잔차키스는 민족주의자에서 사회주의자로 전향하여 레닌을 존경하면서 소련의 공산주의 혁명가들에 동조했다. 그는 41세에 고향 크레타로 돌아와 공산주의 세포의 정신적 지도자가 되었다. 44세가 된 1927년엔 소련 정부의 초청을 받아 방문하고 소련을 찬양하는 군중 연설을 하기도 했다. 46세인 1929년엔 홀로 소련 구석구석을 여행했다.

그는 호메로스, 단테, 베르그송, 니체의 문학을 탐독하고 이들을 자신의 문학적 스승으로 삼았다. 또한, 그는 불교에 심취하여 자신의 "공산주의적인 행동주의와 불교적인 체념을 조화시키려" 애썼다. 그러던 그는 프랑스어로 소설을 쓰며 서유럽에 자신의 존재 가치를 드러내기 위해 노력하면서부터 서서히 소련 공산주의에 대한 관점을 바꾸게 된다. 40대 후반에 접어들 때의 일이다. 정치인으로서의 그의 삶은 62세인 1945년에 사회당의 지도자가 되어 비공산주의 좌파 정당의 통합을 실현하는 것으로 정점을 찍는다.

카잔차키스는 일생을 소설과 희곡 등 문학작품을 통해 자신의 사상과 철학적 성찰의 결과물을 열정적으로 쏟아냈다. 그는 다작의 작가였다. 그리고 매우 복합적인 특성을 보인 고뇌하는 지식인이었다. 숱한 문학작품에서 인간의 자유에 대해 갈망하던 그가, 한편으론 노동자와 농민을 위한 사회를 건설한다는 명분 아래 오히려 인간을 구속하고 사회를 억압하는 공산주의 체제를 오랫동안 흠모하면서 사회주의 사상에 경도되었었다는 점은 기이하다. 인민을 위한 사회 개조에 대한 그의 주체할 수 없는 열망이 너무 컸기 때문일까? 이런 열정으로 인해 정치가와 작가 사이의 그의 방황은 60대 초중반까지 이어졌다.

나는 2014년 2월에 니코스 카잔차키스 박물관과 그의 묘소를 답사했다. 카잔차키스의 묘는 이라클리온 시내를 둘러싼 베네치아 성곽의 가장 높고 큰 보루 위에 있다. 완벽한 철옹성의 보루 위에 그는 나무 십자가와 함께 잠들어 있다. 그는 중국 공산당의 초청으로 중국을 방문했다가 독감에 걸려 고생한 끝에 독일의 한 병원에서 1957년 10월 26일 향년 74세로 세상을 떠났다. 그의 시신은 아테네로 운구되었지만, 그를 파문했던 그리스 정교회의 반대로 아테네에 묻히지 못한 채 크레타로 이송되었다.

카잔차키스의 묘는 성안이나 성 밖의 성당이 아닌, 또 공동 묘원도 아닌 성채의 보루 위에 세워졌다. 그는 이라클리온의 도시 영역과 전원 영역의 경계를 짓던 성채의 보루 위에 안치되었다. 그 무덤의 위치가 평생 정치이념과 문학사상에서 경계인으로 방황하던 그의 일생을 상징하는 것인지도 모른다. 성곽도시에선 성안이 주류 사회를 의미한다면 성 밖은 비주류 사회다. 묘지 앞에 덩그러니 선 나무 십자가는 그가 그리스 정교회로부터 파문당해 바로 그 자리에 안치될 수밖에 없었던 이유를 웅변해주는 듯하다.

| 고대 그리스 문명이여, 부활하라 |

니코스 카잔차키스는 작품 활동 과정에서 세계 곳곳을 여행했다. 영국, 스페인, 이탈리아, 지중해, 이집트, 러시아 구석구석을 여행했고, 말년에는 중국과 일본에 들렀다. 하지만 그가 가장 큰 애착을 갖고 탐방하면서 철학적 고민을 하게 한 곳은 다름 아닌 조국 그리스였다. 그중에서도 고대 그리스 문명의 첫 봉화를 올린 펠로폰네소스 반도였다. 그는 그곳에서 그리스 문명의 원형과 그리스인들의 원초적 민족정신을 확인하면서 그리스 문화의 부활을 희구했다.

중세 시대와 근대 초에는 그리스의 펠로폰네소스 반도를 모레아Morea로 불렀다. 비잔틴제국의 주州 이름이기도 했다. 과거 이 지역은 크레타 문명의 뒤를 이어 뮈케나이 문명을 꽃피운 곳으로 그리스 본토에서 가장 먼저 문명을 일군 지역이다. 이후 스파르테가 세력을 떨쳤고 13세기 초엔 일시적으로 프랑크의 지배를 받기도 했지만, 오랫동안 비잔틴 제국의 지배 아래 문화적·경제적 번영을 이루던 곳이다. 비잔틴 제국의 제2의

니코스 카잔차키스가 생전에 쓰던 서재. 크레타 역사 박물관

크레타 섬 이라클리온 성곽 보루 위 니코스 카잔차키스의 무덤

황궁이 있었던 스파르테의 미스트라스 유적이 이를 잘 말해준다.

카잔차키스는 그리스 문명의 발상지인 이곳을 25년간 6차례나 여행했고, 1937년에 그 여행담을 모아《모레아 기행》을 출간한다. 그가 이 여행에서 얻은 다양한 생각과 자료들은 이후 자신의 작품에 투영되는 등, 그의 문학 인생 전반에 많은 영향을 끼친 것으로 평가되고 있다. 1946년 발표된 그의 출세작《그리스인 조르바》역시, 모레아 기행에서 드러난 여러 모티브를 연상시키는 대목을 적지 않게 포함하고 있다.《모레아 기행》은 또 한 편의 카잔차키스의 소설이자, 자서전이자, 역사평론서로 볼 수 있다. 단순히 모레아의 풍물을 전하는 여행기가 아니다. 모레아 곳곳에 산재한 고대 그리스의 유적뿐만 아니라, 이곳을 지배해온 중세 이민족의 역사와 문화의 영향에 대한 그의 감상과 성찰, 소회와 철학을 여과 없이 드러내기 때문이다.

카잔차키스는 고대 그리스 신전들의 건축과 조각상에 표현된 아름다운 균형미, 자유인의 절제력을 보면서 그 영웅적 영감을 어떻게 되살릴 수 있을까 고뇌한다. 또 스파르테 시대의 덕목인 용기와 검약, 절제, 의연함을 반추하며, 바로 당대의 그리스인에게 최고의 의무로서 용기가 필요하다고 강조한다. 카잔차키스는 모레아 기행을 통해 당시 그리스의 암울한 현실을 극복하고 새로운 현대 그리스 문명을 창조할 수 있는 영감과 원동력을 얻어내려 한 것 같다.

또 그는 고대 그리스 문명이 일군 성취가 그리스인만의 것이 아니라, 서구 문명의 성취로 전이되고 확대되었다는 것에 자부심을 드러낸다. 하지만 그는 "세계에서 가장 위험한 지리적-정신적 위치"에 있는 그리스가 동방과 서방의 갈등하는 두 힘 사이에서 절묘한 균형과 승화를 만들어낼 시대적 사명에 처해 있음도 절감하고 있었다.《모레아 기행》에는 한 때 민족주의에 깊이 빠졌던 그의 사

▲스파르타의 미스트라스 유적지에 남아있는 성채

▶판타나사 수도원 안의 성화

▶미스트라스 유적지의 빌라르두앵 성채와 판타나사 수도원

남서쪽에서 바라본 판타나사 수도원의 모습

상을 엿볼 수 있는 대목도 많다.

그가 한 때 융성했던 미스트라스 지역을 거닐며 그리스의 부활을 꿈꾸던 15세기 비잔틴 제국의 철학자였던 기오르기오스 게미스토스 플레톤의 삶을 재조명한 이유도 당대 그리스의 잠든 정신을 계몽하기 위해서였던 것 같다. 게미스토스는 여생의 대부분을 펠로폰네소스의 미스트라스에서 보냈다.

그는 비잔틴 제국의 통치 아래서 그리스의 르네상스를 가져온 위대한 선구자였고, 새로운 그리스 세계를 창조하고자 애썼던 현인이었다. 나아가 당시로써는 혁신적인 주장인 경자유전耕者有田을 통한 경제적 자급자족을 그리스 민족중흥의 핵심사항으로 주장했다. 그뿐인가, 용병이 아닌 그리스 국민으로 구성된 국민군의 육성도 강조했다. 훗날 마키아벨리가 피렌체의 부흥과 이탈리아의 통일을 위해 용병을 배제하고 시민군을 육성해야 한다고 주장했던 것도 이와 같은 맥락으로 이해할 수 있다.

카잔차키스는 미스트라스의 폐허에서 방황하는 게미스토스의 그림자를 본다. 그는 20세기 초반의 고통 받는 그리스 현실에서 게미스토스와 같은 애국적 열정과 지혜와 용기를 가진 위대한 지도자를 고대했다. 오스만 제국과의 전쟁에서 패배한 직후의 그리스의 상황에서 시대가 요구하는 인물은 바로 그런 사람이었다.

카잔차키스는 당대 그리스인이 지나치게 개인주의에 치우치고, 고대 그리스인들이 가졌던 형이상학적 고민을 하지 않는 모습에 절망한다. 그런데도 그는 그리스인의 유전자에 깃든 본능적 자존감과 자유를 갈구하는 정신이야말로, 그리스의 문명을 재창조해 낼 수 있는 폭발력을 가진 잠재역량이 될 수 있음을 인식했던 것 같다.

그는 모레아 풍경에서 과거와 현재를 동시에 읽어낸다. 현재의 가난하고 초라한 그리스 농촌의 삶을 직시하고 찬란했던 고대 그

판타나사 수도원의 아치 회랑에서 내려다보는 스파르타의 전경이 아름답다.

리스인의 초상을 떠올리며 우울해 하면서도 자유로운 그리스 국가의 부흥을 꿈꿨다. 카잔차키스는 모레아 구석구석에 켜켜이 쌓인 역사의 충적토에서 그리스의 잠재적 원동력의 씨앗을 찾으려 한 것 같다. 그는 그리스의 영광을 '기적'처럼 되살리고 싶었다. 그는 민족의 운명을 개척해줄 위대한 지도자를 그리고 있었다.

그리스 민족은 과거에도 그랬지만 지금도 기적을 연출하는 위험한 특권을 소유한 민족이다. 오랫동안 견디어 온 강력한 민족들이 그러하듯이, 그리스 민족은 비록 벼랑의 밑바닥으로 추락했어도, 약한 민족은 파멸할 수밖에 없는 바로 그 지점에서 아주 결정적인 순간을 포착하여 기적을 만들어낸다. 그 민족은 자신의 자질을 총동원하여 단번에, 쉬지 않고 벼랑의 꼭대기로 솟구쳐 올라와 구제되는 것이다. 이처럼 정상으로 갑자기 용솟음치는 것은 논리적으로 설명되지 않는 것인데, 보통 '기적'이라고 한다. 우리 민족의 역사는 파멸에서 구제로, 갑자기 격렬하게 그것도 아주 위험하게 비약하는 역전의 역사였다. 《모레아 기행》 p. 163

카잔차키스는 과거 영광의 역사를 가졌지만 이민족의 오랜 지배에 찌들어버린 그리스의 참담한 현실에 고뇌하며 새로운 문명의 창조와 부활을 꿈꾸었다. 그는 모레아의 풍경 속에 있는 '형이상학적 풍경'을 잘 보여줌으로써 그리스인들이 당면한 현실의 난제에 대한 해결방안을 숙고하게 하였다.

카잔차키스의 여행 행로를 좇아 그리스 문명의 고향 펠로폰네소스반도를 더듬어보자. 코린토스, 뮈케나이, 네메아, 아르고스, 티륀스, 올림피아, 메세니아, 퓔로스. 미스트라스… 모두 신화와 전설, 신과 영웅들의 발자취가 남은 곳이다. 물론 지금 과거의 그 화려했던 영광의 흔적을 보기는 어렵다. 하지만 어느 곳을 가나 한적한 시골 도시여서 그리스인들의 꾸미지 않는 소박한 삶을 돌아보기에 그만한 곳이 없다. 물론 카잔차키스가 읽어내는 것과 같은 그리스 문명의 힘과 '형이상학적 풍경'을 포착할 수 있다면 더없이 좋은 일일 것이다.

| 마지막 자유인 조르바 |

카잔차키스가 그리스의 풍경과 정신을 보다 구체적으로 보여준 것은 그의 작품 속에서였다. 대표적인 작품이 《그리스인 조르바》이다. 1943년 완성한 소설 《그리스인 조르바》는 그리스 문명이 낳은 자유정신의 표상을 보여준다. 카잔차키스가 발견한 마지막 자유인은 바로 조르바다. 이 작품은 훗날 《미할리스 대장》, 《최후의 유혹》과 함께 그리스 정교회와 교황청으로부터 신성모독으로 판정받아 파문을 당하게 한 계기를 제공한 문제작이다.

조르바는 원초적 본능과 감성에 충실한 야수 같은 사람이다. 그는 세상의 위선과 종교의 타락을 조롱하며 하느님의 전능을 믿지 않는다. 세속의 선과 악의 개념을 초월하여 본능적 삶에 대한 지독한 열정을 가진 자유인이다. 조르바의 캐릭터는 단순하면서도 강렬하다. 그의 성격은 자신의 거친 삶의 결과물인 듯하다. 혹은 거꾸로 호방하고 거칠 것 없었던 그의 기질이 규범과 도덕을 개의치 않는 삶의 태도와 방식을 만들어냈는지도 모른다. 그런데 이런 태도는 자신의 행위에 대한 자기 합리화와 무책임으로 연결될 수 있으므로, 조르바식 자유의 치명적 약점이다. 세속적 관점에서 볼 때 그가 타인과 관계된 상황에서 규범을 일탈하는 행위는 자유가 아니라 무책임일 뿐이기 때문이다.

조르바는 젊은 시절 그리스가 오스만 제국의 지배를 받고 있던 19세기 말 반란군에 가담하여 불가리아와 터키 군대와 싸웠다. 하지만 그는 인간을 잔혹한 악마로 몰아붙이는 전쟁의 비참함에 고뇌하고 신에 대해 회의한다. 조르바는 "악마나 하느님이나 그게 그거"라고 생각한다.

터키 놈들의 목을 얼마나 자르고, 터키인들의 귀를 얼마나 술에다 절였는지…… 무슨 놈의 미친 지랄을 한 것일까요? 도대체 무슨 지랄이 도져 우리에게 별로 나쁜 짓도 안 한 놈들을 덮

쳐 깨물고 코를 도려내고 귀를 잘라 내고 창자를 후벼 내면서도 전능하신 하느님 저희를 도우소서. 그랬을까?《그리스인 조르바》 p. 34

온갖 범죄와 타락, 잔인함이 범람하는 전쟁으로 얻어지는 자유의 의미가 허탈하다. '자유'를 획득하기 위해 잔혹한 야수가 되어야 하는 인간들의 기만과 위선에 조르바는 치를 떤다. 나아가 자신이 그 패악의 한 주역이라는 점에 스스로 역겨워한다. 그의 이런 인생 역정 속에서 조국과 신의 관념은 낯설게 재정립된다. 그는 인간 본성을 극단으로 몰아세우는 애국심에서 벗어나 사람과 사람으로 만나는 코스모폴리탄이 된다. 그는 오로지 자신의 의지에 따라 행위를 선택할 수 있는 인간이 되고자 했다. 조르바는 말한다. "나는 자유를 원하는 자만이 인간이라고 생각합니다."

조르바에게는 조국도 신도 모두가 속박이다. 자신의 인생, 자신에게 주어지는 순간순간이 가장 소중한 현실이다. 그는 본성의 추동에 충실하다. 그에게 넘치는 육욕은 신이 내린 유일한 은총이다. 그에게 육체는 영혼과 같이 중요하다. 신성한 욕망을 외면하는 것은 남자의 치욕이라 생각한다. 물론 그의 남성 우월주의macho적 여성관은 현대의 페미니스트들을 분노하게 할지 모른다. 분명 조르바의 여성관은 오늘날의 현실과 우리의 통념에서 크게 벗어나 있다.

조르바는 "살아있는 가슴과 커다랗고 푸짐한 언어를 쏟아내는 입과 위대한 야성의 영혼을 가진 사나이, 아직 모태인 대지에서 탯줄이 떨어지지 않은 사나이"였다. 그리고 그는 "교육받은 사람들의 이성보다 더 깊고 더 자신만만한 그의 긍지에 찬 태도"를 보여주었다. 조르바는 "우리라면 고통스럽게 몇 년을 걸려 얻을 것을 그는 단숨에 그 정신의 높이에 닿을 수 있었다." 니코스 카잔차키스의 찬탄이다.

조르바의 자유로운 삶이 선망의 대상이 된다고 하여도 현실 세계에서 조르바형 자유인이 되기란 쉽지 않다. 그의 일탈을 따라가기도 어렵고 그의 의분을 실행하기는 더욱 힘들다. 우리는 자신과 가족, 사회의 인연과 규범, 제도, 인습에서 벗어날 수 없다. 조르바는 감성적 인간, 주인공 두목은 이성적 인간의 전형이다. 우리는 현실에서 앞뒤 재지 않고 돌진하는 조르바형 감성적인 인간을 질타하거나 경멸할 수 있지만, 주인공 '두목'과 같이 본성을 억압하면서 번민하는 연약한 인간형 또한 따르고 싶은 유형은 아니다.

카잔차키스도 실제의 삶에서 모든 것에 구애받지 않는 자유를 갈망했다. 맹렬하게 소설을 쓰기도 했고, 사회주의 사상에 빠져 사회당의 지도자로 정치활동에 나서기도 했다. 부처의 가르침을 통해 모든 것을 비우는 '순수한 영혼'이 되고자 분투하기도 했다. 하지만 그 역시 온전한 '자

니코스 카잔차키스의 서재. 크레타 시립 박물관

유'를 찾지 못했다.

자유는 어떻게 얻어질 수 있을까? 우리가 욕망하는 이상이 달성되면 자유로울까? 우리를 옥죄는 모든 의무와 규범, 욕망과 위선을 던져버리면 자유로워질 수 있을까? 우리를 얽매는 유형무형의 사슬에 아예 자신을 성화聖化시켜 기꺼이 묶이면 자유를 만끽할 수 있을까? 모든 인식과 행동을 종교의 기준에 맞추고 신에게 간절히 구하면 모든 장애와 고통에서 벗어날 수 있을까?

《그리스인 조르바》의 주인공 '나'의 번뇌는 우리에게도 고스란히 현재진행형이다. 카잔차키스에게서 우리는 고대 그리스인의 자유정신의 유전자를 발견한다. 그러나 그는 자유와 책임 그리고 규범 사이에서 방황했다. 현대 그리스인들 또한 아직 고대 그리스인들이 발굴했던 공동체와

개인의 자유와 책임, 규범의 가치를 아직 창조적으로 계승하지 못하고 있는 것 같다. 카잔차키스가 번민했듯이.

다른 정열, 더욱 고상한 정열에 사로잡히기 위해 쏟아왔던 정열을 버리는 것, 그러나 그것 역시 노예근성이 아닐까? 이상이나 종족이나 하느님을 위해 자기를 희생시키는 것은? 따르는 전형이 고상하면 고상할수록 우리가 묶이는 노예의 사슬이 길어지는 것은 아닐까? 그리고 우리는 더 넓은 경기장에서 찧고 까불다가 그 사슬을 벗어나 보지도 못하고 죽는 것은 아닐까? 그렇다면 우리가 자유라고 부르는 건 무엇일까?

《그리스인 조르바》 p. 39

부록
그리스의
올림포스 12신

신화는 그것이 태어난 문명과 문화를 나타내는 산물이다. 서양 문화에서 그리스 신화를 빼놓을 수 없을 만큼 철저히 문화적 바탕을 구축한 그리스 신화의 생명력은 다양하고도 변화무쌍한 이야기에 있다. 바로 인간의 이야기가 있는 것이다.

그리스의 신들은 다른 문명의 신들과는 사뭇 다르다. 그들은 인간과 끊임없이 교류하면서 인간에 가까운 모습을 보인다. 인간처럼 고통받고 기뻐하며 사랑하고 배신한다. 인간처럼 실수를 저지르고, 절망에 빠지기도 한다. 이러한 그리스 신들의 이야기는 시간과 문화를 뛰어넘어 사람들의 공감을 불러일으킨다.

올림포스 12신의 행렬
미국 월터스 미술관

제우스

Zeus

백조로 변신하여 레다를 겁탈하는 제우스. 크레타 이라클리온 고고학 박물관

우주의 질서를 관장하는 신. 빛과 하늘을 지배한다. 올림포스 신 가운데 최고신이다. 아버지 크로노스를 물리치고 최고의 신으로 등극했다. 천둥과 벼락이 그의 무기다. 그는 자신보다 더 강한 자식을 낳게 된다는 예언이 전해진 첫 번째 아내 지혜의 여신 메티스Metis를 삼켜버린다. 그 결과 메티스의 자궁이 아닌 제우스의 머리를 뚫고 지혜의 여신 아테나가 태어났다. 제우스의 두 번째 아내는 정의의 여신 테미스Themis, 세 번째 아내는 헤라Hera다.

제우스는 다른 신들에 비해 유달리 바람기가 심한 것으로 유명하다. 아름다운 인간 여인들과 숱한 염문을 뿌렸고, 많은 반신半神영웅들을 탄생시켰다. 황금비로 변신하여 다나에와 결합하여 페르세우스를, 알크메네와 사랑하여 헤라클레스를 얻었다. 또 황소로 변신하여 에우로페를 크레테 섬으로 납치한 후 미노스를 낳았고, 백조로 변신하여 레다와 결합하여 절세미인 헬레네를 낳았다.

아테나이와 올림피아에 제우스에게 봉헌된 신전 유적이 남아있다. 현대 올림픽의 기원이 된 고대 올림피아 경기도 제우스신에게 봉헌된 인간들의 경연이었다.

아테네 시내에 있는 제우스 신전. 기원전 6세기 아테나이의 참주 페이시스트라토스가 착공하여 2세기에 로마 하드리아누스 황제가 완공한 제우스 신전. 코린토스 양식의 아름다운 기둥 104개로 이루어진 그리스 로마 시대를 통틀어 최대의 신전이다.

페르가몬(지금의 터키 버가모)의 제우스 제단 유적지. 제우스 제단의 주요 유적은 독일의 페르가몬 박물관에 소장되어 있다.

벼락을 내리치는 제우스(거인의 방)
제우스의 주된 무기는 벼락이었다. 천둥과 번개,
그리고 비를 움직였고, 독수리가 바로 그의 새였
다. 줄리오 로마노(1499~1546)의 1533년 작

GRE<u>02</u>ECE

포세이돈
Poseidon

이탈리아 남부 파에스툼의 포세이돈 신전. 기원전 460년경

수니온 곶의 포세이돈 신전. 기원전 5세기 중엽

▶제우스가 제물을 바치며 신을 섬길 사람만을 남겨두고 인류를 몰살시키려 했다. 그는 동생 포세이돈을 불러 홍수를 일으키게 했다. 포세이돈의 삼지창이 대지를 때리자, 세상이 요동치며 거대한 물보라가 모든 것을 덮쳤다. 이제 어리석은 인간이 세운 신전과 궁전도 자취를 감췄다.

대양과 바다를 통치하는 신. 제우스. 하데스와 형제지간이다. 성격이 난폭하여 지진과 해일은 물론, 화산 폭발을 일으키기도 한다. 말은 포세이돈을 상징한다. 바다의 거대한 물보라와 포말이 무리지어 질주하는 말의 모습과 흡사하다고 여겨진 데서 온 것 같다. 포세이돈을 상징하는 지물은 삼지창이다.

포세이돈은 샘을 솟구치게 하는 신이기도 하다. 그가 아테나 여신과 아테나이의 지배권을 다툴 때, 포세이돈은 아크로폴리스에 샘물을 솟구치게 했다. 하지만 아테나이 사람들이 아테나 여신이 싹 틔운 올리브나무를 선택하는 바람에 패배하기도 했다. 포세이돈은 바다를 가로질러 식민지를 개척하던 해양민족 그리스인들에게 매우 중요한 신으로 숭배되었다. 바다에서의 평온한 항해를 위해서 포세이돈의 분노를 사서는 안 되기 때문이다.

현존하는 포세이돈 신전 가운데 가장 잘 보존되었고, 아름다운 건축미를 자랑하는 것은 이탈리아 남부에 있던 고대 그리스 식민도시 파에스툼의 신전이다. 그리스 본토에서는 아티케 남단의 수니온 곶 포세이돈 신전이 에게해의 풍광과 어울려 아름다운 자태를 보여준다. 그 외에 코린토스 남단 이스트미아 지역에도 거대한 포세이돈 신전이 있었다.

A. DORIA

헤라

Hera

크로노스와 레아의 딸인 헤라는 제우스와 남매간이지만 세 번째 부인이기도 하다. 최고신의 아내인 덕에 여신들 가운데 가장 높은 신으로 위세가 높았다. 헤라는 바람기 많은 제우스의 난봉 때문에 속을 많이 끓여야 했다. 그러다 보니 질투와 복수심이 대단했다. 레토가 아폴론과 아르테미스를 낳지 못하게 방해했고, 연적戀敵 알크메네가 낳은 헤라클레스를 끝까지 괴롭혔다. 그가 열두 과업을 치르게 된 것도 헤라의 복수 때문이었다.

헤라는 제우스와의 사이에서 전쟁의 신 아레스와 딸 헤베를 낳았다. 올림피아 성역에 헤라 신전의 유적이 남아있다.

▶은하수의 탄생
헤라는 결혼과 출산의 여신으로 존경받았지만, 제우스의 바람기로 마음이 편치 않았다. 제우스는 인간 알크메네라는 여인과 동침해 얻은 아들 헤라클레스를 데리고 헤라의 처소로 들어가 잠든 헤라의 젖을 물렸다. 헤라가 깨어나면 어떻게든 아기를 죽일 것이 뻔했기 때문이다. 그러나 헤라클레스는 있는 힘껏 젖을 빨았고, 헤라는 잠에서 깨어났다. 제우스는 다급히 헤라클레스를 떼어냈다. 그러자 헤라의 가슴에서 젖이 뿜어졌고, 하늘로 올라가 무수히 빛나는 별무리가 되었다. 이렇게 은하수Milky way가 생겨났다.

기원전 7~6세기에 세워져 올림피아 성역에 남아있는 헤라 신전 유적

데메테르
Demeter

데메테르가 트립톨레모스riptolemos에게 농경 기술을 전수하는 모습을 묘사한 대리석 부조. 기원전 440년경. 엘레우시스 박물관

크로노스와 레아의 딸이자 제우스의 누이인 데메테르는 농경과 곡물, 수확의 여신이다. 엘레우시스 비의秘儀의 신이기도 하다. 동방의 여러 나라에서 숭상되었던 대모지신(大母地神, Mother Goddess)과 유사한 권능을 가졌다.

저승 세계의 신 하데스는 대지의 여신 데메테르와 제우스 사이에서 낳은 아름다운 딸 페르세포네를 지하 세계로 납치하여 아내로 삼았다. 그러자 데메테르는 슬픔에 빠져 식음을 전폐하고 딸을 찾아 세상을 돌아다녔고, 대지를 돌보지 않아 황폐해졌다. 신에게 올리는 인간들의 봉헌물이 줄어들자 다급해진 제우스는 하데스에게 페르세포네를 지상으로 돌려보내라고 명령한다. 하지만 이미 하데스는 페르세포네에게 저승의 석류를 먹여 저승을 떠날 수 없게 만들어 버린 뒤였다. 그러자 중재 방안으로 하데스는 페르세포네가 일 년 중 3분의 1은 반드시 지하 세상에 머물게 하고, 나머지 3분의 2의 기간만 세상에 나가 어머니 데메테르와 함께 지낼 수 있게 하였다. 그리하여 겨울을 빼고 나머지 계절 동안 데메테르와 페르세포네 모녀가 오순도순 지낼 수 있게 되었고, 덕분에 세상의 들판에서 씨를 뿌리고, 풍성한 결실을 거둘 수 있게 되었다.

엘레우시스 비의가 거행되던 거대한 장방형의 텔레스테리온 Telesterion 유적. 이 신전의 중앙부에는 구획된 방으로 만들어진 아낙토론Anactoron 성소가 있었다. 이곳에 비의의 입문자들만 볼 수 있는 데메테르 여신의 성물聖物이 보관되어 있었다.

헤라, 아테나, 아르테미스처럼 올림포스에서는 온화한 여신보다 남성성과 대립하는 여신이 많다. 데메테르는 온화한 성품으로 수확의 기쁨을
선사한 여신이었지만, 딸 페르세포네를 잃고서 양심을 품은 채 온 세상을 뒤지기 시작했다. 세상의 모든 살아있는 것이 여신과 함께 고통을
겪으며 죽어가고 있다. 데메테르는 딸을 찾기 위해 세상이 멸망을 위협했고, 제우스는 딸을 되찾아주기로 결심한다.

헤파이스토스

GRE 05 ECE

Hephaistos

아테네 아고라에 남아 있는 헤파이스토스 신전.
기원전 5세기

헤라가 처녀 생식으로 낳은 신이다. 날 때부터 못생긴데다 다리까지 절었다. 흉한 자식을 키우기 싫었던 헤라가 바다에 던져버렸는데, 바다의 여신 테튀스가 데려와 9년 동안 길렀다.

손재주가 좋은 헤파이스토스는 불의 신, 대장장이 신이 되었다. 그는 훗날 테튀스의 아들인 아킬레우스가 트로이아 전쟁에 출정할 때 그에게 최고의 청동 무구를 만들어줌으로써 버림받은 자신을 돌봐준 은혜에 보답했다.

헤파이스토스는 올림포스의 신 가운데 가장 추남이었지만, 아름다운 여신 아프로디테를 아내로 맞는다. 전혀 어울릴 것 같지 않은 미녀와 야수의 결합이다. 연애결혼이 아니라 강제결혼이었다. 사실 아프로디테를 탐내던 제우스가 아프로디테에게 퇴짜를 받자, 울화가 치밀어 그녀를 최고의 추남 헤파이스토스와 강제결혼 시켰다. 사심을 갖고 최고신의 권력을 남용한 셈이다.

강제로 결혼당한(?) 헤파이스토스와 아프로디테 사이에 뜨거운 사랑이 싹틀 리가 없었다. 결국 아프로디테는 전쟁의 신 아레스와 불륜을 저지르고 만다. 이 불륜 커플은 열애를 이어갔는데, 헤파이스토스가 쳐놓은 보이지 않는 청동 그물에 걸려 모든 신에게 구경거리가 되며 망신을 당한 이야기는 유명하다.

그래도 훌륭한 대장장이였던 헤파이스토스는 아테나이인들에게 사랑을 듬뿍 받았다. 아고라 옆에 남아 있는 그의 거대한 신전은 아직도 2,400여 년의 세월을 견디며 굳건하게 서 있다.

▶헤파이스토스와 아프로디테 사이의 네 자녀 포보스(두려움), 데이모스(공포), 에로스(큐피트), 하르모니아(조화)는 사실 아레스와의 사이에서 난 자식이었다. 아름답고 순수한 사랑을 상징하는 아프로디테는 본래 성적 욕망의 여신이었다. 어느날 아레스와 동침한 아프로디테는 늦은 아침까지 침대에 머물렀다. 이를 알아낸 헤파이스토스는 청동으로 그물을 만들어 둘의 밀회를 덮쳤다. 그리고 자신의 그물에 걸린 고기를 자랑하기 위해 다른 신들을 불러내 구경시켰다.

아테나

Athena

아테나 여신이 그려진 두 개의 손잡이가 있는 암포라. 판아테나이아 축제의 경기에서 승리자에게 주어지는 트로피로 쓰였다. 이 항아리에는 올리브유를 담았으므로 일종의 부상의 성격도 띠고 있었다. 아테나이인들은 아테나 여신이 인증처럼 들어간 이 도기를 받는 것을 최고의 영예로 여겼다. 근대 스포츠 우승자에 수여하는 트로피의 기원이다. 에레트리아 고고학 박물관

심한 두통을 앓던 제우스의 머리를 헤파이스토스가 도끼로 내려치자 쪼개진 머리에서 튀어나온 지혜의 신이 바로 아테나다. 제우스가 어머니인 지혜의 여신 메티스를 삼킨 탓에 어머니의 자궁이 아닌 아버지의 머리에서 태어난 것이다. 아테나는 포세이돈과 아테나이의 지배권을 두고 경쟁한 끝에 이겨 아테나이의 주신主神이 되었다. 그녀를 위한 성소가 바로 아테나이 아크로폴리스에 세워진 파르테논 신전이다. 아크로폴리스에는 아테나를 모시는 성소가 두 군데나 더 있었다. 에렉테이온 신전에 에렉테이온 성소, 포세이돈 성소와 함께 아테나 성소가 있었다. 또 승리의 여신 니케 신전도 남아있다.

아테네 아크로폴리스에 남아있는 아테나 여신을 모셨던 파르테논 신전. 기원전 447~438년. 인류 문화유산 중 최고의 걸작이다.

아테네 아크로폴리스에 있는 에렉테이온 신전 내 아테나 성소의 정면. 이 신전은 한 건물에 에렉테이온 성소, 아테나 성소, 포세이돈 성소가 함께 붙어있는 특이한 구조로 이루어진 신전이다. 오른쪽 아래에 붙어있는 곳이 포세이돈 성소다.

〈페이라이에우스 아테나〉청동상. 코린트식 투구를 쓴 모습으로 기원전 4세기 원작으로 추정된다. 혹자는 헬레니즘 시대에 제작된 것으로 추정하기도 한다. 피레아스 고고학 박물관

아크로폴리스에 있는 아테나 니케 신전. 기원전 427~424년

아레스

Ares

▶애인 아프로디테와 삼미신에 의해 무장을 해제하는 아레스. 아프로티테의 남편 헤파이스토스에게 불륜 현장이 발각되어 다른 신들에게 큰 망신을 당했지만, 그는 숨지 않았고, 전쟁터를 향해 으스대며 출정했다.

제우스와 헤라 사이에서 태어난 전쟁의 신으로, 살육과 유혈을 즐기는 잔인한 신이다. 그는 전쟁터에서 무자비한 살육을 서슴지 않는다. 그가 늘 데리고 다니는 두 아들 역시 그와 걸맞은 성정을 지녔다. 근심의 신 데이모스Deimos와 공포의 신 포보스Phobos가 그들이다. 헤파이스토스의 아내 아프로디테와의 불륜 현장을 들켜 망신당한 일화가 신화로 전해진다. 아레스는 그리스보다 무를 숭상했던 로마에서 더 사랑을 받았다. 로마인들은 그를 군신軍神 마르스Mars로 불렀다.

▶하드리아누스 황제의 별장에 서 있는 아레스 상

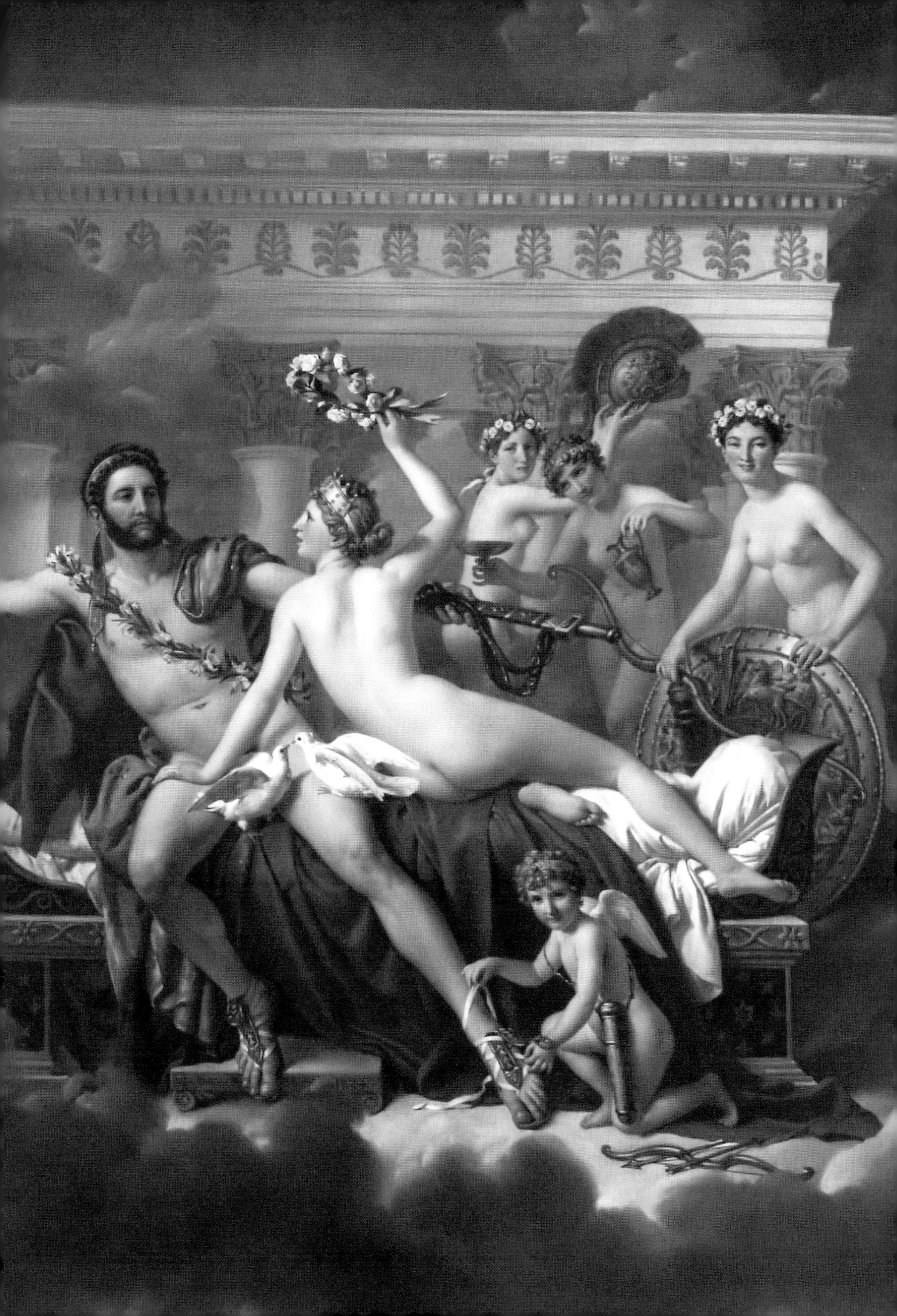

아폴론

Apollon

코린토스에 있는 아폴론 신전 유적. 그리스인들이 기원전 6세기 건립했으나 로마시대에 파괴되었다가 로마인들이 기원전 46년에 재건했다.

음악과 시의 신이자, 예언과 의술의 신이다. 제우스와 레토 사이에서 사냥의 여신 아르테미스와 쌍둥이 남매로 태어났다. 헤라 여신이 두 남매의 탄생을 막기 위해 계속 훼방을 놓는 바람에 레토는 정처 없이 세상 곳곳으로 쫓겨 다니다, 포세이돈의 도움으로 바다에서 솟아난 나무 한 그루 없는 황량한 델로스 섬에서 남매를 낳았다.

아폴론은 성장하여 델포이에 와서 그곳을 차지하고 있던 괴물 퓌톤Python을 처치하고 자신의 신전으로 삼고 신탁소를 열었다. 이후 델포이 아폴론 신전은 그리스 세계에서 최고로 영험한 신탁소로 번창했다.

아폴론은 연애의 귀재인 아버지 제우스와 달리 여복은 없었다. 어여쁜 여인 다프네를 사랑했지만, 에로스의 심술로 사랑을 얻지 못했다.

아폴론을 주신으로 숭배하던 델포이 성역에 있는 톨로스 Tholos

▶아폴론과 디프네
아폴론은 사랑하는 디프네가 월계수 잎으로 변하자, 월계수 잎으로 만든 관을 자신의 머리와 화살집 그리고 자신의 음유 시인들의 머리 등을 장식했다.

472

아르테미스

Artemis

제우스와 레토 사이에서 태어났고, 아폴론과 쌍둥이 남매지간이다. 영원한 처녀 신으로 사냥의 신이자 풍요의 여신이기도 하다. 아르테미스는 늘 활과 화살을 갖고 다녔다. 그녀는 산과 들판을 누비는 야생녀였고, 곰이 그녀를 상징하는 동물이었다. 그 유래는 이렇다. 그녀를 섬기는 모든 시녀는 평생 처녀로 지내야 했다. 그런데 시녀 칼리스토Callisto가 제우스와 잠자리를 하고 배가 불러오자, 아르테미스는 그녀를 곰으로 만드는 벌을 내렸다.

아르테미스는 영원한 처녀성에 대해 강한 집착을 보였다. 숲 속에서 자신의 목욕 장면을 우연히 엿본 사냥꾼 악타에온Actaeon을 사슴으로 만들어 버리고, 사냥개에 물어 뜯겨 죽게 한 일화도 그런 맥락에서 이해할 수 있다.

아르테미스는 처녀로 남은 님프들과 숲속에서 사냥을 즐겼고, 연못에서 먼지를 씻으며 함께 목욕을 하고 있었다. 어느날 길을 잃은 악타에온이 우연히 벌거벗은 아르테미스와 님프들을 보게 되었다. 놀란 님프 시녀들을 뒤로하고, 아르테미스는 분노어린 눈빛으로 악타에온의 머리에 물을 뿌렸다. 그녀의 분노에 악타에온은 사슴으로 변했고, 함께 사냥하던 자신의 사냥개에게 물려 죽음을 맞는다.

놀라울 정도로 거대한 사르데이스(지금의 터키의 사르디스)의 아르테미스 신전 유적

아르테미스 여신을 모시는 에페소스(지금의 터키의 셀주크)의 아르테미시온Artemisium 유적지. 세계에서 가장 크고 아름다운 신전으로 이름 높았다. 세계 7대 불가사의로 꼽혔다. 몇 차례 파괴와 재건을 거듭했지만 3세기 중반 고트족의 침략으로 최종적으로 파괴되었다. 지금은 기둥 하나만 복원되어 서 있다.

아프로디테

Aphrodite

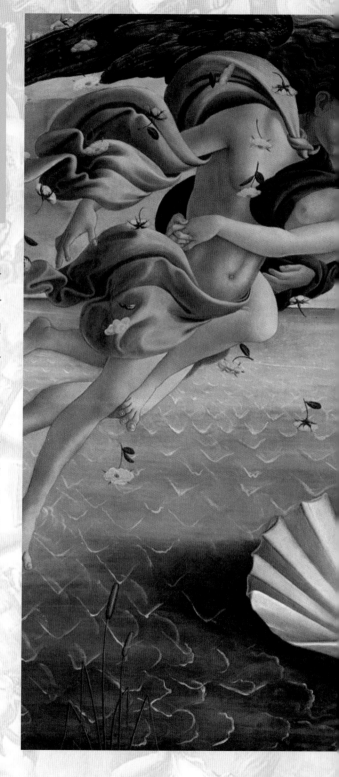

여성미와 성적 욕망의 여신이다. 크로노스가 아버지 우라노스의 남근을 잘라 바다에 던졌을 때, 거품 속에서 아프로디테가 태어났다고 한다. 아프로디테는 대장장이 신 헤파이스토스의 아내다. 그녀가 여신들 가운데 가장 아름다운 신으로 꼽힌 사연은 유명하다. 바다의 여신 테티스의 결혼식에 모든 신들이 초대받았다. 오로지 불화의 여신 에리스만 초대받지 못했다. 이를 괘씸히 여긴 에리스는 결혼식 연회석 자리에 '가장 아름다운 자에게'라고 쓰인 사과를 던졌다. 에리스가 던진 불화의 덫이었다. 곧 연회에 참석했던 헤라와 아테나, 아프로디테가 서로 자신이 최고로 아름다운 여신이라며 다투었다. 서로 양보를 하지 않자 제우스 신은 트로이아의 왕자 파리스에게 심판을 맡겼다. 세 여신은 파리스에게 최고의 선물로 유인하며 자신의 손을 들어주길 바랐다. 헤라는 전 세계의 지배권을, 아테나는 가장 뛰어난 지혜를, 아프로디테는 세상에서 가장 아름다운 여인을 주겠노라고 약속했다. 파리스 왕자는 절세미인을 준다는 말에 혹해 아프로디테를 최고의 아름다운 여신으로 꼽았다. 아프로디테는 그 보답으로 스파르테의 왕비 헬레네를 파리스에게 준다. 트로이아 전쟁의 도화선이 여신들의 미의 경연에서 비롯되었던 셈이다.

▶아프로디테(비너스)의 탄생
바다 거품 속에서 태어난 아프로디테가 조개껍데기를 타고 퀴프로스 섬에
도착한다. 왼쪽의 에오스와 제피로스는 입으로 바람을 불어 아프로디테를
육지로 밀고, 계절의 여신 호라이가 아프로디테에게 옷을 입힌다.

헤르메스
Hermes

제우스가 요정 마이아Maia와 결합하여 태어난 아들이다. 마이아는 아틀라스의 일곱 딸 가운데 막내다. 헤르메스는 여행자와 상인들의 신이자 도둑의 신이기도 하다. 또 제우스의 전령이기도 한 그는 갈등하는 사람들 사이의 중재도 맡는다. 헤르메스를 나타내는 상징은 날개다. 빠른 이동을 위해 날개를 달았던 것이다. 그의 발목과 그가 쓰고 다니는 여행자의 모자 페타소스Petasos, 그리고 지팡이에도 역시 날개가 달렸다.

헤르메스 대리석상. 기원전 1세기경. 피레아스 고고학 박물관

▶헤르메스가 '가장 아름다운 여신에게'라고 적힌 사과를 파리스에게 건네주고 있다. 헤르메스는 인간을 사랑하고, 인간의 생각을 재미있게 보았다. 땅속에 숨겨진 것을 찾아내는 광부의 신, 길을 알려주는 여행자의 신이기도 했다. 그러나 그의 임무가 모두 유쾌한 것은 아니었다. 사람의 영혼을 죽음의 세계로 데려가는 것도 중요한 일이었다. 그래서 '영혼의 안내자'라는 이름도 함께 갖고 있다.

디오뉘소스

Dionysos

디오뉘소스 대리석 흉상. 2세기경. 크레타 이라클리온 고고학 박물관

인간 여인이 낳은 반신半神이지만 올림포스 12신에 유일하게 포함되었다. 제우스가 인간 테바이의 왕녀 세멜레 Semele와 결합하여 낳았다. 그는 처음엔 어머니의 자궁에서 자랐지만, 후에 아버지 제우스의 허벅지에서 키워졌다가 태어났다. 세멜레가 과욕을 부려 제우스의 천상의 빛을 보려다 불타죽게 되자, 제우스가 태아를 꺼내 자신의 허벅지에 넣고 길렀기 때문이다. 이로 인해 디오뉘소스는 양성적 특징과 생명력을 얻었다.

디오뉘소스는 세상 사람들에게 포도 재배법과 포도주 제조법을 최초로 전수했다. 그는 자신을 따르는 신비의 숭배의식을 만들어내 광신적인 신도들이 많이 따랐다. 인간들이 술을 마시고 환희와 광란에 빠질 수 있게 해줌으로써 무한한 경배를 받았다. 니체는 그리스 비극의 생명력의 원천을 디오뉘소스적 속성에서 나오는 오케스트라(합창)에 있다고 보았다.

▶그리스의 신들 중 가장 오래된 신 중 하나이며, 제우스의 아들이다. 디오뉘소스의 상징물은 술잔과 담쟁이덩굴로 만든 화환, 포도덩굴, 그리고 지팡이 등이다. 그러나 술과 광란의 연회가 이어지는 디오뉘소스의 이미지와는 달리, 그리스의 여러 신들 중 배우자에게 충실한 신이기도 했다. 그는 낙소스 섬에서 버림받은 아리아드네와 결혼해 많은 자식을 낳았다고 전해진다.